MINISTRATIVO

Teoria e pratica del diritto

ANTONIO PAVAN

La tutela cautelare nel nuovo Codice del processo amministrativo

MVLTA PAVCIS AG GIUFFRÈ EDITORE

ISBN 88-14-15962-9

Tipografia «MORI & C. S.p.A.» - 21100 Varese - Via F. Guicciardini 66

Alla mia famiglia

Premessa

Lo studio della fase cautelare del processo amministrativo riveste notevole importanza: il 'momento' cautelare, infatti, oltre a rispondere all'esigenza di una tutela tempestiva, che si svolge, normalmente, nell'arco di qualche giorno, spesso è persino in grado di definire l'interesse sostanziale della lite: il ruolo della tutela cautelare è stato così efficacemente definito come il "*centro di gravità*" [1] dell'azione processuale.

Sino ad ora la disciplina era contenuta, principalmente, negli artt. 21 e 23-*bis* della l. 6 dicembre 1971, n. 1034 (meglio nota coma legge TAR), come modificati dalla l. 21 luglio 2000, n. 205, nonché nell'art. 39 del r.d. 26 giugno 1924, n. 1054 (T.U. delle leggi sul Consiglio di Stato), disposizioni tutte oggetto, nel corso del tempo, di attenta interpretazione da parte della giurisprudenza che, attraverso un'opera 'pretoria', si è sforzata di adattare gli strumenti a disposizione a quella che era la nuova avanzante domanda di giustizia del cittadino.

Ma l'opera della giurisprudenza, nell'ambito del settore cautelare, così come negli altri in cui si snoda il processo, da sola, non poteva bastare. Da più parti si era così auspicato che il Legislatore mettesse mano all'intera materia processuale la cui impostazione generale non era più al passo con i tempi, risalendo ancora alle leggi 20 marzo 1865, n. 2248 (Legge per l'unificazione amministrativa del Regno d'Italia) e 31 marzo 1889, n. 5992 (Legge istitutiva della IV Sezione del Consiglio di Stato).

Ebbene, con una doppia delega, contenuta negli artt. 44 delle leggi 18 giugno 2009, n. 69 e 7 luglio 2009, n. 88, il Governo è stato incaricato, rispettivamente, di provvedere al riassetto della disciplina del processo amministrativo e di recepire le direttive comunitarie sulle procedure di ricorso in materia di appalti pubblici.

(1) Cfr. S. RAIMONDI, *Profili processuali ed effetti sostanziali della tutela cautelare tra giudizio di merito e giudizio di ottemperanza*, in *Dir. proc. Amm.*, 2007, 609 ss.

L'esercizio della delega, quindi, si preannunziava incidente anche sulla fase cautelare del processo amministrativo. E le aspettative non sono state affatto tradite. Il Codice del processo amministrativo dedica così molti articoli al procedimento cautelare (in particolare, gli artt. 55-62 e 98), riaffermando talune 'verità' già acquisite, ma introducendo, nel contempo, molte novità.

La prima delle quali, sebbene non interessante la sola materia cautelare, è per l'appunto la codificazione che era stata condivisibilmente annunciata dal Presidente del Consiglio di Stato, Paolo Salvatore, in occasione della Relazione Annuale tenutasi a Palazzo Spada nel mese di febbraio 2010, come una vera e propria "rivoluzione copernicana" (2).

La presente opera (nella volontà dell'autore) vuole dunque fornire a chi legge un'analisi ragionata del processo cautelare amministrativo, che permetta di individuare i punti di continuità con la previgente normativa e prassi giurisprudenziale, e quelli di diversità, il tutto attraverso una prima interpretazione delle disposizioni, dedicate al tema, dal neo introdotto Codice. Ciò, nella consapevolezza che il sistema giustizia amministrativa potrà essere ancora aggiustato, nel corso del tempo, visto che, entro il termine di due anni dalla data di entrata in vigore del Codice, per espressa previsione legislativa, "potranno essere apportate le correzioni e integrazioni che l'applicazione pratica renda necessarie od opportune..." (cfr. art. 44, comma 4, l. 18 giugno 2009, n. 69 (3)).

(2) Nella nota con cui il Governo ha annunziato, il 16 aprile 2010, l'approvazione, in sede di esame preliminare, del Codice del processo amministrativo, si legge che la codificazione costituisce un intervento di portata storica, la cui improcrastinabile esigenza è stata unanimemente riconosciuta, poiché il processo amministrativo è stato sino ad ora regolato da leggi risalenti anche di oltre un secolo (r.d. 17 agosto 1907, n. 642; r.d. 26 giugno 1924, n. 1054; l. 6 dicembre 1971, n. 1034; l. 21 luglio 2000, n. 205), cui si aggiunge una molteplicità di norme settoriali contenute nelle più disparate leggi speciali. "*Si è dunque di fronte... alla prima codificazione, in assoluto, del processo amministrativo nella storia d'Italia e forse anche dalla stessa nascita del diritto amministrativo moderno. A ciò si aggiunge l'obiettivo di far corrispondere la normativa, così coordinata, alle importanti evoluzioni giurisprudenziali recenti, a partire da quella relativa al riconoscimento della risarcibilità della lesione degli interessi legittimi*" (in *www.ilsole24ore.com* del 16 aprile 2010).

(3) Analoga previsione è contenuta nell'art. 44, comma 2, l. 7 luglio 2009, n. 88: "Entro due anni dalla data di entrata in vigore dei decreti legislativi previsti dal comma 1, possono essere emanate disposizioni correttive e integrative nel rispetto delle medesime procedure di cui al citato comma 1". Cfr. M. CLARICH-G. FONDERICO, *Giustizia amministrativa: il processo alla sfida del codice*, in *Dir. e Pratica Amm.*, *Il Sole-24 Ore*, 2010, 3, 67. Gli Autori auspicano che "l'uso dei decreti correttivi sia limitato a quanto necessario a porre rimedio a eventuali sviste residue e a introdurre gli accorgimenti emersi come indispensabili in corso d'opera". Secondo il pensiero di costoro, infatti, "*Meglio conservare qualche imperfezione sulle quali i giudici e la dottrina abbiano il tempo di riflettere e che possano risolvere in via interpretativa, piuttosto che sottoporre il Codice a quella frequente opera di stravolgimento che è stata riservata ad altre 'codificazioni' dei tempi a noi più vicini. Per essere davvero effettiva, la giustizia amministrativa ha anche bisogno di norme stabili e ben collaudate*".

Gli eventuali aggiustamenti, come autorevolmente affermato, "in conformità alla natura dei decreti c.d. correttivi e integrativi, quale più volte definita dalla giurisprudenza della Corte costituzionale, dovranno porre rimedio ad eventuali sviste o lacune e introdurre i miglioramenti che siano apparsi necessari o opportuni nel corso della prima applicazione della nuova disciplina, anche se non dovranno operare alcuna 'controriforma', evitando stravolgimenti verificatisi in altre occasioni (basti pensare al codice dei contratti pubblici), in contrasto sia con i principi cui si è inteso informare il testo che con quelli che regolano la delegazione legislativa e, in particolare, i termini entro i quali essa deve essere attuata" (4)

In una visione di più ampio respiro (5), quello che comunque emerge dall'analisi dell'impianto delle due deleghe nonché dall'esame dell'intero *corpus* della l. 18 giugno 2009, n. 69 (che, come si ricorderà, ha riformato il codice di procedura civile, ha messo mano alla legge sul procedimento e sulla trasparenza amministrativa ed ha infine apportato delle significative novità in materia di ambiente, appalti e pubblico impiego), è che si è finalmente compresa la necessità di mettere mano alla 'giustizia' (6). Solo attraverso una radicale rivisitazione del sistema che, allo stato, può dirsi appena iniziata, infatti, sarà possibile restituire al nostro Paese competitività, rendendolo appettibile anche agli investitori stranieri. Solo così gli operatori del diritto, primi fra tutti gli avvocati, cesseranno di dover — come i loro colleghi del '700, secondo quanto descrittoci dal giurista dell'epoca Ludovico Muratori — pescare "nel magazzino delle confusioni onde possono prender armi amici e nemici per far battaglia fra loro" (Dei difetti della giurisprudenza, capitolo VIII).

La strada da percorrere è però ancora lunga.

In quest'opera riformatrice, che dovrà abbandonare quella *forma mentis* per cui la legge deve necessariamente disciplinare dettagliatamente tutte le fattispecie ipotizzabili, bisognerà avere il coraggio di ri-

(4) Cfr. P. DE LISE, *Verso il Codice del Processo Amministrativo*, in *www.giustizia-amministrativa.it*. Si tratta del testo delle conclusioni della Tavola Rotonda, tenutasi il 21 aprile 2010, presso la Corte Suprema di Cassazione.

(5) Per un'analisi dei criteri e principi direttivi contenuti nella legge delega ed alla base della codificazione cfr. F. TALLARO, *Appunti sul venturo Codice del processo amministrativo*, in *Giur. di Merito*, Giuffrè, 3, 2010. In particolare l'Autore evidenzia come il Legislatore della delega si sia posto alla sequela della giurisprudenza, anziché orientare quest'ultima: "*... il legislatore dell'estate 2009, a dispetto delle ricorrenti polemiche sull'esondazione del potere giusdicente, sembra piuttosto riconoscere la funzione creativa della giurisprudenza, cui dolcemente si accoda*".

(6) Si ricorda che il Primo Presidente della Corte di Cassazione, nella relazione di gennaio 2009, ha evidenziato come l'Italia, nella graduatoria mondiale denominata '*doing business*' sul funzionamento della giustizia, occupi il 156° posto in una graduatoria di 181 paesi del mondo.

vedere talune tradizionali posizioni del nostro sistema giuridico. Ci si riferisce, così, alla vincolatività dei precedenti, che caratterizza i sistemi di *common law* ma che è estranea alla tradizione romanistica. V'è così da chiedersi se, ai fini della certezza del diritto, non sia preferibile riconoscere carattere vincolante ai principi di diritto affermati dalle Sezioni Unite della Cassazione e dall'Adunanza Plenaria del Consiglio di Stato attribuendo il primato, in caso di contrasto tra le stesse, ad una delle due Corti. La proposta, *prima facie* rivoluzionaria, lo è meno di quello che può apparire, non rispondendo difatti del tutto al vero che la vincolatività del precedente è aliena al nostro Ordinamento. Si ricorda, a tal proposito, come la Corte di Cassazione, con sentenza 26 gennaio 2004, n. 1339, abbia riconosciuto carattere vincolante alle decisioni della Corte Europea dei Diritti dell'Uomo, con obbligo da parte del Giudice italiano di conformarsi ai criteri da questa indicati nella liquidazione del danno derivante da irragionevole durata del processo.

Se sussiste un sistema di *common law* 'verso l'esterno' perché, dunque, non riconoscerlo anche 'all'interno' dell'Ordinamento giuridico?

Ed ancora, non è forse utile, sempre in una logica di semplificazione e certezza del diritto, rivedere anche i poteri del Giudice amministrativo? Si pensi, ad esempio, alla riforma del 2005 (l. 11 febbraio 2005, n. 15) che ha investito la legge 7 agosto 1990, n. 241, prevedendo, tra le altre cose, la non annullabilità del provvedimento viziato, perché emanato in difetto di avviso di avvio del procedimento, ove l'amministrazione sia in grado di dimostrare "come il contenuto dello stesso non avrebbe potuto essere diverso da quello in concreto adottato" (art. 21-*octies*, comma 2, l. n. 241 del 1990). Ora delle due, almeno pare, l'una: o il Giudice amministrativo non può conoscere del merito della controversia e allora il vizio di legittimità deve per forza condurre all'annullamento dell'atto impugnato, perché altrimenti il privato si trova in balia delle giustificazioni a posteriori addotte dall'amministrazione a difesa del proprio operato; oppure si riconosce all'amministrazione la facoltà di difendere, anche nel merito, il proprio provvedimento, ma, nel caso, si deve riconoscere anche al Giudice pieno potere di valutare la 'sostanza' delle cose, pena una lesione di effettività della tutela giurisdizionale del ricorrente.

Volgendo poi lo sguardo all'*agere* amministrativo diventa indispensabile, nel dar corso alle auspicate riforme, garantire maggior trasparenza dell'operato della p.a.: la trasparenza, infatti, è sinonimo di legittimità dell'attività amministrativa e consente a chi ritiene di essere stato leso nelle sue ragioni di agire in giudizio con cognizione di causa e non già 'al buio'. Non sempre questo valore viene però adeguatamente garantito: emblematico il caso dell'esame di Stato di avvocato e la ritenuta legittimità della c.d. 'stroncatura araba' (7) (sia per il tramite con cui è espressa, sia per la incomprensibilità della stessa), ovvero la sufficienza del giudizio numerico a giustificazione della valutazione negativa espressa dalla commissione sugli elaborati del candidato.

Come si può ben comprendere, il cammino delle riforme non si presenta di certo facile. C'è però una certezza: questo cammino è stato intrapreso — la codificazione del processo amministrativo ne costituisce uno dei primi significativi passi —, e andrà percorso fino alla fine se si vorrà restituire al nostro Paese una vera 'libertà'. Perché, come simboleggia la *Statue of Liberty*, che nella mano destra regge una fiaccola, e nella mano sinistra, una tavola di pietra su cui è incisa la data del 4 luglio 1776, giorno in cui fu sancita la Dichiarazione di Indipendenza degli Stati Uniti, non esiste vera libertà se non all'interno di (chiare) regole.

Treviso, 4 luglio 2010

L'Autore

Note per il lettore

Le norme citate nel testo, sebbene riportate nella loro versione attualmente vigente, vengono sempre accompagnate dall'indicazione, in nota, della Gazzetta Ufficiale in cui sono state originariamente inserite.

Le tesi giurisprudenziali e dottrinali richiamate, sono sempre munite del relativo riferimento, riportato in nota.

(7) Espressione efficacemente impiegata da I. CACCIAVILLANI.

Ringraziamenti

Mi ero ripromesso, ancora anni addietro, che semmai avessi scritto un libro, i miei ringraziamenti sarebbero stati rivolti, per quanto di loro spontanea volontà avevano fatto per me, a due uomini: il Prof. Avv. Leopoldo Mazzarolli, Emerito di Diritto Amministrativo presso la Facoltà degli Studi di Giurisprudenza di Padova e Relatore della mia tesi di laurea; l'Avv. Adriano Mognon di Treviso, presso il cui studio ho collaborato per anni.

L'Uno amico dell'Altro, Entrambi Maestri di diritto.

INDICE SOMMARIO

CAPITOLO 3 IL PROCESSO CAUTELARE COLLEGIALE

CAPITOLO 4 IL PROCEDIMENTO CAUTELARE PRESIDENZIALE

CAPITOLO 5 LE SPESE DEL PROCEDIMENTO CAUTELARE

CAPITOLO 6 LA RIPROPONIBILITÀ, REVOCABILITÀ, MODIFICABILITÀ E APPELLABILITÀ DELLE MISURE CAUTELARI

CAPITOLO 7 LA DEFINIZIONE DEL GIUDIZIO IN ESITO ALL'UDIENZA CAUTELARE

CAPITOLO 8 LE MISURE CAUTELARI *ANTE CAUSAM*

CAPITOLO 9 IL PROCEDIMENTO CAUTELARE NELL'AMBITO DEL RITO ABBREVIATO

CAPITOLO 10 IL PROCEDIMENTO CAUTELARE IN MATERIA DI PROCEDURE DI AFFIDAMENTO DI PUBBLICI LAVORI, SERVIZI E FORNITURE

CAPITOLO 1

LA DISCIPLINA TRANSITORIA E LE ABROGAZIONI OPERATE DAL CODICE DEL PROCESSO AMMINISTRATIVO

Il 16 settembre 2010 segna la data di entrata in vigore del Codice del processo amministrativo che rappresenta, in materia, una vera e propria rivoluzione copernicana. La disciplina del Codice, che nasce dall'esercizio delle deleghe contenute negli artt. 44 delle leggi 18 giugno 2009, n. 69 e 7 luglio 2009, n. 88, trova immediata applicazione anche ai ricorsi già pendenti, fatta salva la previgente normativa per i termini in corso.
Molte disposizioni del Codice sono dedicate alla tutela cautelare, che può davvero definirsi il fulcro del processo amministrativo. L'entrata in vigore del Codice diventa anche il momento per fare una ricognizione della normativa vigente, direttamente o indirettamente legata a quella processuale amministrativa. Così, l'Allegato 4 al Codice, composto da 4 articoli, si occupa di apportare alcune modifiche di coordinamento alle leggi vigenti e, con la disposizione di cui all'art. 4, elenca le norme che sono o devono comunque ritenersi abrogate. Tra queste, ve ne sono molte interessanti la materia cautelare.

<u>Sommario:</u>

1 INTRODUZIONE

Il **16 settembre 2010** verrà senz'altro ricordato dagli studiosi e cultori del Diritto Amministrativo come una data storica, in quanto segnante l'entrata in vigore del Codice del processo amministrativo che, al pari di quello di procedura civile e di procedura penale disciplina il processo (e non solo) avanti gli organi giurisdizionali amministrativi (Tribunali Amministrativi Regionali e Consiglio di Stato).

Inutile dire che l'emanazione del Codice ha, anzitutto, "un valore simbolico conferendo alla disciplina del giudizio amministrativo la stessa dignità formale degli altri rami dell'ordinamento processuale, peraltro in un momento in cui è emersa (trovando riconoscimento negli importanti arresti della Corte Costituzionale...) la consapevolezza dell'equivalenza delle tutele rispettivamente apprestate.

Il codice prova un'evoluzione della 'procedura' amministrativa al 'diritto processuale' amministrativo: meccanismi tipici del nostro processo, da sempre originali, nati talvolta per esigenze contingenti di tutela, divengono oggi maturi e assurgono alla dignità di modelli del diritto processuale italiano, assicurando al processo amministrativo una 'peculiarità' nell'ambito delle discipline processuali" (1).

Come da subito notato da parte della dottrina, non si tratta, in via esclusiva, di un Codice del processo amministrativo ma di un Codice della giustizia amministrativa che ha la pretesa, non solo di codificare il processo, inteso come rito, ma di sistemare il sistema giurisdizionale amministrativo (2); Codice nel quale "*sostanza e processo*" (3) sono intimamente legati, perché la giustizia amministrativa contribuisce all'emersione dell'interesse legittimo.

La conferma di ciò si trae già dalle disposizioni contenute nell'art. 44, della l. 18 giugno 2009, n. 69 (4), che "pur delegando il Governo al riassetto del processo innanzi ai TAR ed al Consiglio di Stato, indica come elementi determinanti di esso profili dichiaratamente sostanziali (come quelli che attengono alla disciplina dei termini di decadenza o di prescrizione delle azioni esperibili), o profili che tradizionalmente sono riservati a forme di codificazione di norme sostanziali (si pensi alla disciplina delle azioni di cui all'art. 44, co., 2, lett. B, che, con riferimento a quelle esperibili di fronte al giudice ordinario, trova la propria sede nel codice civile)..." (5).

(1) Cfr. P. DE LISE, *Verso il Codice del Processo Amministrativo*, in *www.giustizia-amministrativa.it*. Si tratta del testo delle conclusioni della Tavola Rotonda, tenutasi il 21 aprile 2010, presso la Corte Suprema di Cassazione.

(2) Così V. DOMENICHELLI, nell'intervento tenutosi in occasione del Convegno del 13 marzo 2010, in Padova dal titolo "*Il Codice del processo amministrativo: prime considerazioni*". Nello stesso senso V. CARBONE, *Un ponte tra le giurisdizioni*, in (a cura di) G. PELLEGRINO, *Verso il codice del processo amministrativo*, Nel diritto editore, 2010, 219.

(3) Cfr. M. NIGRO, *Giustizia amministrativa*, Bologna, 1976, 20.

(4) Cfr. art. 44, l. 18 giugno 2009, n. 69, in Suppl. ordinario n. 95 alla *Gazz. Uff.*, 19 giugno 2009, n. 140.

(5) Cfr. S. PAJNO, *La giustizia amministrativa all'appuntamento con la codificazione* in (a cura di) G. PELLEGRINO, *Verso il codice del processo amministrativo*, Nel diritto editore, 2010, 10-11.

Ciò è tanto vero che taluno [6], per l'appunto, ha ritenuto che la legge delegata dovesse chiamarsi non già Codice del processo amministrativo, ma Codice della giustizia amministrativa.

Il Codice che ne emerge, comunque, è un Codice che, pur non eliminando l'intervento pretorio, quale strumento di costruzione della giustizia amministrativa, si presenta organizzato sistematicamente e punta alla completezza sebbene, quanto a quest'ultimo profilo, qualche perplessità potrebbe derivare, ad esempio, dall'art. 39 che rinvia, nei limiti della compatibilità, alle disposizioni del codice di procedura civile, o dagli altri rinvii che vengono operati al codice di rito (cfr. ad esempio, l'art. 26, in tema di spese di giudizio). Il Codice, infatti, dovrebbe caratterizzarsi per la completezza, nel senso che dovrebbe dare risposta a tutte le problematiche che, nella materia trattata, possono emergere. Il rinvio a norme non contenute nel Codice, pertanto, è espressione di una tecnica non consona, come si è puntualmente evidenziato: "La quantità e la rilevanza dei rinvii inducono a ritenere che, ancora oggi, a distanza, di 120 anni dall'istituzione della Sez. IV del Consiglio di Stato, il processo amministrativo è ancora vassallo del codice di procedura civile, quasi che l'elaborazione giurisprudenziale, pretoria, del giudice amministrativo e l'approfondimento scientifico non hanno ancora portato ad una sicura (e diversa) identità del processo amministrativo che appare (solo) speciale rispetto al processo civile, nella parti in cui si prevedevano regole diverse. Considerazione che è avvallata dall'art." 39 "del codice... Non, dunque, i principi del processo amministrativo (non solo quelli che si sino affermati in 120 anni di giurisprudenza e dottrina, ma anche quelli stabiliti nel codice del processo amministrativo) quasi che l'articolato non fosse ispirato ad idee di fondo ed a principi generali sui propri.

Il codice del processo amministrativo non si autocompleta, ma colma le eventuali lacune con i principi di un altro codice, procedendo all'eterointegrazione..." [7].

Fatta questa breve premessa, si può volgere lo sguardo alla struttura del Codice.

(6) Cfr. G. PELLEGRINO, *Un codice della giustizia amministrativa (più che del processo)*, in (a cura di) G. PELLEGRINO, *Verso il Codice del Processo Amministrativo*, Nel diritto editore, 2010, 76.

(7) Cfr. E. FOLLIERI, *La natura giuridica dell'articolato provvisorio denominato codice del processo amministrativo*, in www.dirittoeprocesso.com. Nello stesso senso si è espresso F.G. SCOCA in occasione del Convegno tenutosi in Padova il 26 marzo 2010, dal titolo Bozza del Codice del processo amministrativo - Libro I - Disposizioni generali.

Quest'ultimo è stato approvato dall'art. 1 del d.lgs. 2 luglio 2010, n. 104 (pubblicato in Suppl. ordinario, n. 148 alla *Gazz. Uff.*, 7 luglio 2010, n. 156), che risulta costituito da 4 Allegati.

Il primo Allegato, per l'appunto, contiene le norme del Codice, composto da 137 articoli, e suddiviso in cinque libri:

— Libro Primo - Disposizioni generali (artt. 1-39);

— Libro Secondo - Processo amministrativo di primo grado (artt. 40-90);

— Libro Terzo - Impugnazioni (artt. 91-111);

— Libro Quarto - Ottemperanza e riti speciali (artt. 112-132);

— Libro V - Norme finali (artt. 133-137).

La suddivisione in libri "è da attribuire, probabilmente, all'intenzione di emanare un codice in parallelo agli altri codici processuali, pure divisi in libri..." (8).

Si segnala, peraltro, come gli artt. 120-125 contengono la disciplina del "Rito in materia di procedure di affidamento di pubblici lavori, servizi e forniture" e costituiscono la (parziale) trasposizione del d.lgs. 20 marzo 2010, n. 53 (9) — di recepimento della Direttiva ricorsi —, entrato in vigore il 27 aprile 2010 (si rinvia al Capitolo X, Paragrafo 1), che ha inciso sul Codice dei Contratti pubblici (d.lgs. 12 aprile 2006, n. 163 (10), noto anche come Codice de Lise).

Il Secondo Allegato, composto da 16 articoli e diviso in cinque Titoli, è dedicato alla Norme di Attuazione.

Il Terzo Allegato, costituito da 3 articoli e suddiviso in due Titoli, contiene la disciplina transitoria.

Il Quarto Allegato, invece, è composto da 4 articoli ed è dedicato alle norme di coordinamento e alle abrogazioni.

Alla tutela cautelare il Codice del processo amministrativo dedica, nel complesso, differenti disposizioni, sebbene alcune delle quali contengano al loro interno anche la disciplina di altri istituti. Si possono comunque ricordare, con riferimento al processo cautelare, i seguenti articoli:

l'art. 10, comma 2;

l'art. 11, comma 7;

l'art. 15, commi 5 e 7, 8, 9 e 10;

(8) Cfr. E FOLLIERI, *La natura giuridica dell'articolato provvisorio denominato codice del processo amministrativo*, in *www.dirittoeprocesso.com*.

(9) Cfr. d.lgs. 20 marzo 2010, n. 53, in *Gazz. Uff.*, 12 aprile 2010, n. 84.

(10) Cfr. d.lgs. 12 aprile 2006, n. 163, in Suppl. ordinario n. 107 alla *Gazz. Uff.*, 2 maggio 2006, n. 100.

l'art. 16, comma 1;
l'art. 27, comma 2;
l'art. 33, comma 1, lett. *b*) e *c*);
l'art. 48, comma 2;
l'art. 55;
l'art. 56;
l'art. 57;
l'art. 58;
l'art. 59;
l'art. 60 (e l'art. 74);
l'art. 61;
l'art. 62;
l'art. 87, comma 2, lett. *a*);
l'art. 98;
l'art. 111;
l'art. 112, comma 2, lett. *b*) (e gli artt. 113 e 114);
l'art. 119, commi 3, 4, 6 e 7;
l'art. 120, commi 6 e 8;
l'art. 125, comma 2.

Le citate disposizioni verranno analizzate nell'ambito delle tematiche in cui il presente volume è stato suddiviso.

Come si può comprendere, la molteplicità dei riferimenti, all'interno del Codice, alla tutela cautelare, non fa che sottolinearne la sua importanza, soprattutto ai fini di una tutela giurisdizionale davvero effettiva; l'effettività della tutela, del resto, rientra tra i principi generali della giurisdizione amministrativa, come recita l'art. 1 ("Effettività") del Codice "La giurisdizione amministrativa assicura una tutela piena ed effettiva secondo i principi della Costituzione e del diritto europeo".

L'importanza della tutela cautelare era forse ancora più accentuata dalla previsione contenuta nell'art. 44 della II bozza di Codice precedente a quella poi approvata dal Governo, per cui "L'azione cautelare è sempre esperibile in tutti i giudizi innanzi ai tribunali amministrativi regionali e al Consiglio di Stato".

Il mancato inserimento di questa norma nel testo definitivo del Codice, non dovrebbe far comunque venir meno il carattere di generalità della tutela cautelare.

È infatti evidente che la limitazione della tutela cautelare, a particolari materie o ambiti, si rifletterebbe in senso negativo sul sistema giurisdizionale amministrativo, che potrebbe non essere in grado, senza lo strumento cautelare, di tutelare adeguatamente gli 'interessi' delle parti. Così, ad esempio, si sono nutriti forti dubbi circa la legittimità costituzionale dell'art. 3, comma 4-*bis*, d.l. 27 luglio 2005, n. 144 "Misure urgenti per il contrasto del terrorismo internazionale" (11) che recitava. "Nei confronti dei provvedimenti di espulsione, di cui al comma 1, adottati dal Ministro dell'interno, o su sua delega, non è ammessa la sospensione dell'esecuzione in sede giurisdizionale ai sensi dell'art. 21 della legge 6 dicembre 1971, n. 1034, e successive modificazioni, o dell'articolo 36 del regio decreto 17 agosto 1907, n. 642".

Il Giudice delle Leggi, investito della questione, l'aveva tuttavia dichiarata inammissibile, in quanto il rimettente non aveva chiarito se e in che modo si fosse conclusa, nel procedimento principale, la fase cautelare e, così facendo, non aveva descritto in modo compiuto la fattispecie processuale, su un punto riguardante la rilevanza della questione (12).

La norma, in ogni caso, risulta ora abrogata dall'art. 4, comma 1, n. 32 dell'Allegato IV al Codice del processo amministrativo.

Come si può comunque comprendere dalla lettura di queste iniziali pagine, la tutela cautelare è divenuta il fulcro del processo amministrativo e, secondo taluno, ha persino assunto un ruolo determinante per la trasformazione dell'oggetto del giudizio. Da giudizio sull'"atto" a giudizio sul rapporto di spettanza, in quanto non più finalizzato all'adozione di una sentenza costitutiva di annullamento ma alla verifica "di ciò che nella vicenda sarebbe comunque successo se pure le dedotte illegittimità non si fossero verificate" (13). La valorizzazione della tutela cautelare, infatti, ha contribuito ad accorciare le distanze tra amministrazione e Giudice. Invero, nella fase cautelare "il giudice non si limita ad un sommario sindacato della mera legittimità 'estrinseca' dell'atto impugnato, ma 'entra (integrandosi)... nell'amministrazione attiva', operando una piena valutazione degli interessi sostanziali in conflitto al fine di assicurare una provvisoria definizione, il tutto in un momento anteriore rispetto a quello in cui verrà successivamente definita la controversia nel merito" (14).

E in questa opera di centralizzazione della tutela cautelare, un ruolo dominante è stato svolto dalla giurisprudenza costituzionale. Si possono

(11) Cfr. art. 3, co. 4-*bis*, d.l 27 luglio 2005, n. 144, in *Gazz. Uff.*, 27 luglio 2003, n. 173, convertito con modificazioni in l. 31 luglio 2005, n. 155, in *Gazz. Uff.*, 1 luglio 2005, n. 177.

(12) Cfr. Corte Cost., 14 dicembre 2007, n. 432, in *Foro Amm, CDS*, 2007, 12, 3364.

(13) Cfr. GAROFOLI, *La giustizia amministrativa: la strada già percorsa e gli ulteriori traguardi da raggiungere*, in *www.giustamm.it*.

(14) Cfr. A. MEZZOTERO, *La tutela cautelare* ante causam *nel processo amministrativo: uno strumento di cui non si poteva davvero fare a meno?*, in *www.neldiritto.it*.

così ricordare: Corte Cost., 27 dicembre 1974, n. 284 [15], con cui si è riconosciuta la normale inerenza della tutela cautelare alla tutela giurisdizionale in genere; Corte Cost., 1 febbraio 1982, n. 8 [16], che ha riconosciuto il doppio grado di giurisdizione anche in materia cautelare; Corte Cost., 28 giugno 1985, n. 190 [17] che ha statuito, sia pur nell'ambito del settore del pubblico impiego, la necessità della natura atipica delle misure cautelari; Corte Cost. 16 luglio 1996, n. 249 [18] e 10 novembre 1999, n. 427 [19], che ha riconosciuto il carattere indeffettibile della tutela cautelare ai fini del rispetto del principio dell'effettività giurisdizionale (si rinvia al Capitolo II, Paragrafo 1).

2 I RIFLESSI, SUL PROCESSO CAUTELARE, DELLE DELEGHE PER IL RIASSETTO DELLA DISCIPLINA DEL PROCESSO AMMINISTRATIVO E PER IL RECEPIMENTO DELLA DIRETTIVA COMUNITARIA IN MATERIA DI APPALTI PUBBLICI

Come ricordato in premessa, con una **doppia delega**, contenuta negli artt. 44 delle **leggi 18 giugno 2009, n. 69** [20] e **7 luglio 2009, n. 88** [21], il Governo è stato incaricato, rispettivamente, di provvedere al riassetto della disciplina del processo amministrativo e di recepire le direttive comunitarie sulle procedure di ricorso in materia di appalti pubblici. È peraltro senz'altro significativo che "le specifiche disposizioni dei due testi legislativi contenenti le deleghe abbiano la stessa numerazione (art. 44), quasi a significare plasticamente la indiscutibile interconnessione e interferenza tra i loro contenuti" [22].

L'intervento normativo era atteso da oltre quarant'anni se si pensa che l'art. 19, l. 6 dicembre 1971, n. 1034 [23] stabiliva che "nei giudizi davanti ai tribunali amministrativi regionali, fino a quando non verrà emanata apposita legge sulla procedura, si osservano le norme di procedura

[15] Cfr. Corte Cost., 27 dicembre 1974, n. 284, in *Cons. Stato*, 1974, 1329.

[16] Cfr. Corte Cost., 1 febbraio 1982, n. 8, in *Foro It.*, 1982, I, 329.

[17] Cfr. Corte Cost., 28 giugno 1985, n. 190, in *Giur. It.*, 1985, I, 1, 1297.

[18] Cfr. Corte Cost., 16 luglio 1996, n. 249, in *Foro It.*, 1996, I, 2607.

[19] Cfr. Corte Cost., 10 novembre 1999, n. 427, in *Banca dati De Jure*, Giuffrè.

[20] Cfr. art. 44, l. 18 giugno 2009, n. 69, in *Suppl. ordinario* n. 95 alla *Gazz. Uff.*, 19 giugno 2009, n. 140.

[21] Cfr. art. 44, 7 luglio 2009, n. 88, in *Suppl. ordinario* n. 110, alla *Gazz. Uff.*, 14 luglio 2009, n. 161.

[22] Cfr. P. QUINTO, *Il nuovo processo amministrativo: la doppia delega, i due articoli 44 e l'elogio della brevità*, in *www.giustizia-amministrativa.it*, 2009, n. 8.

[23] Cfr. art. 19, l. 6 dicembre 1971, n. 1034, in *Gazz. Uff.*, 13 dicembre 1971, n. 314, ora non più vigente perché abrogato dall'art. 4, comma 1, n. 10 dell'Allegato IV, al Codice del processo amministrativo.

dinanzi alle sezioni giurisdizionali del Consiglio di Stato, in quanto non contrastanti con la presente legge". Previsione, quest'ultima, peraltro superflua perché è "del tutto ovvio che una legge sopravvenuta si impone, per il principio che regola la produzione normativa nel tempo, a quella che succede, abrogandola, ma qui il senso è quello dell'annunzio, dell'impegno a porre mano ad una legge che disciplini il processo amministrativo, quasi a rassicurare i fruitori del servizio giustizia" (24).

Per quanto qui interessa, ovvero per quanto concerne la materia cautelare, v'è da osservare che, tra i **criteri ed i principi direttivi** cui il Governo doveva attenersi nel dare esecuzione alla delega, v'erano i seguenti:

— "riordinare la tutela cautelare, anche generalizzando quella *ante causam*, nonché il procedimento cautelare innanzi al giudice amministrativo in caso di ricorso per cassazione avverso le sentenze del Consiglio di Stato, prevedendo che: 1) la domanda di tutela interinale non può essere trattata fino a quando il ricorrente non presenta istanza di fissazione di udienza per la trattazione del merito; 2) in caso di istanza cautelare *ante causam*, il ricorso introduttivo del giudizio è notificato e depositato, unitamente alla relativa istanza di fissazione di udienza per la trattazione del merito, entro i termini di decadenza previsti dalla legge o, in difetto di essi, nei sessanta giorni dalla istanza cautelare, perdendo altrimenti ogni effetto la concessa tutela interinale; 3) nel caso di accoglimento della domanda cautelare, l'istanza di fissazione di udienza non può essere revocata e l'udienza di merito è celebrata entro il termine di un anno;" (art. 44, comma 2, lett. *f*, l. 18 giugno 2009 (25));

— prevedere un "rito processuale davanti al giudice amministrativo" caratterizzato dalla "massima celerità e immediatezza" (cfr. comma 3, lettera *f*), *sub* 3, art. 44, l. 7 luglio 2009, n. 88 (26)) e disciplinare la "... sospensione della stipulazione del contratto in caso di proposizione di ricorso giurisdizionale avverso un provvedimento di aggiudicazione definitiva, accompagnato da contestuale domanda cautelare..." (cfr. art. 44, comma 3, lettera *g*), l. 7 luglio 2009, n. 88 (27)).

(24) Cfr. E. FOLLIERI, *La natura giuridica dell'articolato provvisorio denominato codice del processo amministrativo*, in *www.dirittoeprocesso.com*.

(25) Cfr. art. 44, comma 2, lett. *f*), l. 18 giugno 2009, n. 69, in *Suppl. ordinario* n. 95 alla *Gazz. Uff.*, 19 giugno 2009, n. 140.

(26) Cfr. art. 44, comma 3, lett. *f*), *sub* 3, l. 7 luglio 2009, n. 88, in *Suppl. ordinario* n. 110, alla *Gazz. Uff.*, 14 luglio 2009, n. 161.

(27) Cfr. art. 44, comma 3, lett. *g*), l. 7 luglio 2009, n. 88, in *Suppl. ordinario* n. 110, alla *Gazz. Uff.*, 14 luglio 2009, n. 161.

Innanzitutto si può notare come il Legislatore della delega, in materia cautelare si sia manifestato "molto più preciso e puntuale" (28) rispetto ad altri temi.

Volendo analizzare le disposizioni sopra richiamate, **iniziando dalla delega contenuta nella l. 18 giugno 2009, n. 69**, la novità sicuramente più importante riguardi la generalizzazione della tutela cautelare *ante causam*, prima consentita per le sole controversie relative ai contratti pubblici di cui all'art. 245, comma 3, e ss., d.lgs. 12 aprile 2006, n. 163 (29). Generalizzazione puntualmente recepita nel Codice del Processo Amministrativo all'art. 61.

Quanto allo scopo del riordino della materia cautelare questo è stato conseguito dal Legislatore delegato attraverso la suddivisione, per 'temi', delle diverse disposizioni interessanti il procedimento cautelare. Più precisamente: l'art. 55 del Codice tratta il procedimento cautelare collegiale; l'art. 56 quello presidenziale *post causam*; l'art. 61 la cautela *ante causam*; l'art. 119, (in particolare) commi 3 e 4, la tutela cautelare nell'ambito del rito abbreviato; l'art. 120 (in particolare) commi 6 e 8, la tutela cautelare *ante causam* in materia di contratti pubblici.

Accanto a questa suddivisione in tematiche principali, si possono poi individuare delle **disposizioni che**, pur nei limiti della compatibilità, **hanno valore trasversale**: (*i*) gli artt. 10 e 11, circa i rapporti tra Regolamento di giurisdizione e domanda cautelare; (*ii*) gli artt. 15 e 16, relativi alla competenza territoriale ad adottare le misure cautelari e ai rapporti tra questa e il Regolamento di competenza; (*iii*) l'art. 27, riguardante il rapporto tra il principio del contraddittorio e l'esigenza cautelare; (*iv*) l'art. 33, relativo alla forma del provvedimento cautelare; (*v*) l'art. 54, sull'inapplicabilità della sospensione feriale al processo cautelare; (*vi*) l'art. 57 in materia di spese della fase cautelare; (*vii*) l'art. 58, relativo alla riproponibilità, revocabilità, modificabilità delle misure cautelari; (*viii*) l'art. 59, sull'esecuzione delle misure cautelari; (*xi*) l'art. 87, sulla natura camerale dell'udienza cautelare.

Vi sono, infine, ulteriori **norme dedicate a specifici istituti**: (*i*) l'art. 48, concernente l'efficacia delle misure cautelari disposte in sede di Ricorso straordinario trasposto, in seguito ad opposizione, avanti il Giudice

(28) Cfr. F. TALLARO, *Appunti sul venturo Codice del processo amministrativo*, in *Giur. di Merito*, Giuffrè, 3, 2010.

(29) Cfr. art. 245, comma 3, e ss., d.lgs. 12 aprile 2006, n. 163, in *Suppl. ordinario* n. 107 alla *Gazz. Uff.*, 2 maggio 2006, n. 100. L'articolo è stato così sostituito dall'art. 3, comma, 19, lett. *d*), Allegato IV al Codice del processo amministrativo: "*La tutela giurisdizionale davanti al giudice amministrativo è disciplina dal codice del processo amministrativo*".

amministrativo; (*ii*) l'art. 60, relativo alla definizione, in sede cautelare, del giudizio; (*iii*) l'art. 62, in materia di appello cautelare; (*iv*) l'art. 98, sulla sospensione cautelare della sentenza di primo grado; (*v*) l'art. 111, sulla sospensione cautelare della sentenza del Consiglio di Stato appellata avanti la Corte di Cassazione.

"L'intervento apportato dal Codice reca", quindi, "**una sistemazione organica della materia**" **cautelare**, "Il legislatore delegato — anche per l'oggettiva circostanza che il procedimento cautelare è quantitativamente molto rilevante — riconosce autonoma dignità alla tutela cautelare dedicandogli uno specifico titolo del libro II, che la relazione al provvedimento definisce come 'un'articolata e armonica disciplina, per la prima volta completa'" (30).

La legge delega, inoltre:

— si preoccupa di specificare che la presentazione della domanda di fissazione dell'udienza di discussione deve costituire condizione di procedibilità della domanda cautelare. Specificazione prontamente recepita all'art. 55, comma 4, Codice del processo amministrativo;

— prevede un termine massimo di 60 giorni entro cui deve essere introdotto il giudizio di merito, nell'ipotesi in cui ci si sia avvalsi della tutela cautelare *ante causam*. Termine previsto dall'art. 61, comma 5, Codice del processo amministrativo che, per l'appunto, recita "il provvedimento di accoglimento perde comunque effetto ove entro quindici giorni dalla sua emanazione non venga notificato il ricorso con la domanda cautelare ad esso non sia depositato nei successivi cinque giorni corredato da istanza di fissazione di udienza.; in ogni caso la misura concessa ai sensi del presente articolo perde effetto con il decorso di 60 giorni dalla sua emissione...";

— prevede, inoltre, che l'istanza di fissazione dell'udienza di discussione non possa essere revocata una volta ottenuta una pronunzia cautelare favorevole, e dispone che l'udienza di merito, in detto caso, debba essere celebrata entro il termine di un anno dal pronunciamento. Il Codice recepisce l'irrevocabilità in modo assoluto, sia che la domanda cautelare sia stata accolta, sia che sia stata rigettata. Recita infatti l'art. 71, comma 1, del Codice: "La fissazione dell'udienza di discussione deve essere chiesta da una delle parti con apposita istanza, non revocabile, da presentare entro il termine massimo di un anno dal deposito del ricorso...". Quanto,

(30) Cfr. *Riordino del processo amministrativo — Schema di d.lgs. n. 212 (art. 44, L. 69, 2009) — Schede di lettura e riferimenti normativi*, 18 maggio 2010, in *www.camera.it*.

invece, al termine di un anno entro cui deve essere fissata l'udienza di merito, nel caso di accoglimento dell'istanza cautelare tale previsione, inizialmente inserita nell'art. 67, comma 11, della II bozza di Codice antecedente a quella approvata dal Governo il 16 aprile 2010, è scomparsa. Si prevede solo, all'art. 55, comma 11 del Codice, che "L'ordinanza con cui è disposta una misura cautelare fissa la data di discussione del ricorso nel merito. In caso di mancata fissazione dell'udienza, il Consiglio di Stato, se conferma in appello la misura cautelare, dispone che il tribunale amministrativo regionale provveda alla fissazione della stessa con priorità...".

Come si può ben comprendere, con le citate disposizioni il Legislatore della delega ha inteso "scongiurare la possibilità che alla tutela interinale non segua il giudizio di merito; sul punto, si rileva come la strada seguita in questo caso sia del tutto opposta a quella imboccata nell'ambito del processo civile, dove il nuovo art. 669-*octies* c.p.c. attenua in numerose ipotesi il vincolo di strumentalità tra la fase cautelare e quella a cognizione piena." (31).

La seconda delega (quella contenuta nell'art. 44, l. 7 luglio 2009, n. 88) (32), invece, è rivolta all'attuazione della Direttiva 2007/66/CE del Parlamento Europeo e del Consiglio, del'11 dicembre 2007, e, pertanto, al miglioramento delle procedure di ricorso in materia di aggiudicazione di appalti pubblici.

Come rilevato dal Consiglio di Stato nel Parere 1 febbraio 2010, n. 368, reso sullo schema del decreto legislativo di recepimento della Direttiva 2007/66/CE, la delega di cui all'art. 44, d.lgs. 7 luglio 2009, n. 88 (33), si caratterizza "per l'indicazione di criteri direttivi spesso molto analitici e dettagliati" e "prevede:

a) l'introduzione di un rito speciale in materia di appalti, con razionalizzazione e abbreviazione di tutti i termini vigenti, ivi compreso quello per la proposizione del ricorso che, per espressa previsione, non può essere superiore a trenta giorni;" (cfr. comma 3, lettera *f)*, *sub* 3, art. 44 cit.).

"*b)* la preclusione alla stipulazione del contratto fino alla pubblicazione del provvedimento cautelare definitivo, ovvero sino alla pubblicazione del dispositivo di primo grado, in udienza o nei successivi sette giorni, se la

(31) Cfr. F. TALLARO, *Appunti sul venturo Codice del processo amministrativo*, in *Giur. di Merito*, Giuffrè, 3, 2010.

(32) Cfr. art. 44, 7 luglio 2009, n. 88, in *Suppl. ordinario* n. 110, alla *Gazz. Uff.*, 14 luglio 2009, n. 161.

(33) Cfr. art. 44, 7 luglio 2009, n. 88, in *Suppl. ordinario* n. 110, alla *Gazz. Uff.*, 14 luglio 2009, n. 161.

causa può essere decisa nel merito nella camera di consiglio fissata per l'esame della domanda cautelare;" (cfr. comma 3, lettera *g*), art. 44 cit.);

"*c*) la privazione obbligatoria degli effetti del contratto in presenza delle violazioni molto gravi individuate dal diritto comunitario, lasciando al giudice che annulla l'aggiudicazione la scelta, in funzione del bilanciamento degli interessi coinvolti, tra privazione di effetti retroattiva o limitata alle prestazioni da eseguire;

d) l'attribuzione al giudice, in presenza delle violazioni gravi (anche queste già puntualmente indicate nella direttiva da recepire), della scelta tra privazione degli effetti del contratto (e relativa decorrenza) e sanzioni alternative;

e) l'attribuzione in tutti gli altri casi al giudice della scelta tra privazione di effetti del contratto ovvero risarcimento per equivalente del danno effettivamente subito e comprovato.

La delega per il recepimento della direttiva ricorsi contiene, inoltre, alcuni criteri in materia di accordo bonario e arbitrato, che sono temi che esulano dall'ambito della direttiva ricorsi, e sui quali non vi sono vincoli comunitari." (34).

Per quanto qui interessa, si può evidenziare come la delega preveda l'introduzione di un rito caratterizzato dalla razionalizzazione e abbreviazione dei termini vigenti, rito che, evidentemente, interessa anche la fase cautelare, ed impone che, in caso di impugnazione dell'aggiudicazione accompagnata dall'istanza cautelare, la stipulazione del contratto venga sospesa. Si tratta del c.d. *stand still period* (si rinvia al Capitolo X, Paragrafo 4).

Alla delega è stata data attuazione attraverso il d.lgs. 20 marzo 2010, n. 53 (35) che, entrato in vigore il 27 aprile 2010 (si rinvia al Capitolo X, Paragrafo 1), ha interamente ridisegnato le caratteristiche e le tempistiche del processo in materia di appalti pubblici.

Non si può nascondere che la coesistenza delle due deleghe abbia creato una certa complicazione, attesa la loro parziale sovrapposizione. La delega a scrivere il Codice del processo amministrativo (art. 44, d.lgs. 18.62009, n. 69 (36)), infatti, interessa anche la materia degli appalti pubblici a cui è dedicata, specificamente, la seconda delega, ovvero quella contenuta nell'art. 44, d.lgs. 7 luglio 2009, n. 88 (37).

(34) Cfr. Cons. Stato, Parere 1 febbraio 2010, n. 368, in *www.giustizia-amministrativa.it*.

(35) Cfr. art. 1, d.lgs. 20 marzo 2010, n. 53, in *Gazz. Uff.*, 12 aprile 2010, 84.

(36) Cfr. art. 44, l. 18 giugno 2009, n. 69, in *Suppl. ordinario* n. 95 alla *Gazz. Uff.*, 19 giugno 2009, n. 140.

(37) Cfr. art. 44, 7 luglio 2009, n. 88, in *Suppl. ordinario* n. 110, alla *Gazz. Uff.*, 14 luglio 2009, n. 161.

Si è allora posta l'esigenza "di raggiungere un assetto armonico tra i due interventi normativi, intrinsecantisi tanto sotto il profilo temporale, che sotto quello strettamente contenutistico per ciò che attiene alle regole del processo amministrativo in materia di appalti.

A fronte di tale difficoltà, atteso che — comunque — la disciplina del processo amministrativo in materia di appalti" era "tenuta a confluire nel redigendo Codice, la scelta operata dal Legislatore è stata nel senso di procedere al recepimento della Direttiva Ricorsi, mediante l'adozione del d.lgs. n. 53 del 20 marzo 2010, salvo poi prevedere il confluire delle disposizioni in esso recate nel *corpus* del Codice medesimo." (38).

E così è stato: le norme processuali che, momentaneamente, sono state inserite, attraverso il d.lgs. 20 marzo 2010, n. 53, all'interno del Codice de Lise (d.lgs. 12 aprile 2006, n. 163 (39)), hanno avuto vita breve: dal 27 aprile 2010, data di entrata in vigore del d.lgs. n. 53 del 2010 cit., sino al 16 settembre 2010, data di entrata in vigore del Codice del processo amministrativo. A decorrere da detto termine, infatti, tali disposizioni sono state trasfuse, in parte, all'interno del Codice (art. 120 e ss.) e sono invece state 'eliminate', dal Codice de Lise, dall'art. 3, comma 19, Allegato IV al Codice del processo amministrativo:

"Nel decreto legislativo 12 aprile 2006, n. 163, sono apportate le seguenti modificazioni:

a) all'articolo 11, comma 10-*ter*, le parole: "dell'articolo 245, comma 2-*quater*, primo periodo" sono sostituite dalle seguenti: "dell'articolo 14, comma 4, del codice del processo amministrativo";

b) l'articolo 243-*bis*, comma 6, è così sostituito: "6. Il diniego totale o parziale di autotutela, espresso o tacito, è impugnabile solo unitamente all'atto cui si riferisce, ovvero, se quest'ultimo è già stato impugnato, con motivi aggiunti.";

c) l'articolo 244 è sostituito dal seguente: "Art. 244. Giurisdizione.

1. Il codice del processo amministrativo individua le controversie devolute alla giurisdizione esclusiva del giudice amministrativo in materia di contratti pubblici.";

d) l'articolo 245 è sostituito dal seguente: "Art. 245. Strumenti di tutela.

(38) Cfr. B. CARUSO-G. CAUDULLO-G. SCALAMBRIERI, *Gli appalti pubblici dopo il recepimento della Direttiva Ricorsi*, EPC Libri, 2010, 35.

(39) Cfr. d.lgs. 12 aprile 2006, n. 163, in *Suppl. ordinario* n. 107 alla *Gazz. Uff.*, 2 maggio 2006, n. 100.

1. La tutela giurisdizionale davanti al giudice amministrativo è disciplinata dal codice del processo amministrativo.";

e) l'articolo 245-*bis* è sostituito dal seguente: "Art. 245-*bis*. Inefficacia del contratto in caso di gravi violazioni.

1. L'inefficacia del contratto nei casi di gravi violazioni è disciplinata dal codice del processo amministrativo.";

f) l'articolo 245-*ter* è sostituito dal seguente: "Art. 245-*ter*. Inefficacia dei contratti negli altri casi.

1. L'inefficacia del contratto nei casi diversi da quelli previsti dall'articolo 245-*bis* è disciplinata dal codice del processo amministrativo.";

g) l'articolo 245-*quater* è sostituito dal seguente: "Art. 245-*quater*. Sanzioni alternative.

1. Le sanzioni alternative applicate dal giudice amministrativo alternativamente o cumulativamente sono disciplinate dal codice del processo amministrativo.";

h) l'articolo 245-*quinquies* è sostituito dal seguente: "Art. 245-*quinquies*. Tutela in forma specifica e per equivalente.

1. La tutela in forma specifica e per equivalente è disciplinata dal codice del processo amministrativo.";

i) l'articolo 246 è sostituito dal seguente: "Art. 246. Norme processuali ulteriori per le controversie relative a infrastrutture e insediamenti produttivi.

1. La tutela giurisdizionale davanti al giudice amministrativo nelle controversie relative a infrastrutture e insediamenti produttivi è disciplinata dal codice del processo amministrativo".

Si può dunque affermare che dall'esercizio delle due deleghe è sorto il Codice del processo amministrativo redatto, peraltro, sulla base di una previsione contenuta nell'art. 14, n. 2 del r.d. 26 giugno 1924, n. 1054 (40) — che recita "Il Consiglio di Stato: ... 2) formula quei progetti di legge ed i regolamenti che gli vengono commessi dal Governo" — e richiamata espressamente dalla legge delega medesima: "Ove il Governo, nell'attuazione della delega di cui al presente articolo, intenda avvalersi della facoltà di cui all'articolo 14, numero 2, del testo unico sul Consiglio di Stato, di cui al regio decreto 26 giugno 1924, n. 1054, il Consiglio di Stato può utilizzare, al fine della stesura dell'articolato normativo, magistrati di tribunale amministrativo regionale, esperti esterni e rappresentanti del libero foro e del-

(40) Cfr. art. 14, n. 2, r.d. 26 giugno 1924, n. 1054, in *Gazz. Uff.*, 7 luglio 1924, n. 158. La norma è stata abrogata dall'art. 4, comma 1, n. 4, Allegato IV al Codice del processo amministrativo.

l'Avvocatura generale dello Stato, i quali prestano la propria attività a titolo gratuito e senza diritto al rimborso delle spese. Sugli schemi redatti dal Consiglio di Stato non è acquisito il parere dello stesso".

Il Codice del processo amministrativo, infatti, è stato elaborato da una Commissione speciale del Consiglio di Stato composta, come previsto dalla legge, oltre che, ovviamente, da Consiglieri di Stato, da Magistrati dei Tar, da autorevoli esponenti delle Corte di Cassazione, dell'Avvocatura di Stato, dell'Accademia e del Foro.

3 LA DATA DI ENTRATA IN VIGORE DEL CODICE DEL PROCESSO AMMINISTRATIVO. LA DISCIPLINA TRANSITORIA

Il Codice del processo amministrativo approvato dall'art. 1, d.lgs. 2 luglio 2010, n. 104 (pubblicato in Suppl. ordinario, n. 148 alla *Gazz. Uff.*, 7 luglio 2010, n. 151 **entra in vigore il 16 settembre 2010**. Le disposizioni del Codice, quindi, trovano applicazione a decorrere da tale data. Più precisamente ai ricorsi la cui notifica si è perfezionata successivamente al 15 settembre 2010.

L'Allegato 3, facente parte del citato decreto legislativo, come sopra ricordato, contiene però la disciplina transitoria volta a regolare i rapporti giuridici sottoposti al trapasso legislativo.

Particolarmente rilevante è la disposizione di cui all'art. 2 che recita: "**Per i termini che sono in corso alla data di entrata in vigore del codice continuano a trovare applicazione le norme previgenti**".

Questo significa che, con riferimento ai ricorsi già proposti, la nuova disciplina troverà applicazione solo dopo che saranno scaduti i termini pendenti. A titolo esemplificativo se, prima del 16 settembre 2010 è stato depositato un ricorso per l'annullamento di un provvedimento amministrativo contenente la domanda di sospensione degli effetti dello stesso, l'udienza camerale cautelare si terrà, *ex* art. 36, comma 4, r.d. 17 agosto 1907, n. 642 [41], il decimo giorno successivo alla notificazione e non già, ai sensi dell'art. 55, comma 5, Codice del processo amministrativo, successivamente "al ventesimo giorno dal perfezionamento, anche per il destinatario, dell'ultima notificazione e, altresì, al decimo giorno dal deposito del ricorso".

(41) Cfr. art. 36, comma 4, r.d. 17 agosto 1907, n. 642, in *Gazz. Uff.*, 25 settembre 1907, n. 227. La legge è stata abrogata dall'art. 4, comma 1, n. 2, Allegato IV al Codice del processo amministrativo.

Ed ancora, ove alla data del 16 settembre 2010 sia già stato notificato il ricorso con contestuale domanda cautelare, l'amministrazione e i controinteressati potranno depositare eventuali memorie, *ex* art. 36, comma 2, r.d. 17 agosto 1907, n. 642 "entro dieci giorni dalla notifica" (42) e non, invece, ai sensi dell'art. 55, comma 5, Codice del processo amministrativo, sino "a due giorni liberi prima della camera di consiglio".

Insomma il Codice del processo amministrativo avrà immediata applicazione (anche, quindi, nella parte contenente la disciplina del 'momento' cautelare), salva la guarentigia dell'applicabilità della previgente disciplina ai termini in corso. Non si assisterà, dunque, alla coesistenza di due tipologie di giudizi: quelli proposti prima del 16 settembre 2010, regolati dalla vecchia normativa, e quelli proposti dopo tale data, disciplinati dalla nuova.

La soluzione appare senz'altro condivisibile: (*i*) sia perché gli operatori del diritto hanno così la possibilità di prendere immediatamente confidenza con il nuovo processo amministrativo, e per far ciò è necessario che anche quello pendente sia trattato allo stesso modo, sia pur con la mitigazione dei termini in corso; (*ii*) sia perché si evita la complicanza di mantenere in via due discipline diverse; (*iii*) sia, infine, perché l'applicabilità della nuova disciplina anche alle vecchie cause, potrà far rilevare, con immediatezza, la bontà o meno di certe soluzioni adottate dal Legislatore quando, altrimenti, si sarebbe costretti ad attendere che le nuove cause giungano a decisione, per poter effettuare il medesimo rilievo. Se si pone allora mente all'art. 44, comma 4, l. 18 giugno 2009, n. 69 (43) nonché all'art. 44, comma 2, l. 7 luglio 2009, n. 88 (44), secondo i quali, entro il termine di due anni dalla data di entrata in vigore del Codice "potranno essere apportate le correzioni e integrazioni che l'applicazione pratica renda necessarie od opportune...", si comprende come, attraverso la descritta immediata applicabilità della nuova disciplina, sarà possibile realizzare tempestivamente tali interventi correttivi.

Alla regola sopra enunciata fa eccezione solo la previsione contenuta nell'art. 3 dell'Allegato 3 — che si ritiene opportuno ricordare, sebbene non interessi propriamente la materia cautelare — per cui non si applica agli appelli depositati prima dell'entrata in vigore del Codice la norma di

(42) Cfr. art. 36, comma 2, r.d. 17 agosto 1907, n. 642, in *Gazz. Uff.*, 25 settembre 1907, n. 227. La legge è stata abrogata dall'art. 4, comma 1, n. 2, Allegato IV al Codice del processo amministrativo.

(43) Cfr. art. 44, comma 4, l. 18 giugno 2009, n. 69, in *Suppl. ordinario* n. 95 alla *Gazz. Uff.*, 19 giugno 2009, n. 140.

(44) Cfr. art. 44, comma 2, l. 7 luglio 2009, n. 88, in *Suppl. ordinario* alla *Gazz. Uff.*, 14 luglio 2009, n. 161.

cui all'art. 101, comma 2, che recita: "Si intendono rinunciate le domande e le eccezioni dichiarate assorbite o non esaminate nella sentenza di primo grado, che non siano state espressamente riproposte nell'atto di appello o, per le parti diverse dall'appellante, con memoria depositata a pena di decadenza entro il termine per la costituzione in giudizio".

Per completezza, va inoltre ricordato che l'art. 1, dell'Allegato 3, ripropone **uno strumento deflattivo** simile a quello previsto dall'art. 9, l. 21 luglio 2000, n. 205 (45), per cui è fatto onere alle parti di presentare, entro centoottanta giorni dall'entrata in vigore del Codice, una nuova istanza di fissazione dell'udienza, sottoscritta personalmente dal ricorrente e dal suo difensore, relativamente ai ricorsi pendenti da oltre cinque anni e per i quali non sia ancora stata fissata l'udienza; il tutto, a pena di perenzione del ricorso, dichiarata con decreto del Presidente del Tribunale amministrativo regionale.

Il decreto, tuttavia può essere revocato e la causa venir re-iscritta a ruolo (una sorta di riviviscenza della stessa) se il ricorrente, entro centottanta giorni dalla comunicazione del decreto di perenzione, depositi un atto, sottoscritto sia dalla parte personalmente che dal suo difensore, notificato alle altre parti, nel quali dichiari l'interesse alla trattazione della causa.

In punto di sottoscrizione, si ricorda, peraltro, che la norma è stata interpretata rigorosamente: "Ai sensi dell'art. 9, l. n. 205 del 2000, la nuova domanda di fissazione dell'udienza, da presentare per evitare la perenzione, deve essere sottoscritta dalla parte, quindi dal soggetto che pur essendo la parte sostanziale del processo solitamente non firma i relativi atti. È alla parte sostanziale, che dispone dell'interesse dedotto in giudizio, che spetta la valutazione dell'attuale utilità della decisione; da qui l'onere di dichiarare personalmente la permanenza dell'interesse alla decisione." (46).

4 LE ABROGAZIONI INTERESSANTI LA PREVIGENTE DISCIPLINA DEL PROCESSO CAUTELARE

L'Allegato 4 al Codice è dedicato alle norme di coordinamento e di abrogazione di previgenti disposizioni.

(45) Cfr. art. 9, l. 21 luglio 2000, n. 205, in *Gazz. Uff.*, 26 luglio 2000, n. 173. La citata disposizione è stata successivamente modificata dall'art. 54, comma 1, d.l. 25 giugno 2008, n. 112 in *Suppl. ordinario* n. 152 alla *Gazz. Uff.*, 25 giugno 2008, n. 147 e dall'art. 57, comma 1, l. 18 giugno 2009, n. 69, in *Suppl. ordinario* n. 95 alla *Gazz. Uff.*, 19 giugno 2009, n. 140. Il termine di perenzione è stato così portato da 10 a 5 anni dal deposito del ricorso.

(46) Cfr. Cons. Stato, Sez. VI, 14 gennaio 2009, n. 133, in *Foro Amm., CDS*, 2009, 1, 220.

Rilevante, ai fini che qui interessa, si presenta l'art. 4, rubricato "Ulteriori abrogazioni". La norma contiene un elenco di disposizioni che sono o restano abrogate a decorrere dalla data di entrata in vigore del Codice, ovvero dal 16 settembre 2010.

Per quanto concerne la materia cautelare cesseranno quindi di avere efficacia a partire da tale data, con la salvezza dei termini pendenti, *ex* art. 2, Allegato 3 (si rinvia al Paragrafo 3 che precede), in particolare, le seguenti disposizioni:

— l'**art. 36** ("1. Le domande di sospensione della esecuzione dell'atto amministrativo, qualora non siano proposte nel ricorso, devono farsi mediante istanza diretta alla sezione giurisdizionale, a cui fu presentato il ricorso, notificata agli interessati ed all'amministrazione e depositata nella segreteria. 2. L'amministrazione e le parti interessate possono, entro dieci giorni dalla notifica, depositare e trasmettere memorie od istanze alla segreteria. 3. Il Presidente può abbreviare il termine. 4. Su tali domande la sezione pronuncia nella prima udienza dopo spirato il termine. 5. La domanda di sospensione può essere presentata per la prima volta anche all'adunanza plenaria, la quale provvede o in linea preliminare o contemporaneamente alla decisione della questione di competenza.") (47), **r.d. 17 agosto 1907, n. 642**;

— l'**art. 39** ("I ricorsi in via contenziosa non hanno effetto sospensivo. Tuttavia la esecuzione dell'atto o del provvedimento può essere sospesa per gravi ragioni, con decreto motivato dalla sezione, sopra istanza del ricorrente") (48) e l'**art. 42** ("I ricorsi principali e incidentali, le memorie, gli atti e i documenti che si producono in sede giurisdizionale, sono soggetti alle prescrizioni sancite nelle leggi sul bollo, per gli affari da trattarsi in sede di giustizia amministrativa. Gli originali delle decisioni e dei provvedimenti giurisdizionali di qualsivoglia natura emessi dal Consiglio di Stato sono esenti da bollo, ma le parti ricorrenti sono obbligate a pagare all'ufficio del registro, senza riguardo al numero dei fogli, una tassa di bollo di lire 40 per ciascun ricorso principale e di lire 18 per ciascuna domanda incidentale di sospensione, salvo rimborso a carico delle parti soccombenti che siano condannate alla rifusione delle spese. Le tasse suddette sono comprensive dell'addizionale. La presentazione dei ricorsi

(47) Cfr. art. 36, r.d. 17 agosto 1907, n. 642, in *Gazz. Uff.*, 25 settembre 1907, n. 227. La legge è stata abrogata dall'art. 4, comma 1, n. 2, Allegato IV al Codice del processo amministrativo.

(48) Cfr. art. 39, r.d. 26 giugno 1924, n. 1054, in *Gazz. Uff.*, 7 luglio 1924, n. 158. La norma è stata abrogata dall'art. 4, comma 1, n. 4, Allegato IV al Codice del processo amministrativo.

principali, compresi quelli per revocazione, e delle domande di sospensione si ha per non eseguita se non sia accompagnata dalla bolletta di ricevuta della tassa, indicata nel comma precedente. In caso di inadempimento a tale prescrizione la sezione, cui sono stati rimessi i ricorsi, ne dichiara in Camera di consiglio la decadenza. La tassa è irripetibile anche in caso di rinunzia. Gli atti indicati nel presente articolo non sono soggetti a tassa di registro.") (49), **r.d. 26 giugno 1924, n. 1054**;

— l'**art. 11** ("1. I ricorsi in via contenziosa non hanno effetto sospensivo. 2. Tuttavia l'esecuzione dell'atto o del provvedimento può essere sospesa, per gravi ragioni: con decreto motivato, dalla giunta provinciale, sopra istanza del ricorrente.") (50), l'**art. 12, comma 3** ("La presentazione dei ricorsi principali, compresi quelli per revocazione e delle domande di sospensione si ha per non eseguita se non sia accompagnata dalla bolletta di ricevuta della tassa indicata all'art. 23. In caso di inadempimento a tale prescrizione, la giunta ne dichiara in camera di consiglio la decadenza con ordinanza esente da bollo.") (51), l'**art. 23, comma 2** ("Gli originali delle decisioni e dei provvedimenti giurisdizionali di qualsivoglia natura emessi dalla giunta provinciale amministrativa, sono esenti da bollo, ma le parti ricorrenti sono obbligate a pagare all'ufficio del registro, senza riguardo al numero dei fogli, una tassa di bollo di lire 20 per ciascun ricorso principale e di lire 12 per ciascuna domanda di sospensione, salvo rimborso a carico delle parti soccombenti che siano condannate alla rifusione delle spese. La tassa suddetta è comprensiva dell'addizionale. La tassa è irripetibile anche in caso di rinuncia.") (52), **r.d. 26 giugno 1924, n. 1058**;

— l'**art. 2** ("Sulle domande incidentali di sospensione il Consiglio di Stato in sede giurisdizionale provvede, con ordinanza della Sezione o dell'Adunanza plenaria, entro i termini stabiliti dall'art. 36 del regolamento per la procedura dinanzi al Consiglio di Stato in sede giurisdizionale, approvato con r.d. 17 agosto 1907, n. 642. Tuttavia, ove il Collegio lo ravvisi necessario, possono essere uditi in Camera di consiglio, gli avvocati delle parti.") (53), **d.lgs. 5 maggio 1948, n. 642**;

(49) Cfr. art. 42, r.d. 26 giugno 1924, n. 1054, in *Gazz. Uff.*, 7 luglio 1924, n. 158. La norma è stata abrogata dall'art. 4, comma 1, n. 4, Allegato IV al Codice del processo amministrativo.

(50) Cfr. art. 11, r.d. 26 giugno 1924, n. 1058, in *Gazz. Uff.*, 7 luglio 1924, n. 158. La legge è stata abrogata dall'art. 4, comma 1, n. 5, Allegato IV al Codice del processo amministrativo.

(51) Cfr. art. 12, comma 3, r.d. 26 giugno 1924, n. 1058, in *Gazz. Uff.*, 7 luglio 1924, n. 158. La legge è stata abrogata dall'art. 4, comma 1, n. 5, Allegato IV al Codice del processo amministrativo.

(52) Cfr. art. 23, comma 2, r.d. 26 giugno 1924, n. 1058, in *Gazz. Uff.*, 7 luglio 1924, n. 158. La legge è stata abrogata dall'art. 4, comma 1, n. 5, Allegato IV al Codice del processo amministrativo.

(53) Cfr. art. 2, d.lgs. 5 maggio 1948, n. 642, in *Gazz. Uff.*, 11 giugno 1948, n. 134. La legge è stata

— l'**art. 10** ("1. Nelle discussioni delle domande incidentali di sospensione sono uditi in Camera di consiglio gli avvocati delle parti che ne abbiano fatta richiesta. 2. La richiesta può essere fatta anche nella domanda di sospensione.") (54), **l. 21 dicembre 1950, n. 1018**;

— l'**art. 21, commi 8-15** ("8. Se il ricorrente, allegando un pregiudizio grave e irreparabile derivante dall'esecuzione dell'atto impugnato, ovvero dal comportamento inerte dell'amministrazione, durante il tempo necessario a giungere ad una decisione sul ricorso, chiede l'emanazione di misure cautelari, compresa l'ingiunzione a pagare una somma, che appaiono, secondo le circostanze, più idonee ad assicurare interinalmente gli effetti della decisione sul ricorso, il tribunale amministrativo regionale si pronuncia sull'istanza con ordinanza emessa in camera di consiglio. Nel caso in cui dall'esecuzione del provvedimento cautelare derivino effetti irreversibili il giudice amministrativo può altresì disporre la prestazione di una cauzione, anche mediante fideiussione, cui subordinare la concessione o il diniego della misura cautelare. La concessione o il diniego della misura cautelare non può essere subordinata a cauzione quando la richiesta cautelare attenga ad interessi essenziali della persona quali il diritto alla salute, alla integrità dell'ambiente, ovvero ad altri beni di primario rilievo costituzionale. L'ordinanza cautelare motiva in ordine alla valutazione del pregiudizio allegato, ed indica i profili che, ad un sommario esame, inducono a una ragionevole previsione sull'esito del ricorso. I difensori delle parti sono sentiti in camera di consiglio, ove ne facciano richiesta. 9. Prima della trattazione della domanda cautelare, in caso di estrema gravità ed urgenza, tale da non consentire neppure la dilazione fino alla data della camera di consiglio, il ricorrente può, contestualmente alla domanda cautelare o con separata istanza notificata alle controparti, chiedere al presidente del tribunale amministrativo regionale, o della sezione cui il ricorso è assegnato, di disporre misure cautelari provvisorie. Il presidente provvede con decreto motivato, anche in assenza di contraddittorio. Il decreto è efficace sino alla pronuncia del collegio, cui l'istanza cautelare è sottoposta nella prima camera di consiglio utile. Le predette disposizioni si applicano anche dinanzi al Consiglio di Stato, in caso di appello contro un'ordinanza cautelare e in caso di domanda di sospensione della sentenza appellata. 10. In sede di decisione

abrogata dall'art. 4, comma 1, n. 7, Allegato IV al Codice del processo amministrativo.

(54) Cfr. art. 10, l. 21 dicembre 1950, n. 1018, in *Gazz. Uff.*, 30 dicembre 1950, n. 298. La norma è stata abrogata dall'art. 4, comma 1, n. 8, Allegato IV al Codice del processo amministrativo.

della domanda cautelare, il tribunale amministrativo regionale, accertata la completezza del contraddittorio e dell'istruttoria ed ove ne ricorrano i presupposti, sentite sul punto le parti costituite, può definire il giudizio nel merito a norma dell'articolo 26. Ove necessario, il tribunale amministrativo regionale dispone l'integrazione del contraddittorio e fissa contestualmente la data della successiva trattazione del ricorso a norma del comma undicesimo; adotta, ove ne sia il caso, le misure cautelari interinali. 11. Con l'ordinanza che rigetta la domanda cautelare o l'appello contro un'ordinanza cautelare ovvero li dichiara inammissibili o irricevibili, il giudice può provvedere in via provvisoria sulle spese del procedimento cautelare. 12. L'ordinanza del tribunale amministrativo regionale di accoglimento della richiesta cautelare comporta priorità nella fissazione della data di trattazione del ricorso nel merito. 13. La domanda di revoca o modificazione delle misure cautelari concesse e la riproposizione della domanda cautelare respinta sono ammissibili solo se motivate con riferimento a fatti sopravvenuti. 14. Nel caso in cui l'amministrazione non abbia prestato ottemperanza alle misure cautelari concesse, o vi abbia adempiuto solo parzialmente, la parte interessata può, con istanza motivata e notificata alle altre parti, chiedere al tribunale amministrativo regionale le opportune disposizioni attuative. Il tribunale amministrativo regionale esercita i poteri inerenti al giudizio di ottemperanza al giudicato, di cui all'articolo 27, primo comma, numero 4), del testo unico delle leggi sul Consiglio di Stato, approvato con regio decreto 26 giugno 1924, n. 1054, e successive modificazioni, e dispone l'esecuzione dell'ordinanza cautelare indicandone le modalità e, ove occorra, il soggetto che deve provvedere. 15. Le disposizioni dei precedenti commi si applicano anche nei giudizi avanti al Consiglio di Stato.") [55], l'**art. 23, comma 8** ("I documenti e gli atti prodotti davanti al tribunale amministrativo regionale non possono essere ritirati dalle parti prima che il giudizio sia definito con sentenza passata in giudicato e, nel caso di appello, sono trasmessi senza indugio al giudice di secondo grado unitamente al fascicolo d'ufficio. Mediante ordinanza può altresì essere disposta dal presidente della sezione, anche su istanza di parte, l'acquisizione dei documenti e degli atti e mezzi istruttori già acquisiti dal giudice di primo grado. Nel caso di appello con richiesta di sospensione della sentenza impugnata ovvero di impugnazione del provvedimento cautelare la parte ha diritto al rilascio di copia

(55) Cfr. art. 21, commi 8-15, l. 6 dicembre 1971, n. 1034, in *Gazz. Uff.*, 13 dicembre 1971, n. 314. La norma è stata abrogata dall'art. 4, comma 1, n. 10, Allegato IV al Codice del processo amministrativo.

conforme dei documenti e degli atti prodotti.") [56], l'**art. 23-*bis*, commi 3, 4, 5** e **7** ("3. Salva l'applicazione dell'articolo 26, quarto comma, il tribunale amministrativo regionale chiamato a pronunciarsi sulla domanda cautelare, accertata la completezza del contraddittorio ovvero disposta l'integrazione dello stesso ai sensi dell'articolo 21, se ritiene ad un primo esame che il ricorso evidenzi l'illegittimità dell'atto impugnato e la sussistenza di un pregiudizio grave e irreparabile, fissa con ordinanza la data di discussione nel merito alla prima udienza successiva al termine di trenta giorni dalla data di deposito dell'ordinanza. In caso di rigetto dell'istanza cautelare da parte del tribunale amministrativo regionale, ove il Consiglio di Stato riformi l'ordinanza di primo grado, la pronunzia di appello è trasmessa al tribunale amministrativo regionale per la fissazione dell'udienza di merito. In tale ipotesi, il termine di trenta giorni decorre dalla data di ricevimento dell'ordinanza da parte della segreteria del tribunale amministrativo regionale che ne dà avviso alle parti. 4. Nel giudizio cautelare di cui al comma 3 le parti possono depositare documenti entro il termine di quindici giorni dal deposito o dal ricevimento delle ordinanze di cui al medesimo comma e possono depositare memorie entro i successivi dieci giorni. 5. Con le ordinanze di cui al comma 3, in caso di estrema gravità ed urgenza, il tribunale amministrativo regionale o il Consiglio di Stato possono disporre le opportune misure cautelari, enunciando i profili che, ad un sommario esame, inducono a una ragionevole probabilità sul buon esito del ricorso...7. Il termine per la proposizione dell'appello avverso la sentenza del tribunale amministrativo regionale pronunciata nei giudizi di cui al comma 1 è di trenta giorni dalla notificazione e di centoventi giorni dalla pubblicazione della sentenza. La parte può, al fine di ottenere la sospensione dell'esecuzione della sentenza, proporre appello nel termine di trenta giorni dalla pubblicazione del dispositivo, con riserva dei motivi, da proporre entro trenta giorni dalla notificazione ed entro centoventi giorni dalla comunicazione della pubblicazione della sentenza.") [57], l'**art. 30, comma 3** ("Nei giudizi innanzi ai tribunali amministrativi è ammessa domanda di regolamento preventivo di giurisdizione a norma dell'articolo 41 del codice di procedura civile. La proposizione di tale istanza non preclude l'esame della domanda di sospen-

(56) Cfr. art. 23, comma 8, l. 6 dicembre 1971, n. 1034, in *Gazz. Uff.*, 13 dicembre 1971, n. 314.La norma è stata abrogata dall'art. 4, comma 1, n. 10, Allegato IV al Codice del processo amministrativo.

(57) Cfr. art. 23-*bis*, commi 3, 4, 5 e 7, l. 6 dicembre 1971, n. 1034, in *Gazz. Uff.*, 13 dicembre 1971, n. 314.La norma è stata abrogata dall'art. 4, comma 1, n. 10, Allegato IV al Codice del processo amministrativo.

sione del provvedimento impugnato.") [58], l'**art. 33** ("1. Le sentenze dei tribunali amministrativi regionali sono esecutive. 2. Il ricorso in appello al Consiglio di Stato non sospende l'esecuzione della sentenza impugnata. 3. Il Consiglio di Stato, tuttavia, su istanza di parte, qualora dall'esecuzione della sentenza possa derivare un danno grave e irreparabile, può disporre, con ordinanza motivata emessa in camera di consiglio, che la esecuzione sia sospesa. 4. Sull'istanza di sospensione il Consiglio di Stato provvede nella sua prima udienza successiva al deposito del ricorso. I difensori delle parti devono essere sentiti in camera di consiglio, ove ne facciano richiesta. 5. Per l'esecuzione delle sentenze non sospese dal Consiglio di Stato il tribunale amministrativo regionale esercita i poteri inerenti al giudizio di ottemperanza al giudicato di cui all'articolo 27, primo comma, numero 4), del testo unico delle leggi sul Consiglio di Stato, approvato con regio decreto 26 giugno 1924, n. 1054, e successive modificazioni.") [59], **l. 6 dicembre 1971, n. 1034**;

— l'**art. 10 commi 2-*sexies*-2-*octies*** ("2-*sexies*. Nei confronti dei provvedimenti della commissione centrale con cui vengono modificate o revocate le speciali misure di protezione anche se di tipo urgente o provvisorio a norma dell'articolo 13, comma 1, l'ordinanza di sospensione cautelare emessa ai sensi dell'articolo 21 della legge 6 dicembre 1971, n. 1034, e successive modificazioni, o dell'articolo 36 del regio decreto 17 agosto 1907, n. 642, ha efficacia non superiore a sei mesi. Con l'ordinanza il giudice fissa, anche d'ufficio, l'udienza per la discussione di merito del ricorso che deve avvenire entro i quattro mesi successivi; il dispositivo della sentenza è pubblicato entro sette giorni dalla data dell'udienza con deposito in cancelleria. I termini processuali sono ridotti alla metà. 2-*septies*. Nel termine entro il quale può essere proposto il ricorso giurisdizionale ed in pendenza del medesimo il provvedimento di cui al comma 2-*sexies* rimane sospeso sino a contraria determinazione del giudice in sede cautelare o di merito. 2-*octies*. I magistrati componenti della commissione centrale non possono esercitare funzioni giudicanti nei procedimenti cui partecipano a qualsiasi titolo i soggetti nei cui confronti la commissione, con la loro partecipazione, ha deliberato sull'applicazione della misura di protezione") [60] **d.l. 15 gennaio 1991, n. 8, conv. in l. 15 marzo**

[58] Cfr. art. 30, comma 3, l. 6 dicembre 1971, n. 1034, in *Gazz. Uff.*, 13 dicembre 1971, n. 314. La norma è stata abrogata dall'art. 4, comma 1, n. 10, Allegato IV al Codice del processo amministrativo.

[59] Cfr. art. 33, l. 6 dicembre 1971, n. 1034, in *Gazz. Uff.*, 13 dicembre 1971, n. 314. La norma è stata abrogata dall'art. 4, comma 1, n. 10, Allegato IV al Codice del processo amministrativo.

[60] Cfr. art. 10, commi 2-*sexies*-2-*octies*, d.l. 15 gennaio 1991, n. 8, in *Gazz. Uff.*, 15 gennaio

1991, n. 82. Ai sensi dell'art. 3, n. 4, Allegato 4 al Codice del processo amministrativo l'art. 10, comma 2-*quinquies*, del citato d.l. è sostituito dal seguente: "La tutela avverso i provvedimenti della commissione centrale con cui vengono applicate, modificate o revocate le speciali misure di protezione anche se di tipo urgente o provvisorio a norma dell'articolo 13, comma 1, è disciplinata dal codice del processo amministrativo";

— **art. 145, commi 4-8** ("4. Contro il provvedimento che applica la sanzione è ammessa opposizione alla corte di appello di Roma. L'opposizione deve essere notificata all'autorità che ha emesso il provvedimento nel termine di trenta giorni dalla data di comunicazione del provvedimento impugnato e deve essere depositata presso la cancelleria della corte di appello entro trenta giorni dalla notifica. 5. L'opposizione non sospende l'esecuzione del provvedimento. La corte di appello, se ricorrono gravi motivi, può disporre la sospensione con decreto motivato. 6. La corte di appello, su istanza delle parti, fissa i termini per la presentazione di memorie e documenti, nonché per consentire l'audizione anche personale delle parti. 7. La corte di appello decide sull'opposizione in camera di consiglio, sentito il pubblico ministero, con decreto motivato. 8. Copia del decreto è trasmessa, a cura della cancelleria della corte di appello, all'autorità che ha emesso il provvedimento, anche ai fini della pubblicazione per estratto nel bollettino previsto dall'articolo") (61) **d.lgs. 1 settembre 1993, n. 385**, (Testo unico delle leggi in materia bancaria e creditizia);

— l'**art. 187-*septies*, commi 4-8** ("4. Avverso il provvedimento di applicazione delle sanzioni previste dal presente capo può proporsi, nel termine di sessanta giorni dalla comunicazione, ricorso in opposizione alla corte d'appello nella cui circoscrizione è la sede legale o la residenza dell'opponente. Se l'opponente non ha la sede legale o la residenza nello Stato, è competente la corte d'appello del luogo in cui è stata commessa la violazione. Quando tali criteri non risultano applicabili, è competente la corte d'appello di Roma. Il ricorso deve essere notificato alla CONSOB e depositato presso la cancelleria della corte d'appello nel termine di trenta giorni dalla notificazione. 5. L'opposizione non sospende l'esecuzione del provvedimento. La corte d'appello, se ricorrono gravi motivi,

1991, n. 12, conv. in l. 15 marzo 1991, n. 82, in *Gazz. Uff.*, 16 marzo 1991, n. 64. La norma è stata abrogata dall'art. 4, comma 1, n. 15, Allegato IV al Codice del processo amministrativo.

(61) Cfr. art. 145, commi 4-8, d.lgs. 1 settembre 1993, n. 385, in *Gazz. Uff.*, 30 settembre 1993, n. 230. La norma è stata abrogata dall'art. 4, comma 1, n. 17, Allegato IV al Codice del processo amministrativo.

può disporre la sospensione con decreto motivato. 6. Il giudizio di opposizione si svolge nelle forme previste dall'art. 23 della legge 24 novembre 1981, n. 689, in quanto compatibili. 7. Copia della sentenza è trasmessa a cura della cancelleria della corte d'appello alla CONSOB ai fini della pubblicazione per estratto nel Bollettino di quest'ultima. 8. Alle sanzioni amministrative pecuniarie previste dal presente capo non si applica l'art. 16 della legge 24 novembre 1981, n. 689") (62), l'**art. 195, commi 4-8** ("4. Avverso il provvedimento di applicazione delle sanzioni previste dal presente titolo è ammessa opposizione alla corte d'appello del luogo in cui ha sede la società o l'ente cui appartiene l'autore della violazione ovvero, nei casi in cui tale criterio non sia applicabile, del luogo in cui la violazione è stata commessa. L'opposizione deve essere notificata all'Autorità che ha adottato il provvedimento entro trenta giorni dalla sua comunicazione e deve essere depositata presso la cancelleria della corte d'appello entro trenta giorni dalla notifica. 5. L'opposizione non sospende l'esecuzione del provvedimento. La corte d'appello, se ricorrono gravi motivi, può disporre la sospensione con decreto motivato. 6. La corte d'appello, su istanza delle parti, può fissare termini per la presentazione di memorie e documenti, nonché consentire l'audizione anche personale delle parti. 7. La corte d'appello decide sull'opposizione in camera di consiglio, sentito il pubblico ministero, con decreto motivato. 8. Copia del decreto è trasmessa a cura della cancelleria della corte d'appello all'Autorità che ha adottato il provvedimento ai fini della pubblicazione, per estratto, nel Bollettino di quest'ultima.") (63), **d.lgs. 24 febbraio 1998, n. 58**, rubricato "Testo unico delle disposizioni in materia di intermediazione finanziaria" (T.U.F. Draghi — Testo Unico Finanza);

— l'**art. 4, comma 3** ("3. L'ordinanza di sospensione cautelare dei provvedimenti di trasferimento e destinazione d'ufficio di magistrati ordinari, emessa ai sensi dell'articolo 21, ultimo comma, della legge 6 dicembre 1971, n. 1034, deve esporre le ragioni del danno grave e irreparabile su cui è basata ed ha efficacia non superiore a due mesi. Con l'ordinanza il giudice fissa, anche d'ufficio, l'udienza per la discussione di merito del ricorso, che deve avvenire entro i due mesi successivi; il dispositivo della sentenza è pubblicato entro sette giorni dalla data dell'udienza con depo-

(62) Cfr. art. 187-*septies*, commi 4-8, d.lgs. 24 febbraio 1998, n. 58, in *Gazz. Uff.*, 26 marzo 1998, n. 71. La norma è stata abrogata dall'art. 4, comma 1, n. 19, Allegato IV al Codice del processo amministrativo.

(63) Cfr. art. 195, commi 4-8, d.lgs. 24 febbraio 1998, n. 58, in *Gazz. Uff.*, 26 marzo 1998, n 71. La norma è stata abrogata dall'art. 4, comma 1, n. 19, Allegato IV al Codice del processo amministrativo.

sito in cancelleria. I termini processuali sono ridotti alla metà") (64), **l. 4 maggio 1998, n. 133** rubricata "Incentivi ai magistrati trasferiti d'ufficio a sedi disagiate e introduzione delle tabelle infradistrettuali";

— l'**art. 10, comma 10** ("10. I provvedimenti dell'Autorità di cui al presente articolo possono essere impugnati dinanzi al Tribunale amministrativo regionale (TAR) del Lazio entro trenta giorni dalla comunicazione dei provvedimenti stessi. In caso di inerzia dell'Autorità, entro lo stesso termine i soggetti interessati possono chiedere al TAR del Lazio, anche in sede cautelare, la condanna dell'Autorità stessa a provvedere entro tre giorni dalla pronunzia. In caso di richiesta cautelare, i soggetti interessati possono trasmettere o depositare memorie entro cinque giorni dalla notifica. Il TAR del Lazio, indipendentemente dalla suddivisione del tribunale in sezioni, si pronunzia sulla domanda di sospensione nella prima camera di consiglio dopo la scadenza del termine di cui al precedente periodo, e comunque non oltre il settimo giorno da questo. Le stesse regole si applicano per l'appello dinanzi al Consiglio di Stato.") (65) e l'**art. 11-*quinquies*, comma 4** ("4. I provvedimenti dell'Autorità di cui al presente articolo possono essere impugnati dinanzi agli organi di giustizia amministrativa in sede di giurisdizione esclusiva, ai sensi dell'articolo 23-*bis* della legge 6 dicembre 1971, n. 1034. La competenza di primo grado è attribuita in via esclusiva ed inderogabile al tribunale amministrativo regionale del Lazio, con sede in Roma.") (66), **l. 22 febbraio 2000, n. 28**, rubricata "Disposizioni per la parità di accesso ai mezzi di informazione durante le campagne elettorali e referendarie e per la comunicazione politica" (*par condicio*);

— l'**art. 3, comma 4** ("4. Nell'ambito del ricorso straordinario al Presidente della Repubblica può essere concessa, a richiesta del ricorrente, ove siano allegati danni gravi e irreparabili derivanti dall'esecuzione dell'atto, la sospensione dell'atto medesimo. La sospensione è disposta con atto motivato del Ministero competente ai sensi dell'art. 8 del decreto del Presidente della Repubblica 24 novembre 1971, n. 1199, su conforme parere del Consiglio di Stato.") (67), **l. 21 luglio 2000, n. 205** (gli altri ar-

(64) Cfr. art. 4, comma 3, l. 4 maggio 1998, n. 133, in *Gazz. Uff.*, 8 maggio 1998, n. 105. La norma è stata abrogata dall'art. 4, comma 1, n. 21, Allegato IV al Codice del processo amministrativo.

(65) Cfr. art. 10, comma 10, l. 22 febbraio 2000, n. 28, in *Gazz. Uff.*, 22 febbraio 2000, n. 43. La norma è stata abrogata dall'art. 4, comma 1, n. 22, Allegato IV al Codice del processo amministrativo.

(66) Cfr. art. 11 *quinquies*, comma 4, l. 22 febbraio 2000, n. 28, in *Gazz. Uff.*, 22 febbraio 2000, n. 43. La norma è stata abrogata dall'art. 4, comma 1, n. 22, Allegato IV al Codice del processo amministrativo.

(67) Cfr. art. 3, comma 4, l. 21 luglio 2000, n. 205, in *Gazz. Uff.*, 26 luglio 2000, n. 173. La norma è stata abrogata dall'art. 4, comma 1,

ticoli abrogati, ed interessanti la materia cautelare, sono stati considerati quando si è dato atto dell'abrogazione delle disposizioni di cui alla l. 6 dicembre 1971, n. 1034 e di cui al r.d. 17 agosto 1907, n. 642, modificati, per l'appunto, dalla l. 21 luglio 2000, n. 205);

— l'**art. 3, commi 2, 3** e **4** ("2. La competenza di primo grado spetta in via esclusiva, anche per l'emanazione di misure cautelari, al tribunale amministrativo regionale del Lazio con sede in Roma. Le questioni di competenza di cui al presente comma sono rilevabili d'ufficio. 3. Davanti al giudice amministrativo il giudizio è definito con sentenza succintamente motivata ai sensi dell'articolo 26 della legge 6 dicembre 1971, n. 1034, e si applicano i commi 2 e seguenti dell'articolo 23-*bis* della stessa legge. 4. Le norme di cui ai commi 1, 2 e 3 si applicano anche ai processi in corso e l'efficacia delle misure cautelari emanate da un tribunale amministrativo diverso da quello di cui al comma 2 è sospesa fino alla loro conferma, modifica o revoca da parte del tribunale amministrativo regionale del Lazio con sede in Roma, cui la parte interessata può riproporre il ricorso e l'istanza cautelare entro il termine di cui all'articolo 31, comma undicesimo, della legge 6 dicembre 1971, n. 1034, decorrente dalla data di entrata in vigore del presente decreto e ridotto alla metà") (68), **d.l. 19 agosto 2003, n. 220, conv. in l. 17 ottobre 2003, n. 280**, rubricato "Disposizioni urgenti in materia di giustizia sportiva";

— l'**art. 1, comma 552** ("552. Le controversie aventi ad oggetto le procedure ed i provvedimenti in materia di impianti di generazione di energia elettrica di cui al decreto-legge 7 febbraio 2002, n. 7, convertito, con modificazioni, dalla legge 9 aprile 2003, n. 55, e le relative questioni risarcitorie sono devolute alla giurisdizione esclusiva del giudice amministrativo. Alle controversie di cui al presente comma si applicano le disposizioni di cui all'articolo 23-*bis* della legge 6 dicembre 1971, n. 1034") (69), **l. 30 dicembre 2004, n. 311**, rubricata "Finanziaria 2005";

— l'**art. 3, comma 4-*bis*** ("4-*bis*. Nei confronti dei provvedimenti di espulsione, di cui al comma 1, adottati dal Ministro dell'interno, o su sua delega, non è ammessa la sospensione dell'esecuzione in sede giurisdizio-

n. 23, Allegato IV al Codice del processo amministrativo.

(68) Cfr. art. 3, commi 2, 3 e 4, d.l. 19 agosto 2003, n. 220, in *Gazz. Uff.*, 20 agosto 2003, n. 192, conv. in l. 17 ottobre 2003, n. 280, in *Gazz. Uff.*, 18 ottobre 2003, n. 243. La norma è stata abrogata dall'art. 4, comma 1, n. 29, Allegato IV al Codice del processo amministrativo.

(69) Cfr. art. 1, comma 552, l. 30 dicembre 2004, n. 311, in *Gazz. Uff.*, 31 dicembre 2004, n. 306. La norma è stata abrogata dall'art. 4, comma 1, n. 30, Allegato IV al Codice del processo amministrativo.

nale ai sensi dell'articolo 21 della legge 6 dicembre 1971, n. 1034, e successive modificazioni, o dell'articolo 36 del regio decreto 17 agosto 1907, n. 642".) (70), **d.l. 27 luglio 2005, n. 144, conv. in l. 31 luglio 2005, n. 155**, rubricato "Misure urgenti per il contrasto del terrorismo internazionale";

— l'**art. 3, commi 2-*bis*, 2-*ter* e 2-*quater*** ("2-*bis*. In tutte le situazioni di emergenza dichiarate ai sensi dell'articolo 5, comma 1, della legge 24 febbraio 1992, n. 225, la competenza di primo grado a conoscere della legittimità delle ordinanze adottate e dei consequenziali provvedimenti commissariali spetta in via esclusiva, anche per l'emanazione di misure cautelari, al tribunale amministrativo regionale del Lazio, con sede in Roma. 2-*ter*. Le questioni di cui al comma 2-*bis* sono rilevate d'ufficio. Davanti al giudice amministrativo il giudizio è definito con sentenza succintamente motivata ai sensi dell'art. 26 della legge 6 dicembre 1971, n. 1034, e successive modificazioni, trovando applicazione i commi 2 e seguenti dell'articolo 23-*bis* della stessa legge d.l. 30 novembre 2005, n. 245, conv. in l. 27 gennaio 2006, n. 21. 2-*quater*. Le norme di cui ai commi 2-*bis* e 2-*ter* si applicano anche ai processi in corso. L'efficacia delle misure cautelari adottate da un tribunale amministrativo diverso da quello di cui al camma 2-*bis* permane fino alla loro modifica o revoca da parte del tribunale amministrativo regionale del Lazio, con sede in Roma, cui la parte interessata può riproporre il ricorso") (71) **d.l. 30 novembre 2005, n. 245, conv. in l. 27 gennaio 2006, n. 21**, rubricato "Misure straordinarie per fronteggiare l'emergenza nel settore dei rifiuti nella regione Campania ed ulteriori disposizioni in materia di protezione civile";

— l'**art. 4** ("1. Ferme restando le disposizioni di cui all'articolo 3 del decreto legge 30 novembre 2005, n. 245, convertito, con modificazioni, dalla legge 27 gennaio 2006, n. 21, con le risorse umane e strumentali previste a legislazione vigente, sono devolute alla giurisdizione esclusiva del giudice amministrativo tutte le controversie, anche in ordine alla fase cautelare, comunque attinenti alla complessiva azione di gestione dei rifiuti, seppure posta in essere con comportamenti dell'amministrazione pubblica o dei soggetti alla stessa equiparati. La giurisdizione di cui sopra

(70) Cfr. art. 3, comma 4-*bis*, d.l. 27 luglio 2005, n. 144, in *Gazz. Uff.*, 27 luglio 2005, n. 173, conv. in l. 31 luglio 2005, n. 155, in Gazz Uff. 1 agosto 2005, n. 177. La norma è stata abrogata dall'art. 4, comma 1, n. 32, Allegato IV al Codice del processo amministrativo.

(71) Cfr. art. 3, commi 2-*bis*, 2-*ter* e 2-*quater*, d.l. 30 novembre 2005, n. 245, in *Gazz. Uff.*, 30 novembre 2005, n. 279, conv. in l. 27 gennaio 2006, n. 21, in *Gazz. Uff.*, 28 gennaio 2006, n. 23. La norma è stata abrogata dall'art. 4, comma 1, n. 34, Allegato IV al Codice del processo amministrativo.

si intende estesa anche alle controversie relative a diritti costituzionalmente tutelati. 2. Le misure cautelari, adottate da una autorità giudiziaria diversa da quella di cui al comma 1, cessano di avere effetto ove non riconfermate entro trenta giorni dalla data di entrata in vigore del presente decreto dall'autorità giudiziaria competente ai sensi del presente articolo.") [72], **d.l. 23 maggio 2008, n. 90, conv. in l. 14 luglio 2008, n. 123**;

— l'**art. 20, comma 8** ("8. I provvedimenti adottati ai sensi del presente articolo sono comunicati agli interessati a mezzo fax o posta elettronica all'indirizzo da essi indicato. L'accesso agli atti del procedimento è consentito entro dieci giorni dall'invio della comunicazione del provvedimento. Il termine per la notificazione del ricorso al competente Tribunale amministrativo regionale avverso i provvedimenti emanati ai sensi del presente articolo è di trenta giorni dalla comunicazione o dall'avvenuta conoscenza, comunque acquisita. Il ricorso principale va depositato presso il Tar entro cinque giorni dalla scadenza del termine di notificazione del ricorso; in luogo della prova della notifica può essere depositata attestazione dell'ufficiale giudiziario che il ricorso è stato consegnato per le notifiche; la prova delle eseguite notifiche va depositata entro cinque giorni da quando è disponibile. Le altre parti si costituiscono entro dieci giorni dalla notificazione del ricorso principale e entro lo stesso termine possono proporre ricorso incidentale; il ricorso incidentale va depositato con le modalità e termini previsti per il ricorso principale. I motivi aggiunti possono essere proposti entro dieci giorni dall'accesso agli atti e vanno notificati e depositati con le modalità previste per il ricorso principale. Il processo viene definito ad una udienza da fissarsi entro 15 giorni dalla scadenza del termine per la costituzione delle parti diverse dal ricorrente; il dispositivo della sentenza è pubblicato in udienza; la sentenza è redatta in forma semplificata, con i criteri di cui all'articolo 26, quarto comma, della legge 6 dicembre 1971, n. 1034. Le misure cautelari e l'annullamento dei provvedimenti impugnati non possono comportare, in alcun caso, la sospensione o la caducazione degli effetti del contratto già stipulato, e in caso di annullamento degli atti della procedura, il giudice può esclusivamente disporre il risarcimento degli eventuali danni, ove comprovati, solo per equivalente. Il risarcimento per equivalente del

[72] Cfr. art. 4, d.l. 23 maggio 2008, n. 90, in *Gazz. Uff.*, 23 maggio 2008, n. 120, conv. in l. 14 luglio 2008, n. 123, in *Gazz. Uff.*, 16 luglio 2008, n. 165. La norma è stata abrogata dall'art. 4, comma 1, n. 39, Allegato IV al Codice del processo amministrativo.

danno comprovato non può comunque eccedere la misura del decimo dell'importo delle opere che sarebbero state eseguite se il ricorrente fosse risultato aggiudicatario, in base all'offerta economica presentata in gara. Se la parte soccombente ha agito o resistito in giudizio con mala fede o colpa grave si applicano le disposizioni di cui all'articolo 96 del codice di procedura civile. Per quanto non espressamente disposto dal presente articolo, si applica l'articolo 23-*bis* della legge 6 dicembre 1971, n. 1034 e l'articolo 246 del decreto legislativo 12 aprile 2006, n. 163 e successive modificazioni. Dall'attuazione del presente comma non devono derivare nuovi o maggiori oneri a carico della finanza pubblica) (73) **d.l. 29 novembre 2008, n. 185, conv. in l. 28 gennaio 2009, n. 2** (resta fermo, tuttavia, quanto previsto dall'art. 15, comma 4, d.lgs. 20 marzo 2010, n. 53 (74): "Resta ferma la disciplina di cui all'articolo 20, comma 8, del decreto legge 29 novembre 2008, n. 185, convertito, con modificazioni, dalla legge 28 gennaio 2009, n. 2, limitatamente agli interventi previsti nel citato articolo 20, per i quali siano già stati nominati i relativi commissari o vengano nominati entro novanta giorni dalla data di entrata in vigore del presente decreto.");

l'**art. 41** ("1. Sono devolute alla giurisdizione esclusiva del giudice amministrativo e attribuite alla competenza del tribunale amministrativo regionale del Lazio, con sede in Roma, tutte le controversie, anche in relazione alla fase cautelare e alle eventuali questioni risarcitorie, comunque attinenti alle procedure e ai provvedimenti dell'amministrazione pubblica o dei soggetti alla stessa equiparati concernenti la produzione di energia elettrica da fonte nucleare, i rigassificatori, i gasdotti di importazione, le centrali termoelettriche di potenza termica superiore a 400 MW nonché quelle relative ad infrastrutture di trasporto ricomprese o da ricomprendere nella rete di trasmissione nazionale o rete nazionale di gasdotti. 2. Per le controversie di cui al presente articolo trovano applicazione le disposizioni processuali di cui all'articolo 23-*bis* della legge 6 dicembre 1971, n. 1034. 3. Le questioni di cui al comma 1 sono rilevate d'ufficio. 4. Sono fatte salve le disposizioni in materia di competenza territoriale di cui al comma 25 dell'articolo 2 della legge 14 novembre 1995, n. 481. 5. Le norme del presente articolo si applicano anche ai processi in corso alla

(73) Cfr. art. 20, comma 8, d.l. 29 novembre 2008, n. 185, in *Gazz. Uff.*, 29 novembre 2008, n. 280, conv. in l. 28 gennaio 2009, n. 2, in *Gazz. Uff.*, 28 gennaio 2009, n. 22. La norma è stata abrogata dall'art. 4, comma 1, n. 41, Allegato IV al Codice del processo amministrativo.

(74) Cfr. art. 15, comma 4, d.lgs. 20 marzo 2010, n. 53, in *Gazz. Uff.*, 12 aprile 2010, n. 84.

data di entrata in vigore della presente legge e l'efficacia delle misure cautelari emanate da un'autorità giudiziaria diversa da quella di cui al comma 1 permane fino alla loro modifica o revoca da parte del tribunale amministrativo regionale del Lazio, con sede in Roma, dinanzi al quale la parte interessata ha l'onere di riassumere il ricorso e l'istanza cautelare entro sessanta giorni dalla data di entrata in vigore della presente legge. 6. Nelle ipotesi di riassunzione del ricorso di cui al comma 5, non è dovuto il contributo unificato di cui all'articolo 9 del testo unico delle disposizioni legislative e regolamentari in materia di spese di giustizia, di cui al decreto del Presidente della Repubblica 30 maggio 2002, n. 115, e successive modificazioni. 7. Dall'attuazione delle disposizioni del presente articolo non derivano nuovi o maggiori oneri a carico della finanza pubblica. Agli adempimenti previsti dal presente articolo si provvede nell'ambito delle risorse umane, strumentali e finanziarie disponibili a legislazione vigente.") (75) e l'**art. 53, comma 2** ("2. Al comma 1 dell'articolo 23-*bis* della legge 6 dicembre 1971, n. 1034 dopo la lettera *g*) è aggiunta la seguente: '*g-bis*) i provvedimenti adottati ai sensi dell'articolo 12, comma 3, della legge 29 dicembre 1993, n. 580'.") (76), **l. 23 luglio 2009, n. 99**.

Inoltre v'è da ricordare, per quanto qui interessa, che, ai sensi dell'art. 3, comma 19, Allegato IV al Codice del processo amministrativo, nel d.lgs. 12 aprile 2006, n. 163, sono state apportate le seguenti modifiche:

"*a*) all'articolo 11, comma 10-*ter*, le parole: "dell'articolo 245, comma 2-*quater*, primo periodo" sono sostituite dalle seguenti: "dell'articolo 14, comma 4, del codice del processo amministrativo";

b) l'articolo 243-*bis*, comma 6, è così sostituito: "6. Il diniego totale o parziale di autotutela, espresso o tacito, è impugnabile solo unitamente all'atto cui si riferisce, ovvero, se quest'ultimo è già stato impugnato, con motivi aggiunti.";

c) l'articolo 244 è sostituito dal seguente: "Art. 244. Giurisdizione.

1. Il codice del processo amministrativo individua le controversie devolute alla giurisdizione esclusiva del giudice amministrativo in materia di contratti pubblici.";

d) l'articolo 245 è sostituito dal seguente: "Art. 245. Strumenti di tutela.

(75) Cfr. art. 41, l. 23 luglio 2009, n. 99, in *Suppl. ordinario* n. 136 alla *Gazz. Uff.*, 31 luglio 2009, n. 176. La norma è stata abrogata dall'art. 4, comma 1, n. 43, Allegato IV al Codice del processo amministrativo.

(76) Cfr. art. 53, l. 23 luglio 2009, n. 99, in *Suppl. ordinario* n. 136 alla *Gazz. Uff.*, 31 luglio 2009, n. 176. La norma è stata abrogata dall'art. 4, comma 1, n. 43, Allegato IV al Codice del processo amministrativo.

1. La tutela giurisdizionale davanti al giudice amministrativo è disciplinata dal codice del processo amministrativo.";

e) l'articolo 245-*bis* è sostituito dal seguente: "Art. 245-*bis*. Inefficacia del contratto in caso di gravi violazioni.

1. L'inefficacia del contratto nei casi di gravi violazioni è disciplinata dal codice del processo amministrativo.";

f) l'articolo 245-*ter* è sostituito dal seguente: "Art. 245-*ter*. Inefficacia dei contratti negli altri casi.

1. L'inefficacia del contratto nei casi diversi da quelli previsti dall'articolo 245-*bis* è disciplinata dal codice del processo amministrativo.";

g) l'articolo 245-*quater* è sostituito dal seguente: "Art. 245-*quater*. Sanzioni alternative.

1. Le sanzioni alternative applicate dal giudice amministrativo alternativamente o cumulativamente sono disciplinate dal codice del processo amministrativo.";

h) l'articolo 245-*quinquies* è sostituito dal seguente: "Art. 245-*quinquies*. Tutela in forma specifica e per equivalente.

1. La tutela in forma specifica e per equivalente è disciplinata dal codice del processo amministrativo.";

i) l'articolo 246 è sostituito dal seguente: "Art. 246. Norme processuali ulteriori per le controversie relative a infrastrutture e insediamenti produttivi.

1. La tutela giurisdizionale davanti al giudice amministrativo nelle controversie relative a infrastrutture e insediamenti produttivi è disciplinata dal codice del processo amministrativo".

In sintesi

- Il Codice del processo amministrativo nasce dall'esercizio della delega contenuta nell'art. 44, l. 18 giugno 2009, n. 69, e congloba al suo interno parte della disciplina contenuta nel d.lgs. 20 marzo 2010, n. 53, emanato in forza della delega di cui all'art. 44, l. 7 luglio 2009, n. 88, per il recepimento della Direttiva ricorsi 2007/66/CE.
- Le norme del Codice del Processo amministrativo entrano in vigore il 16 settembre 2010.
- Per i termini processuali in corso al 16 settembre 2010, continuano a trovare applicazione, anche in materia cautelare, le norme previgenti al Codice del processo amministrativo.
- Gli artt. 3 ("Ulteriori norme di coordinamento") e 4 ("Ulteriori abrogazioni"), dell'Allegato 4, al Codice del processo amministrativo, contengono delle disposizioni di ricognizione e coordinamento della normativa vigente interessante anche la materia cautelare.

CAPITOLO 2

I PRINCIPI GENERALI CHE GOVERNANO LA TUTELA CAUTELARE

Prima di esaminare, in modo dettagliato, la disciplina della fase cautelare e le sue diverse forme, si ritiene opportuno, nel presente capitolo, mettere in evidenza i caratteri salienti della tutela d'urgenza. È infatti importante comprendere la sua funzione di strumento di garanzia dell'effettività giurisdizionale, il suo collegamento con il giudizio di merito, nonché l'operatività, collocata nel tempo, dei suoi effetti.
Esaurito l'argomento, si tratterà, quindi, l'individuazione del Giudice avanti il quale è possibile proporre la domanda cautelare, per poi analizzare i rapporti tra quest'ultima ed alcuni incidenti che possono occorrere nel corso del processo, quali il Regolamento di competenza e giurisdizione che, *prima facie*, potrebbero presentarsi (ed in parte si presentano) ostativi all'esame della domanda cautelare.
Ci si concentrerà, infine, negli ultimi paragrafi, su alcune questioni di carattere generale: la forma dei provvedimenti cautelari, la sottrazione alla disciplina della sospensione feriale dei termini, la natura dell'udienza cautelare ed il significato che ha, nel Codice del processo amministrativo, il rinvio alle norme del codice di procedura civile.

Sommario:

1 LA FUNZIONE DELLA TUTELA CAUTELARE NEL PROCESSO AMMINISTRATIVO. L'EFFETTIVITÀ

La tutela cautelare "costituisce un profilo assolutamente primario nel quadro generale del processo amministrativo, integrando un elemento imprescindibile per la garanzia dell'interesse — pubblico generale — alla tutela effettiva contro il cattivo esercizio del potere pubblico" (1).

Il ricorso al Giudice amministrativo, infatti, di regola, non produce l'effetto di sospendere, automaticamente, l'esecutività del provvedimento impugnato. Del resto, la sospensiva automatica, oltre a scontrarsi con i principi generali del diritto e della giustizia amministrativa — "che vogliono l'atto efficacie (ancorché illegittimo) e assistito da presunzione di legittimità sino al suo annullamento, nonché per l'esigenza del sistema di garantire comunque la prevalenza dell'interesse pubblico sui confliggenti interessi privati" (2) — produrrebbe la paralisi dell'attività della pubblica amministrazione e potrebbe portare alla proposizione di ricorsi con finalità meramente dilatorie.

Le eccezioni a questa regola sono davvero poche e poco significative. Si ricorda, a titolo esemplificativo, sebbene oramai abbia perso rilevanza, l'ipotesi di cui agli artt. 81, 92 e 93 della l. 17 luglio 1890, n. 6972 "Norme sulle istituzioni pubbliche di assistenza e beneficenza I.P.A.B" (3) relativamente all'impugnazione di provvedimenti sulla concentrazione o trasformazioni di tali istituti.

Proprio perché il ricorso non ha effetto sospensivo è previsto lo strumento cautelare, che risponde all'esigenza di fornire una tutela tempestiva, anteriore alla definizione nel merito del giudizio, ma ad esso ancillare. La sua funzione, infatti, consiste nell'assicurare gli effetti dei provvedimenti alla cui produzione è diretto un processo, ovviando, nel contempo, ai pericoli che durante il tempo occorrente per ottenere la decisione finale, possano comprometterne la fruttuosità.

Diceva Calamandrei "La necessità di servirsi del processo per ottenere ragione, non deve tornare a danno di chi ha ragione" (4) e la tutela cautelare mira dunque "più che a far giustizia... a garantire l'efficace funzionamento della giustizia" (5).

Il processo cautelare è dunque **una delle espressioni del principio di effettività** della tutela giurisdizionale, per cui se la pretesa fatta valere è fondata, questa deve trovare concreta e piena soddisfazione. Il

(1) Cfr. M.A. SANDULLI, *La tutela cautelare nel processo amministrativo*, in (a cura di), G. PELLEGRINO, *Verso il codice del processo amministrativo*, Nel diritto editore, 2010, 129.

(2) Cfr. R. DE PIERO, *Commento all'art. 3*, in *La Giustizia amministrativa - Commento alla L. 21 luglio 2000, n. 205*, Giuffrè, 2000, 35.

(3) Cfr. l. 17 luglio 1890, n. 6972, in *Gazz. Uff.*, 22 luglio 1890, n. 171.

(4) Cfr. P. CALAMANDREI, *Introduzione allo studio sistematico dei provvedimenti cautelari*, Padova, 1936, 30.

(5) Cfr. P. CALAMANDREI, *Introduzione allo studio sistematico dei provvedimenti cautelari*, Padova, 1936, 176.

provvedimento cautelare è una decisione giurisdizionale che "assolve la funzione propria e in sé compiuta di dirimere la lite cautelare" ovvero la controversia circa l'eseguibilità del provvedimento impugnato nelle more della pendenza del giudizio "con effetti simili, per forza imperativa, agli effetti della sentenza" [6]. "L'ordinanza cautelare costituisce una interinale e provvisoria anticipazione della decisione di merito; la funzione conformativa, pertanto, che consiste nella formulazione di principi e criteri dell'azione amministrativa nel caso concreto, viene esercitata dal giudice amministrativo non solo con la sentenza di merito; ma anche con l'ordinanza cautelare, anch'essa provvedimento di natura giurisdizionale." [7].

Si pensi, così, al caso di un candidato escluso dalla partecipazione ad un concorso pubblico: il provvedimento cautelare con il quale il Giudice ordini la sua ammissione con riserva, consente a quest'ultimo di salvaguardare il suo diritto alla nomina sul posto, nel caso in cui abbia riportato un'utile collocazione nella graduatoria e la sentenza di merito confermi poi l'illegittimità dell'esclusione.

Per comprendere cosa si intende per **effettività della tutela cautelare** viene in aiuto un recente scritto, ove si afferma che "una tutela giurisdizionale per essere 'effettiva' deve implicare necessariamente il rispetto delle seguenti condizioni che devono tutte concorrere:

1) diritto di ricorrere ad un giudice terzo e indipendente;

2) possibilità di agire in giudizio per la tutela dei diritti e degli interessi di cui si è titolari, a prescindere dalla previsione di specifiche norme attributive di azioni tipiche: l'art. 24 garantisce precisamente il principio dell'atipicità delle azioni ed il diritto della parte di scegliere gli strumenti processuali più idonei a soddisfare i propri interessi;

3) diritto alla prova, da intendersi come possibilità di avvalersi — in condizioni di parità nel processo — di tutti gli strumenti probatori previsti dall'ordinamento (cioè dal codice di procedura civile) a tutela dei diritti soggettivi;

4) diritto di ottenere, in un tempo ragionevole: *a*) un provvedimento di merito sulla fondatezza della domanda e, in caso affermativo, *b*) un provvedimento che sia satisfattivo di un interesse sostanziale cioè di un determinato bene della vita: secondo Chiovenda 'il processo deve dare

(6) Cfr. Cons. Stato, Ad. Pl., 20 gennaio 1978, n. 1, in Dir. Lav., 1979, 82, II.

(7) Cfr. Tar Puglia, Sez. II, 23 aprile 1998, n. 403, in *Foro Amm.*, 1999, 215.

per quanto è possibile praticamente a chi ha un diritto tutto quello e proprio quello ch'egli ha diritto di conseguire';

5) diritto di richiedere ed ottenere misure cautelari;

6) diritto di ottenere l'esecuzione concreta ed effettiva, nella sede giurisdizionale, del *dictum* della sentenza." (8).

Per quanto qui interessa, rilevante è il punto *sub* 5: l'effettiva della tutela si realizza (anche) attraverso il riconoscimento dell'assentibilità delle misure cautelari.

Più in particolare, l'enunciato per cui la tutela cautelare è elemento indefettibile dell'effettività della tutela giurisdizionale, si deve, soprattutto, alla Corte Costituzionale.

Quest'ultima, dapprima ha evidenziato come **il potere cautelare costituisca elemento connaturale e proprio del sistema di giustizia amministrativa**.

Ci si riferisce, in particolare, alle sentenze 27 dicembre 1974, n. 284 (9) e 1 febbraio 1982, n. 8 (10).

Con la prima il Giudice delle Leggi, dichiarava l'illegittimità costituzionale dell'art. 13, comma 4, l. 22 ottobre 1971, n. 865 (11) che, in ambito di edilizia residenziale di pubblica utilità, subordinava la sospensione dell'esecuzione dei provvedimenti dichiarativi di pubblica utilità, di occupazione d'urgenza e d'esproprio, esclusivamente alla presenza di un "errore grave ed evidente nell'individuazione degli immobili ovvero nell'individuazione delle persone dei proprietari".

Con la seconda, invece, la Corte dichiarava l'illegittimità dell'art. 5, ultimo comma, l. 3 gennaio 1978, n. 1 (12) che, nell'ambito delle vertenze aventi ad oggetto opere pubbliche ed impianti industriali, escludeva l'appellabilità delle ordinanze cautelari pronunziate dal Tribunale amministrativo regionale.

In entrambi i casi, nel passaggio motivazionale, il Giudice delle Leggi si sofferma a sottolineare come la tutela interinale inerisca naturalmente alla giurisdizione amministrativa.

Successivamente, la Corte si spinge però oltre. Ciò avviene con la sentenza interpretativa di rigetto (6 luglio 1996, n. 249 (13)) della que-

(8) Cfr. A. LAMORGESE, *L'effettività della tutela nell'esperienza giurisprudenziale*, in *Foro Amm., CDS*, 2009, 4, 1109.

(9) Cfr. Corte Cost., 27 dicembre 1974, n. 284, in *Cons. Stato*, 1974, 1329.

(10) Cfr. Corte Cost., 1 febbraio 1982, n. 8, in *Foro It.*, 1982, I, 329.

(11) Cfr. art. 13, comma 4, l. 22 ottobre 1971, n. 865, in *Gazz. Uff.*, 30 ottobre 1971, n. 276.

(12) Cfr. art. 5, ultimo comma, l. 1 febbraio 1982, n. 8, in *Gazz. Uff.*, 14 gennaio 1978, n. 14.

(13) Cfr. Corte Cost., 16 luglio 1996, n. 249, in *Giust. Civ.*, 1997, I, 33. Un'anticipazione del principio può ritrovarsi nella decisione della Corte

stione di illegittimità sollevata con riferimento all'art. 31-*bis*, comma 3, l. 11 febbraio 1994, n. 109 (14), norma secondo cui "nei giudizi amministrativi aventi ad oggetto controversie in materia di lavori pubblici in relazione ai quali sia stata presentata domanda di provvedimento d'urgenza, i controinteressati e l'amministrazione resistente possono chiedere che la questione venga decisa nel merito".

La Corte, infatti, nel chiarire che la disposizione censurata non eliminava il potere cautelare del Giudice che, in presenza delle condizioni di legge, poteva pur sempre disporre la domandata sospensione, afferma: "**la disponibilità delle misure cautelari è strumentale all'effettività della tutela giurisdizionale** e costituisce espressione del principio per cui la durata del processo non deve andare a danno dell'attore che ha ragione, in attuazione dell'art. 24 della Costituzione (sentenze n. 253 del 1994 e n. 190 del 1985). Si aggiunga che, con riferimento particolare alla giurisdizione amministrativa, basata sull'annullamento degli atti illegittimi, la Corte ha, da tempo, posto in luce il carattere essenziale della procedura cautelare e l'intima compenetrazione della stessa con il processo di merito, dichiarando illegittima l'esclusione o la limitazione del potere cautelare con riguardo a determinate categorie di atti amministrativi o al tipo di vizio denunciato (sentenze n. 227 del 1975 e n. 284 del 1974)".

La tutela cautelare, dunque, "**costituisce momento essenziale ed ineliminabile del processo e del diritto di difesa**, quale complemento naturale della tutela cognitoria e costitutiva; il che è tanto più vero proprio nel processo amministrativo, in ragione (come è stato osservato a margine della sentenza della Corte Costituzionale n. 8 del 1982) del carattere esecutivo del provvedimento impugnato, la cui conseguenza normale — e non eccezionale come avviene nel processo civile — è che la res litigiosa dedotta in giudizio non rimanga integra fino alla definizione di questo, essendo esecutivamente incisa dall'atto amministrativo." (15).

Il principio di effettività — ora inserito anche nel Libro Primo del Codice del processo amministrativo, dedicato alle disposizioni generali (cfr. art. 1: "La giurisdizione amministrativa assicura una tutela piena ed effettiva secondo i principi della Costituzione e del diritto europeo" (16)) —,

28 giugno 1985, n. 190, in *Foro Amm.*, 1986, 1675.

(14) Cfr. art. 31-*bis*, comma 3, l. 11 febbraio 1994, n. 109, in *Gazz. Uff.*, 19 febbraio 1994, n. 41.

(15) Cfr. G. PITTALIS, *Natura e presupposti dell'azione cautelare (Relazione al seminario di studio su "Aspetti problematici nella riforma del processo amministrativo"*, Bologna, 23 novembre 2000), in *www.giustizia-amministrativa.it*.

(16) Autorevole Dottrina ha evidenziato (e il rilievo non è trascurabile perché il buon Legislatore si vede anche dai piccoli particolari; *ex ungue leonem*,

dovrà dunque fungere da stella polare nell'orientare l'opera di interpretazione del nuovo Codice e, per quanto qui interessa, del processo cautelare.

2 LA STRUMENTALITÀ DEL GIUDIZIO CAUTELARE

Chiarito quale sia il legame tra la tutela cautelare e il principio di effettività va ora indagato il rapporto sussistente tra il processo cautelare e quello di merito.

Il processo cautelare, infatti, pur avendo una sua indubbia autonomia vive in funzione del giudizio di merito: "se fosse possibile un processo istantaneo, non ci sarebbe alcuno spazio per le misure cautelari; sennonché, il processo deve avere una sua durata fisiologica perché deve assicurare il rispetto di alcune regole fondamentali quali il contraddittorio, l'istruttoria adeguata, che hanno necessità di svolgersi diacronicamente e che non possono essere 'affogati' in una decisione immediata.

Proprio la sua stessa ragion d'essere assegna un ruolo non autonomo alla misura cautelare che viene strettamente a correlarsi alla decisione di merito della quale si fa strumento nel disporre interinalmente gli effetti che successivamente saranno regolati dalla sentenza" (17).

Si parla, per l'appunto, di **strumentalità del giudizio cautelare al giudizio di merito**.

Tale nesso di strumentalità porta ad effettuare alcune riflessioni.

In primo luogo, il rimedio cautelare non è idoneo a pregiudicare l'esito della controversia ed incontra sempre (fatta salva l'eccezione di cui si dirà) il sopravvenire della sentenza.

In secondo luogo, mancando la decisione del merito, la misura cautelare si estinguerà, non potendo sopravvivere autonomamente. Per ciò la tutela cautelare si distingue dalla tutela sommaria non cautelare, la quale può concludersi con degli atti che si presentano strutturalmente e funzionalmente autonomi e definitivi.

In terzo luogo, se a seguito della decisione cautelare intervengono dei mutamenti nella situazione di fatto o di diritto, che fanno venire

avrebbero detto gli antichi) come negli artt. 1-3 del Codice, contenenti alcuni principi generali costituenti i pilastri della giustizia amministrativa, si faccia uso, quale tempo per i verbi, dell'indicativo, quando, invece, sarebbe stato corretto usare l'imperativo. Anche per quanto riguarda l'effettività, dunque, si sarebbe dovuto statuire non che "*La giurisdizione amministrativa assicura una tutela piena ed effettiva...*" ma "*La giurisdizione amministrativa deve assicurare una tutela piena ed effettiva*". In tal senso si è espresso L. MAZZAROLLI, in occasione del Convegno del 26 marzo 2010, tenutosi in Padova, dal titolo "*Bozza del Codice del processo amministrativo - libro I - Disposizioni Generali*".

(17) Cfr. F.G. SCOCA, (a cura di) *Giustizia Amministrativa*, Giappichelli, 2009, 319.

meno l'interesse alla decisione nel merito del giudizio, non è configurabile la "sopravvenuta carenza d'interesse... se la dichiarazione di improcedibilità del gravame, comportando la decadenza del provvedimento cautelare, lascerebbe irrisolte le pendenze relative ai rapporti sorti in conseguenza del provvedimento cautelare stesso" (18).

Le sopravvenienze, quindi, anche se in astratto dovessero incidere sull'interesse alla decisione del ricorso, non possono portare alla sua caducazione ove, *medio tempore*, si siano creati dei rapporti in conseguenza del provvedimento cautelare che, in quanto provvisorio, non può offrire quella sistemazione definitiva che solo la sentenza è in grado di dare.

In quarto luogo la misura cautelare, anche se riformata dal Consiglio di Stato, è destinata a cadere automaticamente una volta che sia intervenuta la sentenza che definisce il giudizio di primo grado:

— "La definizione nel merito del giudizio amministrativo comporta l'automatica caducazione degli effetti sia dell'ordinanza cautelare emanata nelle more della definizione della lite, sia dell'eventuale provvedimento adottato in esecuzione dell'ordinanza stessa, che non implica improcedibilità del ricorso, avendo esso effetto provvisorio in attesa della pronuncia definitiva." (19);

— "La definizione del giudizio cautelare, con la reiezione in sede collegiale della domanda cautelare inizialmente accolta con decreto presidenziale *ex* art. 21, l. 6 dicembre 1971 n. 1034, comporta la caducazione degli effetti prodotti dal decreto cautelare ed anche degli effetti prodotti dagli atti che siano stati eventualmente adottati dall'amministrazione per dare esecuzione al decreto presidenziale." (20).

La stessa sorte toccherà quindi anche al provvedimento adottato dall'amministrazione in ottemperanza al provvedimento cautelare, ove poi la sentenza lo travolga, perché di contenuto opposto: "La caducazione dell'abilitazione conseguita a seguito di ammissione con riserva ad un corso di formazione, in virtù di ordinanza cautelare, costituisce un effetto automatico ed implicito della decisione di merito sfavorevole nel giudizio in cui l'ordinanza è adottata. Tale effetto, è decisivo ed assorbente, conseguirebbe anche se l'Amministrazione non esplicitasse tale condizionamento

(18) Cfr. Tar Molise, 9 settembre 2002, n. 763, in *Foro Amm., TAR*, 2002, 2935. In senso conforme Tar Lazio, Sez. II, 19 settembre 1997, n. 1441, in *Foro Amm.*, 1998, 1550; Tar Campania, Sez. I, 9 novembre 1995, n. 401, in *Foro Amm.*, 1996, 2042.

(19) Cfr. Tar Lazio, Sez. III, 10 luglio 2002, n. 6245, in *Foro Amm.*, TAR, 2002, 2251.

(20) Cfr. Tar Lazio, Sez. III, 11 novembre 2005, n. 3971, in *Foro Amm., TAR*, 2005, 11, 3387.

(all'esito del giudizio) in sede di rilascio del diploma finale di abilitazione." [21].

Una sopravvivenza della misura cautelare, anche a seguito della decisione del ricorso, potrà tuttavia aversi nell'ipotesi di sospensione di un atto negativo seguito dalla sentenza di annullamento dello stesso. In tale caso, infatti, "l'annullamento ... non è pienamente satisfattorio, in quanto necessita della successiva attività della P.A. di riesercizio del potere... Si osserva che in questo caso non è ravvisabile una continenza tra sentenza e ordinanza, ma una relazione di funzionalità dell'ordinanza e gli effetti della sentenza conseguibili solo con la successiva esecuzione. Ne consegue che l'ordinanza è ultrattiva rispetto alla sentenza fino all'adozione dei provvedimenti amministrativi, anche in sede di ottemperanza, che diano esecuzione al precetto giurisdizionale." [22].

In quinto luogo ove, nelle more dell'appello cautelare, dovesse, per sorte, intervenire la decisione di merito del giudizio di primo grado, ciò comporterà l'improcedibilità del giudizio di gravame: "Il ricorso, proposto avverso una ordinanza cautelare, deve essere dichiarato improcedibile, in quanto, successivamente alla notificazione dell'appello, la controversia è stata decisa nel merito dal Tar, come risulta dalla pubblicazione del dispositivo della sentenza" [23].

In sesto luogo, la misura cautelare non dovrebbe incidere sull'esercizio del potere amministrativo, assicurando delle utilità maggiori rispetto a quelle derivanti dall'accoglimento del ricorso.

In sintesi la **strumentalità** sarebbe sia **strutturale**, nel senso che i provvedimenti cautelari si presenterebbero necessariamente provvisori, in attesa della non rinunciabile sentenza che decide il ricorso e che ne caduca retroattivamente (in caso se ne discosti), ovvero ne assorbe (in caso di conferma) gli effetti, sia **funzionale**, nel senso che la misura cautelare non dovrebbe attribuire un bene della vita ulteriore o diverso da quello ottenibile con la sentenza.

Il descritto vincolo di strumentalità, nel corso del tempo, si è tuttavia attenuato.

Dal **punto di di vista funzionale**, infatti, secondo taluni, la relazione di continenza — strumentalità, "non avrebbe più come termine di para-

(21) Cfr. Cons. Stato, Sez. VI, 30 maggio 2008, n. 2617, in *Foro Amm., CDS*, 2008, 5, 1579.

(22) Cfr. F. CARINGELLA-S. MAZZAMUTO-G. MORBIDELLI, *Manuale di diritto amministrativo*, Dike, 2010, 1587.

(23) Cfr. Cons. Stato, Sez. VI, 23 maggio 2006, n. 2566, in *Foro Amm., CDS*, 2006, 5, 1590, in *Banca dati, De Jure*, Giuffrè.

gone, esclusivamente la pronuncia di annullamento, ma anche i provvedimenti della successiva fase di ottemperanza... difatti, la strumentalità sarebbe da riferirsi non o non solo al merito della causa, bensì alla realizzazione del diritto da accertare in tale sede" (24). La circostanza, poi, che sia prevista ai sensi dell'art. 55, comma 2, Codice del processo amministrativo e in precedenza *ex* art. 21, comma 8, l. 6 dicembre 1971, n. 1034 (25), la possibilità di subordinare la decisione sulla domanda cautelare alla prestazione di una cauzione quando dalla stessa derivino "effetti irreversibili", non farebbe che confermare tale attenuazione in termini di strumentalità: una misura cautelare da cui derivano effetti irreversibili, infatti, non può dirsi provvisoria ed interinale.

Anche dal **punto di vista strutturale** si incontrano delle eccezioni alla strumentalità

Si pensi, così, all'art. 4, comma 2-*bis*, d.l. 30 giugno 2005, n. 115 (26), convertito con modificazione in l. 17 agosto 2005, n. 168 (27): "Conseguono ad ogni effetto l'abilitazione professionale o il titolo per il quale concorrono i candidati, in possesso dei titoli per partecipare al concorso, che abbiano superato le prove d'esame scritte ed orali previste dal bando, anche se l'ammissione alle medesime o la ripetizione della valutazione da parte della commissione sia stata operata a seguito di provvedimenti giurisdizionali o di autotutela".

A titolo esemplificativo, ove il candidato non ammesso agli orali proponga ricorso e si verifichino le seguenti condizioni:

— il Tar disponga, in via cautelare, il riesame degli elaborati;

— il riesame sia positivo;

— il candidato, nel frattempo, sostenga, con successo, anche gli orali;

l'abilitazione professionale dovrà ritenersi conseguita ad ogni effetto, senza necessità che il Giudice pronunzi la sentenza di merito (per un più approfondito esame si rinvia al Capitolo XII, Paragrafo 1).

In tale fattispecie viene meno la natura strumentale della tutela cautelare sia da un punto di vista formale (non serve più attendere la sentenza che pronunzia nel merito) sia da un punto di vista funzionale, in quanto

(24) Cfr. F. GOISIS, *Vincolo di strumentalità e misure cautelari di contenuto propulsivo nel processo amministrativo*, in *Dir proc. Amm.*, 2008, 8, 857.

(25) Cfr. art. 21, comma 8, l. 6 dicembre 1971, n. 1034, in *Gazz. Uff.*, 13 dicembre 1971, n. 314. L'articolo è stato abrogato dall'art. 4, comma 1, n. 10, Allegato IV al Codice del processo amministrativo.

(26) Cfr. art. 4, comma 2-*bis*, d.l. 30 giugno 2005, n. 115, in *Gazz. Uff.*, 1 luglio 2005, n. 151.

(27) Cfr. l. 17 agosto 2005, n. 168, in *Gazz. Uff.*, 22 agosto 2005, n. 194.

il candidato, in forza del provvedimento cautelare e del completamento, con esito positivo, delle prove d'esame, consegue l'abilitazione.

Si ricorda, peraltro, come la norma sia stata censurata avanti la Corte Costituzionale sotto differenti profili tra cui per violazione della strumentalità strutturale e funzionale del provvedimento cautelare desumibile, secondo i deducenti, dagli artt. 3, 24, 111 e 113 Cost.

Il Giudice delle leggi, tuttavia, ha dichiarato infondata la questione: "*La Corte costituzionale dichiara la manifesta infondatezza della q.l.c. dell'art. 4, comma 2-bis, del d.l. 30 giugno 2005 n. 115. La Corte ha osserva che la disposizione impugnata ha lo scopo di evitare che il superamento delle prove di un esame di abilitazione venga reso inutile dalle vicende processuali successive al provvedimento, con il quale un giudice o la stessa amministrazione, in via di autotutela, abbiano disposto l'ammissione alle prove di esame o la ripetizione della valutazione e che, per raggiungere questo scopo, essa rende irreversibili gli effetti del superamento delle prove scritte e orali previste dal bando. Inoltre la disposizione è il risultato di una scelta operata dal legislatore in sede di bilanciamento di interessi contrapposti. Infine osserva che il diritto di difesa dell'amministrazione è compresso, ma non eliminato, in quanto può comunque esplicarsi fino all'eventuale superamento delle prove e la sua compressione è giustificata dal fatto che dell'interesse pubblico all'accertamento dell'idoneità del candidato, di cui l'amministrazione stessa è portatrice, la disposizione si fa comunque carico, richiedendo il superamento della prova.*" (28).

L'attenuazione del vincolo di strumentalità, ovvero il mutamento della sua funzione, da strumento di conservazione a mezzo con cui viene conseguita la tutela è altresì evidente nella ritenuta ammissibilità delle ordinanze propulsive o *remand* (si rinvia al Capitolo III; Paragrafo 2), attraverso le quali il Giudice instaura un dialogo con l'amministrazione, finalizzato ad orientare l'adozione dell'atto discrezionale, e delle ordinanze sostitutive (si rinvia al Capitolo III, Paragrafo 2), con le quali il Giudice, in taluni casi, si sostituisce all'amministrazione (in presenza di un'attività vincolata).

Va peraltro precisato che non è incompatibile con la natura strumentale della misura cautelare la possibilità di richiedere la stessa *ante causam*, ovvero prima della proposizione del ricorso.

(28) Cfr. Corte Cost., 19 maggio 2009, n. 158, in *Banca dati De Jure*, Giuffrè.

Ciò, tuttavia, sotto la vigenza della l. 6 dicembre 1971, n. 1034 (29), veniva escluso: "il ricorso giurisdizionale, volto ad ottenere una tutela cautelare 'preventiva' o 'pura', scissa dal giudizio di merito" era "inammissibile in quanto rimedio non previsto in via generale nell'ordinamento processuale amministrativo" (30).

Le cose sono cambiate con l'approvazione del Codice del processo amministrativo che, all'art. 61, ha generalizzato lo strumento della tutela cautelare *ante causam* (si rinvia al Capitolo VIII).

3 L'EFFICACIA DELLA MISURA CAUTELARE

In merito all'efficacia, *ex nunc* o *ex tunc*, della misura cautelare, è stata sollevata qualche perplessità: "È dubbio se l'ordinanza cautelare di sospensione di un provvedimento amministrativo abbia efficacia '*ex nunc*' oppure '*ex tunc*' e se cioè rimangono ferme o meno le modificazioni soggettive già prodotte dal provvedimento..." (31).

Più accreditata pare la tesi secondo cui **la misura cautelare opera *ex nunc*** (32), ossia lascia immutati eventuali pregiudizi già prodottisi (33).

Così, ad esempio, "la sospensione del decreto di occupazione d'urgenza impedisce l'ulteriore possesso con percezione di frutti, ma non obbliga alla restituzione dei frutti percepiti né al risarcimento dei danni cagionati nel periodo di occupazione". Per le stesse ragioni "non sono toccati gli effetti già prodotti da atti esecutivi e conseguenziali a quello impugnato" (34).

Gli effetti del provvedimento cautelare, in ogni caso, si producono a partire dal momento del suo deposito in Segreteria. La comunicazione dell'istanza non è infatti condizione d'efficacia della stessa, ma ha la fun-

(29) Cfr. l. 6 dicembre 1971, n. 1034, in *Gazz. Uff.*, 13 dicembre 1971, n. 314.

(30) Cfr. Tar Lazio, Sez. III, 30 luglio 2004, n. 7550, in *Foro Amm. Tar*, 2004, 12, 3739.

(31) Cfr. Cons. Stato, Sez. IV, 27 ottobre 1982, n. 799, in *Foro Amm.*, 1981, I, 1927.

(32) Il principio pare desumibile da Cons. Stato, Sez. IV, 10 maggio 2007, n. 2254, in *Foro Amm., CDS*, 2007, 5, 1438: "*Non può ritenersi che nel corso del giudizio di primo grado si siano verificati presupposti per una declaratoria di cessata materia del contendere in presenza di un provvedimento favorevole al ricorrente che, essendo stato adottato dall'amministrazione in dichiarata esecuzione della pronuncia cautelare del giudice non gli ha consentito la definitiva acquisizione del bene della vita al quale aspira e in assenza di un provvedimento adottato in via di autotutela della stessa amministrazione, che ove intervenuto avrebbe invece consentito la rimozione con effetto* ex tunc *del provvedimento.*". In senso contrario A. TRAVI (a cura di) *Formulario Annotato della Giustizia Amministrativa*, Cedam, 2008, 315.

(33) Cfr. E. CASETTA, *Manuale di Diritto Amministrativo*, Giuffrè, 2008, 830: "*L'ordinanza ha efficacia* ex nunc *e, dunque, non elimina gli effetti già prodotti, mentre impedisce di porre in essere atti e comportamenti esecutivi del provvedimento*".

(34) Cfr. F. CARINGELLA-S. MAZZAMUTO-G. MORBIDELLI, *Manuale di diritto amministrativo*, Dike, 2010, 1584.

zione di portare a conoscenza delle parti il provvedimento, anche ai fini dei termini per l'impugnazione (si rinvia al Capitolo VI, Paragrafo 5).

Nel caso specifico della sospensione, l'amministrazione non potrà dare esecuzione all'atto impugnato, ovvero adottare o dare esecuzione ai provvedimenti che siano ad esso consequenziali o, peggio ancora, riproduttivi dello stesso. In tali evenienze, infatti, il ricorrente potrà avvalersi del rimedio dell'ottemperanza, senza necessità di un'autonoma impugnazione degli atti elusivi adottati dall'amministrazione (si rinvia al Capitolo XI, Paragrafo 1). L'amministrazione non sarà invece privata del potere di adottare un nuovo provvedimento in sostituzione di quello sospeso, nel rispetto, tuttavia, del *dictum* contenuto nel provvedimento cautelare (pena, altrimenti, come detto, la possibilità per l'istante di ricorrere al rimedio dell'ottemperanza), così come potrà emanare dei provvedimenti volti a regolare temporaneamente la situazione venutasi a creare a seguito della concessione della misura cautelare. Ciò, ad esempio, ad evitare il rischio di paralisi dell'azione amministrativa.

Quanto **all'efficacia soggettiva** del provvedimento cautelare, la stessa sarà limitata alle parti, senza che i terzi la possano invocare. V'è da dire, però, che in caso di sospensione di un atto con effetti indivisibili, si è ritenuto che l'ordinanza di sospensione possa avere efficacia generale. Contro tale tesi "si rimarca che l'ammissione di una efficacia *erga omnes* della sospensiva è in rotta di collisione con uno dei principi cardine della tutela cautelare, ossia la sua inerenza alla posizione specifica del ricorrente, e segnatamente al *periculum* da questo denunciato, Detta tesi conclude, allora, nel senso che l'estensione a terzi dell'efficacia della sospensiva necessita, anche per gli atti indivisibili, di una determinazione amministrativa discrezionale" (35).

Si ricorda, infine, che al carattere incidentale del giudizio cautelare e alla sua autonomia (che non è incompatibile con la sua strumentalità rispetto al giudizio principale), consegue tradizionalmente l'irrilevanza delle vicende del primo giudizio sul decorso del termine di perenzione.

In altre parole, la notifica e la trattazione della domanda cautelare, non interrompono né sospendono il termine annuale di perenzione di cui all'art. 81, Codice del processo amministrativo "Il ricorso si considera perento se nel corso di un anno non sia compiuto alcun atto di proce-

(35) Cfr. F. CARINGELLA-S. MAZZAMUTO-G. MORBIDELLI, *Manuale di diritto amministrativo*, Dike, 2010, 1586.

dura..." ed, in precedenza, il termine biennale di cui all'art. 40, comma 2, r.d. 26 giugno 1924, n. 1054 [(36)].

V'è però da dire che, ai sensi dell'art. 55, comma 4, Codice del processo amministrativo (che ha recepito una prassi giurisprudenziale consolidata: si rinvia al Capitolo III, Paragrafo 6), affinché la domanda cautelare sia procedibile è necessario presentare l'istanza di fissazione dell'udienza di merito. Ciò significa, allora, da un punto di vista pratico, che l'avvenuta trattazione dell'incidente cautelare impedisce, implicitamente, la possibilità che il ricorso venga dichiarato perento proprio perché la trattazione presuppone la richiesta di fissazione dell'udienza di discussione, ovvero quell'atto di procedura che è impeditivo della perenzione di cui all'art. 81, comma 1, cit. del Codice.

4 LA COMPETENZA TERRITORIALE AD ADOTTARE LE MISURE CAUTELARI. IL RAPPORTO TRA LA DOMANDA CAUTELARE E IL REGOLAMENTO DI COMPETENZA

Nel processo amministrativo, così come in quello civile, **la competenza territoriale**, salvo qualche eccezione **era derogabile dalle parti**.

L'incompetenza, infatti, era rilevabile solo su istanza di parte che, peraltro, non poteva limitarsi a proporre l'eccezione dovendo, invece, promuovere un apposito incidente, c.d. Regolamento di competenza e la cui disciplina era contenuta nell'art. 31, l. 6 dicembre 1971, n. 1034 [(37)]).

L'inosservanza delle norme sulla competenza, in mancanza della pronunzia regolatrice del Consiglio di Stato, non determinava, pertanto, l'invalidità del processo, né il vizio poteva costituire motivo di gravame in sede d'appello.

Il Codice del processo amministrativo cambia decisamente rotta. Dispone infatti **l'art. 13:**

"1. Sulle controversie riguardanti provvedimenti, atti, accordi o comportamenti di pubbliche amministrazioni **è inderogabilmente competente** il tribunale amministrativo regionale nella cui circoscrizione territoriale esse hanno sede. Il tribunale amministrativo regionale è comunque **inderogabilmente competente** sulle controversie riguardanti provvedi-

[(36)] Cfr. art. 40, comma 2, r.d. 26 giugno 1924, n. 1054, in *Gazz. Uff.*, 7 luglio 1924, n. 158. La norma è abrogata dall'art. 4, comma 1, n. 4, Allegato IV al Codice del processo amministrativo.

[(37)] Cfr. art. 31, l. 6 dicembre 1971, n. 1034, in *Gazz. Uff.*, 13 dicembre 1971, n. 314. La norma è stata abrogata dall'art. 4, comma 1, n. 10, Allegato IV al Codice del processo amministrativo.

menti, atti, accordi o comportamenti di pubbliche amministrazioni i cui effetti diretti sono limitati all'ambito territoriale della regione in cui il tribunale ha sede.

2. Per le controversie riguardanti pubblici dipendenti **è inderogabilmente competente** il tribunale nella cui circoscrizione territoriale è situata la sede di servizio.

3. Negli altri casi **è inderogabilmente competente**, per gli atti statali, il Tribunale amministrativo regionale del Lazio, sede di Roma e, per gli atti dei soggetti pubblici a carattere ultra regionale, il tribunale amministrativo regionale nella cui circoscrizione ha sede il soggetto.

4. **La competenza territoriale del tribunale amministrativo regionale non è derogabile**."

Recita poi l'**art. 14**, Codice del processo amministrativo, rubricato "**Competenza funzionale inderogabile**":

"1. Sono devolute funzionalmente alla competenza inderogabile del Tribunale amministrativo regionale del Lazio, sede di Roma, le controversie indicate dall'articolo 135 e dalla legge.

2. Sono devolute funzionalmente alla competenza inderogabile del Tribunale amministrativo regionale della Lombardia, sede di Milano, le controversie relative ai poteri esercitati dall'Autorità per l'energia elettrica e il gas.

3. La competenza è funzionalmente inderogabile altresì per i giudizi di cui agli articoli 113 e 119, nonché per ogni altro giudizio per il quale la legge o il presente codice individuino il giudice competente con criteri diversi da quelli di cui all'articolo 13."

Con riferimento a quest'ultima disposizione, v'è peraltro da dire che la previsione di casi di competenza funzionale inderogabile non è del tutto nuova. Ad esempio, con l'art. 3 comma 2-*bis* d.l. 30 novembre 2005 n. 245, aggiunto dalla legge di conversione 27 gennaio 2006 n. 21 (38), è stata assegnata alla competenza funzionale del Tar Lazio, con sede in Roma, la definizione in primo grado di tutte le controversie in ordine alla legittimità delle ordinanze e dei conseguenziali provvedimenti commissariali adottati per fronteggiare le situazioni di emergenza dichiarate ai sensi dell'art. 5 comma 1, l. 24 febbraio 1992 n. 225, derivanti da eventi naturali o legati all'azione dell'uomo e fronteggiabili solo con poteri straordinari. La norma, che ha superato il vaglio della Corte Costituzio-

(38) Cfr. l. 27 gennaio 2006, n. 21, in *Gazz. Uff.*, 28 gennaio 2006, n. 23.

nale [39] è stata ora abrogata dall'art. 4, comma 1, n. 34, Allegato 4 al Codice del processo amministrativo, con decorrenza 16 settembre 2010.

Non si è tuttavia mancato di far presente che "siffatto, sempre più praticato, indirizzo legislativo, avallato autorevolmente dal Giudice delle leggi, di concentrare presso il Tar del Lazio, Sede di Roma" — o presso altri Tar — "svariate tipologie di contenzioso sottratte a quelli che, secondo la Costituzione formale, dovrebbero esserne i giudici naturali — i TT.AA.RR. Territoriali — sta progressivamente realizzando un mutamento ordinamentale, riflettentesi su quella che suole definirsi la 'Costituzione materiale', consistente, in buona sostanza, in un triplice livello di giurisdizione amministrativa: il Consiglio di Stato quale giudice di ultima istanza; il Tar del Lazio — sede di Roma — quale giudice di primo grado per le materie considerate di maggior rilevanza (secondo le scelte legislative cui si è fatto cenno); i Tar territoriali quali giudici di primo grado per le materie ritenute di minor rilievo epperò, fatalmente destinati, se si proseguirà su questa strada, al declino collegato all'esercizio di competente ritenute 'bagattellari'." [40].

Il Legislatore del Codice non si è tuttavia preoccupato di quest'ultimo profilo visto che con il citato art. 14 statuisce essere caratterizzate da competenza **funzionale inderogabile**: **le controversie "*indicate dall'art. 135 e dalla legge*"** (cfr. art. 14, comma 1, Codice del processo amministrativo). Dette controversie rientrano nella competenza esclusiva del Tribunale amministrativo Regionale del Lazio, sede di Roma:

"1. Sono devolute alla competenza inderogabile del Tribunale amministrativo regionale del Lazio, sede di Roma, salvo ulteriori previsioni di legge:

a) le controversie relative ai provvedimenti riguardanti i magistrati ordinari adottati ai sensi dell'articolo 17, primo comma, della legge 24 marzo 1958, n. 195;

b) le controversie aventi ad oggetto i provvedimenti dell'Autorità garante per la concorrenza ed il mercato e quelli dell'Autorità per le garanzie nelle comunicazioni;

c) le controversie di cui all'articolo 133, comma 1, lettera *l*), fatta eccezione per quelle di cui all'articolo 14, comma 2, nonché le controversie di cui all'articolo 104, comma 2, del testo unico delle leggi in materia

(39) Cfr. Corte Cost. 26 giugno 2007, n. 237, in *Guida al Diritto - Il Sole-24 Ore*, 2007, 28, 78.

(40) Cfr. in tal senso G. GIALLOMBARDO, *Inaugurazione anno giudiziario 2008 del Tar Sicilia, Palermo*. Relazione del Presidente Giorgio Giallombardo, in *www.giustizia-amministrativa.it*.

bancaria e creditizia, di cui al decreto legislativo 1° settembre 1993, n. 385;

d) le controversie contro i provvedimenti ministeriali di cui all'articolo 133, comma 1, lettera *m*);

e) le controversie di cui all'articolo 133, comma 1, lettera *p*);

f) le controversie di cui all'articolo 133, comma 1, lettera *o*), limitatamente a quelle concernenti la produzione di energia elettrica da fonte nucleare, i rigassificatori, i gasdotti di importazione, le centrali termoelettriche di potenza termica superiore a 400 MW nonché quelle relative ad infrastrutture di trasporto ricomprese o da ricomprendere nella rete di trasmissione nazionale o rete nazionale di gasdotti, salvo quanto previsto dall'articolo 14, comma 2;

g) le controversie di cui all'articolo 133, comma 1, lettera *z*);

h) le controversie relative al corretto esercizio dei poteri speciali dello Stato azionista di cui all'articolo 2 del decreto-legge 31 maggio 1994, n. 332, convertito, con modificazioni, dalla legge 30 luglio 1994, n. 474, e successive modificazioni;

i) le controversie aventi ad oggetto i provvedimenti di espulsione di cittadini extracomunitari per motivi di ordine pubblico o di sicurezza dello Stato;

l) le controversie avverso i provvedimenti di allontanamento di cittadini comunitari per motivi di sicurezza dello Stato o per motivi di ordine pubblico di cui all'articolo 20, comma 1, del decreto legislativo 6 febbraio 2007, n. 30, e successive modificazioni;

m) le controversie avverso i provvedimenti previsti dal decreto legislativo 22 giugno 2007, n. 109;

n) le controversie disciplinate dal presente codice relative alle elezioni dei membri del Parlamento europeo spettanti all'Italia;

o) le controversie relative al rapporto di lavoro del personale del DIS, dell'AISI e dell'AISE;

p) le controversie derivanti dall'applicazione del decreto-legge 4 febbraio 2010, n. 4, convertito, con modificazioni, dalla legge 31 marzo 2010, n. 50, relativo all'Istituzione dell'Agenzia nazionale per l'amministrazione e la destinazione dei beni sequestrati e confiscati alla criminalità organizzata;

q) le controversie relative ai provvedimenti adottati ai sensi degli articoli 142 e 143 del testo unico delle leggi sull'ordinamento degli enti locali, di cui al decreto legislativo 18 agosto 2000, n. 267.

2. Restano esclusi dai casi di competenza inderogabile di cui al comma 1 le controversie sui rapporti di lavoro dei pubblici dipendenti, salvo quelle di cui alla lettera *o)* dello stesso comma 1.";

— **le controversie "relative ai poteri esercitati dall'Autorità per l'energia elettrica e il gas"** (cfr. art. 14, comma 2, Codice del processo amministrativo), attribuite alla competenza esclusiva del Tribunale amministrativo regionale della Lombardia, sede di Milano;

— **le controversie** avente ad oggetto il "**giudizio di ottemperanza**" (cfr. art. 14, comma 3, Codice del processo amministrativo) che dovranno essere trattate inderogabilmente avanti il Giudice individuato ai sensi dell'art. 113, Codice del processo amministrativo nonché quelle per le quali "la legge o il presente codice individuino il giudice competente con criteri diversi da quelli di cui all'articolo 13" (cfr. art. 14, comma 3, Codice del processo amministrativo);

Si tratta, ovviamente, di casi che, in quanto derogatori delle ordinarie regole in materia di competenza territoriale, fissate dall'art. 13, Codice del processo amministrativo, sono da ritenersi di **stretta interpretazione** [41].

Ad ogni modo, l'inderogabilità della competenza (funzionale o meno) interessa tanto il merito del giudizio, quanto la fase cautelare. Recita infatti l'art. 16, comma 1, Codice del processo amministrativo: "**La competenza di cui agli articoli 13 e 14 è inderogabile anche in ordine alle misura cautelari**".

Analizziamo dunque la disciplina prevista dal Codice in materia di incompetenza, per poi verificare i suoi rapporti con quella concernente la fase cautelare:

— **l'incompetenza, in primo grado, può essere rilevata d'ufficio dal Giudice** (cfr. art. 15, comma 1, Codice del processo amministrativo) con ordinanza che indica il Tribunale ritenuto competente (cfr. art. 16, comma 2, Codice del processo amministrativo);

— se le parti, entro il termine perentorio di 30 giorni dalla comunicazione di tale ordinanza, **riassumono** il processo avanti al Giudice dichiarato competente, **la causa prosegue davanti a quest'ultimo** (cfr. art. 16, comma 2, secondo periodo, Codice del processo amministrativo) altrimenti si estingue.

(41) Nello stesso senso si era pronunziato, sebbene in ordine all'art. 3 comma 2-*bis* d.l. 30 novembre 2005 n. 245, in *Gazz. Uff.*, 30 novembre 2005, n. 279, aggiunto dalla legge di conversione 27 gennaio 2006 n. 21, in *Gazz. Uff.*, 28 gennaio 2006, n. 23, il Consiglio di Stato, Sez. V, con sentenza 17 marzo 2009, n. 1589, in *Foro Amm., CDS*, 2009, 3, 739.

— l'**ordinanza con cui il Giudice adito dichiara o nega la propria competenza è tuttavia impugnabile** entro trenta giorni dalla sua notificazione, ovvero entro sessanta giorni dalla sua pubblicazione (*i.e.* deposito in Segreteria), attraverso lo strumento del Regolamento di competenza di cui all'art. 15 Codice del processo amministrativo (cfr. art. 16, comma 3, primo capoverso, Codice del processo amministrativo);

— il carattere officioso dell'eccezione non fa venir meno **il potere delle parti di sollevare** la questione attraverso il **Regolamento di competenza**, ai sensi dell'art. 15, comma 2, Codice del processo amministrativo: "Finché la causa non è decisa in primo grado, ciascuna parte può chiedere al Consiglio di Stato di regolare la competenza. Non rilevano, a tal fine, le pronunce istruttorie o interlocutorie di cui all'articolo 36, comma 1, né quelle che respingono l'istanza cautelare senza riferimento espresso alla questione di competenza...";

— il **Regolamento di competenza può inoltre essere proposto anche d'ufficio da parte del Giudice che sia stato indicato competente da quello adito** e che, a sua volta, si ritenga invece incompetente (c.d. conflitto di competenza: cfr. art. 16, comma 3, secondo periodo);

— **all'esito del Regolamento di competenza**, "se viene indicato come competente un tribunale diverso da quello adito, il giudizio deve essere riassunto nel termine perentorio di trenta giorni dalla notificazione dell'ordinanza che pronuncia sul regolamento, ovvero entro sessanta giorni dalla sua pubblicazione" (cfr. art. 15, comma 4, Codice del processo amministrativo). La mancata riassunzione, comporterà l'estinzione del procedimento.

— l'**incompetenza può essere efficacemente dedotta anche in sede d'appello** "con specifico motivo avverso il capo della pronunzia impugnata che, in modo implicito o escplito, ha statuito sulla competenza" (cfr. art. 15, comma 1, Codice del processo amministrativo);

Atteso quanto sopra, v'è da chiedersi, può il Tribunale adito, che si ritenga incompetente, pronunciarsi comunque sulla chiesta misura cautelare?

La risposta è negativa.

Ciò discende dall'art. 15, comma 5, Codice del processo amministrativo secondo cui, se viene proposta domanda cautelare **ed il Giudice non ritiene di essere competente, lo stesso "non decide su tale domanda"** ed ha **due possibilità**:

a) "provvedere ai sensi dell'art. 16, comma 2" (cfr. art. 15, comma 5 cit.) del Codice, ovvero indicare il Giudice che ritiene competente.

b) "richiedere d'ufficio, con ordinanza, il regolamento di competenza, indicando il tribunale che reputa competente" (cfr. art. 15, comma 5, cit.).

Conferma di quanto sopra si trova anche:

— nell'art. 55, comma 13, Codice del processo amministrativo, in tema di misure cautelari collegiali (si rinvia al Capitolo III), che ribadisce come il Giudice possa disporre "misure cautelari solo se ritiene sussistente la propria competenza, ai sensi degli articoli 13 e 14; altrimenti provvede ai sensi dell'art. 15, commi 5 e 6".

— nell'ambito del procedimento cautelare presidenziale *post causam* (si rinvia al Capitolo IV, Paragrafo 2). Recita infatti l'art. 56, comma 1, ultimo periodo, Codice del processo amministrativo: "**Il presidente provvede sulla domanda solo se ritiene la competenza del tribunale amministrativo regionale, altrimenti rimette le parti al collegio per i provvedimenti di cui all'art. 55, comma 13**". Il Presidente, pertanto, ove rilevi il difetto di competenza, non adotterà alcuna misura cautelare e, con decreto, fisserà l'udienza collegiale camerale. In quella sede il Collegio, ai sensi dell'art. 15, comma 5, Codice del processo amministrativo potrà indicare il Giudice che ritiene competente ovvero chiedere d'ufficio il Regolamento di competenza.

Sia pur in assenza di una esplicita previsione in tal senso, pare che la conclusione mantenga la propria piena validità anche nell'ambito del procedimento cautelare presidenziale *ante causam* di cui all'art. 61 del Codice (si rinvia al Capitolo VIII, Paragrafo 3). Anche in questo caso, dunque, il Presidente provvederà sulla domanda cautelare solo se ritiene sussistente la competenza del Tribunale di cui fa parte, altrimenti rimetterà le parti avanti il Collegio.

Chiarito come il Giudice, che non si ritenga competente, non possa pronunziarsi sulla domanda cautelare, va **esaminato il rapporto tra quest'ultima ed il Regolamento di competenza**.

Prima dell'entrata in vigore del Codice del processo amministrativo, la questione non era affatto pacifica.

Nel senso per cui la domanda di Regolamento di competenza non precludeva al Giudice adito l'esame della domanda cautelare, si era schierata l'Adunanza Plenaria del Consiglio di Stato "La domanda di regolamento di competenza al Consiglio di Stato non preclude l'esame della domanda di sospensione cautelare presentata al Tar inizialmente adito, il quale conserva la potestà di emettere '*medio tempore*' un provvedimento cautelare in quanto la preclusione contemplata dall'art. 31 comma 2 l.

Tar, deve riferirsi al passaggio in decisione del merito della controversia e non già dalla semplice istanza cautelare." (42).

La tesi opposta era però stata abbracciata dal Consiglio di Giustizia Amministrativa per la Regione Siciliana "Nel caso di regolamento di competenza, il tribunale amministrativo, ove ritenga manifestamente fondata l'eccezione di incompetenza, non può accogliere l'istanza cautelare presentata dal ricorrente" (43).

I due differenti orientamenti erano espressione di due diverse preoccupazioni: garantire *tout court* (per l'Adunanza Plenaria) l'effettività (si rinvia al Paragrafo 1 del presente Capitolo) della tutela giurisdizionale, scongiurare (per il Consiglio di Giustizia Amministrativa per la Regione Siciliana) il pericolo del c.d. "turismo cautelare" (44) o *forum shopping*, ovvero il rischio che le parti adissero un Tribunale Amministrativo, piuttosto che un altro, non già seguendo le regole sulla competenza, ma sulla base di valutazioni di opportunità.

In altre parole, il ricorrente poteva essere indotto a proporre ricorso anche davanti ad un Tribunale che sapeva non essere competente, ma che confidava avrebbe potuto accogliere la propria istanza cautelare, magari, sulla base di precedenti favorevoli, contrastanti con quelli del Tar competente (45). Del resto, l'eventuale questione di competenza che fosse stata sollevata, non solo non avrebbe privato il Tar adito del potere di decidere ma, piuttosto, avrebbe determinato un ulteriore allungamento dei termini del processo, garantendo così al ricorrente la possibilità di dormire più a lungo sugli allori, ovvero di 'spendere' la misura cautelare ottenuta, in attesa che il Tar competente decidesse il merito della vertenza.

La situazione, in parte, era migliorata con la l. 21 luglio 2000, n. 205 (46) che, con la modifica apportata all'art. 31, comma 5, l. 6 dicembre 1971, n. 1034 (47), faceva cadere il meccanismo per cui la presenta-

(42) Cfr. Cons. Stato, Ad. Plen., 20 gennaio 1997, n. 2, in *Dir. Proc. Amm.*, 1998, 169.

(43) Cfr. Cons. Giust. Amm. Sicilia, 28 luglio 2004, n. 661, in *Foro It.*, 2005, III, 138.

(44) Cfr. in tal senso P. PIZZA, *Regolamento di competenza e tutela cautelare nel processo amministrativo*, in *Dir. Proc. Amm.*, 2008, 3, 875 e ss.

(45) Il fenomeno viene efficacemente descritto da G. SAPORITO-F. MARCONI, *Attualità del regolamento di competenza nel giudizio amministrativo*, in *www.giustizia-amministrativa.it*. Gli Autori descrivono il *forum shopping* come quel fenomeno che ha comportato una migrazione di ricorsi, con le relative domande cautelari "*dal sud al nord in tema di appalti, dal centro alla periferia in tema di numero chiuso universitario, dal nord al sud in tema di accesso a concorsi con preselezione informatica, da un Tar all'altro in tema di extracomunitari, ed ancora dal nord al sud in tema di revoca di patente per misura di sicurezza, in tema di 'decreti ingiuntivi', di tutela dall'inquinamento, di regime dei segretari comunali e così via*".

(46) Cfr. l. 21 luglio 2000, n. 205, in *Gazz. Uff.*, 26 luglio 2000, n. 173.

(47) Cfr. art. 31, comma 5, l. l. 6 dicembre 1971, n. 1034, in *Gazz. Uff.*, 13 dicembre 1971, n. 314. La norma è stata abrogata dall'art. 4, comma 1, n. 10, Allegato IV al Codice del processo amministrativo.

zione della domanda di Regolamento di competenza comportava l'automatica sospensione del processo e la trasmissione degli atti, *ex officio*, a cura della Segreteria del Tribunale, al Consiglio di Stato.

In base al nuovo comma 5 dell'art. 31 della l. 6 dicembre 1971, n. 1034 (48), infatti, il processo non veniva più automaticamente sospeso, dovendo il Presidente fissare la camera di consiglio per la sommaria deliberazione sull'istanza di regolamento. Ove in tale sede questa fosse apparsa manifestamente infondata, il Collegio avrebbe respinto l'istanza e condannato la parte al pagamento delle spese.

Il problema, tuttavia, rimaneva comunque irrisolto in quanto non veniva chiarito se, nel caso in cui gli atti fossero stati trasmessi al Consiglio di Stato, il Tribunale amministrativo potesse o meno, nelle more, pronunciarsi sulla domanda cautelare.

La giurisprudenza si era comunque schierata in senso positivo (49).

Il Codice del processo amministrativo, nell'individuare una soluzione di equilibrio tra le descritte contrapposte esigenze, pare aderire all'impostazione del Consiglio di Giustizia Amministrativa per la Regione Siciliana più sopra ricordato. L'**art. 15, comma 7 del Codice**, infatti, dispone che nelle more del procedimento per Regolamento di competenza, è comunque possibile proporre la domanda cautelare avanti il Giudice ritenuto competente da quello adito che, sebbene dovesse, in ipotesi, non condividere l'opinione del rimettente, **dovrà necessariamente pronunziarsi sull'istanza di cautela**.

L'indicata soluzione, dovrebbe allora scoraggiare il ricorrente dalla pratica del *forum shopping*: se si adisce un Tribunale incompetente, infatti, non v'è più certezza che questi si pronunzi sull'istanza cautelare.

La circostanza, peraltro, che il Giudice ritenuto competente da quello adito, ai sensi del citato art. 15, comma 7, Codice del processo amministrativo, **debba (e non solo possa)** pronunziarsi sull'istanza cautelare, porta a ritenere che **sia tenuto e non solo facoltizzato a fare lo stesso** —, come invece potrebbe ricavarsi dalla lettura dell'art. 55, comma 13, Codice del processo amministrativo ("Il giudice adito può disporre mi-

(48) Cfr. art. 31, comma 5, l. l. 6 dicembre 1971, n. 1034, in *Gazz. Uff.*, 13 dicembre 1971, n. 314. La norma è stata abrogata dall'art. 4, comma 1, n. 10, Allegato IV al Codice del processo amministrativo.

(49) Cfr. Cons. Stato, Sez. V, 17 novembre 2006, n. 6065, in *Foro Amm., CDS*, 2006, 11, 3165: "*La pendenza del regolamento di competenza non preclude l'esame dell'istanza cautelare, anche in grado di appello.*". Nello stesso senso cfr. Cons. Stato, Sez. VI, 22 novembre 2005, n. 6522, in *Foro Amm., CDS*, 2005, 11, 3394.

sure cautelari solo se ritiene sussistente la propria competenza") —, anche il Giudice adito che, invece, si ritenga competente.

Ve quindi da chiedersi quale sia la sorte della misura cautelare adottata da un Tribunale che venga poi accertato, all'esito del Regolamento, essere privo della competenza a decidere.

La domanda trova risposta nell'art. 15, comma 8, Codice del processo amministrativo: "**Le pronunzie sull'istanza cautelare rese dal giudice dichiarato incompetente perdono comunque efficacia dopo trenta giorni dalla data di pubblicazione**" — i.e. deposito — "**dell'ordinanza che regola la competenza**".

La soluzione scelta dal Legislatore del Codice è diversa, ad esempio, da quella che era stata adottata con l'art. 3, comma 2-*quater*, d.l 30 novembre 2005, n. 245, aggiunto dalla legge di conversione 27 gennaio 2006 n. 21 (50) che — nel prevedere la competenza funzionale inderogabile del Tar Lazio, Sede di Roma, per tutte le controversie in ordine alla legittimità delle ordinanze e dei conseguenziali provvedimenti commissariali adottati per fronteggiare le situazioni di emergenza di cui all'art. 5 comma 1, l. 24 febbraio 1992 n. 225, derivanti da eventi naturali o legati all'azione dell'uomo e fronteggiabili solo con poteri straordinari — disponeva "L'efficacia delle misure cautelari adottate da un tribunale amministrativo diverso... permane fino alla loro modifica o revoca da parte del tribunale amministrativo regionale del Lazio, con sede in Roma, cui la parte interessata può riproporre il ricorso" (51).

La citata disposizione, dunque, faceva salvi provvisoriamente gli effetti della misura cautelare che fosse stata adottata da un Tribunale amministrativo incompetente, diverso da quello del Lazio, sino alla pronunzia di quest'ultimo.

L'art. 15, comma 8, Codice del processo amministrativo, invece, stabilisce un termine (30 giorni) dopo il quale la misura perde comunque la propria efficacia, indipendentemente dal fatto che il Giudice competente, a cui le parti, *ex* art. 15, comma 9, Codice del processo amministrativo, "possono sempre riproporre le istanze cautelari", non si sia ancora pronunziato.

(50) Si ricorda che la norma è stata abrogata dall'art. 4, comma 1, n. 34, Allegato 4 al Codice del processo amministrativo.

(51) Cfr. art. 3, comma 2-*quater*, d.l. 30 novembre 2005 n. 245, in *Gazz. Uff.*, 30 novembre 2005, n. 279, aggiunto dalla legge di conversione 27 gennaio 2006, n. 21, in *Gazz. Uff.*, 28 gennaio 2006, n. 23.

Per esemplificare, il provvedimento impugnato la cui efficacia è stata sospesa dal Tar dichiarato poi incompetente dal Consiglio di Stato, tornerebbe ad esplicare i suoi effetti decorsi trenta giorni dalla pubblicazione dell'ordinanza del Consiglio di Stato e sino alla pronunzia del Tar munito di competenza che dovesse anch'esso accogliere, come il Tar incompetente, la domanda cautelare proposta.

Sarebbe allora forse stato preferibile prevedere che, là ove la parte, nel termine di trenta giorni dalla pubblicazione del provvedimento pronunciato all'esito del Regolamento di competenza, riproponga la richiesta cautelare, quella già ottenuta conservi la propria efficacia siano alla pronunzia da parte del 'nuovo' Giudice. Ciò ad evitare che si possa configurare un vuoto temporale di tutela.

La misura cautelare, così come esplica la propria **efficacia *ex nunc*** (si rinvia al precedente Paragrafo 3), dovrebbe allo stesso modo perderla decorso il termine di 30 giorni di cui all'art. 15, comma 8, Codice del processo amministrativo, con conseguente automatica caducazione (sempre *ex nunc*) anche del provvedimento adottato dall'Amministrazione per conformarsi al *dictum* interinale.

Per completezza di trattazione, infine, si ricorda che il riparto delle controversie tra sede del capoluogo e sezioni staccate del Tribunale amministrativo regionale, non costituisce questione di competenza (cfr. art. 47, comma 1, Codice del processo amministrativo).

In ogni caso, ai sensi dell'art. 47, comma 2 del Codice, la parte, diversa dal ricorrente che "ritiene che il ricorso debba essere deciso dal tribunale amministrativo regionale con sede nel capoluogo anziché dalla sezione staccata, o viceversa, deve eccepirlo nell'atto di costituzione o, comunque, con atto depositato non oltre trenta giorni dalla scadenza del termine di cui articolo 46, comma 1" ovvero, al più tardi, dall'avvenuto perfezionamento della notifica, nei propri confronti, del ricorso introduttivo.

Il Presidente del Tribunale si pronunzia con ordinanza motivata, non impugnabile, sentite le parti che ne abbiano fatto richiesta.

Ove siano state adottate delle misure cautelari e il Presidente, con detta ordinanza, ritenga che il ricorso dovesse essere deciso dalla sede del capoluogo piuttosto che da quelle staccata, o viceversa, si applicherà la disciplina sopra vista di cui ai commi 8 e 9, dell'art. 15, Codice del processo amministrativo. La misura cautelare adottata, pertanto, perderà efficacia decorsi 30 giorni dalla pubblicazione (*i.e.* deposito) dell'ordinanza del Presidente, sempre fatto salvo il potere delle parti di riproporre la domanda avanti la sede o sezione 'competente'.

Quanto sopra esposto viene ribadito anche nell'art. 15, comma 10 del Codice: "La disciplina dei commi 8 e 9 si applica anche alle pronunce sull'istanza cautelare rese dal giudice privato del potere di decidere il ricorso dall'ordinanza presidenziale di cui all'art. 47, comma 2".

Per quanto concerne, invece, le conseguenza dell'accertamento, in sede di appello della misura cautelare, dell'avvenuta violazione delle norme sulla competenza, si rinvia al Capitolo VI, Paragrafo 6.

5 I RAPPORTI TRA LA DOMANDA CAUTELARE, IL REGOLAMENTO DI GIURISDIZIONE E IL RICORSO STRAORDINARIO AL CAPO DELLO STATO

Potrebbe presentarsi problematico il rapporto tra la domanda cautelare e la richiesta di Regolamento di giurisdizione (*ex* art. 10 Codice del processo amministrativo), strumento volto a stabilire se il Giudice abbia, in ordine alla controversia, il potere giurisdizionale di deciderla. Ciò perché, si potrebbe pensare, la misura cautelare non dovrebbe essere adottata prima di aver compreso se il Giudice possa conoscere della causa sottoposta al suo esame.

Vediamo allora quali sono state, sul punto, le scelte operate dal Legislatore.

L'art. 10, Codice del processo amministrativo — dopo aver indicato, al comma 1, l'ammissibilità dello strumento e l'applicabilità dell'art. 367, comma 1 c.p.c. (52) — al comma 2, nel riprendere, in parte, l'art. 30, comma 3, della l. 6 dicembre 1971, n. 1034 (53), prevede espressamente che "Nel giudizio sospeso possono essere chieste misure cautelari, ma il giudice non può disporle se non ritiene sussistente la propria giurisdizione".

Ne deriva che, una volta proposta la domanda cautelare innanzi al Tribunale Amministrativo Regionale, ove fosse richiesto il Regolamento di

(52) Cfr. art. 367, comma 1, c.p.c.: "*Una copia del ricorso per cassazione proposto a norma dell'articolo 41, primo comma, è depositata, dopo la notificazione alle altre parti, nella cancelleria del giudice davanti a cui pende la causa, il quale sospende il processo se non ritiene l'istanza manifestamente inammissibile o la contestazione della giurisdizione manifestamente infondata. Il giudice istruttore o il collegio provvede con ordinanza*".

(53) Cfr. art. 30, comma 3, .l. 6 dicembre 1971, n. 1034, in *Gazz. Uff.*, 13 dicembre 1971, n. 314: "*Nei giudizi innanzi ai tribunali amministrativi è ammessa domanda di regolamento preventivo di giurisdizione a norma dell'art. 41 del codice di procedura civile. La proposizione di tale istanza non preclude l'esame della domanda di sospensione del provvedimento impugnato*". La norma è stata abrogata dall'art. 4, comma 1, n. 10, Allegato IV al Codice del processo amministrativo.

giurisdizione, il Giudice amministrativo — che non ritenesse "l'istanza manifestamente inammissibile o la contestazione della giurisdizione manifestamente infondata" (54), e sospendesse, quindi, il processo in attesa della pronunzia della Corte di Cassazione —, **non si priverebbe, per ciò solo, del potere di decidere la domanda cautelare, a patto, però, che ritenga sussistente la propria giurisdizione**. **Nel caso** fosse convinto del **contrario**, invece, per espressa previsione legislativa (art. 10, comma 2, cit., Codice del processo amministrativo), **non potrebbe adottare alcuna misura cautelare**.

Ma *quid iuris* in ipotesi di incertezza circa la sussistenza o meno della giurisdizione?

In astratto, l'incertezza non sarebbe preclusiva dell'adozione di una misura cautelare: l'art. 10, comma 2, Codice del processo amministrativo, infatti, pone il veto solo se il Giudice "non ritiene sussistente la propria giurisdizione". Certo è che dovendo il provvedimento cautelare motivare, *ex* art. 55, comma 9, Codice del processo amministrativo, in ordine "ai profili che, ad un sommario esame, inducono ad una ragionevole previsione sull'esito del ricorso", **tale incertezza, da parte del Giudice, circa la giurisdizione, potrebbero condizionare, in senso negativo, la concessione della misura cautelare chiesta** (55).

La soluzione adottata dal Legislatore è discutibile, in quanto pare porsi in contrasto con l'insegnamento della Consulta per cui "*la previsione di una pluralità di giudici*" non deve "*risolversi in una minore effettività, o addirittura in una vanificazione, della tutela giurisdizionale; evenienza, questa, che si verifica quando la disciplina dei rapporti tra diverse giurisdizioni, per di più innervantesi su un riparto di competenze complesso ed articolato, è tale per cui l'erronea individuazione del giudice munito di giurisdizione, o l'errore del giudice in tema di giurisdizione, può risolversi in un pregiudizio irreparabile...*" (56).

Sarebbe forse stato preferibile prevedere la soluzione opposta per cui il Giudice, anche ove avesse nutrito dei dubbi in ordine alla propria giurisdizione o, financo, si fosse convinto di esserne privo, avrebbe comunque dovuto esaminare la domanda cautelare dell'istante, accogliendola, nel

(54) Cfr. art. 367, comma 1, c.p.c. cit.

(55) In tal senso cfr. Tar Lazio, ord. 20 febbraio 2002, n. 1170, in *Foro Amm., TAR*, 2002, I, 405.

(56) Cfr. Corte Cost., 12 marzo 2007, n. 77, in *Foro Amm. CDS*, 2007, 3, 753. Con la citata sentenza la Corte, poco dopo che si era pronunziata la Cassazione (cfr. Cass. Civ., Sez. Un. 22 febbraio 2007, n. 4109, in *Guida al Diritto - Il Sole-24 Ore*, 2007, 13, 94), ha dichiarato l'illegittimità dell'art. 30, l. 6 dicembre 1971, n. 1034, introducendo il principio della *translatio judicii*. Successivamente il principio è stato positivizzato dal Legislatore con l'art. 59, l. 18 luglio 2009, n. 69, in *Supp. Ordinario* n. 95 alla *Gazz. Uff.*, 19 giugno 2009, n. 140.

caso il ricorso promosso fosse apparso fondato. Ciò, ad evitare che la pluralità dei Giudici, da strumento di garanzia per il cittadino, si trasformi in una complicazione lesiva del principio di effettività della tutela giurisdizionale. Quanto sopra, almeno nei casi in cui la giurisdizione si presenta controversa.

Si deve invece **escludere l'ammissibilità del Regolamento di giurisdizione nell'ambito della tutela cautelare *ante causam*** (si rinvia al Capitolo VIII) ciò *"finché l'istante non abbia iniziato il giudizio di merito per il quale sorge l'oggetto del procedimento, unitamente all'interesse concreto e attuale a conoscere il giudice dinanzi al quale lo stesso deve eventualmente proseguire"* (57).

Del resto, ove il giudizio di merito non fosse avviato, tenuto conto che il provvedimento cautelare *ante causam* perde comunque efficacia decorso il termine di 60 giorni dalla sua emissione (cfr. art. 61, comma 5, Codice del processo amministrativo), non vi sarebbe forse nemmeno interesse a proporre la questione di giurisdizione.

Ma qual'è la sorte delle misure cautelari adottate dal Giudice che a seguito della proposizione del Regolamento di giurisdizione venga dichiarato, dalla Corte di Cassazione, privo dello *ius dicere*?

La risposta a tale interrogativo viene offerta dall'art. 11, comma 7, Codice del processo amministrativo, secondo cui **la misura cautelare adottata dal Giudice privo di giurisdizione perde efficacia decorsi trenta giorni dalla pubblicazione del provvedimento dichiarativo del difetto di giurisdizione**, fatto salvo il potere delle parti di riproporre la domanda cautelare avanti il Giudice che, nel frattempo, è stato accertato essere munito di giurisdizione.

Come nel caso del Regolamento di competenza, quindi, l'eventuale provvedimento cautelare ottenuto dal Giudice, poi dichiarato privo di giurisdizione, conserva un'efficacia limitata nel tempo con la conseguenza già vista: sebbene la parte si attivi tempestivamente, la misura cautelare già ottenuta, avendo un'efficacia temporale limitata (30 giorni), potrebbe decadere nelle more che il nuovo Giudice si pronunzi.

La soluzione ipotizzata (e diversa da quella prescelta dal Legislatore) con riferimento al Regolamento di competenza — per cui la misura cautelare dovrebbe conservare la propria efficacia sino alla pronunzia del

(57) Cfr. Cass. Civ., Sez. Un., 28 dicembre 2007, n. 27187, in *Banca dati De Jure*, Giuffrè.

Giudice competente a cui la domanda sia stata riproposta entro il termine di 30 giorni dalla pubblicazione del provvedimento che regola la questione — potrebbe allora essere valida anche per il Regolamento di giurisdizione. Ciò ad evitare che si possa configurare un vuoto temporale di tutela, a tutto danno dell'istante.

Resta infine da esaminare, nel presente Paragrafo, quale sia la sorte delle misure cautelari che siano state eventualmente concesse in sede di Ricorso Straordinario al Capo dello Stato quando lo stesso, a seguito di opposizione, sia stato trasposto avanti il Tribunale amministrativo regionale competente.

Come noto, ai sensi degli artt. 8 e ss del d.p.r. 24 novembre 1971, n. 1199 (58), avverso gli atti amministrativi è possibile proporre, alternativamente al ricorso giurisdizionale, il Ricorso Straordinario al Capo dello Stato, il cui termine di presentazione, peraltro, è di 120 giorni dalla data della notificazione o comunicazione dell'atto impugnato, o da quando l'interessato ne abbia avuto piena conoscenza e non già, invece, di 60 giorni come accade, di norma (59), per il ricorso avanti ai Tribunali amministrativi regionali.

In forza dell'art. 3, comma 4, l. 21 luglio 2000, n. 205 "Nell'ambito del ricorso straordinario al Presidente della Repubblica può essere concessa, a richiesta del ricorrente, ove siano allegati danni gravi e irreparabili derivanti dall'esecuzione dell'atto, la sospensione dell'atto medesimo. La sospensione è disposta con atto motivato del Ministero competente ai sensi dell'art. 8 del decreto del Presidente della Repubblica 24 novembre 1971, n. 1199, su conforme parere del Consiglio di Stato" (60).

È opportuno ricordare che la norma è stata fatto oggetto di critiche per due essenziali ragioni.

In primo luogo, perché subordina la concessione della misura cautelare all'esistenza di "danni gravi e irreparabili" anziché, come prevedeva l'art. 21, comma 8, l. 6 dicembre 1971, n. 1034 (61) — ed ora l'art. 55 comma 1, Codice del processo amministrativo —, ad un "pregiudizio grave ed irreparabile" (62). Non si comprendeva, infatti, perché si fosse ab-

(58) Cfr. d.p.r. 24 novembre 1971, n. 1199, in *Gazz. Uff.*, 17 gennaio 1972, n. 13.

(59) Il termine, ad esempio, è dimezzato e pari a 30 giorni, per le impugnazioni previste in materia di procedure di affidamento di pubblici lavori, servizi e forniture. Cfr. in tal senso l'art. 120, comma 5, Codice del processo amministrativo.

(60) Cfr. art. 4, comma 3, l. 21 luglio 2000, n. 205, in *Gazz. Uff.*, 26 luglio 2000, n. 173. La disposizione è tutt'ora in vigore.

(61) Cfr. art. 21, comma 8, l. 6 dicembre 1971, n. 1034, in *Gazz. Uff.*, 13 dicembre 1971, n. 314. La norma è stata abrogata dall'art. 4, comma 1, n. 10, Allegato IV al Codice del processo amministrativo.

(62) Cfr. art. 21, comma 8, l. 6 dicembre 1971, n. 1034, in *Gazz. Uff.*, 13 dicembre 1971,

bandonato, con riguardo al *periculum in mora*, il riferimento 'patrimoniale' solo nell'ambito del giudizio davanti al Giudice amministrativo (si rinvia al Capitolo III Paragrafo 1) e non, invece, anche nel giudizio avanti al Capo dello Stato.

In secondo luogo perché, mentre per il processo amministrativo la norma abbandona l'indicazione della sola sospensione quale misura cautelare concedibile, attribuendo al Giudice il potere di adottare le più opportune ed idonee misure interinali, per il Ricorso Straordinario, invece, veniva fatta menzione solo di tale strumento cautelare.

Alla due inefficienze della norma si era proposto di porre rimedio, in via interpretativa, rimpiazzando l'espressione "danni" con quella di "pregiudizi" e trasponendo "nell'ambito del ricorso straordinario quelle evoluzioni giurisprudenziali che, nell'ambito del giudizio amministrativo", avevano "consentito di concepire forme di tutela cautelare anche nei riguardi dei provvedimenti di diniego e di silenzio della p.a." (63).

Soluzione che appare senz'altro condivisibile anche dopo l'entrata in vigore del Codice del processo amministrativo.

Tornando al Ricorso al Capo dello Stato, si deve considerare che, ai sensi dell'art. 10, comma 1, d.p.r. 24 novembre 1971, n. 1199, "I controinteressati, entro il termine di sessanta giorni dalla notificazione del ricorso, possono richiedere, con atto notificato al ricorrente e all'organo che ha emanato l'atto impugnato, che il ricorso sia deciso in sede giurisdizionale." (64), attraverso il procedimento meglio descritto nei commi seguenti del citato art. 10.

Circa le conseguenze di detta opposizione sulle misura cautelari già concesse in sede di Ricorso Straordinario, l'art. 48, comma 2, Codice del processo amministrativo, dispone: "**Le pronunce sull'istanza cautelare rese in sede straordinaria perdono efficacia alla scadenza del sessantesimo giorno successivo alla data di deposito dell'atto di costituzione in giudizio previsto dal comma 1**", ovvero entro 60 giorni dal ricevimento dell'atto di opposizione.

Ovviamente il ricorrente, per non far decorrere inutilmente detto termine, nel costituirsi in giudizio avanti il Tribunale amministrativo, dovrà riproporre l'istanza cautelare, potere che gli è espressamente riconosciuto

n. 314. La norma è stata abrogata dall'art. 4, comma 1, n. 10, Allegato IV al Codice del processo amministrativo.

(63) Cfr. A. ROMANO-R. VILLATA, *Commentario breve alle leggi sulla giustizia amministrativa*, Cedam, 2009, 289.

(64) Cfr. art. 10, comma 1, d.p.r. 24 novembre 1971, n. 1199, in *Gazz. Uff.*, 17 gennaio 1972, n. 13.

dall'ultima parte del comma 2 dell'art. 48 cit., Codice del processo amministrativo: "Il ricorrente può comunque riproporre l'istanza cautelare al tribunale amministrativo regionale".

Ove, pertanto, il Collegio confermi il provvedimento adottato in sede di Ricorso Straordinario, *nulla questio*.

Eventuali altri provvedimenti che il Collegio dovesse adottare, siano essi di rigetto ovvero modifica, supereranno invece la misura cautelare originariamente disposta. Il termine di 60 giorni di sopravvivenza dell'efficacia della misura cautelare dovrebbe peraltro scongiurare il rischio (visto nell'ambito del Regolamento di competenza e giurisdizione) che la stessa possa perdere efficacia prima che il Giudice amministrativo si sia pronunziato. Anche in questo caso, tuttavia, non sarebbe forse stato sbagliato prevedere la sopravvivenza della misura cautelare disposta in sede di Ricorso Straordinario sino alla pronunzia del Tar, purché, a quest'ultimo, la domanda cautelare sia stata proposta entro 60 giorni dal ricevimento dell'atto di opposizione.

6 LA FORMA DEL PROVVEDIMENTO CHE DECIDE SULL'ISTANZA CAUTELARE (IL REGISTRO DELLE ORDINANZE E DEI DECRETI)

Il provvedimento con cui il Giudice decide sulla domanda cautelare, sia esso di accoglimento o di rigetto, assume di norma **la forma dell'ordinanza**, *ex* art. 55, comma 9, Codice del Processo Amministrativo.

Nulla di nuovo, quindi, rispetto a quanto previsto dall'art. 21, comma 8, l. 6 dicembre 1971, n. 1034 (65).

Accanto alla forma dell'ordinanza, **il provvedimento cautelare può assumere anche quella del decreto presidenziale**:

— ai sensi dell'art. 56, Codice del processo amministrativo. Ciò nei casi di "estrema gravità ed urgenza", tali "da non consentire la dilazione neppure fino alla data della camera di consiglio", che spingano il ricorrente a chiedere al Presidente del Tribunale amministrativo regionale, o a quello di Sezione a cui sia stato assegnato il ricorso, di disporre, nelle more della trattazione dell'incidente cautelare in camera di consiglio, "le misure cautelari provvisorie" più opportune. Anche in questo caso, la

(65) Cfr. art. 21, comma 8, l. 6 dicembre 1971, n. 1034, in *Gazz. Uff.*, 13 dicembre 1971, n. 314. La norma è stata abrogata dall'art. 4, comma 1, n. 10, Allegato IV al Codice del processo amministrativo.

possibilità di ricorrere allo strumento del decreto presidenziale era già prevista dall'art. 21, comma 9, l. 6 dicembre 1971, n. 1034 (66);

— ai sensi dell'art. 61, Codice del processo amministrativo: ovvero nei casi di tutela cautelare *ante causam*. Strumento, questo, introdotto per la prima volta, in via generalizzata, dal Codice del processo amministrativo (si rinvia al Capitolo VIII).

Ché i provvedimenti cautelari possano dunque assumere la forma dell'ordinanza o del decreto trova conferma anche nell'art. 33, comma 1, lett. *b*) e *c*), Codice del processo amministrativo: "Il Giudice pronuncia: ... *b*) ordinanza quando assume misure cautelari...; *c*) decreto nei casi previsti dalla legge.", tra cui, per l'appunto, quelli di cui ai citati artt. 56 e 61 del Codice.

Si ricorda, in argomento, che tra i **Registri** che le Segreterie dei Tribunali amministrativi Regionali e del Consiglio di Stato devono essere tenuti vi sono, *ex* art. 2, comma 1, Allegato 2, al Codice del processo amministrativo, "... *d*) il registro dei decreti... del presidente; *e*) il registro delle ordinanze cautelari". Prosegue il comma 3 del citato articolo stabilendo che "Nei registri di cui alla lettera *d*) ed *e*) del comma 1 sono annotati gli estremi della trasmissione dei provvedimenti".

7 L'INAPPLICABILITÀ AL PROCESSO CAUTELARE DELLA SOSPENSIONE FERIALE DEI TERMINI

Ai sensi dell'art. 54, comma 3, Codice del processo Amministrativo, **la sospensione feriale dei termini**, dal 1° agosto al 15 settembre, *ex* art. 5, l. .7 ottobre 1969, n. 742 (67), **non si applica al procedimento cautelare** (68).

Ciò vale tanto nel giudizio (cautelare) di primo grado, quanto in quello d'appello "Il giudizio cautelare amministrativo si sviluppa in due gradi di un unico procedimento rivolto alla valutazione della sospendibilità, o meno, del provvedimento impugnato; pertanto, ai sensi dell'art. 5

(66) Cfr. art. 21, comma 9, l. 6 dicembre 1971, n. 1034, in *Gazz. Uff.*, 13 dicembre 1971, n. 314. La norma è stata abrogata dall'art. 4, comma 1, n. 10, Allegato IV al Codice del processo amministrativo.

(67) Cfr. art. 5, l. 7 ottobre 1969, n. 742, in *Gazz. Uff.*, 6 novembre 1969, n. 281.

(68) Ciò è confermato anche dagli artt. 1 e 5 della l. 7 ottobre 1969, n. 742, non oggetto di abrogazione da parte del Codice del processo amministrativo e da costante giurisprudenza "*La disciplina legale, dettata in materia di sospensione feriale dei termini dalla l. 7 ottobre 1969 n. 742, trova integrale applicazione davanti al giudice amministrativo e pertanto si estende a tutti i termini processuali relativi alla giurisdizione amministrativa, con esclusione del solo giudizio cautelare*" (Cfr. Cons. Stato, Sez. V, 24 aprile 2009, n. 2600, in *Foro Amm., CDS*, 2009, 4, 994).

l. 7 ottobre 1969 n. 742, a tale giudizio è inapplicabile, anche con riferimento al grado d'appello, la sospensione feriale dei termini processuali." (69).

La sospensione feriale, invece, opera per tutti gli altri termini del processo, ivi compreso quello di proposizione del ricorso "La deroga prevista dall'art. 5 l. n. 742 del 1969, al regime di sospensione feriale dei termini processuali opera esclusivamente nel senso di consentire anche in periodo feriale la trattazione della domanda cautelare nel rispetto dei termini ordinari all'uopo previsti, mentre non produce alcun effetto con riguardo ai termini di notifica e deposito del ricorso introduttivo e ad ogni altro successivo termine processuale finalizzato alla trattazione del gravame nel merito, per i quali trova invece piena applicazione la sospensione di cui all'art. 1 della medesima legge. (Conferma Tar Sicilia, Catania, sez. II, n. 3617 del 2004)." (70).

Poiché la domanda cautelare può essere proposta in seno al ricorso introduttivo, *ex* art. 55, comma 3, Codice del processo amministrativo (si rinvia al Capitolo III, Paragrafo 6), si potrebbe allora pensare che, non ricorrendo gli estremi per avvalersi della tutelare cautelare *ante causam*, di cui all'art. 61, Codice del processo amministrativo, il ricorrente sia costretto a notificare il ricorso principale in uno alla domanda di sospensione, senza potersi avvalere della sospensione feriale dei termini.

Ciò, tuttavia, è stato escluso dalla giurisprudenza: "L'art. 5, l. 7 ottobre 1969 n. 742, a norma del quale nei procedimenti rivolti alla sospensione del provvedimento impugnato non vale la regola della sospensione dei termini processuali nel periodo feriale, deve essere interpretato nel senso che esso attribuisce all'interessato una facoltà di scelta tra la proposizione immediata dell'impugnativa nel periodo di sospensione feriale, con contestuale richiesta di sospensiva dell'atto impugnato ove ravvisi l'urgenza dell'esame cautelare e la proposizione successiva (non tenendo cioè conto, ai fini del computo dei sessanta giorni, del periodo feriale), salva la possibilità di chiedere comunque la sospensione; la norma in questione non intende, insomma, comminare la decadenza dalla richiesta di sospensiva qualora l'impugnativa non sia proposta nel termine feriale, né, tantomeno, limitare temporaneamente la tutela cautelare creando un

(69) Cfr. Cons. Stato, Sez. V, 23 novembre 1990, n. 1230, in *Giust. Civ.*, 1991, I, 490.

(70) Cfr. Cons. Giust. Amm. Sicilia, Sez. Giurisd., 26 gennaio 2006, n. 29, in *Foro Amm., CDS*, 2006, 1, 257. Cfr. inoltre Tar Piemonte, 17 marzo 1981, n. 206, in *Banca dati De Jure*, Giuffrè.

obbligo di impugnativa immediata, essendo evidente che ciò costituirebbe una palese violazione dei principi costituzionali che garantiscono la tutela dei diritti degli interessati" (71).

Altro problema che può porsi è dato dal fatto che, ai sensi dell'art. 60, Codice del processo amministrativo (e in precedenza in forza dell'art. 21, comma 10, l. 6 dicembre 1971, n. 1034 (72)), in sede di camera di consiglio il Collegio può definire il giudizio nel merito, con sentenza in forma semplificata (si rinvia al Capitolo VII).

Ora, poiché la sospensione non si applica solo al procedimento cautelare, **v'è da domandarsi se detta sospensione** che, invece, interessa tutte le altre fasi del processo, **sia ostativa alla facoltà del Giudice di decidere il merito della controversia in sede cautelare**.

Può il Collegio, in quella sede, in presenza di tutti i presupposti richiesti dal citato art. 60, Codice del processo amministrativo, decidere il giudizio anche nel merito?

La risposta offerta dalla giurisprudenza è positiva: "L'art. 5 l. n. 742 del 1969, nel disporre l'inapplicabilità della sospensione feriale dei termini di cui all'art. 1 stessa legge, riferendosi genericamente al 'procedimento' cautelare, attualmente definibile anche con una c.d. sentenza breve, non osta alla decisione nel merito ai sensi dell'art. 3 l. n. 205 del 2000." (73).

La soluzione appare meritevole di accoglimento perché logica. L'applicazione dell'istituto della sospensione feriale dei termini al giudizio amministrativo "ha sempre sottratto al regime della sospensione i procedimenti in senso lato cautelari, indipendentemente dal contenuto e dalla tipologia dei provvedimenti decisori adottati dal giudice in quei procedimenti. In altre parole, è del tutto indifferente che il procedimento cautelare si concluda con una ordinanza o con una sentenza in forma semplificata, una volta che entrambi i provvedimenti sono astrattamente contemplati dalla legge come idonei a risolvere, in via incidentale o in via definitiva, il giudizio in quella sede" (74).

(71) Cfr. Tar Campania, Sez. V, 4 marzo 2008, n. 1073, in *Foro Amm., TAR*, 2008, 3, 796.

(72) Cfr. art. 21, comma 10. l. 6 dicembre 1971, n. 1034, in *Gazz. Uff.*, 13 dicembre 1971, n. 314. La norma è stata abrogata dall'art. 4, comma 1, n. 10, Allegato IV al Codice del processo amministrativo.

(73) Cfr. Tar Piemonte, Sez. I, 9 settembre 2002, n. 1500, in *Foro Amm., TAR*, 2002, 2792.

(74) Cfr. E. FOLLIERI, *Effettività della giustizia amministrativa nella tutela cautelare*, in *Giust. Civ.*, 2003, 3, 1117.

8 LA NATURA CAMERALE DELL'UDIENZA (LA NON NECESSITÀ DI VESTIRE LA TOGA)

L'udienza cautelare collegiale, *ex* art. 55, Codice del processo amministrativo, **viene trattata in Camera di Consiglio**. Ciò è previsto nell'art. 55 (commi 1, 5 e 7) del Codice e, in via generale, dall'art. 87, comma 2, lett. *a*) dello stesso Codice: "... si trattano in camera di consiglio: *a*) i giudizi i cautelari...".

All'udienza, pertanto, potranno essere presenti solo i legali delle parti non già quest'ultime né, tantomeno, terzi estranei, come invece accade quando l'udienza è pubblica. Precisa in ogni caso il citato art. 87, comma 4, che "La trattazione in pubblica udienza non costituisce motivo di nullità della decisione".

L'art. 10, comma 2, dell'Allegato II al Codice del processo amministrativo, **dispensa implicitamente gli avvocati dall'uso della toga in sede di camera di consiglio** mentre la stessa si rende necessaria in pubblica udienza. Distinguo, questo, già peraltro in uso (75), che non impedisce, ovviamente, che la toga possa essere impiegata anche in camera di consiglio e che, comunque, non dispensa (o non dovrebbe dispensare) l'avvocato dal presentarsi avanti il Collegio giudicante sempre in modo conveniente. E tale aspetto non è di certo trascurabile.

Per comprendere ciò a cui ci si vuole riferire si riporta un passo tratto da un vecchio testo di retorica: "Doti fisiche dell'oratore sono bel personale, voce buona, gesto espressivo, vestire conveniente, dignità naturale. Che l'oratore abbia bel personale è cosa desiderabile, ché la bella proporzione delle membra, l'armonia delle linee del volto e la regolarità delle varie parti della faccia acquistano all'oratore le oneste simpatie del pubblico; e chi si presenta bello della persona pare debba essere anche bel parlatore. Ma chi brutto non dovrà dunque parlare?

Ecco il mio pensiero tutto quanto: se tu fossi un genio che t'imponessi per gli splendori dell'intelligenza, per le opere compiute a vantaggio della patria, vieni e parla, perché i tuoi meriti copriranno quasi d'un

(75) Cfr. Cons. Stato, Sez. IV, 29 novembre 2002, n. 6510, in *Foro Amm., CDS*, 2002, 2870: *"L'art. 6 della Carta europea dei diritti dell'uomo conferisce agli Stati membri dell'Ue la facoltà di emanare una normativa di attuazione che, nell'ordinamento italiano, trova riscontro nell'art. 25, l. n. 241 del 1990, il quale in materia di accesso prevede il rito della camera di consiglio, caratterizzato da garanzie non dissimili da quelle fornite dalla pubblica udienza, che in proposito si contraddistingue (oltre che per l'uso della toga) unicamente per la possibile presenza (peraltro, più teorica che pratica, come l'esperienza quotidiana insegna) del pubblico"*.

velo le tue difformità. L'oratore avrà anche buona voce: cioè melodiosa, che conosce i passaggi, le sue sfumature, che è ora grave ed ora debole, ora elevata e ora sommessa, che si adatta insomma alle cose che tu dici e al colore che alle cose tu vuoi dare. Non parlerai tanto piano da non essere inteso, ne troppo forte per non essere troppo inteso. Modula la tua voce e sia quasi una musica ma non clamorosa, ma non straziante, ma non sforzata, ché tu offenderesti il tuo petto e recheresti pena a chi ti ode. Anche il gesto è necessario all'oratore, perché il gesto aiuta la parola, interpreta il pensiero, piglia, direi quasi, l'idea della nostra mente e la trapianta in quella di chi ascolta. Ad ogni modo non gesti goffi, insignificanti, ridicoli, ma giusti assennati, temperati. La qual maniera di porgere darà dignità, che consiste in quel portamento nobile di chi si presenta sentendo i doveri che ha di rispettare i suoi uditori avendo riguardo al loro decoro. **E terminando dirò che il pubblico dicitore deve vestire pulito per riguardo all'ufficio che compie e per dovere verso il pubblico**.

Ascoltare un uomo che ha bella intelligenza, vivo sentimento, forte fantasia, gesto buono, voce armoniosa, e che alla profondità dei concetti, allo splendore della forma, alla intimità del convincimento unisce intemerata coscienza e santità di costume, io penso sia uno di quei pochi purissimi piaceri che è fatto di godere gli uomini" (76).

9 IL RINVIO ALLE NORME CONTENUTE NEL CODICE DI PROCEDURA CIVILE

L'art. 39, Codice del processo amministrativo, rubricato "Rinvio esterno", recita: "Per quanto non disciplinato dal presente codice si applicano le disposizioni del codice di procedura civile, in quanto compatibili o espressione di principi generali".

Va detto, preliminarmente, che l'inserimento della norma all'interno del Codice è stata fortemente criticata dalla dottrina (77) che ha evidenziato come un codice, normalmente, dovrebbe autocompletarsi e non dovrebbe necessitare di una eterointegrazione, pena, altrimenti, la negazione della sua autonomia. In altre parole la codificazione del processo amministrativo doveva essere l'occasione per creare un sistema caratterizzato da

(76) Cfr. L. ASIOLI, *Eloquenza Civile e Sacra*, Manuali Hoepli, 1915, 7.

(77) F.G. SCOCA in occasione del Convegno *"Bozza del Codice del processo amministrativo - libro I Disposizioni generali"*, tenutosi in Padova, il 23 marzo 2010.

una completezza materiale e funzionale (si rinvia al Capitolo I, Paragrafo 1). che il rinvio esterno al codice di procedura civile verrebbe invece a negare.

Al di là di tale rilievo, che da un punto di vista sistematico può ritenersi condivisibile, va detto che il generale rinvio, da parte del sistema di giustizia amministrativa, alle norme del codice di rito, si era da sempre ritenuto esistente [78], anche prima dell'adozione del Codice del processo amministrativo.

La norma di cui all'art. 39, specifica ora che tale rinvio può farsi alle disposizioni del codice di procedura civile, in quanto compatibili con il sistema di giustizia amministrava, come delineato dal Codice del processo amministrativo, ovvero in quanto siano espressione di principi generali: si pensi, così, al principio della corrispondenza tra il chiesto ed il pronunziato, al principio dell'interesse ad agire e a contraddire, ecc.

Tale rinvio (interessante anche la materia cautelare), ovviamente, sarà ammissibile solo nel caso in cui non vi sia la possibilità di risolvere la problematica attraverso le norme del codice del processo amministrativo.

In sintesi

• La *ratio* della tutela cautelare si ricollega alla circostanza per cui il processo, per essere celebrato, richiede del tempo; tempo durante il quale si possono verificare delle eventualità suscettive di comprometterne il risultato, a tal punto che la decisione ottenuta, sia pur favorevole, proprio perché 'tardiva', potrebbe presentarsi *inutiler data*. In tali ipotesi, la tutela giurisdizionale resterebbe una tutela puramente nominale ed illusoria.
Lo strumento cautelare vuole allora ovviare a questo pericolo garantendo all'istante la possibilità di ottenere, nelle more del processo, delle misure provvisorie che ne assicurino la fruttuosità.

• Dalla *ratio* della della tutela cautelare discende la caratteristica principale: ovvero la sua strumentalità al giudizio di merito nei confronti del quale esplica una funzione ancillare. Il vincolo di strumentalità, nel corso del tempo, si è però attenuato sino, in certi ipotesi (v. art. 4, comma 2-*bis*, d.l. 30 giugno 2005, n. 115), a scomparire.

• Competente a decidere della domanda cautelare è il Giudice competente a conoscere del merito della controversia. La competenza territoriale dei Tar, a seguito dell'entrata in vigore del Codice del processo amministrativo, è diventata inderogabile. L'incompetenza è rilevabile anche d'ufficio, e il difetto di competenza può costituire motivo di impugnazione della sentenza emessa dal Giudice incompetente.

(78) Cfr. Cons. Stato, Sez. V, 19 maggio 2007, n. 2463, in *Guida al Diritto - Il Sole-24 Ore*, 2007, 24, 85.

In sintesi

- La proposizione del Regolamento di giurisdizione e competenza non impedisce al Giudice adito di adottare le misure cautelari chieste, a patto che lo stesso non si ritenga privo, rispettivamente, di giurisdizione e competenza. In tali ipotesi, infatti, l'istanza dovrà essere riproposta, nel caso di Regolamento di giurisdizione, avanti al Giudice che è stato accertato esserne munito; nel caso di Regolamento di competenza e nelle more che questo si concluda, invece, avanti il Tar che il Giudice adito ha indicato come competente. Le misure cautelari emesse dal Giudice dichiarato privo di giurisdizione o competenza hanno un'efficacia limitata nel tempo (sino a 30 giorni dalla pubblicazione del provvedimento che regola la questione).
- Efficacia limitata nel tempo presentano anche le misure cautelari emesse nell'ambito del Ricorso al Capo dello Stato che sia stato oggetto di opposizione e sia stato quindi trasposto avanti al Tar. La misura cautelare, infatti, perde efficacia dopo 60 giorni dalla data di costituzione in giudizio del ricorrente.
- I provvedimenti cautelari possono presentare, a seconda dei casi, la forma dell'ordinanza, se pronunziati dal Collegio, ovvero di decreto, se adottati dal Presidente, sia *ante* che *post causam*. Il procedimento cautelare, che si svolge in camera di consiglio, non è soggetto alla sospensione feriale dei termini (1° agosto-15 settembre).

CAPITOLO 3

IL PROCESSO CAUTELARE COLLEGIALE

Nel presente Capitolo si affronteranno due tematiche: i presupposti ed il contenuto caratterizzanti la misura cautelare; l'*iter* attraverso cui si snoda il procedimento cautelare collegiale, che costituisce l'archetipo anche per il procedimento monocratico *post causam*, nonché per quello *ante causam*.
Sotto il primo profilo, dunque, verranno esaminati i presupposti classici del *fumus boni iuris* e del *periculum in mora*, nonché il possibile contenuto, suddiviso in tipologie, delle misure cautelari. Nell'ambito della seconda tematica, invece, si cercherà di seguire il procedimento cautelare dalla sua nascita, ovvero dal momento in cui viene proposta la domanda, al momento in cui il Collegio si pronunzia sulla stessa. Nel far questo non si trascurerà di prendere in considerazioni tutta una serie di problematiche che possono insorgere: dalla legittimazione a proporre l'istanza, ai casi di improcedibilità; dalla necessità di assumere mezzi istruttori, alla mancata prestazione della cauzione ecc.
Il tutto attraverso un confronto tra vecchia e nuova normativa, in grado di evidenziare le soluzioni di continuità ed i punti di rottura con il passato.

Sommario:

1 I PRESUPPOSTI DEL *FUMUS BONI IURIS* E DEL *PERICULUM IN MORA*

L'emissione di una misura cautelare è subordinata alla ricorrenza di due specifici presupposti.

L'art. 55 del Codice del processo amministrativo riprende, in tal senso, il testo dell'art. 21, comma 8, della l. 6 dicembre 1971, n. 1034 (1). Recita così il comma 1: "Se il ricorrente, allegando di subire un pregiudizio grave ed irreparabile durante il tempo necessario a giungere alla decisione sul ricorso..."; mentre il comma 9: "L'ordinanza cautelare motiva in ordine alla valutazione del pregiudizio allegato e indica i profili che, ad un sommario esame, inducono ad una ragionevole previsione sull'esito del ricorso".

Il due commi descrivono, ciascuno, uno dei due presupposti che stanno alla base della concessione di una misura cautelare ovvero, rispettivamente, il ***periculum in mora*** ed il ***fumus boni iuris***.

Il *periculum in mora* è il pregiudizio, grave ed irreparabile, che il ricorrente rischia di patire nel corso del giudizio avente ad oggetto l'*agere* (o il *non agere*) dell'amministrazione. Pregiudizio che può avere, **non solo natura patrimoniale, ma anche non patrimoniale** (2), atteso che la norma parla, per l'appunto, di pregiudizio e non di mero danno.

Si pensi, così, a titolo esemplificativo, al danno all'immagine patito da una ditta che venga esclusa da una gara d'appalto ovvero "al danno che una ditta non aggiudicataria di un appalto patisce in conseguenza della mancata esecuzione dell'appalto stesso in termini di mancata crescita del proprio know-how *e del proprio* curriculum *professionale...*" (3).

Inoltre, come chiarito dal Consiglio di Stato, il *periculum in mora* "non ricorre unicamente nel caso di irreversibile modificazione dello stato di fatto od irreversibile compromissione di un bene della vita, ma anche nell'ipotesi di grave pregiudizio" (4) dello stesso. **La misura cautelare, dunque, può essere concessa anche se ricorre uno solo dei due presupposti della irreparabilità o gravità**. Questi ultimi, peraltro, non devono essere valutati dal Giudice in astratto, ma "caso per caso" (5).

(1) Cfr. art. 21, comma 8, l. 6 dicembre 1971, n. 1034, in *Gazz. Uff.*, 13 dicembre 1971, n. 314. La norma è stata abrogata dall'art. 4, comma 1, n. 10, Allegato IV al Codice del processo amministrativo.

(2) Cfr. G. VACIRCA in (a cura di) M.R SANCHINI, *La tutela cautelare nel processo amministrativo*, Giuffrè, 2006, 26: "*Può essere rilevante, comunque, qualunque pregiudizio anche se non riconducibile alla nozione di danno risarcibile ex art. 2043 c.c.*". Cfr. inoltre G. DE MARZO-G. MISSERINI, *La tutela cautelare e sommaria dinanzi ai giudici amministrativi*, Cedam, 2004, 9: "*Si ritiene comunemente che la nuova formulazione sia tesa ad ampliare le ipotesi in cui sia possibile concedere una misura cautelare non limitandole esclusivamente a quelle in cui gli effetti dell'atto o del comportamento oggetto del ricorso siano forieri di un pregiudizio avente valenza patrimoniale bensì anche a qui casi in cui gli stessi (effetti) assumano una dimensione morale.*".

(3) Cfr. inoltre G. DE MARZO-G. MISSERINI, *La tutela cautelare e sommaria dinanzi ai giudici amministrativi*, Cedam, 2004, 9.

(4) Cfr. Cons. Stato, Sez. IV, 24 aprile 2001, n. 2403, in *Banca dati De Jure*, Giuffrè.

(5) Cfr. S. RUSCICA, *Le novità in tema di tutela cautelare nel processo amministrativo*, Giuffrè, 2008, 50.

Va inoltre precisato che l'espressione **irreparabilità** del pregiudizio, **non va intesa come equivalente di irrisarcibilità**, per cui si dovrebbe escludere la ricorrenza di detto presupposto tutte le volte in cui il danno sia risarcibile.

Non sussiste, infatti, "alcun rapporto di equipollenza tra la tutela cautelare, destinata ad assicurare una salvaguardia di tipo reale delle posizioni soggettive coinvolte dall'azione amministrativa, e il rimedio risarcitorio per equivalente, costituente uno strumento di tipo aggiuntivo, volto ad arricchire il tasso di protezione approntato dal sistema processuale, non già a sostituire, elidendoli, i classici e spesso insostituibili mezzi di tutela." (6).

Inoltre è necessario "che il pregiudizio derivi dai provvedimenti già emanati e non da futuri atti o comportamenti dell'amministrazione puramente eventuali ed ipotetici, non essendo ammissibili ricorsi in via cautelare e preventiva (assimilabili alle azioni di danno temuto), anche se va distinto detto pregiudizio puramente eventuale o ipotetico da quello c.d. 'potenziale' ossia non ancora prodotto, ma che si verificherà certamente in futuro (il quale consente invece l'immediato ricorso)" (7).

Sovente, nella valutazione del *periculum in mora*, **si tiene conto anche degli interessi dell'amministrazione resistente e di quelli dei controinteressati**. "Ovviamente l'interesse dell'amministrazione non è di per sé prevalente, giacché ciò equivarrebbe a negare in radice il potere cautelare. Vi sono, anzi, fattispecie in cui tale interesse è ritenuto suscettibile di essere soddisfatto anche all'esito del giudizio di merito, come nel caso di provvedimenti sanzionatori la cui esecuzione può essere differita senza provvedimenti (es. provvedimenti di chiusura temporanea di un pubblico esercizio)." (8).

Ne deriva, tuttavia, che la configurabilità di un danno grave e irreparabile in capo al ricorrente, potrebbe essere non decisiva ai fini dell'accoglimento dell'istanza cautelare quando questa possa determinare, in capo all'amministrazione o a uno dei controinteressati, un danno non meno grave. Così, a titolo esemplificativo, "in presenza di una richiesta di sospensione cautelare di un permesso di costruire, il giudice amministrativo deve confrontare il danno che dalla sospensione deriverebbe al titolo del

(6) Cfr. Cons. Stato, Sez. IV, 4 giugno 2002, n. 2346, in *Banca dati De Jure*, Giuffrè.

(7) Cfr. Tar Toscana, Sez. III, 20 ottobre 2006, in. 4568, in *Foro Amm., TAR*, 2006, 10, 3200.

(8) Cfr. G. VACIRCA in (a cura di) M.R SANCHINI, *La tutela cautelare nel processo amministrativo*, Giuffrè, 2006, 26.

permesso, con il vantaggio che la sospensione stessa arrecherebbe al vicino ricorrente" (9).

Va detto, però, che l'apprezzamento della gravità del danno nel contesto concreto degli interessi dei contendenti, non costituisce impostazione generalmente condivisa. Sul punto, si ricorda che le **Sezioni Unite della Corte di Cassazione** si sono orientate proprio in senso opposto: "Se è vero, infatti, che la tutela cautelare amministrativa, alle origini, era valutata soltanto alla luce dell'interesse pubblico, tanto è vero che l'esame del giudice avveniva nella prospettiva di un danno grave, che l'amministrazione avrebbe potuto subire se la sospensione non fosse stata riconosciuta, questo requisito non ricorre nella disciplina contenuta nel nuovo testo dell'art. 21 della legge t.a.r., il quale prende in considerazione le sole ragioni del ricorrente, in funzione del pregiudizio che potrebbe subire dalla esecuzione del provvedimento impugnato, senza alcun richiamo al bilanciamento tra questo pregiudizio e quello derivante all'amministrazione, originariamente contemplato dalla giurisprudenza amministrativa." (10).

Il ***fumus boni iuris***, invece, si identifica con "i profili che, ad un sommario esame, inducono ad una ragionevole previsione sull'esito del ricorso" (cfr. art. 55, comma 9, cit.), ovvero con la "sussistenza di un elevato grado di probabilità che il ricorso sia poi accolto" (11).

Detta sussistenza "non implica ovviamente una automatica accoglibilità del ricorso in sede di merito... ma si correla al prevedibile esito positivo" (12). Tant'è vero che la sentenza non può essere gravata in appello perché contraddittoria rispetto al provvedimento cautelare adottato dal Giudice: "In linea di principio non è ravvisabile il vizio di eccesso di potere per contraddittorietà nei confronti della decisione di merito per il solo fatto che essa abbia concluso in senso contrario a quanto lo stesso giudice aveva deciso con l'ordinanza adottata in sede cautelare atteso che quest'ultima, in quanto emessa a conclusione di una delibazione inevitabilmente sommaria, reca statuizioni che, anche se ampiamente motivate, sono per loro natura provvisorie in quanto destinate ad essere riesaminate nel corso del giudizio di merito e sostituite da quelle adottate a conclu-

(9) Cfr. A. TRAVI (a cura di) *Formulario annotato della Giustizia Amministrativa*, Cedam, 2008, 307.

(10) Cfr. Cass. Civ., Sez. Un., 26 giugno 2004, n. 11750, in *Foro Amm., CDS*, 2004, 1615.

(11) Cfr. Cons. Stato, Ad. Pl., 30 marzo 2000, n. 1, in *Banca dati De Jure*, Giuffrè.

(12) Cfr. LIBERATI, *Il Processo dinanzi ai Tribunali Amministrativi Regionali*, Cedam, 2006, Tomo II, 1457.

sione di queste ultime, non importa se conformi o di segno contrario alle originarie statuizioni." [13].

Da un punto di vista pratico v'è da dire che, normalmente, una pronunzia cautelare positiva preannunzia una decisione favorevole anche nel merito [14]: "... il rilievo che ha assunto il requisito del *fumus boni iuris*, non solo ai fini della concessione della misura cautelare... renda pacifica la considerazione che ormai è la fase cautelare ad essere il momento processuale nel quale si decidono sostanzialmente le sorti del giudizio (sia in senso processuale che sostanziale)".

2 LA TIPOLOGIA DELLE MISURE CAUTELARI CONCEDIBILI

La tipologia delle misure cautelari assentibili, nel corso del tempo, si è notevolmente arricchita: si è così passati dalla misura volta a consentire solamente la sospensione dell'efficacia dell'atto impugnato, alla misura dal contenuto atipico.

Tradizionalmente, infatti, **il sistema cautelare era chiuso, di tipo monistico**, concepito per la protezione dei soli interessi legittimi oppositivi e riconducibile, si potrebbe dire, al romanistico *mittite ambo rem*, ovvero l'ordine che il Magistrato dava ad entrambe le parti di lasciare la cosa in contestazione, affidandola, finché la questione non fosse risolta, a quella di esse che offriva maggiori garanzie ed imponendo, comunque, una 'cauzione' per la sua restituzione, nel caso di soccombenza. Questo principio, applicato nell'ambito del processo cautelare tradizionale, si potrebbe tradurre nel seguente modo: nell'attesa della sentenza di merito che definisce il giudizio, si 'congeli' la situazione.

Successivamente tale impostazione è stata abbandonata.

Due sono stati i pilastri di questa evoluzione: "il notevole incremento delle occasioni di interferenza della pubblica amministrazione nei rapporti economici, nella regolazione delle tipiche attività del c.d. 'stato del benessere... I provvedimenti impugnati innanzi al giudice amministrativo non sono più esclusivamente quelli incidenti in senso sacrificativo su preesistenti situazioni di vantaggio dei privati ma, anche, e sempre più frequentemente, quelli lesivi di situazioni di aspettativa vantate dal privato a fronte della potestà amministrativa di adottare atti potenzialmente

(13) Cfr. Cons. Stato, Sez. IV, 30 maggio 2007, n. 2781, in *Foro Amm., CDS*, 2007, 5, 1474.

(14) Cfr. L. ANDRONIO-A. PALAZZO in (a cura di) M.R SANCHINI, *La tutela cautelare nel processo amministrativo*, Giuffrè, 2006, 40.

favorevoli, quali autorizzazioni, concessioni, ammissioni, approvazioni... Il secondo fattore che ha decisamente contributo alla radicale trasformazione... è rappresentato dalla crescente importanza assunta dalla giurisdizione esclusiva del giudice amministrativo" che ha imposto "l'adozione di misure cautelari assimilabili a quelle di cui dispone il giudice civile e capaci, quindi, di esplicare una funzione di volta in volta anticipatoria o conservativa delle successive ed eventuali decisioni di condanna o di accertamento mero." (15).

Con riferimento a quest'ultimo pilastro, infatti, è evidente che una tutela cautelare imposta esclusivamente sulla sospensione dell'efficacia del provvedimento amministrativo, mal si concilia con un giudizio nel quale non si deve accertare la legittimità di un atto ma la fondatezza, sul piano sostanziale, della pretesa azionata dal ricorrente.

Attualmente, dunque, **la sospensione configura solamente uno dei possibili contenuti che l'ordinanza cautelare di accoglimento può assumere**.

Tale passaggio è stato sancito, secondo alcuni (16), con la l. 21 luglio 2000, n. 205 (17), che aveva modificato l'art. 21, comma 8, della l. 6 dicembre 1971, n. 1034 (18), prevedendo la facoltà, per l'istante, di chiedere le misure cautelari, ivi compresa l'ingiunzione al pagamento che, secondo le circostanze, apparivano più idonee ad assicurare interinalmente gli effetti della decisione sul ricorso.

La norma, ora non più vigente, è stata sostanzialmente trasfusa nell'art. 55, comma 1, Codice del processo amministrativo, che non si presenta dunque, per tale aspetto, innovativo ribadendo come il ricorrente possa chiedere "l'emanazione di misure cautelari, compresa l'ingiunzione a pagare una somma in via provvisoria, che appaiono, secondo le circostanze, più idonee ad assicurare interinalmente gli effetti della decisione sul ricorso...".

(15) Cfr. A. MEZZOTERO, *La tutela cautelare ante causam nel processo amministrativo: uno strumento di cui non si poteva davvero fare a meno?*, in *www.neldiritto.it*.

(16) Cfr. S. RUSCICA, Le novità in tema di tutela cautelare nel processo amministrativo, Giuffrè, 2008, 48: *"Con la disciplina dettata dall'art. 3 della l. n. 205 del 2000 si è inteso, quindi, dare luogo al definitivo superamento della angusta ed asfittica identificazione della misura cautelare adottabile dal giudice amministrativo nella sola sospensiva dell'esecuzione dell'atto impugnato: è stato così definitivamente consacrato in via legislativa quel principio di atipicità ed elasticità delle tecniche di tutela cautelare utilizzabili nel processo amministrativo già enucleato, anche sulla scorta di una lucida lettura evolutiva dei principi costituzionali e comunitari, dal Giudice delle leggi, dalla Corte di Giustizia, nonché, ancora, dall'Adunanza Plenaria del Consiglio di Stato."*.

(17) Cfr. l. 21 luglio 2000, n. 205, in *Gazz. Uff.*, 26 luglio 2000, n. 173.

(18) Cfr. art. 21, comma 8, l. 6 dicembre 1971, n. 1034, in *Gazz. Uff.*, 13 dicembre 1971, n. 314. La norma è stata abrogata dall'art. 4, comma 1, n. 10, Allegato IV al Codice del processo amministrativo.

V'è da dire, comunque, come la giurisprudenza, prima dell'entrata in vigore della l. 21 luglio 2000, n. 205 avesse già riconosciuta, per via pretoria, l'aticipicità delle misure cautelari (19), arricchendo, dal punto di vista contenutistico, la gamma dei provvedimenti assentibili e facendo perdere agli stessi la loro tradizionale fisionomia: da misure volte a conservare integra la *res* dedotta in giudizio, a misure di propulsione o di temporanea trasformazione della situazione esistente.

Un chiaro esempio di quelli che, secondo la giurisprudenza, erano i poteri del Giudice in ambito cautelare viene offerto dal Consiglio di Stato, con una decisione del 2006: "Con l'accoglimento dell'istanza cautelare, ai fini del riesame alla luce dei motivi di ricorso, il giudice non si limita a sospendere l'atto impugnato, ma ordina all'amministrazione di riesaminare la situazione tenendo presenti i motivi di ricorso, realizzandosi così un procedimento amministrativo aperto e l'interesse legittimo si configura nella pretesa alla adeguata e completa considerazione della propria posizione in vista della sua possibile — anche se non scontata — soddisfazione; si ha, cioè, una piena integrazione tra processo e procedimento, in quanto la pronuncia cautelare, pur lasciando impregiudicato il contenuto finale del provvedimento, impone all'amministrazione di riprendere in esame l'interesse del ricorrente sul presupposto di una (più) attenta valutazione dei dati o degli elementi emersi dal ricorso, nel corso del giudizio o nella fase istruttoria giudiziale, pur restando impregiudicata la potestà finale dell'amministrazione sul contenuto della decisione." (20).

Se, poi, come termine di confronto, si volge lo sguardo al codice di procedura civile, risulta evidente l'analogia tra l'art. 55, comma 1, cit. e l'**art. 700 c.p.c.** di cui viene ricalcata la formula: "chi ha fondato motivo di temere che durante il tempo occorrente per far valere il suo diritto in via ordinaria, questo sia minacciato da un pregiudizio imminente e irreparabile, può chiedere con ricorso al giudice i provvedimenti d'urgenza, che appaiono, secondo le circostanze, più idonei ad assicurare provvisoriamente gli effetti della decisione sul merito". Solo che si sostituisce "provvisoriamente", che compare nel codice di rito, con "interinalmente", e, "sul merito", con "sul ricorso".

Si tratta, evidentemente, di varianti terminologiche. Ciò, tuttavia, non significa che non vi siano delle significative differenze tra i due strumenti.

(19) Cfr. F. SAITTA, *L'atipicità delle misure cautelari nel processo amministrativo, tra mito e realtà*, in *www.giustizia-amministrativa.it*.

(20) Cfr. Cons. Stato., Sez. IV, 20 giugno 2006, n. 4239, in *Foro Amm., CDS*, 2006, 6, 1797.

Senza pretendere di esaminare la tematica, basti pensare che, mentre l'art. 700 c.p.c. è sì strumento cautelare atipico ma, comunque, residuale, da impiegare solo in assenza di altri strumenti tipici (sequestro, denuncia di nuova opera ecc.), la misura cautelare prevista dall'art. 55, Codice del processo amministrativo, invece, è l'unico mezzo cautelare previsto per la giurisdizione di legittimità, di merito, ed esclusiva.

Ciò premesso, si possono distinguere diversi possibili contenuti per le misure cautelari, che rispondono ad altrettante diverse esigenze di tutela: la misura sospensiva pura, quella propulsiva (c.d. *Remand*), quella sostitutiva, quella ordinatoria, quella conservativa quella ingiuntiva di pagamento, quella *ad tempus*, quella possessoria e, infine, quella c.d. speciale.

La misura sospensiva pura, idonea alla tutela di interessi legittimi oppositivi, produce effetti inibitori e paralizzanti degli atti dell'amministrazione, che vengono ad incidere negativamente sulla sfera giuridica dell'interessato, e che vengono neutralizzati con la semplice sospensione dell'efficacia dell'atto gravato. A titolo esemplificativo, si pensi all'ordinanza con la quale viene sospesa l'efficacia del provvedimento con cui un'amministrazione comunale intima al ricorrente la demolizione di una costruzione in sua proprietà.

La misura propulsiva (c.d. *remand*), idonea alla tutela di interessi legittimi pretensivi, è volta a soddisfare esigenze di tutela connesse ad atti amministrativi negativi (ad es. i provvedimenti di esclusione da graduatorie, concorsi, liste ecc.). La misura cautelare, quindi, non si limita generalmente a disporre la sospensione dell'atto impugnato ma **imprime alla potestà amministrativa un vincolo conformativo** (21): "Le ordinanze cautelari di tipo propulsivo imprimono alla potestà oggetto di vaglio giurisdizionale un vincolo conformativo, con la conseguenza che è illegittimo il provvedimento, adottato in seguito ad un impulso cautelare, che ignori completamente il tenore precettivo della misura di carattere propulsivo, fonte e limite della rinnovazione procedimentale".

Più precisamente, si impone all'amministrazione di esercitare nuovamente il potere oggetto di vaglio giurisdizionale emendato, però, dai vizi riscontrati nella fase di valutazione del *fumus boni iuris* del ricorso.

Così, ad esempio, il Consiglio di Stato, con sentenza 28 agosto 2007, n. 4297 (22), ha riconosciuto l'ammissibilità di tale misura cautelare relati-

(21) Cfr. Cons. Stato, Sez. V, 19 febbraio 2007, n. 833, in *Foro Amm., CDS*, 2007, 2, 542.

(22) Cfr. Cons. Stato, Sez. V, 28 agosto 2007, n. 4297, in Banca Data de Jure, Giuffrè. Cfr. inoltre Cons. Stato, Sez. V, ord. 10 ottobre 2000, n. 5114, in *www.giustizia-amministrativa.it*. Nel caso sottopo-

vamente ad un provvedimento che negava l'autorizzazione all'immissione in commercio di un farmaco in un caso nel quale era peraltro, nelle more, stata accertata l'assenza di pregiudizio per la salute pubblica.

Si pensi, ancora, alle prove abilitanti per il conseguimento del titolo di avvocato o notaio ove il Giudice, in accoglimento della domanda cautelare, adotti un provvedimento propulsivo, ordinando alla Commissione esaminatrice — (normalmente composta da soggetti diversi da quelli che hanno preso parte alla commissione che, originariamente, si è occupata della correzione, così da assicurare l'imparzialità della nuova valutazione) — di ricorregge e rivalutare le prove del candidato non ammesso (si rinvia al Capitolo XII, Paragrafo 1).

La possibilità di adottare una misura propulsiva presuppone però risolta, in senso favorevole, **la questione dell'ammissibilità della sospensione cautelare degli atti negativi** (23). Se parte della dottrina si è schierata nel senso dell'inammissibilità — facendo leva sul fatto che il provvedimento cautelare si rivelerebbe idoneo a far conseguire al privato il bene della vita richiesto e, pertanto "produrrebbe un effetto assorbente di ogni futura fase processuale e si sostituirebbe alla decisione di merito" (24) — la giurisprudenza si è invece orientata in senso opposto (25). Soluzione, quest'ultima, che pare senz'altro ancora più condivisibile a seguito dell'entrata in vigore del Codice del processo amministrativo che annovera, tra i suoi principi generali, quello dell'effettività (cfr. art. 1) che non potrebbe

sto al suo esame il Consiglio di Stato ha ordinato all'amministrazione di rinnovare la valutazione della richiesta di rilascio di una concessione edilizia entro il termine di trenta giorni. Anche la dottrina ha fatto notare come la tecnica del *remand* — *ovvero* l'invito "*all'amministrazione a riesaminare i propri atti, anche eventualmente alla luce delle doglianze avanzate nel ricorso...*", sia pienamente compatibile "*con l'esigenza che il giudice non sconfini in area riservata alla discrezionalità dell'amministrazione stessa, alla quale si rimette il compito di far luogo alla riedizione del potere*" (D. DE CAROLIS, in (a cura di) M.R. SANCHINI, *La tutela cautelare nel processo amministrativo*, Giuffrè, 2006, 130).

(23) Cfr. per un'approfondita analisi della tematica D. DE CAROLIS, *Atti negativi e misure cautelari del Giudice amministrativo nel nuovo assetto della tutela dettato dall'art. 3 della L. 21 luglio 2000, n. 205*, Giuffrè, 2001.

(24) Cfr. V. CAIANIELLO, *Manuale di Diritto processuale amministrativo*, Utet, 2003, 722.

(25) Cfr. Cons. Stato, Sez. V, 21 giugno 1996, n. 1210 in *Banca dati De Jure*, Giuffrè. In senso conforme Tar Sicilia, Sez. III, 2 maggio 1994, n. 1172, in *Foro Amm.*, 1994, 1954; Tar Sicilia, Sez. III, 14 settembre 1993, n. 802, in *Banca dati De Jure*, Giuffrè. Si veda inoltre Cons. Stato, Ad. Plen, 1 giugno 1983, n. 14, in *Cons. Stato*, 1983, I, 623. Si ricorda, peraltro, che il Tar Sicilia (Sez. III, 1 febbraio 1996, n. 35, in Foro Amm, 1996, 3063) aveva rimesso alla Corte Costituzionale la questione di legittimità dell'art. 21, ultimo comma, l 6 dicembre 1971, n. 1034 "*nella parte in cui non prevede espressamente il potere del giudice amministrativo di sospendere, con ordinanze cautelari propulsive, i provvedimenti negativi e i silenzi-rifiuto dell'amministrazione*". La Corte, tuttavia, non si è pronunziata dichiarando inammissibile la questione perché volta non già a chiarire un dubbio di legittimità, quanto a prevenire una possibile impugnazione dell'emanando provvedimento cautelare (cfr. Corte Cost., 20 marzo 1998, n. 70, in Giur. Cost., 1998, 724).

essere adeguatamente tutelato ove non fosse possibile intervenire, in via cautelare, sui provvedimenti negativi dell'amministrazione.

Tornando alle ordinanze propulsive, va precisato che attraverso queste ultime, tuttavia, "il giudice non opera in sostituzione dell'amministrazione, che resta libera (nel rispetto delle risultanze della nuova attività impostale dal Giudice) di chiarire il provvedimento impugnato, sia in senso favorevole che contrario agli interessi del ricorrente (la pronunzia cautelare, pur lasciando impregiudicato il contenuto del provvedimento impone all'amministrazione di riprendere in esame l'interesse del ricorrente)" (26).

È vero che, in questi casi, viene attribuito al ricorrente, attraverso il provvedimento cautelare, un *quid pluris* rispetto a quanto egli avrebbe conseguito con la sentenza, ma è anche vero che ciò pare necessario ove si abbia come fine quello di una effettiva giustizia sostanziale.

In certe ipotesi, poi, "si ottiene il duplice risultato di tutelare immediatamente la posizione del ricorrente e di snellire i ruoli: infatti se l'Amministrazione, in esecuzione dell'ordinanza, accorderà al ricorrente il bene della vita cui aspirava, ciò potrà determinare, laddove comporti l'espresso riconoscimento della fondatezza della pretesa, l'improcedibilità del ricorso per sopravvenuta carenza di interesse alla decisione" (27).

La tecnica del *remand*, dunque, coniuga due fondamentali esigenze: quella di garantire l'effettività della tutela giurisdizionale, di cui l'intervento cautelare costituisce un tratto costitutivo (si rinvia al Capitolo II, Paragrafo 1); quella di rispettare i ruoli che sono costituzionalmente attribuiti al Giudice e all'amministrazione a cui è pur sempre riservato il riesercizio del potere, sia pur in conformità ai parametri dati dal Giudice.

L'ammissibilità del *remand* appare comunque oggi pacifica in giurisprudenza e si ritiene che l'adozione del Codice non possa che rafforzare tale conclusione: "Le ordinanze cautelari, sebbene caratterizzate da minore stabilità rispetto alla decisione di merito, spiegano effetti conformativi, cosicché fino a quando le ordinanze medesime non siano revocate, modificate o sostituite da una pronuncia di merito, debbono essere compiutamente ottemperate dall'amministrazione, spiegando le indicazioni ivi contenute. Le ordinanze medesime possono altresì avere efficacia propulsiva (oggi, unanimemente ammessa, stante il vigente principio dell'atipi-

(26) Cfr. S. RUSCICA, *Le novità in tema di tutela cautelare nel processo amministrativo*, Giuffrè, 2008, 63.

(27) Cfr. R. DE PIERO, *Commento all'art. 3*, in *La Giustizia Amministrativa - Commento alla L. 21 luglio 2000, n. 205*, Giuffrè, 2000, 64.

cità della tutela cautelare, scolpito dall'art. 3, l. n. 205 del 2000), consistente nell'ordine, rivolto all'Amministrazione, di esercitare nuovamente una determinata potestà, onde pervenire all'adozione di un atto, emendato dai vizi riscontrati in sede di cognizione giurisdizionale." (28).

La misura sostitutiva, anch'essa idonea alla tutela di interessi legittimi pretensivi, è volta a soddisfare, come la misura propulsiva, esigenze di tutela connesse ad atti amministrativi negativi, ma, a differenza di quest'ultima, determina essa stessa, sia pur in via provvisoria, gli effetti del provvedimento che l'amministrazione ha ritenuto di negare.

La misura si ritiene tuttavia possa essere adottata **solo in presenza di un potere vincolato della pubblica amministrazione**; viceversa, in presenza di un potere discrezionale, l'intervento cautelare e sostitutivo del Giudice dovrebbe ritenersi precluso (29): "Laddove le censure rivolte al provvedimento impugnato attengono a profili di illegittimità che (quando ritenuti fondati con la sentenza di merito) non consentirebbero il conseguimento automatico del bene della vita per il cui soddisfacimento il giudizio è stato promosso, sarebbe inammissibile la sostituzione del giudice all'amministrazione, la cui valutazione discrezionale resta infungibile (tranne, naturalmente, i casi di attività vincolata o scarsamente discrezionale)".

Mentre, dunque, per "le attività vincolate il giudice può spingersi fino ad ordinare l'adozione di un atto avente un certo contenuto, nel caso, invece, in cui residui uno spazio di discrezionalità in capo all'amministrazione, si ritiene che l'ordine del giudice possa assumere carattere esclusivamente procedimentale, in quanto destinato ad imporre la riattivazione del procedimento, senza, tuttavia, alcuna previsione circa l'esito finale che è dipendente dal concreto esercizio del proprio potere discrezionale." (30).

A titolo esemplificativo si ricorda che il Consiglio di Stato, in accoglimento di una domanda cautelare, ha autorizzato il trasferimento, sino alla pronunzia della sentenza di merito, di un esercizio commerciale (31): "... Accoglie l'appello cautelare e, per l'effetto, in riforma della ordinanza appellata, sospende l'efficacia del provvedimento impugnato

(28) Cfr. Tar Lazio, Sez. I, 8 febbraio 2010, n. 1658, in *Banca dati De Jure*, Giuffrè. Cfr. inoltre Cons. Stato, Sez. V, 28 agosto 2007, n. 4297, in *Dir. Proc. Amm.*, 2008, 3, 856.

(29) Cfr. Cfr. S. RUSCICA, *Le novità in tema di tutela cautelare nel processo amministrativo*, Giuffrè, 2008, 63.

(30) S. RUSCICA, *Le novità in materia cautelare nel processo amministrativo*, Giuffrè, 2008, 75.

(31) Cfr. Cons. Stato, Sez. V, ord. 28 settembre 2000, n. 4774, in *www.giustizia-amministrativa.it*.

in primo grado. Autorizza, dunque, il trasferimento dell'esercizio commerciale fino alla pubblicazione della sentenza di primo grado".

Altro esempio è offerta da una pronunzia con cui il Tar Abruzzo, rilevato che il diniego di trasferimento di un esercizio si basava esclusivamente sull'asserito mancato rispetto delle distanze da esercizi simili, ha stabilito che "la corretta esecuzione dell'ordinanza consiste nel rilascio dell'autorizzazione" (32).

La misura ordinatoria, con cui il Giudice sospende, solo parzialmente, l'efficacia dell'atto impugnato e dispone il contenuto che la parte sospesa deve assumere senza demandare all'amministrazione la rinnovazione del procedimento, ma senza nemmeno sostituirsi alla stessa trattandosi di casi in cui non residua, alcuna discrezionalità amministrativa.

La misura conservativa volta, come si desume dalla parola stessa, a conservare integra la cosa oggetto del giudizio sino alla definizione di quest'ultimo. Si pensi, sempre a titolo esemplificativo, alle ordinanze con le quali si ordina all'amministrazione di accantonare delle somme per un importo pari a quello preteso dal ricorrente, ovvero quelle con le quali si vieta all'amministrazione di modificare la posizione delle parti, nel senso di non bandire e/o ricoprire altri posti in organico sino alla definizione del giudizio nel quale si discute della legittimità di una graduatoria nell'ambito di un concorso pubblico.

La misura ingiuntiva di pagamento, ora prevista dall'art. 55 comma 1, Codice del processo amministrativo e, in precedenza, dall'art. 21, comma 8, l. 6 dicembre 1971, n. 1034 (33), **il cui ambito di applicazione era però fortemente ristretto**, in quanto l'art. 8, commi 1 e 2 della l. 21 luglio 2000, n. 205 (34) attribuiva al Giudice amministrativo, nelle controversie rientranti nella sua giurisdizione esclusiva, il potere di adottare l'ingiunzione di cui al Capo I, Titolo I, Libro IV del Codice di Procedura civile (artt. 633 e s.s. c.p.c., ovvero il potere di adottare il decreto ingiuntivo), nonché le ordinanze *ex* artt. 186-*bis* e *ter* c.p.c

Detti ultimi provvedimenti (decreto ingiuntivo e ordinanze *ex* artt 186-*bis* e *ter*, c.p.c.), in qualche modo e da un punto di vista pratico, ve-

(32) Cfr. Tar Abruzzo, ord. 23 settembre 1999, n. 342, in *www.giustizia-amministrativa.it*.

(33) Cfr. art. 21, comma 8, l. 6 dicembre 1971, n. 1034, in *Gazz. Uff.*, 13 dicembre 1971, n. 314: "*... il ricorrente... chiede l'emanazione di misure cautelari, compresa l'ingiunzione a pagare una somma in via provvisoria...*". La norma è stata abrogata dall'art. 4, comma 1, n. 10, Allegato IV al Codice del processo amministrativo.

(34) Cfr. art. 8, commi 1 e 2, l. 21 luglio 2000, n. 205, in *Gazz. Uff.*, 26 luglio 2000, n. 173. La norma è stata abrogata dall'art. 4, comma 1, n. 23, Allegato IV al Codice del processo amministrativo.

nivano a sovrapporsi all'ordinanza cautelare ingiuntiva che conservava la propria utilità nell'ambito della giurisdizione di legittimità, ove il Giudice era privo di tali poteri. Non era tuttavia mancato chi aveva comunque fatto notare come l'ordinanza ingiuntiva conservasse una propria utile impiegabilità anche nell'ambito della giurisdizione esclusiva atteso che, a differenza del decreto ingiuntivo e delle ordinanze *ex* art. 186-*bis* e *ter*, il giudizio sulla sussistenza del *fumus boni iuris*, richiesto (assieme alla valutazione del *periculum in mora*) per la sua emissione, era meno pregnante rispetto al giudizio di fondatezza della pretesa richiesto per l'adozione delle seconde misure. Senza contare, inoltre, che mentre l'ordinanza cautelare era comunque strumentale alla decisione del giudizio nel merito, il decreto ingiuntivo e le ordinanze di cui agli art. 186-*bis* e *ter* c.p.c. rivestivano natura anticipatoria del giudizio e non strumentale allo stesso [35].

In ogni caso, era evidente lo spazio angusto di utilizzabilità dell'ordinanza cautelare ingiuntiva: "la contestuale introduzione nel sistema processuale amministrativo dello stesso procedimento speciale con decreto ingiuntivo proprio del processo civile e delle ordinanze anticipatorie di condanna di cui agli artt. 186-*bis* e 186-*ter* c.p.c. non può non incidere in senso riduttivo sui reali spazi di utile e, quindi, effettiva percorribilità del rimedio cautelare a tutela di posizioni creditorie di tipo patrimoniale... in particolare, quanto alla materia di giurisdizione esclusiva, la scelta tra l'una e l'altra forma di tutela non può che essere influenzata dalla diversità dei presupposti rispettivamente richiesti per ottenere l'ordinanza ingiuntiva a natura cautelare, da un lato, e il decreto ingiuntivo l'ordinanza anticipatoria di condanna, dall'altro... non può riconoscersi, al riguardo, la residualità dello strumento cautelare rispetto alle tecniche di tutela sommaria, da intendere in termini di stemperata alternatività... peraltro, alla tutela cautelare può ricorrersi, pur in mancanza dei presupposti richiesti per l'accesso alla forma di tutela sommaria, a condizione che sussista, in uno al presupposto del *fumus*, anche quello del *periculum*, destinato a condizionare non solo l'*an*, ossia la possibilità di accordare la tutela, ma anche il *quantum*, cioè il contenuto della misura ingiuntiva rilasciata nella sede propriamente cautelare... la stessa, infatti, lungi dal dover avere una connotazione funzionalmente satisfattiva, deve limitarsi a di-

(35) Cfr. D.M. TRAINA, *La proposizione del ricorso e la tutela cautelare*, in G. MORBIDINI (a cura di), *Codice della Giustizia amministrativa*, Giuffrè, 2005, 534. Nello stesso senso G. TOSCANO, *La tutela sommaria nel processo amministrativo* in (a cura di) M.R SANCHINI, *La tutela cautelare nel processo amministrativo*, Giuffrè, 2006, 71.

sporre il pagamento delle somme necessarie a salvaguardare il diritto nelle more della decisione di merito" (36).

Ora che **l'art. 8 della citata l. 21 luglio 2000, n. 205** (37) **risulta essere stato espressamente abrogato**, per opera dell'art. 4, comma 1, n. 23 dell'Allegato IV al Codice del processo amministrativo, v'è da chiedersi se e cosa sia cambiato, visto che, nel *corpus* del Codice, non si ritrova più una norma eguale a quella di cui alla citata disposizione. Il Codice, infatti, prevede solo, all'art. 118, l'applicabilità dello strumento ingiuntivo, di cui al Capo I, Titolo I, Libro IV del codice di procedura civile, nell'ambito delle "controversie devolute alla giurisdizione esclusiva del giudice amministrativo aventi ad oggetto diritti soggettivi di natura patrimoniale". Precisa, inoltre, che "per l'ingiunzione è competente in presidente o un magistrato da lui delegato" e che "l'opposizione si propone con ricorso". Nessun riferimento viene fatto alle ordinanze di cui agli art. 186-*bis* e *ter*, c.p.c.

Il vuoto lasciato, potrebbe portare nuovamente *in auge* l'orientamento espresso dall'**Adunanza Plenaria del Consiglio di Stato**, prima che intervenisse la l. 21 luglio 2000, n. 205 (38), **secondo cui non si rendevano applicabili al giudizio amministrativo le norme del Codice di rito relative alle ordinanze anticipatorie di condanna** (e al procedimento monitorio), ben potendo il Giudice amministrativo dare piena ed effettiva tutela alle situazioni giuridiche fatte valere, attraverso lo strumento delle ordinanze cautelari che, in quanto innominate ed atipiche, potevano assumere anche il contenuto di un'ordinanza ingiunzione (39): "Il giudice amministrativo può dare la piena tutela giurisdizionale, anche cautelare, nel caso in cui conosca di diritti nell'ambito della giurisdizione esclusiva, in quanto l'art. 21 comma ultimo l. n. 1034 del 1971 deve essere interpretato in conformità alla Costituzione (in motivazione, si specifica che non si applicano al processo amministrativo gli art. 186-*ter* e 633 c.p.c. e che la tutela anticipatoria di un credito impone al giudice amministrativo di apprezzare prudentemente — quanto al '*fumus boni iuris*' — la sussistenza di un elevato grado di probabilità che il ricorso principale sia poi accolto e — per quanto attiene al danno grave ed irreparabile — di tenere conto

(36) Cfr. Cons. Stato, Sez. VI, ord. 22 gennaio 2002, n. 397, in *Foro It.*, 2003, III, 352.

(37) Cfr. art. 8, l. 21 luglio 2000, n. 205, in *Gazz. Uff.*, 26 luglio 2000, n. 173. La norma è stata abrogata dall'art. 4, comma 1, n. 23, Allegato IV al Codice del processo amministrativo.

(38) Cfr. l. 21 luglio 2000, n. 205, in *Gazz. Uff.*, 26 luglio 2000, n. 173.

(39) Cfr. Cons. Stato, Ad. Pl., 30 marzo 2000, n. 1, in *Foro It.*, 2000, III, 335.

delle esigenze del ricorrente, nonché della durata dell'inadempimento e delle ragioni che lo hanno cagionato)".

L'Adunanza Plenaria aveva così precisato che "quando sia chiesta la tutela anticipatoria di un credito, il g.a. deve verificare se sussista un elevato grado di probabilità di accoglimento del ricorso nel merito e, con riferimento al danno grave e irreparabile, deve tenere conto, nell'ambito di una complessiva valutazione degli interessi coinvolti, delle esigenze del ricorrente, incluse quelle di liquidità del gestore in relazione all'attività svolta, nonché della durata dell'inadempimento e delle ragioni che lo hanno cagionato" (40).

Tale lettura, tuttavia, parrebbe costituire un passo indietro rispetto alla scelta operata dal Legislatore del 2000 che, con la l. n. 205 (41) aveva trapianto, nel sistema processuale amministrativo, gli strumenti del ricorso per ingiunzione e delle ordinanze di cui agli artt. 186-*bis* e *ter* c.p.c.

Pare allora che il rinvio esterno operato dall'art. 39, Codice del processo amministrativo alle disposizioni del codice di procedura civile, purché "compatibili o espressione di principi generali", deponga nel senso dell'ammissibilità, accanto al decreto ingiuntivo previsto espressamente dall'art. 118 del Codice, delle ordinanze di cui agli art. 186-*bis* e *ter*, quanto meno nell'ambito della giurisdizione esclusiva.

Resterebbe da comprendere se sia compatibile con il processo amministrativo **l'ordinanza di cui all'art. 186-*quater* c.p.c.** Sul punto, che non rientra nell'ambito della presente trattazione, ci si limita a far presente che, mentre l'Adunanza Plenaria del Consiglio di Stato, con la citata sentenza 30 marzo 2001, n. 1, ritenne lo strumento incompatibile con il processo amministrativo, altra parte della giurisprudenza si era schierata in senso opposto (42).

Il problema, dunque, potrà riproporsi nuovamente anche nella vigenza del Codice del processo amministrativo.

La misura cautelare *ad tempus* con la quale il Giudice, nel contemperare i contrapposti interessi delle parti, può disporre la sospensione del provvedimento impugnato per un certo periodo di tempo prorogabile, eventualmente, sino all'udienza di merito. Di tale istituto è stata ad esempio fatta applicazione da parte del Consiglio di Stato che ha sospeso il di-

(40) Cfr. Cons. Stato, Ad. Pl., 30 marzo 2000, n. 1, in *Studium Iuris*, 2000, 721.

(41) Cfr. l. 21 luglio 2000, n. 205, in *Gazz. Uff.*, 26 luglio 2000, n. 173.

(42) Cfr. Tar Sicilia, Ord. 8 novembre 1999, n. 2392, in *www.giustizia-amministrativa.it*.

niego di una concessione demaniale marittima per un esercizio commerciale solo sino al termine della stagione balneare, così da non superare le reali esigenze della tutela cautelare (43).

Con il Codice del processo amministrativo vengono poi introdotti altri casi di misure cautelari *ad tempus*. Ci si riferisce, in particolare, alle misure cautelari adottate dal Giudice dichiarato, a seguito della proposizione del Regolamento di giurisdizione o competenza, privo, rispettivamente, di giurisdizione e competenza. Tale misure, infatti, perdono la loro efficacia decorsi trenta giorni dalla pubblicazione del provvedimento con cui la Corte di Cassazione dichiara il difetto di giurisdizione (cfr. art. 11, comma 7, Codice del processo amministrativo) o il Consiglio di Stato dichiara l'incompetenza del Giudice adito (cfr. art. 15, comma 8, Codice del processo amministrativo). Sul punto si rimanda al Capitolo II, Paragrafi IV e V.

Allo stesso modo perde efficacia la misura cautelare concessa nell'ambito del ricorso al Capo dello Stato, che sia stato oggetto di trasposizione avanti il Tar competente, decorsi 60 giorni dalla data di deposito dell'atto di costituzione in giudizio del ricorrente (si rinvia al Capitolo II, Paragrafo 5).

Infine, in materia di riparto di controversie tra il Tribunale amministrativo regionale del capoluogo e le sezioni staccate, ove la questione sia stata tempestivamente sollevata e il Presidente ritenga che il ricorso dovesse essere deciso dal Tribunale del capoluogo piuttosto che dalla sede staccata, o viceversa, la misura cautelare che nelle more sia stata eventualmente adottata, perderà efficacia decorsi 30 giorni dalla pubblicazione dell'ordinanza del Presidente (si rinvia al Capitolo II, Paragrafo 4).

La misura cautelare possessoria con la quale il Giudice tutela la situazione possessoria del privato leso dall'azione amministrativa. In realtà è controverso se il possesso possa ricevere una tutela cautelare avanti il Giudice amministrativo.

In senso favorevole si era espressa la VI Sezione del Consiglio di Stato con la decisione 6 marzo 2001, n. 1456: "La tutela possessoria è azionabile anche davanti al giudice amministrativo, il quale accorda tutela sommaria e cautelare in tutti i casi in cui l'esecuzione del provvedimento amministrativo determini una oggettiva lesione della situazione possessoria, secondo i principi espressi dall'art. 1168 c.c. (fattispecie di tutela di una servitù)" (44). **In senso contrario**, tuttavia, si era posta la IV Sezione

(43) Cfr. Cons. Stato, Sez. VI, n. 3302 del 2007, in *www.giustizia-amministrativa.it.*

(44) Cfr. Cons. Stato, Sez. VI, 6 marzo 2001, n. 1456, in *Banca dati De Jure*, Giuffrè.

del Consiglio di Stato, con la decisione 28 agosto 2001, n. 4826 (45), rilevando "Posto che il possesso, quale posizione soggettiva attiva, autonoma e distinta dal diritto soggettivo e dall'interesse legittimo, riceve specifica tutela dall'ordinamento, le azioni possessorie devono essere proposte, in difetto di puntuale previsione normativa di segno diverso, avanti al giudice ordinario anche qualora si versi in ipotesi di giurisdizione esclusiva del giudice amministrativo...".

Più recentemente il Consiglio di Stato è tornato a pronunziarsi dando per scontata, almeno così pare, l'astratta impiegabilità dello strumento possessorio cautelare affrontando, tuttavia, il problema del riparto di giurisdizione tra Giudice ordinario e Giudice amministrativo (46), riparto sui cui si è poi pronunziata anche l'Adunanza Plenaria del Consiglio di Stato (47).

La giurisprudenza ha anche avuto modo di chiarire che là ove sia accertato il *fumus boni iuris*, **il *periculum in mora* deve ritenersi implicito**: "accertato il requisito del '*fumus boni iuris*', l'esecuzione del provvedimento amministrativo determina una oggettiva lesione del possesso, senza necessità di accertare altresì l'esistenza di uno specifico '*periculum in mora*', secondo i principi espressi dall'art. 1168 c.c." (48).

Ciò in quanto gli artt. 1168 e 1170 c.c. non subordinano la concessione della tutela possessoria all'esistenza di un pregiudizio grave ed irreparabile, essendo bastevole che si sia verificato uno spoglio od una molestia. Il pretendere dunque che davanti al Giudice amministrativo la tutela possessoria venga concessa non solo in presenza del *fumus boni iuris*, ma anche di questo secondo presupposto, sarebbe irragionevole.

La tutela cautelare possessoria è stata così ammessa, a titolo esemplificativo:

— in un caso di rilascio del titolo abilitativo che violava la situazione possessoria derivante dalla titolarità di una servitù: "La tutela possessoria è azionabile anche davanti al giudice amministrativo, il quale accorda tutela sommaria e cautelare in tutti i casi in cui l'esecuzione del provvedimento amministrativo determini una oggettiva lesione della situazione

(45) Cfr. Cons. Stato, Sez. IV, 28 agosto 2001, n. 4826, in *Banca dati De Jure*, Giuffrè.

(46) Cfr. Cons. Stato, Sez. IV, 28 luglio 2005, n. 4018, in *Foro Amm., CDS*, 2005, 7-8, 2163.

(47) Cfr. Cons. Stato, Ad. Pl., n. 30 agosto 2005, n. 4, in *Banca dati De Jure*, Giuffrè: *"Stando così le cose, va considerata come controversia riconducibile all'esplicazione del pubblico potere — nel senso in cui ne parla l'art. 34, in contrapposizione ai 'comportamenti' materiali — qualunque lite suscitata da lesioni del diritto di proprietà provocate, in area urbanistica, dalla esecuzione di provvedimenti autoritativi degradatori, venuti meno o per annullamento o (come nella specie) per sopraggiunta inefficacia* ex lege.".

(48) Cfr. Cons. Stato, Sez. VI, 6 marzo 2001, n. 1456, in *Banca dati De Jure*, Giuffrè.

possessoria, secondo i principi espressi dall'art. 1168 c.c. (fattispecie di tutela di una servitù)." (49).

— in un caso di occupazione illegittima di un fondo: "Il ricorso volto all'accertamento della intervenuta occupazione '*sine titulo*' da parte del Comune di Matino di un fondo in assunto di proprietà dei ricorrenti, sotto il profilo della giurisdizione, può essere ricondotto nell'ambito dei 'comportamenti' che, nella materia urbanistica ed edilizia, sono stati devoluti alla giurisdizione esclusiva del giudice amministrativo dall'art. 34, d.lg. n. 80 del 1998 come sostituito dall'art. 7, l. n. 205 del 2000, conseguendone l'ammissibilità delle azioni predisposte dalla legge a tutela del possesso, quale l'azione di reintegra esperita nella specie art. 1168 c.c." (50).

Un'ultima osservazione si impone circa l'***iter* processuale da seguire** per introdurre la domanda cautelare possessoria avanti il Giudice amministrativo. Sul punto pare che, nonostante il rinvio esterno operato dall'art. 39, Codice del processo amministrativo, alle disposizioni del codice di procedura civile, in quanto compatibili o espressione di principi generali, si debba escludere l'applicabilità delle norme di cui agli artt. 703 e ss. c.p.c. in virtù della c.d. completezza del sistema cautelare amministrativo già affermata dalla Corte Costituzionale (51) ed ora, a seguito dell'introduzione della tutela cautelare *ante causam* (art. 61, Codice del processo amministrativo), ancora più evidente. Sarà dunque applicabile la normativa prevista per la proposizione del ricorso giurisdizionale amministrativo.

La misura cautelare speciale, già prevista dall'art. 23-*bis*, comma 5, l. 6 dicembre 1971, n. 1034 (52), adottabile solo contestualmente alla fissazione dell'udienza di merito: "Nei giudizi disciplinati dall'art. 23-*bis* l. n. 1034 del 1971, come introdotto dall'art. 4 l. n. 205 del 2000, il giudice amministrativo può disporre misure cautelari in caso di estrema gravità ed urgenza, ma solo contestualmente alla fissazione dell'udienza di discussione del merito del ricorso." (53).

(49) Cfr. Cons. Stato, Sez. V, ord., 6 marzo 2001, n. 1456, in *Urbanistica e Appalti*, 2001, 415.

(50) Cfr. Tar Puglia, Sez. I, 28 gennaio 2003, n. 275, in *Foro Amm., TAR*, 2003, 277.

(51) Si fa riferimento a Corte Cost., 10 maggio 2002, n. 179, in Giur. It. 2003, 17, che aveva escluso l'illegittimità dell'art. 21, l. 6 dicembre 1971, n. 1034, nella parte in cui non prevedeva la tutela cautelare *ante causam* sottolineando come il sistema di giustizia amministrativa dovesse ritenersi completo anche in merito ai procedimenti di urgenza e cautelari, senza distinzione tra interessi legittimi o diritti soggettivi tutelabili. Cosa, dunque, che portava ad escludere l'applicabilità di altri istituti propri del processo civile.

(52) Cfr. art. 23-*bis*, l. 6 dicembre 1971, n. 1034, in *Gazz. Uff.*, 13 dicembre 1971, n. 314. La norma è stata abrogata dall'art. 4, comma 1, n. 10, Allegato IV al Codice del processo amministrativo.

(53) Cfr. Cons. Gius. Amm. Sicilia, Sez. Giurisd. 28 luglio 2004, n. 661, in Foro It. 2005, III, 138.

Analoga disposizione si ritrova all'art. 119, comma 4, Codice del processo amministrativo, per la cui disamina si rinvia al Capitolo IX.

Richiamata la tipologia delle misure cautelari, si può osservare come la loro atipicità, **secondo una prima tesi, non esimerebbe comunque la parte dal formulare una precisa richiesta**, non potendosi questa trincerare dietro a formule eccessivamente generiche. Ciò in quanto il processo amministrativo è retto dal principio dispositivo "Ai sensi dell'art. 112 c.p.c. — applicabile anche al processo amministrativo — il giudice si deve pronunciare su tutta la domanda, ma non oltre i limiti di essa." (54).

Il Giudice, pertanto, non potrebbe adottare un provvedimento il cui contenuto va oltre quella che è l'istanza di parte su cui incombe indicare la misura che, a proprio parere, è maggiormente in grado di assicurare, interinalmente, gli effetti della decisione di merito.

Secondo un diverso orientamento, invece, "dinanzi alla domanda specifica il collegio potrà comunque (ove non ritenga di accoglierla integralmente) accoglierla in parte, mentre dinanzi ad una domanda tendente ad ottenere la cautela più idonea ad assicurare interinalmente gli effetti della decisione sul ricorso, **ben potrà essere il giudice a individuare i provvedimenti adatti al caso di specie**" (55).

La riferita ultima tesi si basa sulla considerazione che il procedimento cautelare, eccezione fatta per l'ipotesi *ante causam* di cui all'art. 61, Codice del processo amministrativo, viene in essere quando il ricorso è già stato proposto, ovvero quando la domanda è stata spiegata "con la conseguenza che la richiesta di cautela può essere immediatamente correlata al risultato che il ricorrente si propone di ottenere" (56).

3 LA SUBORDINAZIONE DELLA DECISIONE SULLA DOMANDA CAUTELARE ALLA PRESTAZIONE DI UNA CAUZIONE. MODALITÀ DI PRESTAZIONE E CONSEGUENZE IN CASO DI MANCATA OTTEMPERANZA

Ai sensi dell'**art. 55**, comma 2, Codice del processo amministrativo, "qualora dalla decisione sulla domanda cautelare derivino effetti irreversibili", il Giudice "può disporre la prestazione di una cauzione, anche me-

(54) Cfr. Cons. Stato, Sez. VI, 4 agosto 2009, n. 4904, in *Foro Amm., CDS*, 2009, 7-8, 1852. Più recentemente cfr. Tar Molise, Sez. I, 19 febbraio 2010, n. 134, in *Foro Amm., TAR*, 2010, 2, 545.

(55) Cfr. R. DE PIERO, *commento all'art. 3*, in *La Giustizia amministrativa - commento alla L. 21 luglio 2000, n. 205*, Giuffrè, 2000, 58.

(56) Cfr. R. DE PIERO, *commento all'art. 3*, in *La Giustizia amministrativa - commento alla L. 21 luglio 2000, n. 205*, Giuffrè, 2000, 58.

diante fideiussione, cui subordinare la concessione o il diniego della misura cautelare".

La norma riprende quanto già previsto dall'art. 21, comma 8, della l. 6 dicembre 1971, n. 1034 (57), ora abrogato dall'art. 4, comma 1, n. 10 dell'Allegato IV al Codice del processo amministrativo.

Per un'applicazione di tale istituto, nella vigenza del citato art. 21, comma 8, si può richiamare un precedente del Tribunale amministrativo regionale per il Veneto: "Ai sensi dell'art. 21 comma 7, l. 6 dicembre 1971 n. 1034, come sostituito dall'art. 3, l. 21 luglio 2000 n. 205, qualora dall'esecuzione del provvedimento cautelare derivino effetti irreversibili, la concessione della misura cautelare può essere subordinata alla prestazione di una cauzione, anche mediante fideiussione (nella specie il ricorrente aveva impugnato un provvedimento regionale di revoca di un contributo già assegnato nell'ambito di un programma di iniziativa comunitaria, e il Tar, dopo avere affermato che dall'esecuzione dell'ordinanza cautelare potevano derivare effetti irreversibili per la Regione, in relazione all'esigenza di conseguire dal ricorrente, per l'ipotesi di una sua soccombenza nel merito, la restituzione del contributo versato dall'Amministrazione, ha subordinato l'accoglimento della domanda cautelare alla prestazione, da parte del ricorrente medesimo, di una cauzione, anche mediante polizza fideiussoria, per un importo uguale al contributo erogato dalla regione Veneto, cauzione da prestare alla direzione Industria della regione Veneto entro trenta giorni dalla comunicazione dell'ordinanza cautelare)." (58).

La formulazione dell'art. 55 Codice del processo amministrativo è tuttavia migliore rispetto a quella di cui al ricordato art. 21, comma 8. La cauzione, infatti, può essere disposta non solo quando "dall'esecuzione del provvedimento cautelare derivino effetti irreversibili" — come recitava tale ultima disposizione —, ma "quando dalla decisione sulla domanda cautelare derivino effetti irreversibili".

Sotto il regime del citato art. 21, infatti, sebbene fosse chiaro che la cauzione poteva essere concessa tanto in caso di accoglimento, quanto in caso di rigetto dell'istanza cautelare, la formula impiegata dal Legislatore era stata criticata perché "in caso di rigetto" della domanda non esisteva "alcun provvedimento cautelare dal quale potevano "discendere effetti irreversibili" (59).

(57) Cfr. art. 21, comma 8, l. 6 dicembre 1971, n. 1034, in *Gazz. Uff.*, 13 dicembre 1971, n. 314. La norma è stata abrogata dall'articolo 4, comma 1, n. 10, Allegato IV al Codice del processo amministrativo.

(58) Cfr. Tar Veneto, Sez. I, 14 maggio 2003, n. 218, in *Foro Amm., TAR*, 1572.

(59) Cfr. G. DE MARZO-G. MISSERINI, *La tutela cautelare e sommaria dinanzi ai giudici amministrativi*, Cedam, 2004, 43.

Semmai, infatti, gli effetti irreversibili potevano discendere dall'esecuzione o non del provvedimento impugnato e, pertanto, solo in via mediata dal rigetto della relativa domanda cautelare. La formula ora impiegata dal Legislatore (art. 55, comma 2 Codice del processo amministrativo), per cui la cauzione può essere concessa tutte le volte in cui dalla decisione della domanda cautelare derivino effetti irreversibili, pare allora più opportuna.

La lettura della norma permette comunque di comprendere come **la funzione principale della cauzione sia quella di costituire una garanzia** "per i danni derivanti dall'irreversibilità delle modificazioni che la misura cautelare può determinare nei rapporti di diritto sostanziale, o comunque, nella realtà fenomenica" (60).

È allora evidente che nel giudizio cautelare amministrativo ha avuto senso parlare di cauzione a garanzia del risarcimento dei danni solo da **quando è stato superato il dogma dell'irrisarcibilità degli interessi legittimi** (61). In precedenza, infatti, sarebbe stato illogico garantire un risarcimento non ammissibile neppure in via astratta, nemmeno nelle ipotesi di giurisdizione esclusiva visto che, anche in detti casi, prima della modifica operata all'art. 7, comma 3, l. 6 dicembre 1971, n. 1034 (62), da parte dell'art. 7, comma 4, l. 21 luglio 2000, n. 205 (63), le questioni concernenti il risarcimento danni rientravano nell'ambito della giurisdizione del Giudice ordinario.

Accanto alla descritta funzione, la cauzione potrebbe averne anche un'altra, di carattere per così dire '**sanzionatorio**', volta cioè a scoraggiare la proposizione di istanze cautelari meramente defatigatorie (64).

Resta da capire cosa si debba intendere per **irreversibilità**.

Si ritiene si possa parlare di irreversibilità non solo quando "o dallo stesso provvedimento o dalla sua esecuzione sono determinati mutamenti circa la situazione di fatto tali che **non è possibile il ripristino integrale** di essa in un momento successivo, in attuazione della sentenza di merito

(60) Cfr. S. RUSCICA, *Le novità in tema di tutela cautelare nel processo amministrativo*, Giuffrè, 2008, 102. L'Autore evidenzia come nel giudizio cautelare amministrativo ha oggi senso parlare di cauzione è in quanto è stato superato il dogma dell'irrisarcibilità degli interessi legittimi a partire dalla nota sentenza della Corte di Cassazione, a Sezioni Unite, 22 luglio 1999, n. 500, in *Banca dati De Jure*, Giuffrè.

(61) A partire, quindi, dalla nota sentenza della Cassazione Civile a Sezioni Unite, 22 luglio 1999, n. 500, in *Foro Amm.*, 1999, 1990.

(62) Cfr. art. 7, comma 3, l. 6 dicembre 1971, n. 1034, in *Gazz. Uff.*, 13 dicembre 1971, n. 314. La norma è stata abrogata dall'articolo 4, comma 1, n. 10, Allegato IV al Codice del processo amministrativo.

(63) Cfr. art. 7, comma 4, l. 21 luglio 2000, n. 205, in *Gazz. Uff.*, 26 luglio 2000, n. 173. La norma è stata abrogata dall'articolo 4, comma 1, n. 23, Allegato IV al Codice del processo amministrativo.

(64) Cfr. E FOLLIERI, *Il nuovo giudizio cautelare: art. 2, L. 21 luglio 2000, n. 205*, in *Cons. Stato*, 2001, II, 488.

reiettiva del ricorso" (65), ma anche quando il **danno non è risarcibile sussistendo degli ostacoli alla sua determinazione** — "sotto il triplice aspetto della individuazione del danno che costituisce la conseguenza immediata e diretta dell'illecito (art. 1223 c.c.); della sua prevedibilità (art. 1225 c.c.) e della prova del suo ammontare (art. 1226 c.c.)" (66) — tali da fa apparire "non tollerabile o eccessivo lo scarto tra gli effetti della decisione di merito e la reintegrazione per equivalente" (67), ovvero, ancora, quando pur non trovandocisi di fronte ad una situazione di impossibilità ad ottenere il ripristino dello *status quo ante*, si versa, comunque, "in una **difficoltà di rimozione degli effetti materiali**" (68).

Ne deriva allora però, che la **cauzione può svolgere un'efficace funzione solo ove l'irreversibilità derivante dall'esecuzione o dalla non esecuzione del provvedimento impugnato sia risarcibile perché, negli altri casi, la cauzione svolge una funzione solo mitigatoria delle conseguenze che derivano**. Conseguenze che sono legate alla lentezza del processo. Ecco perché, in materie particolarmente sensibili, si sono succedute, nel corso del tempo, delle disposizioni volte ad introdurre delle modalità processuali che "attraverso la concentrazione e l'immediatezza del giudizio, assicurano la possibilità di una celere definizione nel merito delle controversie" (69) (si rinvia ai Capitoli IX e X).

Va detto comunque che, nella prassi, il Giudice che ritenga che dalla misura cautelare possano derivare effetti irreversibili, solitamente rigetta la domanda cautelare del ricorrente.

Il citato art. 55, comma 2, Codice del processo amministrativo prosegue spiegando che il provvedimento con cui viene disposta la cauzione ne specifica "l'oggetto, il modo di prestarla e il termine entro cui la prestazione va eseguita". La norma riprende il contenuto dell'art. 119 del codice di procedura civile — che si sarebbe potuto ritenere applicabile in forza del rinvio esterno operato alle norme del codice di rito da parte dell'art. 39 del Codice del processo amministrativo —, con la conseguenza

(65) Cfr. S.MENCHINI, in (a cura di M.R. SANCHINI), *La tutela cautelare nel processo amministrativo*, Giuffrè, 2006, 112. Secondo l'Autore, peraltro, dovrebbe prevalere un'interpretazione estensiva, per cui la cauzione dovrebbe disporsi tutte le volte in cui la misura cautelare determini per la p.a. ovvero per i controinteressati danni particolarmente rilevanti o non facilmente risarcibili.

(66) Cfr. S. RUSCICA, *Le novità in tema di tutela cautelare nel processo amministrativo*, Giuffrè, 2008, 105.

(67) Cfr. S. RUSCICA, *Le novità in tema di tutela cautelare nel processo amministrativo*, Giuffrè, 2008, 105.

(68) Cfr. R. DE PIERO, *Commento all'art. 3*, in *La Giustizia amministrativa - Commento alla legge 21 luglio 2000, n. 205*, Giuffrè, 2000, 61.

(69) F. BRUNETTI, *La cauzione nel nuovo processo amministrativo*, in *Giust. Civ.*, 2003, n. 12, 535.

che ci si potrà riferire alla giurisprudenza e dottrina formatasi su di esso (e sull'art. 86 disp. att. del codice di procedura civile) per risolvere eventuali dubbi interpretativi (70).

Così, per oggetto della cauzione si dovranno intendere "i beni sui quali grava quel vincolo di garanzia in che la cauzione propriamente consiste. In tal veste, oltre alle somme di denaro ed ai titoli di debito pubblico cui è riferimento nell'art. 86 disp att., possono venire in gioco anche titoli rappresentativi di merci, titoli al portatore, azioni e obbligazioni di società" (71).

Problematico rimane senz'altro il profilo della determinazione del *quantum* della cauzione, non essendoci alcun parametro normativo cui riferirsi. In linea generale, la cauzione dovrebbe essere rapportata al danno derivante nell'ipotesi in cui il provvedimento cautelare, sia esso di accoglimento o di rigetto, non dovesse trovare poi conferma in sede di decisione nel merito del ricorso. Tale operazione, sicuramente complessa e difficilmente compatibile con la fase cautelare, per gli approfonditi accertamenti che richiederebbe, pare tuttavia l'unica che possa essere seguita.

Quanto alle modalità di prestazione il Giudice avrà ampia libertà: dal deposito postale fruttifero, alla "costituzione, sui beni della parte o di un terzo, di vincoli ipotecari o pignoratizi" (72), alla prestazione, da parte di un terzo, di una fideiussione.

La cauzione così prestata, non potrà essere restituita alla parte se non per ordine espresso del Giudice.

Ai sensi dell'art. 86 disp att., c.p.c., inoltre, il documento comprovante l'avvenuta prestazione della cauzione dovrà essere depositato presso la Segreteria del Giudice anche se la giurisprudenza civile ha ritenuto che la mancanza di tale adempimento determini solo un'irregolarità e non già la nullità della cauzione che sia stata *medio tempore* effettivamente prestata: "Il mancato inserimento nel fascicolo d'ufficio del documento attestante la prestazione della cauzione nella forma del deposito giudiziario — imposta a pena di inefficacia del concesso provvedimento cautelare — quando la cauzione sia stata effettivamente prestata nelle forme consentite costituisce mera irregolarità formale, che non comporta l'inefficacia del provvedimento cautelare." (73).

(70) Cfr. in tal senso S. RUSCICA, *Le novità in tema di tutela cautelare nel processo amministrativo*, Giuffrè, 2008, 109.

(71) Cfr. C. CONSOLO-F.P. LUISO, *Cod Proc. Civ. Commentato*, Ipsoa, 2007, *sub* art. 119, 1139.

(72) Cfr. C. CONSOLO-F.P. LUISO, *Cod Proc. Civ. Commentato*, Ipsoa, 2007, *sub* art. 119, 1139.

(73) Cfr. Corte App. Genova, 25 marzo 2002, in *Giur. Mer.*, 2003, 681.

Quanto al termine per la prestazione della cauzione si può tuttavia, scorgere una diversità rispetto al processo civile.

Ai sensi dell'art. 152, comma 1, c.p.c.: "I termini per il compimento degli atti del processo... possono essere stabiliti dal giudice anche a pena di decadenza, soltanto se la legge lo permette espressamente". Per l'art. 52, comma 1, Codice del processo amministrativo, invece: "I termini assegnati dal giudice, salva diversa previsione, sono perentori".

Mentre, dunque, nel processo civile la regola è che i termini assegnati dal Giudice sono ordinatori, nel processo amministrativo, la regola è che detti termini sono perentori.

L'art. 55, comma 2, Codice del processo amministrativo nulla dice in ordine alla natura del termine entro cui la cauzione deve essere prestata. Ne consegue, allora, che il termine stabilito dal Giudice dovrebbe ritenersi perentorio, contrariamente a quanto accade invece, nell'ambito del processo civile: "Il termine per la prestazione di cauzione ai sensi dell'art. 669-*undecies* c.p.c., in mancanza di una espressa previsione di perentorietà, deve considerarsi ordinatorio e quindi prorogabile prima della sentenza *ex* art. 154 c.p.c. quale termine relativo ad un provvedimento modificabile." (74).

Va detto che, anche sotto la vigenza dell'art. 21, comma 8, l. 6 dicembre 1971, n. 1034 (75), parte della dottrina aveva già concluso nello stesso senso (76).

Rimane però da capire cosa accada nell'ipotesi in cui la cauzione non venga prestata. È forse opportuno distinguere due ipotesi.

La prima ipotesi si ha quando il Giudice subordina la concessione della misura cautelare alla prestazione della cauzione.

In detto caso, sino al momento in cui la cauzione non viene prestata, pare ragionevole ritenere che l'ordinanza non possa esplicare i propri effetti. **L'ordinanza sarebbe cioè soggetta ad una sorta di "*condizione sospensiva*"** (77). In tal senso depone il testo dell'art. 55, comma 2, Codice del processo amministrativo: "... il collegio può disporre la prestazione di

(74) Cfr. Trib. Livorno, 21 aprile 2001, in *Giust. Civ.*, 2002, I, 747.

(75) Cfr. art. 21, comma 8, l. 6 dicembre 1971, n. 1034, in *Gazz. Uff.*, 13 dicembre 1971, n. 314. La norma è stata abrogata dall'art. 4, comma 1, n. 10, Allegato IV al Codice del processo amministrativo.

(76) Cfr. G. DE MARZO-G. MISSERINI, *La tutela cautelare e sommaria dinanzi ai giudici amministrativi*, Cedam, 2004, 47: "*In ogni caso, si ritiene che qualora venga previsto un termine per la prestazione della cauzione lo stesso (termine) debba essere ritenuto perentorio*".

(77) Nello stesso senso si era espresso, sul testo dell'art. 21, comma 8, l. 6 dicembre 1971, n. 1034, anche G. VIRGA, *L'efficacia dell'ordinanza con cauzione è soggetta ad una condizione sospensiva o risolutiva?*, in *www.giustizia.amministrativa.it*.

una cauzione... cui subordinare la concessione o il diniego della misura cautelare...".

Certo è che, ove nel termine assegnato la parte onerata non provveda alla costituzione della cauzione, **il provvedimento cautelare dovrebbe perdere automaticamente la propria efficacia** (78), senza che vi sia necessità che l'altra parte, con apposita istanza, ne debba chiedere la revoca.

Il soggetto onerato della costituzione della cauzione, ove ritenga che le modalità di prestazione della stessa (ivi compreso il termine assegnato) siano insuscettibili di essere materialmente soddisfatte, potrà proporre appello innanzi al Consiglio di Stato avverso l'ordinanza che la dispone. Ciò, almeno, a voler seguire la tesi della Cassazione di recente pronunziatasi in merito: "*Quando il giudice abbia imposto la prestazione di una cauzione alla parte ed essa sia condizione per l'esercizio di un potere (come quello di iniziare l'esecuzione forzata) la parte che ritenga impossibile (in ipotesi anche giuridicamente) la prestazione della cauzione nel modo fissato dal giudice è tenuta a sollecitare il giudice (salvo che non sia previsto un mezzo di controllo del potere medesimo) a modificare il modo di prestazione della cauzione mentre non può provvedere alla prestazione della cauzione con una modalità diversa per legittimarsi all'esercizio del potere e, quindi, ove eserciti tale potere lo fa illegittimamente.*" (79).

La perentorietà del termine, dunque, **potrebbe essere superata, attraverso lo strumento dell'appello** (in merito all'appello delle misure cautelari si rinvia al Capitolo VI).

La seconda ipotesi si ha, invece, quando il Giudice subordina il diniego di concessione della misura cautelare alla prestazione della cauzione. In questo caso, sempre a ritenere che l'ordinanza sia soggetta ad una specie di clausola sospensiva, se ne dovrebbe dedurre che sino alla scadenza del termine di prestazione della cauzione il provvedimento impugnato non possa esplicare i propri effetti. Anche in questo caso, però, ove entro il termine assegnato non venga costituita la cauzione, la misura cautelare originariamente chiesta dovrebbe automaticamente ritenersi concessa.

Non sarebbe tuttavia sbagliato se il Giudice, nell'accordare o negare la misura cautelare, *sub condicione* della prestazione della cauzione, rego-

(78) Cfr. G. VIRGA, *L'efficacia dell'ordinanza con cauzione è soggetta ad una condizione sospensiva o risolutiva?*, in *www.giustizia.amministrativa.it*.

(79) Cfr. Cass. Civ., Sez. III, 23 febbraio 2009, n. 4334, in *Guida al Diritto, Il Sole-24 Ore*, 2009, 12, 52.

lasse già gli effetti in vista del possibile mancato o tardivo adempimento.

Nulla infine esclude che ciascuna delle parti possa **spontaneamente offrire di prestare la cauzione** che il Giudice ritenesse più opportuna a sostegno della richiesta di concessione (o di diniego) della misura cautelare (80).

4 I CASI DI NON IMPIEGABILITÀ DELL'ISTITUTO DELLA CAUZIONE

L'**istituto della cauzione** sopra descritto **è inoperante**, sempre ai sensi del citato art. 55, comma 2, Codice del processo amministrativo, "quando la domanda cautelare attenga a diritti fondamentali della persona o ad altri beni di primario rilievo costituzionale". Anche in questo caso la norma riprende il contenuto dell'abrogato (da parte dell'art. 4, comma 1, n. 10 dell'Allegato IV al Codice del processo amministrativo) art. 21, comma 8, l. 6 dicembre 1971, n. 1034 (81) che viene riformulato togliendo la parte esemplificativa (82).

La ***ratio* della esclusione** è evidente e sta nel fatto che i diritti fondamentali della persona, e gli altri beni di primario rilievo costituzionale, sono sempre da considerarsi prevalenti su altri eventuali contrapposti interessi e la loro tutela, pertanto, non può essere subordinata alla prestazione di una cauzione pena, altrimenti, la loro lesione. "La norma, probabilmente, ha voluto individuare il confine fra il bilanciamento degli interessi. Con riferimento a certi tipi di posizioni soggettive il bilanciamento di interessi non vi è, e soltanto l'infondatezza del ricorso può ostare il rilascio del provvedimento cautelare" (83).

Forse la cauzione potrebbe tornare operante là ove uno di questi diritti si scontri con altro diritto di pari rango che, tuttavia, nel bilanciamento dei contrapposti interessi, si giudichi soccombente.

(80) Cfr. F. BRUNETTI, *La cauzione nel nuovo processo amministrativo*, in *Giust. Civ.*, 2003, 12, 539.

(81) Cfr. art. 21, comma 8, l. 6 dicembre 1971, n. 1034, in *Gazz. Uff.*, 13 dicembre 1971, n. 314. La norma è stata abrogata dall'art. 4, comma 1, n. 10, Allegato IV al Codice del processo amministrativo.

(82) Il citato art. 21, comma 8, l. 6 dicembre 1971, n. 1034, in *Gazz. Uff.*, 13 dicembre 1971, n. 314, infatti, recitava "*La concessione o il diniego della misura cautelare non può essere subordinata a cauzione quando la richiesta cautelare attenga ad interessi essenziali della persona quali il diritto alla salute, alla integrità dell'ambiente, ovvero ad altri beni di primario rilievo costituzionale*".

(83) Cfr. C.E. GALLO, *Presidente e Collegio nella tutela cautelare: novità e prospettive nella disciplina della legge n. 205 del 2000*, in *www.giustizia-amministrativa.it*.

Il vero problema che pone la norma concerne l'esatta individuazione dei diritti fondamentali della persona e degli altri beni di primario rilievo costituzionale in presenza dei quali non è possibile far applicazione dell'istituto della cauzione.

La questione, a dire il vero, si era già posta nella vigenza dell'art. 21, comma 8, l. 6 dicembre 1971, n. 1034 (84): "È difficile definire quando non sia consentito disporre cauzione perché il legislatore, a parte il diritto alla salute ed all'integrità dell'ambiente, la esclude anche per gli altri beni di primario ragno costituzionale che consentono di aprire 'ad organetto' le maglie delle eccezioni" (85).

Per quanto concerne **l'individuazione dei diritti fondamentali della persona**, potrebbe essere utile il richiamo all'art. 2 della Costituzione ("La Repubblica riconosce e garantisce i diritti inviolabili dell'uomo"). Si potrebbe allora ricomprendere all'interno di tali diritti quelli enucleati nella parte I, titolo I "Rapporti civili", titolo II "Rapporti etico-sociali" e, forse, titolo III "Rapporti economici", della Costituzione.

L'individuazione dei secondi, invece, (*i.e.* "beni di primario rilievo costituzionale") presupporrebbe l'effettuazione di una distinzione tra beni primari e secondari che non risulta affatto semplice.

Inutile quindi dire che molto (o forse troppo) viene lasciato alla lettura che della norma riterrà più opportuno dare la giurisprudenza.

A titolo esemplificativo, si può ricordare il caso portato avanti al Tribunale amministrativo regionale per il Veneto da parte di un gruppo di ammalati i quali avevano chiesto l'annullamento, previa sospensiva, del provvedimento della Regione che limitava l'accesso gratuito alla nota terapia Di Bella.

Come ebbe a scrivere un Magistrato dell'epoca, appartenente al Collegio veneto, la richiesta cautelare, ove fosse stata accolta — in realtà il ricorso non aveva evidenziato il *fumus boni iuris* —, e, pertanto, fosse stata ordinata la somministrazione gratuita del farmaco, quest'ultima non si sarebbe potuta condizionare alla prestazione, da parte del privato, di una cauzione, venendo in considerazione un diritto fondamentale del cittadino, quale quello alla salute, che non può subire limitazioni in sede di tutela cautelare (86).

(84) Cfr. art. 21, comma 8, l. 6 dicembre 1971, n. 1034, in *Gazz. Uff.*, 13 dicembre 1971, n. 314. La norma è stata abrogata dall'art. 4, comma 1, n. 10, Allegato IV al Codice del processo amministrativo.

(85) Cfr. E. FOLLIERI, *Il nuovo giudizio cautelare: art. 3 L. 21 luglio 2000 n. 205*, in *Cons. Stato*, 2001, 479 ss.

(86) Cfr. R. DE PIERO, *Commento all'art. 3*, in *La Giustizia amministrativa - Commento alla L. 21 luglio 2000, n. 205*, Giuffrè, 2000, 63.

5 I SOGGETTI LEGITTIMATI ALLA DOMANDA CAUTELARE. LA NON NECESSITÀ DI UN'APPOSITA PROCURA ALLE LITI

Tra i soggetti legittimati a richiedere le misure cautelari v'è sicuramente **il ricorrente**. Sia l'art. 21, comma 8, l. 6 dicembre 1971, n. 1034 (87), ora abrogato, sia l'art. 55, comma 1, Codice del processo Amministrativo, sono infatti chiari in tal senso: "Se il ricorrente ... chiede l'emanazione di misure cautelari".

Parte della dottrina (88) ha sostenuto che tale potere competerebbe anche all'**interventore adesivo** (89) e al **controinteressato**: il primo, infatti, pur avendo un interesse subordinato a quello del ricorrente principale, potrebbe comunque trovare giovamento dalla concessione della misura cautelare. Il secondo, invece, attraverso la misura cautelare potrebbe scongiurare un danno irreparabile derivantigli dall'eventuale successivo annullamento del provvedimento a lui favorevole. Secondo taluni tale particolare situazione di interesse sussisterebbe in capo al **controinteressato che abbia proposto ricorso incidentale** (90): infatti, in tal caso, "l'accoglimento del ricorso principale e il rigetto di quello incidentale provocherebbe un esito per lui doppiamente pregiudizievole, laddove tale esito sarebbe stato attenuato ove il ricorrente incidentale, nelle more del giudizio, potesse conservare la posizione originaria (antecedente a quella venuta in essere con l'atto da altri impugnato), in attesa della definizione della lite, sempreché vengano interinalmente bloccati gli effetti del provvedimento *sub iudice*.

Per una migliore comprensione del fenomeno si può ricorrere all'esempio del ricorso incidentale di chi sia già titolare di un posto di ruolo presso altra amministrazione pubblica, ufficio dal quale decadrebbe a seguito dell'assunzione del posto vinto in forza di concorso impugnato da altro candidato (e perciò soggetto ad annullamento in virtù di sentenza d'accoglimento) Di qui il suo interesse a impedire, momentaneamente, il dispiegarsi dell'efficacia del nuovo atto di nomina" (91).

(87) Cfr. art. 21, comma 8, l. 6 dicembre 1971, n. 1034, in *Gazz. Uff.*, 13 dicembre 1971, n. 314. La norma è stata abrogata dall'art. 4, comma 1, n. 10, Allegato IV al Codice del processo amministrativo.

(88) Cfr. V. CAIANIELLO, *Manuale di Diritto processuale amministrativo*, Utet, 2003, 733.

(89) Cfr. in senso contrario A. ROMANO-R. VILLATA, *Commentario breve alle leggi sulla giustizia amministrativa*, Cedam 2009, *sub* art. 21, l. Tar, 721.

(90) Cfr. G. DE MARZO-G. MISSERINI, *La tutela cautelare e sommaria dinanzi ai giudici amministrativi*, Cedam, 2004, 70.

(91) Cfr. L. MAZZAROLLI-G. PERICU-A. ROMANO-F.A. ROVERSI MONACO-F.G. SCOCA, *Diritto Amministrativo* II, Monduzzi, 2001, 2003.

Pare, invece, si debba escludere che tale potere, nell'ambito della giurisdizione generale di legittimità, spetti all'**amministrazione resistente**.

In realtà il problema si era posto in quanto legato alla verifica della sussistenza, in capo all'amministrazione, del potere di sospendere o meno, in via d'autotutela, l'efficacia dei propri atti.

Se si negava tale potere ("La sospensione degli atti amministrativi non è un istituto a carattere generale, a differenza dell'autotutela, trattandosi di un potere tipico, esercitabile solo in presenza di una specifica norma che espressamente lo preveda...") (92), era allora ragionevole ammettere che anche l'amministrazione potesse farsi promotrice della richiesta di concessione di una misura cautelare: ciò a prevenire un danno che poteva derivargli dal dare esecuzione ad un atto che, all'esito del giudizio, fosse risultato illegittimo.

Se, invece, si ammetteva tale potere ("La p.a. è titolare di un potere generale di sospensione dell'efficacia degli atti, in via di autotutela cautelare, in presenza di idonee cause giustificative") (93), allora era altrettanto ragionevole concludere per il difetto di legittimazione dell'amministrazione all'accesso alla tutela cautelare, avendo la stessa la possibilità di ricorrere al primo rimedio.

Con l'inserimento, ad opera dell'art. 14, comma 1, l. 11 febbraio 2005, n. 15 (94), dell'art. 21-*quater* nel *corpus* della legge sul procedimento amministrativo (l. 7 agosto 1990, n. 241 (95)) la questione dovrebbe ritenersi superata. Recita infatti il comma 2 del citato articolo: "L'efficacia ovvero l'esecuzione del provvedimento amministrativo può essere sospesa, per gravi ragioni e per il tempo strettamente necessario, dallo stesso organo che lo ha emanato ovvero da altro organo previsto dalla legge".

Il testo di legge avvalora dunque la tesi dell'immanenza del potere di sospensione all'interno del potere di autotutela "È riconosciuto un generale potere cautelare della pubblica amministrazione a norma dell'art. 7 comma 2 e, in particolare, dell'art. 21-*quater*, l. n. 241 del 1990, come aggiunto dall'art. 14, l. 11 febbraio 2005 n. 15, consistente nel disporre la sospensione dell'efficacia di atti precedentemente adottati, pur in assenza di definitive determinazioni in sede di autotutela, purché si ottemperi alla necessità della prefissione di un termine che salvaguardi l'esi-

(92) Cfr., a titolo esemplificativo, Tar Lazio, Sez. II, 2 marzo 2005, n. 1565, in *Foro Amm., TAR*, 2005, 3, 709.

(93) Cfr. ad es. Tar Abruzzo, 3 maggio 2005, n. 92, in Foro Amm, TAR 2005, 3, 764.

(94) Cfr. art. 14, comma 1, l. 11 febbraio 2005, n. 15, in *Gazz. Uff.*, 21 febbraio 2005, n. 42.

(95) Cfr. art. 21-*quater*, l. 7 agosto 1990, n. 241, in *Gazz. Uff.*, 18 agosto 1990, n. 192.

genza di certezza della posizione giuridica dell'interessato, restando così scongiurato il rischio di un'illegittima sospensione *sine die*, poiché — come è noto — il provvedimento amministrativo, una volta adottato e reso efficace, deve necessariamente essere portato ad esecuzione, non essendo consentito alla pubblica amministrazione di sospenderlo *sine die* con atti atipici (ciò non è certamente avvenuto nel caso di specie, nel quale l'amministrazione ha ritenuto opportuno adottare il provvedimento cautelare nelle more dell'adozione dell'atto finale di revoca, peraltro, già avviata)." (96).

L'introduzione di un potere generalizzato di sospensione dell'efficacia dell'atto adottato dovrebbe, allora, far propendere per l'inammissibilità della legittimazione dell'amministrazione all'istanza cautelare processuale.

Un discorso differente può invece farsi nell'ambito della **giurisdizione esclusiva** che, peraltro, riguarda materie di notevole importanza (l'elencazione è contenuta nell'art. 133, Codice del processo amministrativo), ove si ammetta la possibilità, per l'amministrazione resistente, di proporre, attraverso lo strumento del ricorso incidentale, una domanda riconvenzionale. Possibilità peraltro riconosciuta dalla giurisprudenza: "Nelle controversie rientranti nella giurisdizione esclusiva del g.a., è inammissibile l'eventuale domanda riconvenzionale, potendosi ampliare l'oggetto del giudizio mediante il solo strumento del ricorso incidentale, da notificare alle altre parti in virtù del principio del contraddittorio (nella fattispecie, la parte privata aveva impugnato la revoca dell'assegnazione di aree in zona destinata dal comune all'edilizia economica e popolare, e l'amministrazione comunale aveva chiesto, in via riconvenzionale, la condanna della ricorrente al risarcimento del danno subito e subendo, da liquidarsi in via equitativa)." (97).

Si può portare così l'esempio di una lite tra un concessionario di un pubblico servizio che impugni il provvedimento pregiudizievole dell'amministrazione la quale, a mezzo di ricorso incidentale, chieda la condanna del ricorrente al pagamento dei canoni di concessione rimasti impagati.

(96) Cfr. Tar Lazio, Sez. III, 5 novembre 2007, n. 10892, in *Foro Amm., TAR*, 2007, 11, 3466. Cfr. inoltre Tar Abruzzo, Sez. I, 16 luglio 2008, n. 915, in *Foro. Amm., TAR*, 2008, 7-8, 2109.

(97) Cfr. Tar Veneto, Sez. II, 31 luglio 2006, n. 2221, in *Foro Amm., TAR*, 2006, 7-8, 2370. Nello stesso senso cfr. Tar Umbria, 24 marzo 1999, n. 218, in *Urbanistica e Appalti*, 2000, 1349: "*La domanda riconvenzionale nel giudizio amministrativo deve essere necessariamente spiegata nelle forme del ricorso incidentale.*"; Tar Marche, 14 novembre 2003, n. 1330, in *Foro Amm., TAR*, 2003, 3237; Cons. Stato, Sez. V, 31 gennaio 2001, n. 353, in *Banca dati De Jure*, Giuffrè.

In tale ipotesi, secondo parte della dottrina, "non ci dovrebbero essere fondate ragioni per negare all'amministrazione che agisce in via riconvenzionale la possibilità di invocare la tutela cautelare del proprio diritto di credito" (98).

Un'ultima riflessione si impone **sull'eventuale necessità**, ai fini dell'utile proposizione della domanda cautelare, **che nella procura alle liti rilasciata al legale venga esplicitato tale potere**.

Si ritiene che tale incombente non si renda necessario sebbene, in passato, il problema sia stato dibattuto. Ciò:

— non solo in considerazione del collegamento funzionale esistente tra le due fasi, ponendosi quella cautelare come strumentale, sussidiaria e propedeutica a quella di merito, di talché il potere di rappresentare e difendere la parte nel giudizio di merito non potrebbe che estendersi anche alla fase cautelare (l'argomento, tuttavia, non sarebbe valido nelle ipotesi di strumentalità attenuata: si rinvia al Capitolo II, Paragrafo 2),

— ma anche alla luce del disposto dell'art. 24, Codice del processo amministrativo: "La procura rilasciata per agire e contraddire davanti al giudice si intende conferita anche per proporre motivi aggiunti e ricorso incidentale, salvo che in essa sia diversamente disposto". In argomento si ricorda peraltro che, prima dell'intervento normativo, si riscontravano almeno due tesi in giurisprudenza. Secondo la prima "Il mandato originario si estende alla proposizione di motivi aggiunti in quanto attribuisce, in difetto di contrarie previsioni, i poteri processuali strumentali alla soddisfazione della pretesa fatta valere in giudizio, anche in relazione a tutti provvedimenti sopravvenuti che incidono sulla posizione giuridica soggettiva dedotta in giudizio" (99). Per altro orientamento, invece, "Diversamente dai motivi aggiunti volti a censurare sotto nuovi profili atti già impugnati, i motivi aggiunti che investono provvedimenti sopravvenuti, equivalgono nella sostanza ad un ricorso autonomo, per il quale sussiste la necessità dell'apposita procura *ad litem*." (100).

Ora, se è da presumersi che la procura alle liti, salvo indicazione contraria, comprenda il potere di proporre motivi aggiunti e il ricorso incidentale, *a fortiori* deve ritenersi che la stessa sia comprensiva anche del potere di tutelare la parte nella fase cautelare.

(98) Cfr. G. DE MARZO-G. MISSERINI, *La tutela cautelare e sommaria dinanzi ai giudici amministrativi*, Cedam, 2004, 70.

(99) Cfr. Tar Campania, Sez. IV, 22 ottobre 2009, n. 6179, in *Banca dati De Jure*, Giuffrè.

(100) Cfr. Tar Lazio, Sez. II, 2 aprile 2008, n. 2815, in *Foro Amm., TAR*, 2008, 4, 1025.

6 LE MODALITÀ DI PROPOSIZIONE DELLA DOMANDA CAUTELARE. L'IMPROCEDIBILITÀ

La disciplina relativa alle modalità di proposizione della domanda cautelare, prima contenuta nell'art. 36, r.d. 17 agosto 1907, n. 642 ("1. Le domande di sospensione della esecuzione dell'atto amministrativo, qualora non siano proposte nel ricorso, devono farsi mediante istanza diretta alla sezione giurisdizionale, a cui fu presentato il ricorso, notificata agli interessati ed all'amministrazione e depositata nella segreteria. 2. L'amministrazione e le parti interessate possono, entro dieci giorni dalla notifica, depositare e trasmettere memorie od istanze alla segreteria. 3. Il Presidente può abbreviare il termine. 4. Su tali domande la sezione pronuncia nella prima udienza dopo spirato il termine. 5. La domanda di sospensione può essere presentata per la prima volta anche all'adunanza plenaria, la quale provvede o in linea preliminare o contemporaneamente alla decisione della questione di competenza") (101) — ora non più vigente perché abrogato dall'art. 4, comma 1, n. 2, dell'Allegato IV, al Codice del processo amministrativo —, la si ritrova nei commi 3 e seguenti dell'art. 55 del Codice.

Il comma 3, senza innovare rispetto al passato, precisa che **l'istanza cautelare può essere proposta con il ricorso con il quale si adisce l'autorità giurisdizionale, ma anche successivamente, con separato ricorso**.

Nel primo caso, il ricorso (contenente l'istanza) andrà notificato all'amministrazione resistente e ai controinteressati, o almeno, *ex* art. 41, comma 2, Codice del processo amministrativo, ad uno di questi a pena di improcedibilità del ricorso medesimo e, conseguentemente, della domanda cautelare in esso contenuta.

La domanda cautelare, infatti, facendo parte del corpo del ricorso nel quale è contenuta, seguirà le medesime regole previste per la proposizione del ricorso. Al di fuori del caso in cui ci si trovi nelle condizioni per accedere alla tutela cautelare *ante causam* di cui all'art. 61, Codice del processo amministrativo (si rinvia al Capitolo VIII) sarà pertanto "inammissibile il ricorso che chiede direttamente la sospensione dell'atto impugnato" — o altra idonea misura cautelare — "indipendentemente dalla domanda di annullamento del medesimo" — o più generalmente di me-

(101) Cfr. art. 36, r.d., 17 agosto 1907, n. 642, in *Gazz. Uff.*, 25 settembre 1907, n. 227. La legge è stata abrogata dall'art. 4, comma 1, n. 2, Allegato IV al Codice del processo amministrativo.

rito — "e che non deduce alcun vizio ... ma si limita ad evidenziare i danni derivanti dall'esecuzione del provvedimento, non essendo consentito chiedere la sospensione di un atto amministrativo al di fuori dell'ordinario processo di impugnazione" (102).

Nel secondo caso, invece, l'istanza cautelare andrà notificata alle parti già intimate nonché a quelle che si siano comunque costituite in giudizio (103), in conformità alle regole relative alle notificazioni effettuate nel corso del processo, ovvero nel domicilio eletto del difensore che rappresenta la parte. Ciò ai sensi dell'art. 170 c.p.c. da ritenersi pienamente applicabile in forza di quanto disposto dall'art. 39, comma 2 Codice del processo amministrativo: "Le notificazioni degli atti del processo amministrativo sono comunque disciplinate dal codice di procedura civile e dalle leggi speciali concernenti la notificazione degli atti giudiziari in materia civile".

In caso di difformità tra l'originale e la copia notificata, pare si debba dare prevalenza a quest'ultima, cosicché la domanda cautelare dovrà ritenersi validamente proposta anche se, per sorte, non sia stata inserita nell'originale dell'atto ma solo nelle copie notificate: "La cancellazione della dicitura 'previo accoglimento della domanda cautelare' dall'originale depositato del ricorso, presente invece nella copia notificata alla controparte, non comporta alcun mutamento della domanda rispetto alla quale la parte avversa ha modo di controdedurre e difendersi." (104).

Per quanto concerne le **modalità di formulazione della domanda cautelare**, mentre ai fini del *fumus boni iuris* sarà sufficiente richiamarsi ai motivi di doglianza sollevati nel ricorso principale, ai fini del *periculum in mora*, invece, sarà necessario indicare le ragioni del grave ed irreparabile pregiudizio di cui all'art. 55, comma 1, Codice del processo amministrativo.

Il ricorso contenente la domanda cautelare, oppure la sola domanda cautelare ove proposta separatamente e successivamente alla proposizione del ricorso, andranno poi depositati (con la prova dell'avvenuta loro regolare notifica) presso la Segreteria del Tribunale amministrativo.

Solo che mentre il **termine per il deposito** della domanda cautelare, nel primo caso, coincide necessariamente con quello del deposito del ri-

(102) Cfr. Tar Piemonte, 26 giugno 2002, n. 1292, in *Foro Amm., TAR*, 2002, 1878.

(103) Cfr. G. DE MARZO-G. MISSERINI, *La tutela cautelare e sommaria dinanzi ai giudici amministrativi*, Cedam, 2004, 71.

(104) Cfr. Tar Puglia, Sez. II, 21 agosto 2001, n. 3245, in *Banca dati De Jure*, Giuffrè.

corso, ovvero entro e non oltre 30 giorni "dal momento in cui l'ultima notificazione dell'atto stesso si è perfezionata anche per il destinatario" (cfr. art. 45, comma 1, Codice del processo amministrativo), nel secondo caso, invece, ciò non accade e continua a difettare, come prima dell'entrata in vigore del Codice, un'espressa disciplina al riguardo. Pare allora ragionevole la tesi, formatasi sotto la vigenza dell'art. 21, l. 6 dicembre 1971, n. 1034 (105), per cui deve ritenersi che, "anche in relazione alle istanze di sospensione proposte separatamente dal ricorso, trovi applicazione, per estensione analogica, il termine previsto per il deposito del ricorso in segreteria" (106), ovvero l'indicato termine, di cui all'art. 45, comma 1, Codice del processo amministrativo, di 30 giorni dal perfezionamento dell'ultima notifica.

Tribunale competente a ricevere la domanda cautelare sarà quello investito della cognizione del merito della controversia (si rinvia al Capitolo II, Paragrafo 4). L'incompetenza territoriale, è sempre rilevabile d'ufficio, anche in sede cautelare (cfr. art. 15, comma 5, Codice del processo amministrativo), con la conseguenza che il ricorrente dovrebbe essere scoraggiato dall'adire un Tribunale amministrativo, alla luce, magari, dei suoi precedenti favorevoli, pur sapendo non essere competente per il merito. Fenomeno, questo, noto come *forum shopping* o migrazione cautelare, a prevenire il quale il Legislatore ha, per l'appunto, introdotto il principio della rilevabilità d'ufficio del difetto di competenza (si rinvia al Capitolo II, Paragrafo 4).

Non sfuggirà, inoltre che, poiché la domanda cautelare può essere proposta separatamente e successivamente al ricorso principale, la stessa potrà essere contenuta anche in seno al ricorso per motivi aggiunti. La notifica e il suo deposito, seguirà dunque le regole per esso previste, ovvero, ai sensi dell'art. 43, Codice del processo amministrativo "la disciplina prevista per il ricorso" principale "ivi compresa quella relativa ai termini".

La domanda cautelare verrà quindi esaminata, ai sensi del comma 5, dell'art. 55, Codice del processo amministrativo, nella prima camera di consiglio utile "successiva al ventesimo giorno dal perfezionamento, an-

(105) Cfr. art. 21, l. 6 dicembre 1971, n. 1034, in *Gazz. Uff.*, 13 dicembre 1971, n. 314. La norma è stata abrogata dall'art. 4, comma 1, n. 10, Allegato IV al Codice del processo amministrativo.

(106) Cfr. A. ROMANO-R. VILLATA, *Commentario breve alla Leggi sulla giustizia amministrativa*, Cedam, 2009, 684. Per una differente tesi cfr. G. DE MARZO-G. MISSERINI, *La tutela cautelare e sommaria dinanzi ai giudici amministrativi*, Cedam, 2004, 71. Secondo gli Autori l'istanza potrebbe essere presentata e depositata in qualunque momento, con l'unico limite temporale dato del deposito della decisione.

che per il destinatario, dell'ultima notificazione e, altresì, al decimo giorno dal deposito del ricorso.".

Si tratta di un'importante innovazione rispetto al passato: in precedenza, infatti, *ex* art. 36, comma 4, r.d. n. 17 agosto 1907, n. 642 (107), la Camera di Consiglio veniva fissata il decimo giorno successivo alla notificazione dell'istanza cautelare per il cui deposito — necessario perché potesse dirsi perfezionata la corretta instaurazione del rapporto processuale (108) —, non era nemmeno previsto un espresso termine (salva la previsione della necessità del deposito del ricorso entro 30 giorni dall'ultima notifica, a pena di improcedibilità, *ex* art. 21, comma 2, l. 6 dicembre 1971, n. 1034 (109)), tant'è che la prassi presso i Tribunali Amministrativi divergeva.

Così, ad esempio, il Tribunale Amministrativo Regionale del Trentino Alto Adige, Sezione di Trento, richiedeva che il deposito della domanda cautelare avvenisse almeno otto giorni liberi prima dell'udienza di sospensiva (110).

Come dunque si può comprendere, con l'art. 55, comma 5, Codice del processo amministrativo, vengono allungati i termini dilatori tra notifica e udienza: non più dieci giorni liberi ma, bensì, venti giorni liberi. Inoltre, si stabilisce espressamente che la domanda cautelare debba essere depositata almeno dieci giorni liberi prima dell'udienza. L'allungamento dei termini, come rilevato da autorevole dottrina (111), risponde all'esigenza di garantire che le parti ed i Giudici giungano, all'udienza camerale, adeguatamente preparati; cosa che, in passato, non sempre era invece possibile a causa, per l'appunto, dei termini più ristretti previsti.

Due considerazioni allora si impongono: in primo luogo l'innovazione pare collegarsi alla circostanza per cui la fase cautelare è sovente in grado di soddisfare l'interesse sostanziale della lite e, per ciò, merita una più meditata decisione.

(107) Cfr. art. 36, comma 4, r.d. 17 agosto 1907, n. 642, in *Gazz. Uff.*, 25 settembre 1907, n. 227. La legge è stata abrogata dall'art. 4, comma 1, n. 2, Allegato IV al Codice del processo amministrativo.

(108) Cfr. L MAZZAROLLI-G. PERICU-A. ROMANO-F.A. ROVERSI MONACO-F.G. SCOCA, *Diritto Amministrativo*, II, Monduzzi, 1998, 1924.

(109) Cfr. art. 21, comma 2, l. 6 dicembre 1971, n. 1034 in *Gazz. Uff.*, 13 dicembre 1971, n. 314.

(110) Cfr. lo schema riepilogativo per il deposito degli atti pubblicato nel sito del Tribunale amministrativo regionale per il Trentino Alto Adige, in *www.regione.taa.it/tar.tn.it/Index_urp.htm*.

(111) Così si è espressa M.A. SANDULLI nel corso del Convegno "*Nuovo Processo Amministrativo*", tenutosi in Belluno, il 12 marzo 2010.

In secondo luogo, questa maggiore meditazione che precede la decisione sull'istanza cautelare, renderà ancor meno probabile (non ovviamente impossibile) un esito del merito che sovverta quello cautelare.

Quanto alla **notifica del ricorso contenente la domanda cautelare (o comunque di quest'ultima, ove separata dal primo)**, viene poi introdotta una notevole semplificazione che, in realtà, si era già consolidata nella prassi dei Tribunali amministrativi più virtuosi. Quando la notifica viene chiesta a mezzo del servizio postale può accadere che la cartolina di ricevimento tardi a tornare al mittente che, nel frattempo, ha provveduto a depositare l'atto presso la Segreteria del Tribunale amministrativo ma che, senza la prova dell'avvenuta notifica (data per l'appunto dall'indicata cartolina), si vede rifiutare la fissazione dell'udienza camerale.

Si prevede allora che la data di perfezionamento della notifica, ove la cartolina di avvenuta ricezione dell'atto non sia ancora tornata al mittente, possa essere provata "producendo copia dell'attestazione di consegna del servizio di monitoraggio della corrispondenza nel sito internet delle poste" (art. 55, comma 6, Codice del processo amministrativo), fatta sempre salva la possibilità di fornire (da parte del soggetto intimato) "la prova contraria".

Sarà dunque sufficiente collegarsi al sito delle Poste Italiane (www.poste.it), accedere al servizio "dovequando", così da rintracciare — attraverso il numero della raccomandata e la data di spedizione — l'atto spedito, per poi stampare la relativa attestazione di avvenuta consegna e depositarla in atti.

In merito a tale semplificazione, *nulla questio* ove ci si avvalga dello strumento della notifica diretta (l. 21 gennaio 1994, n. 53 (112)). In caso contrario, invece, ovvero ove si opti per la notifica a mezzo degli Ufficiali giudiziari, sarà necessaria la massima collaborazione da parte di questi. Allo stato, infatti, gli Ufficiali giudiziari (per evidenti problemi di organico) solo eccezionalmente e, comunque solo dopo parecchi giorni, sono in grado di comunicare ai legali i numeri delle raccomandate impiegate per la spedizione. Tale 'servizio', affinché la semplificazione di cui al comma 6, art. 55, Codice del processo amministrativo, possa essere utilmente impiegata, dovrà quindi passare da eccezionale ad ordinario.

(112) Cfr. l. 21 gennaio 1994, n. 53, in *Gazz. Uff.*, 26 gennaio 1994, n. 20. Tale legge, come senz'altro noto, attribuisce all'avvocato la facoltà di procedere direttamente alla notifica di atti civili, amministrativi e stragiudiziali.

Le parti avranno quindi la possibilità di produrre in giudizio **memorie e documenti** sino a due giorni liberi prima dell'udienza cautelare, mentre solo per "gravi ed eccezionali ragioni" il Collegio potrà "autorizzare", in sede di udienza camerale, "la produzione... di documenti, con consegna di copia alle altre parti fino all'inizio di discussione" (cfr. art. 55, comma 8, Codice del processo amministrativo).

Anche in questo caso le novità rispetto alla previgente disciplina sono rilevanti:

— il termine, per il deposito di memorie e documenti (113), passa da dieci giorni dall'avvenuta ricezione della domanda cautelare, di cui all'art. 36, comma 2 r.d. 17 agosto 1907, n. 642 (il termine non era peraltro perentorio) (114), a due giorni liberi prima dell'udienza di sospensiva;

— non è più possibile depositare nuovi documenti in sede di udienza cautelare (115), salvo il potere del Collegio di autorizzare tale produzione in presenza di gravi ed eccezionali ragioni, da ravvisare, probabilmente, nella sopravvenienza del documento, ovvero nell'impossibilità di produrlo prima (perché l'amministrazione non lo ha reso utilmente disponibile, perché se ne ignorava l'esistenza ecc.) Nel caso, la parte che chiede di produrre il documento in udienza, avrà cura di averne fatte tante copie quante sono le controparti, oltre, ovviamente, alle copie da depositare in giudizio.

Il termine per il deposito di memorie e documenti sopra ricordato deve però ritenersi applicabile solo alle parti che si sono già costituite in giudizio, in quanto **viene comunque fatta salva la possibilità di costituirsi anche in sede di camera di consiglio** (cfr. art. 55, comma 7, codice del processo amministrativo).

Volendo dunque tentare di coordinare il comma 5 e il comma 7 del più volte citato art. 55 Codice del processo Amministrativo, si dovrebbe dire che la parte che si costituisce in giudizio prima dell'udienza camerale, ha il vantaggio che i propri atti saranno esaminati dal Collegio, ma lo svantaggio di non poter, di regola, più produrre alcunché all'u-

(113) Si ricorda che la produzione di atti in sede cautelare determina la conoscenza legale degli stessi e, pertanto, fa decorre il termine per l'eventuale proposizione dei motivi aggiunti. In tal senso cfr. Tar Veneto, Sez. I, 20 gennaio 2003, in *Foro Amm., TAR*, 2003, 30: "*La produzione di un atto lesivo, in sede di udienza camerale cautelare, alla presenza del difensore del ricorrente, fa decorrere per quest'ultimo il termine per proporre motivi aggiunti.*".

(114) Termine già previsto dall'art. 36, comma 2, r.d. 17 agosto 1907, n. 642, in *Gazz. Uff.*, 25 settembre 1907, n. 227. La legge è stata abrogata dall'art. 4, comma 1, n. 2, Allegato IV al Codice del processo amministrativo.

(115) Nella vigenza della precedente normativa per l'ammissibilità di tale produzione cfr. a titolo esemplificativo Tar Veneto, Sez. I, 20 gennaio 2003, n. 528, in *Foro Amm., TAR*, 2003, 30.

dienza [116]. La parte che, invece, si costituisce in udienza, ha il vantaggio di non incorrere in alcuna preclusione, ma lo svantaggio (che pare importante) per cui le proprie deduzioni verranno sentite dal Collegio (e dalle altre parti), per la prima volta, proprio in sede di udienza.

La norma sembra allora accogliere una prassi che si era formata presso alcuni tribunali e che viene efficacemente descritta da Gaetano Trotta "Quando ero al TAR Veneto, vi era una prassi... che veniva rispettata da tutti gli Avvocati ed era condivisa: l'ultimo giorno prima della Camera di consiglio non si depositavano scritti difensivi né si producevano documenti se non in relazione a limitatissime e comprensibili ipotesi... Mi sono arrogato il potere, una volta divenuto Presidente titolare della IV Sezione" del Consiglio di Stato "di fare un decreto... recante la prescrizione che l'ultimo giorno prima della Camera di consiglio prevista per le istanze cautelari, nella Segreteria della IV Sezione, non si possono depositare, tranne casi tassativamente ma ragionevolmente indicati, né documenti né tantomeno memorie...". Si tratta di "una raccomandazione che mi sento di poter rivolgere ai codificatori, sia per tutelare, nel processo cautelare, un effettivo contraddittorio delle parti su tutte le deduzioni, anche quelle dell'ultima ora, sia per assicurare un ordinato svolgimento di tale processo e una approfondita valutazione degli scritti difensivi da parte del Collegio giudicante" [117].

Rimane invece fermo il principio per cui **non è richiesto l'avviso della data della camera di consiglio se essa coincide con quella stabilita *ex lege***, ovvero, come detto, con la prima camera di consiglio utile successiva allo scadere del termine di venti giorni dal perfezionamento dell'ultima notifica dell'istanza e di dieci giorni dal suo deposito: "Non è richiesto l'avviso della data della camera di consiglio se essa coincide con quella stabilita '*ex lege*'... sempre naturalmente che in detto torno di tempo si sia provveduto al deposito del ricorso; pertanto, ove il processo segua lo sviluppo stabilito dalla legge non occorre la previa comunicazione formale al difensore della data di trattazione dell'incidente cautelare, essendo tale data accertabile dalle parti o facilmente conoscibile." [118].

[116] Svantaggio peraltro minimo visto che, sino a due liberi giorni prima dell'udienza, si possono depositare memorie e produrre documenti.

[117] Cfr. G. TROTTA, *Il codice e il giudice amministrativo: altri spunti*, in G. PELLEGRINO (a cura di), *Verso il codice del processo amministrativo*, Nel diritto editore, 2010, 189.

[118] Nel vigore del r.d. 17 agosto 1907, n. 642, in *Gazz. Uff.*, 25 settembre 1907, n. 227, cfr. Cons. Stato, Sez. VI, 30 dicembre 2002, n. 8252, in *Foro Amm., CDS*, 2002, 3254.

In caso contrario, invece, tale avviso si renderà indispensabile ("Nel giudizio cautelare la garanzia del diritto dei difensori di essere sentiti in camera di consiglio impone la previa comunicazione della data della stessa — nell'ipotesi in cui il procedimento non segua le fasi fissate dalla legge — anche attraverso l'uso di mezzi alternativi (telefono, telegrafo) rispetto a quelli tradizionali") (119), pena, altrimenti, la possibilità di ottenere l'annullamento dell'ordinanza adottata senza il rispetto di tale preventiva comunicazione, venendo compromesso uno dei poteri che competono ai difensori delle parti, ovvero quello, *ex* art. 55, comma 7 Codice del processo amministrativo, corrispondente all'abrogato (120) art. 21, comma 8, ultima parte, l. 6 dicembre 1971, n. 1034 (121), di essere sentiti, "ove ne facciano richiesta": "Il Consiglio di Stato deve annullare con rinvio l'ordinanza con la quale il tribunale amministrativo regionale abbia rigettato l'istanza di sospensione del provvedimento impugnato, in una riunione in camera di consiglio tenutasi dopo vario tempo dalla notificazione di essa, la cui data non sia stata ritualmente comunicata al ricorrente che aveva chiesto di essere sentito personalmente." (122).

Come emerge dal tenore della disposizione, **la discussione orale è una facoltà** di cui i legali potrebbero anche non avvalersi (sebbene, nella pratica, sia assai raro che accada), senza che ciò impedisca che l'istanza cautelare venga egualmente decisa. Anzi, si ricorda che la mancata comparizione del difensore all'udienza camerale non è stata ritenuta ostativa neppure all'adozione di una decisione in forma semplificata: "La mancata comparizione del difensore di parte ricorrente alla camera di consiglio non determina l'impossibilità di adottare comunque una sentenza in forma semplificata... e anzi tale mancata comparizione può far ritenere che questo, sia pure per *facta concludentia*, abbia preventivamente accettato la possibilità di una definizione immediata del giudizio." (123).

L'art. 55, comma 7, del Codice del Processo Amministrativo precisa che la **trattazione, oltre a svolgersi oralmente, deve essere sintetica**, e, pertanto, si ritiene, dovrà concentrarsi solo su eventuali argomentazioni

(119) Cfr. Cons. Stato, Ad. Pl., 20 febbraio 1985, n. 2, in *Dir. Proc. Amm.*, 1985, 591.

(120) L'abrogazione è stata operata dall'art. 4, comma 1, n. 10, dell'Allegato IV al Codice del processo amministrativo.

(121) Cfr. art. 21, comma 8, l. 6 dicembre 1971, n. 1034, in *Gazz. Uff.*, 13 dicembre 1971, n. 314.La norma è stata abrogata dall'art. 4, comma 1, n. 10, Allegato IV al Codice del processo amministrativo.

(122) Cfr. Cons. Stato, Ad. Pl., 20 febbraio 1985, n. 2, in *Dir. Proc. Amm.*, 1985, 591.

(123) Cfr. Tar Lombardia, Sez. III, 27 ottobre 2009, n. 4915, in *Banca dati de Jure*, Giuffrè. In senso conforme Cons. Stato, Sez. IV, 11 aprile 2007, n. 1653, in *Foro Amm., CDS*, 2007, 4, 1200.

non trattate negli atti anch'essi, peraltro, soggetti alla regola della sinteticità, oltreché della chiarezza, come espressamente previsto dall'art. 3 Codice del processo amministrativo: "Il giudice e le parti redigono gli atti in maniera chiara e sintetica".

Va evidenziato, inoltre, che **la richiesta**, da parte dei difensori, **di essere sentiti in camera di consiglio, non è soggetta a particolari formalità**. Nella prassi, nel giorno stabilito per la camera di consiglio, viene effettuato una sorta di appello preliminare (c.d. 'preliminari'), ovvero vengano chiamate, da parte del Segretario, alla presenza del Collegio, le singole cause, di modo che i difensori delle parti possano dare atto della loro presenza e chiedere, in quell'occasione, di essere eventualmente sentiti.

Nelle c.d. preliminari i difensori possono anche evidenziare la connessione esistente tra diverse cause chiedendo che vengano 'chiamate' assieme.

Successivamente, si svolgono quindi le singole udienze, a porte chiuse, secondo il nuovo ordine di ruolo che dovesse emergere all'esito di tali 'preliminari'.

Va precisato che la mancata richiesta di discussione in sede di preliminari, non impedisce comunque al difensore di essere egualmente sentito ove faccia presente la circostanza prima che, ovviamente, termini, per quel giorno, l'attività del Collegio.

Si rammenta, inoltre, come sia buona regola, terminata la discussione in camera di consiglio, attendere fuori dall'aula sino alla chiamata di una nuova causa. Il Collegio, infatti, dopo che le parti sono uscite, e confrontatosi sulla questione, potrebbe aver necessità di taluni chiarimenti e, pertanto, potrebbe richiamare nuovamente i difensori.

Va poi sottolineato come, **affinché la domanda cautelare sia procedibile**, **è necessario** che, unitamente all'atto contenente la stessa, **venga depositata** presso la Segreteria del Tribunale Amministrativo anche **l'istanza di fissazione dell'udienza di merito**, ad eccezione dell'ipotesi in cui questa debba essere fissata in via officiosa (cfr. art. 55, comma 4, Codice del processo Amministrativo: "La domanda cautelare è improcedibile finché non è presentata l'istanza di fissazione dell'udienza di merito, salvo che essa debba essere fissata d'ufficio").

Nella prassi, ciò già accadeva. Sebbene, infatti, non esistesse una norma di legge che condizionava la procedibilità della richiesta cautelare al preventivo deposito dell'istanza di fissazione dell'udienza di merito, molti Tribunali Amministrativi non fissavano l'udienza camerale in assenza di detta istanza (124); ciò ad evitare che il ricorrente si potesse 'cullare' sul provvedimento cautelare ottenuto e non ponesse in essere tempestivamente l'adempimento senza il quale non poteva essere fissata l'udienza di trattazione del merito.

Ora, invece, con l'entrata in vigore del Codice del processo amministrativo, tale incombente si rende di norma necessario: senza il deposito dell'istanza di fissazione dell'udienza di merito, infatti, la domanda cautelare non potrà essere trattata. Cosa che evidenzia il forte nesso di strumentalità della misura cautelare (si rinvia al Capitolo II, Paragrafo 2).

Si ricorda, peraltro, che "Nel processo amministrativo la fase cautelare è autonoma e distinta rispetto al giudizio di impugnazione e non è idonea ad esplicare effetti sul rapporto processuale principale; deve quindi escludersi che la fissazione della camera di consiglio per la discussione della richiesta di sospensiva, e la relativa decisione, possano consumare la domanda di fissazione d'udienza presentata per la discussione della causa nel merito, essendo al contrario necessaria la presentazione di una nuova istanza onde evitare che il ricorso vada in perenzione." (125).

Tornando all'*iter* attraverso cui si snoda il procedimento cautelare, va evidenziato come prima dell'esame della domanda cautelare si dovrà verificare **l'integrità del contraddittorio** che potrà dirsi correttamente costituito, ai sensi dell'art. 27, comma 1, Codice del processo amministrativo "quando l'atto introduttivo è notificato all'amministrazione resistente e, ove esistenti, ai controinteressati".

Mentre dunque, ai sensi dell'art. 41, comma 2 Codice del processo amministrativo, il ricorso, e l'eventuale domanda cautelare in esso contenuta, per essere procedibile, deve essere stato notificato all'amministrazione resistente **e ad almeno uno** dei controinteressati, il rispetto del principio del contraddittorio richiede, invece, che siano stati evocati in giudizio **tutti i controinteressati**.

(124) Tale prassi risulta peraltro nota al Consiglio di Stato: "*... Pertanto, l'eventuale accoglimento di una domanda cautelare non è di per sé prova idonea a dimostrare l'esistenza di un'istanza di fissazione dell'udienza, atteso che solo la prassi di alcuni uffici giudiziari, peraltro sempre modificabile e non in grado di assicurare alcuna certezza circa la sua osservanza, stabilisce la presentazione di detta istanza prima della trattazione della domanda di sospensione.*" (cfr. Cons. Stato, Sez. V, 17 marzo 1998, n. 294, in *Foro Amm.*, 1998, 712). In senso contrario a tale prassi si è pronunziato Tar Puglia, Sez. III, 19 maggio 2008, n. 1404, in Foro. It, 2009, 5, 262: "*La domanda cautelare, sino a quando non sia decisa, esonera il ricorrente dall'onere di presentare l'istanza di fissazione d'udienza*". Nello stesso senso cfr. anche Cons. Stato, Sez. IV, 7 maggio 2004, n. 2845, in *Foro Amm., CDS*, 2004, 1361 "*L'esistenza di una fase cautelare, che notoriamente non richiede una previa istanza di fissazione, non impedisce il decorso del termine per la perenzione.*".

(125) Cfr. Cons. Stato, Sez. IV, 19 maggio 2010, n. 3165, in *Banca dati De Jure*, Giuffrè.

Ove, allora, venga rilevato un difetto di contraddittorio, il Giudice ne ordinerà l'integrazione in un termine perentorio (ai sensi dell'art. 51, comma 1, Codice del processo amministrativo, infatti, "I termini assegnati dal Giudice, salva diversa previsione, sono perentori"), a pena di estinzione del procedimento (126), con conseguente rinvio della data dell'udienza camerale. Nelle more, potrà comunque adottare, *ex* art. 27, comma 2, Codice del processo amministrativo, dei "provvedimenti cautelari interinali" destinati ad essere confermati, revocati o modificati alla successiva udienza.

Ciò deriva da quanto espressamente previsto dall'art. 55, comma 12, Codice del processo amministrativo: "In sede di esame della domanda cautelare il collegio adotta, su istanza di parte, i provvedimenti necessari per assicurare la completezza... del contraddittorio".

La norma pone tuttavia un problema. Dalla lettura della stessa, infatti, sembra che l'integrazione del contraddittorio, in sede cautelare, possa essere disposta solo "su istanza di parte", mentre la giurisprudenza ha sino ad ora ritenuto che il relativo difetto, con i conseguenziali provvedimenti, fosse rilevabile anche *ex officio* (127). Così si è espressa l'Adunanza Plenaria del Consiglio di Stato "Nel giudizio amministrativo l'incompletezza del contraddittorio è sempre rilevabile anche d'ufficio...".

Lo stesso problema si ripete anche per l'istruttoria, visto che il citato art. 55, comma 12, Codice del processo amministrativo, dispone che in sede di esame della domanda cautelare il Collegio possa adottare "su istanza di parte, i provvedimenti necessari per assicurare la completezza dell'istruttoria...".

La norma fa evidentemente riferimento a quegli **atti di istruzione** che si rendano necessari "per la formulazione del giudizio, sia pur sommario, sui fatti controversi, con modalità di acquisizione e di assunzione eventualmente più snelle di quelle previste per l'ordinario processo a cognizione piena, purché nel rispetto del contraddittorio" (128). Anche in questo caso, come per l'integrità del contraddittorio, si tratta di compren-

(126) Cfr., sotto il vigore dell'art. 21, l. 6 dicembre 1971, n. 1034, in *Gazz. Uff.*, 13 dicembre 1971, n. 314, Cons. Stato, Sez. V, 17 settembre 2008, n. 4400, in *Banca dati De Jure*, Giuffrè: *"L'accertamento dell'incompletezza del contraddittorio e lo spirare, in prime cure, del termine perentorio per la sua integrazione danno luogo a una causa estintiva del giudizio di primo grado..."* La norma è stata abrogata dall'art. 4, comma 1, n. 10, Allegato IV al Codice del processo amministrativo.

(127) Cfr. Cons. Stato, Ad. Pl., 17 ottobre 1994, n. 10, in *Gius. Civ.*, 1994, I, 3353.

(128) Cfr. S. MENCHINI in (a cura di R. SANCHINI), *La tutela cautelare nel processo amministrativo*, Giuffrè, 2006, 102.

dere se sussista un potere officioso del Collegio, oppure se il tutto sia rimesso all'iniziativa delle parti, come suggerirebbe la lettera della norma.

Quanto ai **mezzi istruttori impiegabili** nelle fase cautelare, va precisato che gli stessi sono i medesimi della fase di merito.

Inoltre, con l'entrata in vigore del Codice del processo amministrativo, è scomparso il distinguo per cui l'ampiezza dei poteri istruttori variava a seconda ci si trovasse nell'ambito della giurisdizione di legittimità, esclusiva o di merito.

Si ricorda, infatti, che, ai sensi dell'art. 44, comma 1, r.d. 26 giugno 1924, n. 1054 ("Se la sezione, a cui è stato rimesso il ricorso riconosce che l'istruzione dell'affare è incompleta, o che i fatti affermati nell'atto o provvedimento impugnato sono in contraddizione coi documenti, può richiedere all'amministrazione interessata nuovi schiarimenti o documenti: ovvero ordinare all'amministrazione medesima di fare nuove verificazioni, autorizzando le parti ad assistervi ed anche a produrre determinati documenti, ovvero disporre consulenza tecnica.") (129), nei giudizi appartenenti alla giurisdizione generale di legittimità, in sede cautelare o di giudizio di merito, il Collegio poteva richiedere all'amministrazione chiarimenti o documenti. Inoltre, poteva ordinare alla stessa di effettuare nuove verificazioni, ovvero disporre consulenza tecnica.

Nell'ambito della giurisdizione esclusiva, *ex* art. 35, comma 3, d.lgs. 31 marzo 1998, n. 80 ("Il giudice amministrativo, nelle controversie di cui al comma 1, può disporre l'assunzione dei mezzi di prova previsti dal codice di procedura civile, nonché della consulenza tecnica d'ufficio, esclusi l'interrogatorio formale e il giuramento. L'assunzione dei mezzi di prova e l'espletamento della consulenza tecnica d'ufficio sono disciplinati, ove occorra, nel regolamento di cui al regio decreto 17 agosto 1907, n. 642, tenendo conto della specificità del processo") (130) e, analogamente, nelle controversie rientranti nella giurisdizione di merito, *ex* art. 44, comma 2, r.d. 26 giugno 1924, n. 1054 ("Nei giudizi di merito il Consiglio di Stato può inoltre ordinare qualunque altro mezzo istruttorio, nei modi determinati dal regolamento di procedura") (131), il Collegio poteva disporre anche gli altri mezzi di prova previsti dal codice di proce-

(129) Cfr. art. 44, comma 1, r.d. 26 giugno 1924, n. 1054, in *Gazz. Uff.*, 7 luglio 1924, n. 158. La norma è stata abrogata dall'art. 4, comma 1, n. 4, Allegato IV al Codice del processo amministrativo.

(130) Cfr. art. 35, comma 3, d.lgs. 31 marzo 1998, n. 80, in *Gazz. Uff.*, 8 aprile 1998, n. 82.

(131) Cfr. art. 44, comma 2, r.d. 26 giugno 1924, n. 1054, in *Gazz. Uff.*, 7 luglio 1924, n. 158. La norma è stata abrogata dall'art. 4, comma 1, n. 4, Allegato IV al Codice del processo amministrativo.

dura civile con esclusione, tuttavia, dell'interrogatorio formale e del giuramento (132). Tali ultimi mezzi di prova sono infatti sempre stati considerati inammissibili nel processo amministrativo, "ciò perché le situazioni soggettive riscontrabili nel processo amministrativo, stante l'istituzionale raccordo con l'interesse pubblico e l'esercizio della pubblica potestà, non sono mai disponibili nel senso cui ciò è richiesto dalle norme processuali civilistiche per l'esperibilità di detti strumenti probatori".

L'ammissibilità della testimonianza, nell'ambito della giurisdizione esclusiva era peraltro controversa, nonostante il rinvio operato dal citato art. 35 comma 3, d.lgs. 31 marzo 1998, n. 80 (133), alle norme del codice di rito.

In senso negativo si era espressa una parte della giurisprudenza: "Anche se l'art. 35 d.lg. 31 marzo 1998 n. 80, esclude dai mezzi di prova ammessi in sede di giurisdizione esclusiva del giudice amministrativo solo l'interrogatorio formale ed il giuramento, la prova per testimoni resta inapplicabile al processo amministrativo, anche se resa per iscritto, perché formata senza le garanzie del contraddittorio imposte dal codice di procedura civile." (134). In senso contrario, altra parte: "Nel giudizio amministrativo di legittimità non è ammessa la prova testimoniale (esperibile solo i sede di giurisdizione esclusiva ai sensi dell'art. 35 d.lg. 31 marzo 1998 n. 80, come modificato dall'art. 7 l. n. 205 del 2000), ed a maggior ragione è inammissibile la testimonianza scritta, formata senza le garanzie del contraddittorio imposte dal codice di procedura civile." (135).

Ora, invece, **la possibilità di avvalersi di tutti i mezzi istruttori previsti dal codice di procedura civile — fatta eccezione per l'interrogatorio formale e il giuramento, a prescindere dalla circostanza che la giurisdizione sia di legittimità, ovvero esclusiva** (cfr. art. 133, Codice del processo amministrativo) **o di merito** (cfr. art. 134, Codice del processo amministrativo), deriva dall'art. 63, Codice del processo amministrativo, applicabile tanto alla fase cautelare, quanto a quella di merito: "1. Fermo restando l'onere della prova a loro carico, il giudice può chiedere alle parti anche d'ufficio chiarimenti o documenti. 2. Il giudice, anche d'ufficio, può ordinare anche a terzi di esibire in giudizio i documenti

(132) Cfr. L. MAZZAROLLI-G. PERICU-A. ROMANO-F.A. ROVERSI MONACO-F.G. SCOCA, *Diritto Amministrativo*, II, Monduzzi, 1998, 1958.

(133) Cfr. art. 35, comma 3, d.lgs. 31 marzo 1998, n. 80, in *Gazz. Uff.*, 8 aprile 1998, n. 82.

(134) Cfr. Cons. Stato, Sez. V, 24 marzo 2006, n. 1534, in *Foro Amm. CDS*, 2006, 3, 886.

(135) Cfr. Cons. Stato, Sez. IV, 10 giugno 2004, n. 3772, in *Foro Amm., CDS*, 2004, 1669; Tar Puglia, Sez. II, 7 febbraio 2007, n. 328, in *Banca dati de Jure*, Giuffrè.

o quanto altro ritenga necessario, secondo il disposto degli articoli 210 e seguenti del codice di procedura civile; può altresì disporre l'ispezione ai sensi dell'articolo 118 dello stesso codice. 3. Su istanza di parte il giudice può ammettere la prova testimoniale, che è sempre assunta in forma scritta ai sensi del codice di procedura civile. 4. Qualora reputi necessario l'accertamento di fatti o l'acquisizione di valutazioni che richiedono particolari competenze tecniche, il giudice può ordinare l'esecuzione di una verificazione ovvero, se indispensabile, può disporre una consulenza tecnica. 5. Il giudice può disporre anche l'assunzione degli altri mezzi di prova previsti dal codice di procedura civile, esclusi l'interrogatorio formale e il giuramento".

Resta fermo che, in fase cautelare, **l'ampiezza dell'indagine probatoria** sarà minore rispetto a quella propria della fase di merito. Ciò in considerazione "della diversa cognizione esercitata dai due tipi di Giudice: sommaria, per il primo, piena per il secondo" (136).

Va infine ricordato, sebbene l'argomento esuli dalla presente trattazione, che in caso di **mancata ottemperanza all'ordinanza istruttoria**, in assenza di una specifica disciplina, si ripropone il problema:

— se il Giudice possa procedere alla nomina di un Commissario *ad acta*, che provveda in luogo dell'amministrazione: "A fronte dell'inosservanza da parte dell'amministrazione di una ordinanza istruttoria volta al deposito di documenti necessari ai fini della decisione, il giudice amministrativo, applicando analogicamente le norme e i principi vigenti in materia di giudizio di ottemperanza, può disporre che, in caso di mancato deposito di detti atti nel nuovo termine prefissato (nel caso di specie 60 giorni), provveda all'incombente un commissario *ad acta*, il cui insediamento esautora dalle normali attribuzioni gli organi dell'ente inottemperante, a cui non è più consentita da tale momento l'esecuzione dell'attività istruttoria. Spetta altresì al giudice amministrativo il potere di segnalare l'inerzia serbata dalla p.a. alla Corte dei conti ed alla Procura della Repubblica." (137);

— ovvero se possa, ai sensi dell'art. 116 c.p.c., trarre degli argomenti di prova dal contegno della parte che si è rifiutata di adempiere all'ordine istruttorio: "La mancata ottemperanza ad un'ordinanza istruttoria e la mancata costituzione in giudizio dell'Amministrazione intimata per resi-

(136) Cfr. G. DE MARZO-G. MISSERINI, *La tutela cautelare e sommaria dinanzi ai giudici amministrativi*, Cedam, 2004, 95.

(137) Cfr. Tar Sicilia, Sez. III, 1 aprile 1997, n. 583, in *Foro Amm.*, 1998, 565.

stere alla pretesa attorea costituiscono elementi valutabili, ai sensi dell'art. 116 c.p.c., da parte del giudice amministrativo." (138).

7 IL REGIME DEL CONTRIBUTO UNIFICATO

Quanto al regime fiscale della domanda cautelare bisogna distinguere due ipotesi.

La prima relativa al caso in cui la domanda sia contenuta in seno al ricorso principale. In tale evenienza, si pagherà solo il contributo dovuto per il ricorso, la cui misura sarà determinata sulla base del T.U. delle Spese di Giustizia (d.p.r. 30 maggio 2002, n. 115 (139)), come da ultimo modificato dall'art. 2, comma 212, l. 23 dicembre 2009, n. 191 (legge finanziaria 2010) (140) e dall'art. 1, comma-*quinquiesdecies* del d.l. 30 dicembre 2009, n. 194 (decreto mille proroghe 2010) (141), convertito, con modificazioni, in l. 26 febbraio 2010, n. 25 (142) Di regola, per i ricorsi proposti avanti ai Tribunali Amministrativi Regionali e al Consiglio di Stato, il contributo unificato sarà pari ad **€ 500,00** (143).

Per le seguenti tipologie di ricorsi amministrativi (144) si applicheranno, invece, i seguenti importi di contributo unificato:

- **€ 250,00** per:

— ricorsi avverso il silenzio dell'amministrazione, già disciplinati dall'art. 21-*bis* della l. 6 dicembre 1971, n. 1034 (145) (abrogato dall'art. 4, comma 1, n. 10 dell'Allegato IV al Codice del processo amministrativo), ed ora dagli artt. 31 e 117 Codice del processo amministrativo;

— ricorsi in tema di accesso agli atti, disciplinati dall'art. 25, comma 5 della l. 7 agosto 1990, n. 241 (146), come sostituito dall'art. 3, comma 2, lett. *c*), dell'Allegato IV al Codice del processo amministrativo (147), e dall'art. 116 Codice del processo amministrativo;

(138) Cfr. Tar Campania, Sez. I, 28 maggio 2003, n. 6040, in *Foro Amm., TAR*, 2003, 1731.

(139) Cfr. d.p.r. 30 maggio 2002, n. 115, in *Gazz. Uff.*, 15 giugno 2002, n. 139.

(140) Cfr. l. 23 dicembre 2009, n. 191, in *Gazz. Uff.*, 30 dicembre 2009, n. 302.

(141) Cfr. d.l. 30 dicembre 2009, n. 194, in *Gazz. Uff.*, 20 dicembre 2009, n. 302.

(142) Cfr. l. 26 febbraio 2010, n. 25, in *Gazz. Uff.*, 27 febbraio 2010, n. 48.

(143) Cfr. art. 13, comma 6-*bis*, d.p.r. 30 maggio 2002, n. 115, in *Gazz. Uff.*, 15 giugno 2002, n. 139.

(144) Cfr. art. 13, comma 6-*bis*, d.p.r. 30 maggio 2002, n. 115, in *Gazz. Uff.*, 15 giugno 2002, n. 139.

(145) Cfr. l. 6 dicembre 1971, n. 1034 in *Gazz. Uff.*, 13 dicembre 1971, n. 314.

(146) Cfr. art. 25, comma 5, l. 7 agosto 1990, n. 241, in *Gazz. Uff.*, 18 agosto 1990, n. 192.

(147) Cfr. art. 3, comma 2, lett. *c*), dell'Allegato 4, al Codice del processo amministrativo: "*Le controversie relative all'accesso ai documenti amministrativi sono disciplinate dal codice del processo amministrativo.*".

— ricorsi aventi ad oggetto il diritto di cittadinanza, di residenza, di soggiorno e ingresso nel territorio dello Stato;

— ricorsi di esecuzione della sentenza o di ottemperanza del giudicato;

• **€ 1.000,00** per:

— i ricorsi già previsti dall'art. 23-*bis*, comma 1, l. 6 dicembre 1971, n. 1034 (148) (abrogato dall'art. 4, comma 1, n. 10 dell'Allegato IV al Codice del processo amministrativo), ed ora dall'art. 119 Codice del processo amministrativo, nonché da altre disposizioni che continuano a richiamare il citato art. 23-*bis* (si rinvia al Capitolo IX);

• **€ 2.000,00** per:

— per i ricorsi "in materia di procedure di affidamento di lavori, servizi e forniture, ivi compresi quelli per motivi aggiunti e quelli incidentali contenenti domande nuove, nonché di provvedimenti delle Autorità" (149), ovvero per quelli di cui agli art. 120 e ss. Codice del processo amministrativo (si rinvia al Capitolo X).

Il contributo unificato **non è invece dovuto** per i ricorsi previsti dall'art. 25 della l. 7 agosto 1990, n. 241 (150) avverso il diniego di accesso alle informazioni di cui al d.lgs. 19 agosto 2005, n. 195, di attuazione della dir. 2003/4/ce sull'accesso del pubblico all'informazione ambientale.

Nel secondo caso, invece, ossia quando la domanda sia proposta successivamente alla proposizione del ricorso principale, sarà dovuto il contributo unificato anche se nella misura della metà di quello previsto per il ricorso principale. Ciò ai sensi dell'art. 13, comma 3, d.p.r. 30 maggio 2002, n. 115 (151). L'art. 212, lett. *b)* punto 1, comma 12, l. 23 dicembre 2009, n. 191 (152), infatti, ha abrogato l'art. 10, comma 5, d.p.r. 30 maggio 2002, n. 115 che prevedeva l'esenzione dal pagamento: "Il contributo unificato non è dovuto per il processo cautelare attivato in corso di causa..." (153).

Si ricorda, peraltro, che "L'onere relativo al pagamento dei suddetti contributi è dovuto in ogni caso dalla parte soccombente, anche nel caso di compensazione giudiziale delle spese e anche se essa non si è costituita

(148) Cfr. art. 23-*bis*, l. 6 dicembre 1971, n. 1034, in *Gazz. Uff.*, 13 dicembre 1971, n. 314. La norma è stata abrogata dall'art. 4, comma 1, n. 10, Allegato IV al Codice del processo amministrativo.

(149) Cfr. art. 13, comma 6-*bis*, d.p.r. 30 maggio 2002, n. 115, in *Gazz. Uff.*, 15 giugno 2002, n. 139.

(150) Cfr. art. 25, l. 7 agosto 1990, n. 241, in *Gazz. Uff.*, 18 agosto 1990, n. 192.

(151) Cfr. art. 13, comma 3, d.p.r. 30 maggio 2002, n. 115, in *Gazz. Uff.*, 15 giugno 2002, n. 139.

(152) Cfr. art. 212, lett. *b)*, punto 1, comma 12, l. 23 dicembre 2009, n. 191, in Gazz,. Uff., 30 dicembre 2009, n. 302.

(153) Cfr. art. 10, comma 5, d.p.r. 30 maggio 2002, n. 115, in *Gazz. Uff.*, 15 giugno 2002, n. 139.

in giudizio. Ai fini predetti, la soccombenza si determina con il passaggio in giudicato della sentenza." (154). Per la misura del contributo unificato nell'ambito del procedimento cautelare *ante causam*, si rinvia al Capitolo VIII, Paragrafo 5.

8 IL CONTENUTO DELL'ORDINANZA CHE PRONUNCIA SULLA DOMANDA CAUTELARE E I SUOI EFFETTI

Come si è detto, il contenuto dell'ordinanza cautelare è caratterizzato da una forte atipicità, potendo il Giudice adottare tutte quelle misure che "appaiono, secondo le circostanze, più idonee ad assicurare interinalmente gli effetti della decisione sul ricorso" (cfr. art. 55, comma 1 Codice del processo amministrativo).

Al Paragrafo 2 del presente Capitolo si è così cercato di classificare le ordinanze cautelari a seconda del loro possibile contenuto. Ma al di là di ciò, l'ordinanza presenta (o meglio, dovrebbe presentare) un minimo comune denominatore, **dovendo motivare** "in ordine alla valutazione del pregiudizio allegato" ed indicare "i profili che, ad un sommario esame, inducono ad una ragionevole previsione sull'esito del ricorso" (cfr. art. 55, comma 9 Codice del processo amministrativo).

Il Codice del processo amministrativo, sul punto, riprende esattamente il contenuto dell'art. 21, comma 8, l. 6 dicembre 1971, n. 1034 (155), ora abrogato dall'art. 4, comma 1, n. 10, dell'Allegato IV al Codice.

Il tenore della disposizione è chiaro, ed emerge, quindi, come l'ordinanza debba dar conto sia della ritenuta o meno sussistenza del pregiudizio allegato dal richiedente, sia della fondatezza, anche se ad un sommario esame, dei motivi di doglianza sollevati.

La motivazione, dunque, sia pur ispirata al carattere della sinteticità, deve consentire di comprendere il ragionamento seguito dal Giudice. Può anche ammettersi, eventualmente, una motivazione *per relationem*, se il Giudice di secondo grado confermi l'ordinanza cautelare del Tribunale amministrativo regionale.

Non si può fare a meno di notare come una siffatta motivazione non fa che accrescere il ruolo, di cui si è detto anche in premessa al presente

(154) Cfr. art. 13, comma 6-*bis*, d.p.r. 30 maggio 2002, n. 115, in *Gazz. Uff.*, 15 giugno 2002, n. 139.

(155) Cfr. art. 21, comma 8, l. 6 dicembre 1971, n. 1034, in *Gazz. Uff.*, 13 dicembre 1971, n. 314. La norma è stata abrogata dall'art. 4, comma 1, n. 10, Allegato IV al Codice del processo amministrativo.

libro, della centralità del processo cautelare nell'ambito della decisione di una controversia.

Cosa che deve spingere il ricorrente, come del resto è sempre accaduto, ad indicare, sin dal momento della proposizione del ricorso introduttivo, tutti i motivi di ricorso, articolandoli nel modo più opportuno e completo possibile. In sede cautelare, infatti, il Giudice, pur nell'ambito di una delibazione sommaria, indicherà quei profili, tra quelli evidenziati dall'istante, che portano a ritenere che il ricorso avrà un certo esito.

Nella prassi, tuttavia, **la motivazione è talvolta assai scarna** e composta da delle formule standarizzate (ad es. "Rilevato che, quanto al *fumus boni juris* il ricorso, allo stato, non evidenzia l'illegittimità dei provvedimenti impugnati e che il danno non appare grave, tenuto conto degli interessi pubblici coinvolti... PQM... Il Tribunale respinge la domanda di misure cautelari") che impediscono di comprendere le ragioni che stanno alla base dell'adottato contenuto dell'ordinanza.

Inutile dire che tale prassi, oltre a scontrarsi con quanto prescritto dal citato art. 55, comma 9, Codice del processo amministrativo (ed in precedenza con l'art. 21, comma 8, l. 6 dicembre 1971, n. 1034 [156]), si pone in aperta violazione dell'art. 111, comma 6, Cost., per cui "Tutti i provvedimenti giurisdizionali devono essere motivati".

Non pare, tuttavia, **che il vizio sia censurabile attraverso il ricorso straordinario per Cassazione, *ex* art. 111, comma 7, Cost.**, nemmeno ove l'ordinanza sia stata adottata dal Consiglio di Stato: "*L'ordinanza con la quale il Consiglio di Stato si sia pronunciato, in sede di gravame, sulla sospensione dell'esecuzione dell'atto amministrativo impugnato non è impugnabile con il ricorso straordinario per cassazione* ex *art. 111 cost., rimedio, quest'ultimo, consentito soltanto avverso pronunce di contenuto decisorio (idonee, cioè, a incidere in via definitiva sulle posizioni dedotte in giudizio), mentre il predetto provvedimento investe una misura di tipo cautelare e provvisorio, senza pregiudizio alcuno per la risoluzione della controversia*" [157].

Il Consiglio di Stato, poi, ha avuto modo di precisare che **nell'ipotesi in cui l'ordinanza di primo grado sia priva di motivazione**, il Giudice di secondo grado non può procedere ad un annullamento del provvedi-

[156] Cfr. art. 21, comma 8, l. 6 dicembre 1971, n. 1034, in *Gazz. Uff.*, 13 dicembre 1971, n. 314. La norma è stata abrogata dall'art. 4, comma 1, n. 10, Allegato IV al Codice del processo amministrativo.

[157] Cfr. Cass. Civ., Sez. Un, 11 marzo 2004, n. 5052, in *Foro Amm., CDS*, 2004, 661. In senso conforme Cass. Civ., Sez. Un, 23 gennaio 2004, n. 1247, in *Foro Amm., CDS*, 2004, 90; Cass. Civ., Sez. Un, 12 aprile 1994, n. 3394, in *Gius. Civ.*, 1994, I, 1823.

mento con rinvio, potendo ben decidere sulla questione posta con l'istanza cautelare (158).

La circostanza che l'art. 55, comma 9, Codice del processo amministrativo, ribadisca come l'ordinanza cautelare debba contenere una motivazione che, sia pur succinta, indichi quei profili che inducono ad una ragionevole previsione circa l'esito del processo, fa tornare *in auge* una questione che era stata evidenziata da attenta dottrina ancora sotto la vigenza dell'art. 21, comma 8, l. 6 dicembre 1971, n. 1034 (159).

Se, infatti, il giudizio dato in sede cautelare è un giudizio 'approfondito', può predicarsi la compatibilità tra il Giudice che ha adottato il provvedimento cautelare e il Giudice che sarà chiamato a decidere il merito del ricorso?

In assenza di un'espressa disciplina legislativa, pare si debba dare risposta positiva al quesito, anche se il dubbio rimane. Invero "il convincimento meditato del giudice della fase cautelare, inteso non più come semplice momento di garanzia interinale al giudizio di merito, ma come un vero giudizio, anticipatorio, sempre di tipo prognostico, spesso di tipo novativo della fattispecie sottoposta al suo esame, non sembra reggere a quella esigenze di imparzialità, intesa come libera ed autonoma disponibilità ad una diversa valutazione, nella fase di merito, della medesima fattispecie, o, addirittura di quel nuovo assetto di interessi che la decisione ha contribuito a determinare" (160).

Il Giudice delle leggi, che non è escluso possa nuovamente essere investito della problematica, si è sino ad ora pronunziato, sebbene con riferimento al processo civile, escludendo la fondatezza della questione: "Non è fondata, con riferimento all'art. 24 cost., la q.l.c. dell'art. 51 c.p.c., nella parte in cui non impone l'obbligo di astensione al giudice della causa di merito, che abbia concesso un provvedimento d'urgenza '*ante causam*', in quanto — posto che la previsione contenuta nell'art. 51 n. 4 c.p.c. (secondo cui il giudice ha l'obbligo di astenersi se ha conosciuto della causa come magistrato in altro grado del processo), al pari di quella contenuta nell'art. 34 comma 1 c.p.p., è funzionale al principio di imparzialità — terzietà della giurisdizione, che ha pieno valore costituzio-

(158) Cfr. Cons. Stato, Sez. IV, ord. n. 1568 del 1995, in *R. Amm.*, 95, 1221.

(159) Cfr. art. 21, comma 8, l. 6 dicembre 1971, n. 1034, in *Gazz. Uff.*, 13 dicembre 1971, n. 314.

(160) Cfr. P QUINTO, *Astensione e ricusazione del giudice della cautela: opportunità o dovere nella legge n. 205 del 2000?*, in *T.A.R.*, 2001, II, 54.

nale con riferimento a qualunque tipo di processo, in relazione specifica al quale, peraltro, può e deve trovare attuazione; che è l'esigenza stessa di garanzia, che sta alla base del concetto di '*revisio prioris instantiam*', a postulare l'alterità del giudice dell'impugnazione, il quale si trova, per il carattere devolutivo del mezzo di gravame, a dover ripercorrere l'itinerario logico già seguito onde pervenire al provvedimento impugnato; che ben diversa è la situazione quando l''*iter*' processuale semplicemente si articoli attraverso più fasi sequenziali (necessarie od eventuali), nelle quali l'interesse posto a base della domanda (e che regge il giudizio) impone l'appagamento di esigenze, a quest'ultimo connesse, di carattere conservativo, anticipatorio, istruttorio ecc., poiché, stante anche l'operatività del principio dispositivo, il provvedimento cautelare adottato dal giudice consegue alla dialettica dei contrapposti interessi (la quale si svolge di norma attraverso il contraddittorio fra le parti, su un piano di 'parità delle armi', in una continua funzione propulsiva che condiziona il proseguimento e la stessa conclusione del giudizio), così da non potersi negare che il pieno rendimento dell'attività giurisdizionale, alla stregua del principio di concentrazione, viene più agevolmente conseguito se è sempre lo stesso giudice a condurre il processo, e neppure che il giudice più adatto a decidere del merito può essere ritenuto, secondo ragione, quello già investito della cognizione '*ante causam*', cautelare o più genericamente sommaria; e che a base alla ritenuta incompatibilità, nel processo penale, tra il giudice che abbia applicato una misura cautelare personale e il giudice componente del collegio per il dibattimento sta l'avviso che condizione necessaria per ritenere un'incompatibilità endoprocessuale è la preesistenza di valutazioni che cadono pressoché sulla medesima '*res judicanda*', o più esattamente la duplicazione di giudizi della medesima natura presso lo stesso giudice — la cognizione che il codice di procedura civile attribuisce al giudice in sede di provvedimenti cautelari '*ante causam*' lascia assolutamente irrisolto il quesito circa l'esito finale del giudizio e non 'anticipa' affatto la decisione del merito, mirando solo a tutelare temporaneamente un preteso diritto onde salvaguardarlo dal pregiudizio grave e irreparabile, ravvisato sulla base di una valutazione provvisoria e di semplice verosimiglianza." [161].

Ma la 'sensibilità', per il problema, è mutata tant'è vero che, ad esempio, in tema di opposizioni all'esecuzione, disciplinate dagli art. 615 e ss.

(161) Cfr. Corte Cost., 7 novembre 1997, n. 326, in *Banca dati De Jure*, Giuffrè. In senso conforme Corte Cost., 26 maggio 1998, n. 193, in *Banca dati De Jure*, Giuffrè.

c.p.c., la l. 24 febbraio 2006, n. 52 (162), novellando il codice di rito, ha introdotto il principio per il il Giudice dell'esecuzione, pur mantenendo la propria competenza ad adottare gli eventuali provvedimenti cautelari richiesti dall'opponente, non può più essere, nel rispetto dell'art. 111 Cost. — che vuole un processo che si svolga avanti un organo "terzo ed imparziale" — il Giudice del merito.

Viene dunque sancita l'incompatibilità tra Giudice dell'esecuzione e Giudice che istruisce e decide il merito dell'opposizione (163). Non è quindi escluso che la *ratio* sottesa all'intervento del Legislatore con la legge da ultimo citata (l. 24 febbraio 2006, n. 52) possa rinvenirsi anche nel processo amministrativo, nei rapporti tra Collegio della cautela e il Collegio che deciderà il merito del ricorso.

Quanto invece **agli effetti, *inter partes* o *erga omnes*, della misura cautelare**, si riscontrano due orientamenti.

Secondo **il primo** "... se non diversamente disposto, ogni qual volta gli effetti demolitori della sentenza di annullamento sono destinati a prodursi *erga omnes* per la natura generale ed inscindibile dell'atto caducato, anche la sospensione, in via cautelare, dei suoi effetti opera non limitatamente alle parti del giudizio, ma nei confronti della generalità dei consociati" (164).

Secondo un differente orientamento, invece, sarebbe l'amministrazione a poter valutare, nell'ambito della sua discrezionalità, se estendere gli effetti della decisione cautelare *erga omnes*, essendo questi, altrimenti, limitati alle parti (165).

9 LE IPOTESI DI FISSAZIONE, IN SEDE CAUTELARE, DELL'UDIENZA DI DISCUSSIONE NEL MERITO DEL RICORSO. IL POTERE PROPULSIVO DEL CONSIGLIO DI STATO IN CASO DI RIFORMA DELL'ORDINANZA CAUTELARE DI PRIMO GRADO

Il Tribunale amministrativo regionale, nell'accogliere la richiesta di concessione di una misura cautelare, dovrà anche, *ex* art. 55, comma 11,

(162) Cfr. l. 24 febbraio 2006, n. 51, in *Gazz. Uff.*, 28 febbraio 2006, n. 49.

(163) Sul punto, ci si permette di richiamare un articolo dello scrivente autore: *Le nuove disposizioni sulla inibizione del processo esecutivo e sulla sua sospensione*, in *La Nuova Giur. Civ. Comm.*, 2007, 6, 272.

(164) Cfr. Tar Campania, Sez. I, 9 luglio 2007, n. 6586, in *Foro Amm., TAR*, 2007, 7/8, 2564.

(165) Cfr. A. ROMANO-R. VILLATA, *Commentario breve alle leggi sulla giustizia amministrativa*, Cedam, 2009, *sub* art. 21, l. 6 dicembre 1971, n. 1034, 733.

Codice del processo amministrativo, fissare la "data di discussione del ricorso nel merito".

Ratio della disposizione, che si ispira al contenuto dell'art. 21, comma 12, l. 6 dicembre 1971, n. 1034 ("L'ordinanza del tribunale amministrativo regionale di accoglimento della richiesta cautelare comporta priorità nella fissazione della data di trattazione del ricorso nel merito") (166), ora non più vigente (perché abrogata dall'art. 4, comma 1, n. 10 dell'Allegato IV al Codice), è quella di introdurre una **corsia preferenziale per quei ricorsi che, sia pur in fase cautelare, evidenzino un'apparente meritevolezza di accoglimento**.

Al mancato rispetto di detta prescrizione, tuttavia, non viene collegata alcuna sanzione; forse la sua inosservanza potrà rilevare sul piano della ragionevole durata del processo nella prospettiva, quindi, della c.d. Legge Pinto (l. 24 marzo 2001, n. 89 (167)).

Ove il Tribunale di primo grado, tuttavia, non provveda a detta fissazione e l'ordinanza di accoglimento sia impugnata davanti al Consiglio di Stato, con esito confermatorio, sarà quest'ultimo a disporre che il Tribunale amministrativo fissi l'udienza con priorità. L'ordinanza del Consiglio di Stato sarà quindi, d'ufficio, trasmessa, a cura della Segreteria di Sezione del Consiglio di Stato, alla competente Segreteria del Tribunale amministrativo. Anche in questo caso, non pare, tuttavia, che il mancato rispetto della norma produca conseguenze giuridicamente rilevanti anche se la stessa ha il merito di chiarire che la fissazione prioritaria della trattazione del ricorso nel merito vale anche avanti il Consiglio di Stato cosa che, nella vigenza dell'art. 21, comma 12, l. 6 dicembre 1971, n. 1034 (168) era discussa (169).

Rimangono le perplessità circa l'istituzione di una corsia preferenziale per la trattazione del merito solo in caso di accoglimento dell'istanza, e non già in caso di rigetto. La scelta è dimentica della circostanza che "assai spesso, sussiste una spiccata urgenza a che si addivenga alla decisione del merito pure al cospetto del rigetto dell'istanza cautelare: ché in mancanza di una rapida definizione del merito, l'utilità che dalla sentenza po-

(166) Cfr. art. 21, comma 12, l. 6 dicembre 1971, n. 1034, in *Gazz. Uff.*, 13 dicembre 1971, n. 314. La norma è stata abrogata dall'art. 4, comma 1, n. 10, Allegato IV al Codice del processo amministrativo.

(167) Cfr. l. 24 marzo 2001, n. 89, in *Gazz. Uff.*, 3 aprile 2001, n. 78.

(168) Cfr. art. 21, comma 12, l. 6 dicembre 1971, n. 1034, in *Gazz. Uff.*, 13 dicembre 1971, n. 314. La norma è stata abrogata dall'art. 4, comma 1, n. 10, Allegato IV al Codice del processo amministrativo.

(169) Cfr. DE MARZO-G. MISSERINI, *La tutela cautelare e sommaria dinanzi ai giudici amministrativi*, Cedam, 2004, 104.

trà ritrarre il ricorrete (che non si sia potuto giovare della 'cautela') sarà, se non addirittura nulla, certamente dimidiata" (170).

Il Tribunale, in sede cautelare, ha poi un'ulteriore facoltà quanto alla fissazione dell'udienza di merito. Ai sensi dell'art. 55, comma 10, Codice del processo amministrativo, infatti, ove l'organo di giustizia amministrativa ritenga che "le esigenze del ricorrente siano apprezzabili favorevolmente" — ovvero il ricorso evidenzi il *fumus boni iuris* — ma che le stesse possano essere "tutelabili adeguatamente" — senza necessità dell'adozione della misura cautelare chiesta —, ma "con la sollecita definizione del giudizio nel merito", perché il ricorso non evidenza un immediato *periculum in mora*, può fissare, con ordinanza, la data di discussione del ricorso nel merito.

In sintesi, se all'udienza camerale il Collegio si convince che il ricorso è fondato ma che, non essendoci il *periculum in mora* la richiesta di misura cautelare dovrebbe essere respinta, anziché adottare un provvedimento di rigetto può fissare, con priorità, la data di discussione del ricorso. Allo stesso modo il Consiglio di Stato che, in sede d'appello, riformi l'ordinanza del Tribunale amministrativo concedendo la misura cautelare da quest'ultimo negata, con il medesimo motivato provvedimento ordinerà al Tribunale di primo grado di fissare con sollecitudine la data di discussione nel merito del ricorso. L'ordinanza sarà poi trasmessa al Tribunale amministrativo a cura della competente Segreteria del Consiglio di Stato.

La decisione, d'autorità, di non pronunziarsi sull'istanza cautelare e di fissare piuttosto l'udienza di discussione nel merito del ricorso, come ha evidenziato la dottrina (171), potrebbe destare qualche perplessità di compatibilità con il principio contenuto nell'art. 112 c.p.c., per cui il Giudice deve pronunziare su tutta la domanda e non oltre i limiti della stessa.

Nel caso, infatti, il Giudice, non 'risponderebbe' alla domanda (cautelare) di parte ma andrebbe, per così dire, oltre alla stessa (fissando la data di discussione nel merito del ricorso).

Si può infine ricordare come il Giudice, in sede di udienza camerale possa anche decidere il ricorso nel merito. In argomento si rinvia tuttavia al Capitolo VII.

(170) Cfr. A. PANZAROLA, in (a cura di B. SASSANI-R. VILLATA), *Il Processo davanti al Giudice amministrativo*, Giapichelli, 2000, 128.

(171) Cfr. F. VOLPE, *Nuovo processo amministrativo. Qualche indicazione*, in *www.amministrativistiveneti.it*.

10 I RAPPORTI TRA LA RINUNZIA ALLA DEFINIZIONE AUTONOMA DELLA DOMANDA CAUTELARE E LA FISSAZIONE DELL'UDIENZA DI DISCUSSIONE DEL RICORSO

L'istanza cautelare è rinunziabile dalla parte. La rinunzia può avvenire anche a mezzo del difensore che sia privo di mandato speciale.

In argomento, si ricorda che nel caso in cui la parte rinunzi alla domanda cautelare proposta, il decreto di fissazione dell'udienza di discussione del ricorso nel merito — solitamente comunicato a cura della competente Segreteria del Tribunale amministrativo almeno sessanta giorni prima, *ex* art. 71, comma 5, Codice del processo amministrativo — viene comunicato, su accordo delle parti, con un preavviso di quarantacinque giorni *ex* art. 71, comma 5, cit.

L'eventuale **richiesta di rinvio** dell'udienza cautelare non vincola, invece il Giudice, che potrebbe anche decidere di non accoglierla.

Nella prassi, si ammette anche che la parte istante possa chiedere il rinvio al giudizio di merito della trattazione dell'istanza cautelare. Ciò, ad esempio, quando con la domanda cautelare vengono dedotte delle censure particolarmente complesse per le quali si rende opportuna una disamina più approfondita.

Quando ciò accade, dopo l'udienza di discussione, il Collegio provvede a depositare l'ordinanza cautelare che rimane 'in vita' sino al deposito della sentenza che, solitamente, non è di molto successivo a quello dell'ordinanza.

In sintesi

- La concessione della misura cautelare è subordinata all'esistenza del *fumus boni iuris*, ovvero all'esistenza di un elevato grado di probabilità che il ricorso sia poi accolto, nonché al *periculum in mora*, ossia il pregiudizio, grave ed irreparabile, che il ricorrente rischia di patire nel corso del giudizio.
- Le misure cautelari, hanno natura atipica e si possono distinguere, principalmente, in misure sospensive pure, propulsive (c.d. *remand*), sostitutive, ordinatorie, conservative, ingiuntive di pagamento, *ad tempus*, possessorie e, infine, c.d. speciali.
- Accanto al descritto contenuto atipico v'è, invece, un contenuto tipico ovvero la motivazione dell'ordinanza, che deve riferirsi tanto al *fumus boni iuris* quanto al *periculum in mora*.
- La concessione o il diniego della misura cautelare può essere subordinato alla prestazione di una cauzione, qualora dalla decisione sulla stessa possano derivare effetti irreversibili. L'istituto della cauzione non si applica ove la domanda cautelare attenga a diritti fondamentali della persona o ad altri beni di primario rilievo costituzionale.
- Tra i soggetti legittimati a proporre la domanda cautelare rientra il ricorrente. Si nutrono invece dubbi circa la legittimazione del controinteressato che abbia proposto ricorso incidentale e, sopratutto, dell'interventore.

In sintesi

- La domanda, che può essere inserita in seno al ricorso o proposta anche successivamente e separatamente allo stesso, deve essere notificata all'amministrazione resistente e ad almeno uno dei controinteressati.
- Sulla domanda il Collegio si pronunzia alla prima camera di consiglio utile decorsi 20 giorni dal perfezionamento dell'ultima notifica dell'istanza, e 10 giorni dal suo deposito. Sono peraltro previste delle semplificazioni circa la prove di avvenuta notifica (deposito dell'attestazione del servizio di monitoraggio presente nel sito della Poste Italiane).
- È prevista la possibilità di depositare documenti e memore nei due giorni prima dell'udienza camerale, fatta salva la possibilità di costituirsi anche in tale circostanza.
- L'accoglimento dell'istanza cautelare importa fissazione, con priorità, dell'udienza di merito. In sede cautelare il Giudice ha anche la possibilità, se ritiene che le esigenze del ricorrente siano adeguatamente tutelabili con la sollecita definizione del giudizio, non decidere la domanda cautelare e fissare direttamente, con ordinanza, la data di discussione del ricorso nel merito.

CAPITOLO 4

IL PROCESSO CAUTELARE PRESIDENZIALE

Nel presente Capitolo verrà analizzata la disciplina delle misure cautelari presidenziali *post causam*, che risponde all'esigenza di offrire all'istante un'adeguata ed immediata tutela in quei casi, di estrema gravità ed urgenza, tali da non consentire neppure la dilazione fino alla prima camera di consiglio utile. In particolare, dapprima, si cercherà di evidenziare come i concetti di *fumus boni iuris* e di *periculum in mora*, che pure sono alla base del decreto presidenziale, assumano un significato differente rispetto a quanto visto nell'ambito della misure cautelari collegiali.
Successivamente, verrà analizzato l'*iter* attraverso cui si snoda il procedimento cautelare monocratico sottolineando, di volta in volta, i punti di contatto e di diversità con il rito collegiale.

Sommario:

1 LA *RATIO* ED I PRESUPPOSTI DEL PROVVEDIMENTO CAUTELARE PRESIDENZIALE

Può accadere che l'esigenza cautelare del ricorrente sia tale da richiedere un intervento immediato, che non può essere procastinato sino all'udienza camerale che ora, ai sensi dell'art. 55, comma 5, Codice del processo amministrativo, viene fissata più in là nel tempo rispetto a quanto previsto dal già vigente (perché abrogato dall'art. 4, comma 1, n. 2, dell'Allegato IV al Codice del processo amministrativo) art. 36, comma 4, r.d. 17 agosto 1907, n. 642 (1), ovvero dopo il ventesimo giorno dal per-

(1) Cfr. art. 36, comma 4, r.d. 17 agosto 1907, n. 642, in *Gazz. Uff.*, 25 settembre 1907, n. 227: ovvero il decimo giorno successivo alla notificazione dell'istanza cautelare. Si rinvia al Capitolo III, Paragrafo 6. La legge è stata abrogata dall'art. 4, comma 1, n. 2, Allegato IV al Codice del processo amministrativo.

fezionamento della notifica all'ultimo destinatario e, comunque, non prima del decimo giorno successivo al deposito dell'istanza.

Questo lasso di tempo, in ipotesi particolari, potrebbe infatti dimostrarsi assai pregiudizievole per il ricorrente, a tal punto che l'eventuale accoglimento della domanda cautelare all'udienza camerale potrebbe rivelarsi, per quanto *medio tempore* accaduto, completamente inutile.

I tentativi giurisprudenziali di attribuire, per via pretoria, al Presidente un potere cautelare erano stati bocciati dal Consiglio di Stato: "Il decreto di sospensione dell'aggiudicazione della gara per l'appalto del servizio di spedizione / trasporto da e per l'estero di materiali delle Forze Armate, emanato 'inaudita altera parte' dal Presidente della III sezione del Tar Lombardia, *ex* art. 700 c.p.c., è affetto da nullità assoluta, come pure gli atti direttamente conseguenziali, perché emesso da un soggetto non investito di potere giurisdizionale e con indebita sottrazione all'amministrazione del diritto di difesa riconosciuto nel procedimento cautelare tipico del giudizio amministrativo." (2).

Ciò, allora, aveva spinto il Legislatore della l. 21 luglio 2000, n. 205 (3) ad attribuire espressamente al Presidente del Tar tale potere: le misure cautelari provvisorie dal medesimo adottate sarebbero poi dovute essere confermate in sede di udienza camerale.

Anche nel Codice del processo amministrativo si ribadisce ora tale previsione. Vediamo dunque in dettaglio la relativa disciplina.

Innanzitutto, presupposto per l'adozione della misura cautelare presidenziale è la ricorrenza, *ex* art. 56, comma 1, Codice del processo amministrativo, di una situazione di "**estrema gravità ed urgenza, tale da non consentire neppure la dilazione fino alla data della camera di consiglio**" (4) fissata per l'esame dell'istanza cautelare perché, nel frattempo, potrebbe consolidarsi una situazione irreversibile a tutto danno del ricorrente. È quindi sicuramente opportuno che il ricorrente, che chiede la misura presidenziale, specifichi il tipo di pregiudizio a cui si esporrebbe in caso di rigetto della stessa.

Si è quindi di fronte, come si può comprendere, ad una forma aggravata del *periculum in mora* ordinariamente richiesto dall'art. 55, comma 1, Codice del processo amministrativo.

(2) Cfr. Cons. Stato, Sez. IV, 19 maggio 1998, n. 814, in *Banca dati De Jure*, Giuffrè.

(3) Cfr. art. 3, l. 21 luglio 2000, n. 205, in in *Gazz. Uff.*, 26 luglio 2000, n. 173.

(4) La medesima espressione la si ritrova nell'art. 21, comma 9, l. 6 dicembre 1971, n. 1034, in *Gazz. Uff.*, 13 dicembre 1971, n. 314, ora non più vigente perché abrogato dall'art. 4, comma 1, n. 10, dell'Allegato IV al Codice del processo amministrativo.

La differenza tra i due *pericula*, però, non si rinviene nell'aspetto quantitativo. "Non si tratta, infatti, di una diversità attinente l'entità del pregiudizio arrecato dall'esecuzione dell'atto impugnato o dal comportamento inerte dell'amministrazione, atteso che la la gravità e l'urgenza non necessitano di diversi livelli — soglia nei rispettivi casi. A ben vedere la diversità è condizionata principalmente dalla differente prospettiva temporale in cui si assume una valutazione giudiziale.

Mentre il Collegio valuta il *periculum* principalmente con riferimento al tempo, anche molto consistente, che può intercorrere fino alla definizione nel merito della vicenda, e a questo tempo fa riferimento nella ponderazione di interessi alla base della pronuncia, nel caso del giudizio monocratico la valutazione è condizionata, in massima parte, dall'eccezionalità della fattispecie e dell'utilità garantita al ricorrente ed ha quindi come oggetto un presupposto che va necessariamente constestualizzato nella vicenda processuale, quale pregiudizio derivante dal differimento dell'esame della domanda cautelare alla prima camera di consiglio utile" (5).

Così, ad esempio, è stato ritenuto sussistente il presupposto in un caso in cui c'era la probabilità di rapida conclusione, con sostanziale modifica della situazione di fatto, di un intervento edificatorio assentito con concessione edilizia oggetto di impugnazione (6).

Analogamente, qualche anno fa, il Tar Catania, nell'ambito di un ricorso proposto avverso dei provvedimenti disciplinari inflitti dagli organi di giustizia sportiva ad una società calcistica — per gravi fatti delittuosi verificatisi nel corso della competizione sportiva, e consistenti nella squalifica di uno stadio con obbligo di giocare a porte chiuse —, il Tribunale aveva ritenuto di sospendere i provvedimenti impugnati con decreto Presidenziale, ravvisando sia il *fumus boni iuris* del ricorso, sia il requisito del danno e della correlata urgenza della tutela cautelare "consistente nell'impossibilità, per i ricorrenti, di continuare ad utilizzare l'abbonamento alle partite 'casalinghe' del campionato, in relazione a tutti gli incontri (ben otto), ancora da disputarsi dopo il 2 febbraio 2007, e tenuto conto, altresì, del danno non patrimoniale, nel duplice aspetto del danno esistenziale (categoria ampia, comprensiva di ogni ipotesi di ingiusta lesione di un valore inerente alla persona umana, costituzionalmente protetto, dalla

(5) Cfr. A. SCALCIONE, *La tutela cautelare monocratica nel processo amministrativo*, in *Foro Amm., TAR*, 2006, 5, 1932 e ss.

(6) Cfr. Tar Lombardia, 31 agosto 2001, n. 625, in *Banca dati De Jure*, Giuffrè.

quale conseguano pregiudizi non suscettibili di valutazione economica), e del danno all'immagine, all'onore ed al decoro" [7].

Ed ancora, l'estrema gravità ed urgenza è stata ravvisa in presenza di un'ordinanza esecutiva di demolizione di un immobile [8], di rischio di un'imminente lottizzazione abusiva [9], e di inibizione dell'esercizio di un'attività commerciale [10].

Nell'ambito dei concorsi pubblici, ove il ricorrente sia stato escluso dalla partecipazione del concorso, l'estrema gravità ed urgenza potrebbe ravvisarsi nel loro svolgimento prima che la domanda cautelare proposta possa essere esaminata in sede di camera di consiglio.

La particolare urgenza non potrà, ovviamente, "essere determinata ad arte dal ricorrente che ritardi ingiustificatamente la presentazione del ricorso al fine di richiedere l'intervento monocratico presidenziale. Tale colpevole ritardo giustifica di per sé il rigetto dell'istanza." [11].

Quanto al ***fumus boni iuris***, sebbene la norma non ne faccia riferimento, pare che anch'esso debba essere esaminato in sede di emissione del decreto presidenziale, essendo questo uno dei due presupposti che devono sussistere per poter accedere efficacemente alla tutela cautelare.

La valutazione del *fumus* sarà, però, "necessariamente sommarissima" [12] o embrionale in termini, quindi, di non manifesta infondatezza, a differenza di quanto accade in sede di decisione collegiale ove sarà invece necessario indicare "quei profili che, ad un sommario esame, inducono ad una ragionevole previsione sull'esito del ricorso" (cfr. art. 55, comma 9, Codice del processo amministrativo).

Tale soluzione, che va oltre il dato letterale, da una parte si innesta coerentemente nel sistema cautelare quale delineato dal Codice del processo amministrativo (e, in precedenza, dalla l. 21 luglio 2000, n. 205 [13]) che, per l'appunto, richiede quali presupposti per l'utilità invocabilità delle misure cautelari, tanto il *fumus boni iuris*, quanto il *periculum in mora*. Dall'altra svolge un'importante funzione filtro av-

(7) Cfr. Tar Catania, Sez. IV, 4 aprile 2007, n. 401, in *Foro Amm.*, TAR, 2007, 3, 1136.

(8) Cfr. Cons. Stato, Sez. IV, decr. nn. 2181, 2426, 2800 e 4602 del 2007, in *www.giustizia-amministrativa.it*.

(9) Cfr. Cons. Stato, Sez. IV, decr. n. 3966 del 2007, in *ww.giustizia-amministrativa.it*.

(10) Cfr. Tar Lazio, Sez. II, decr. 4185 del 2007, in *www.giustizia-amministrativa.it*.

(11) Cfr. S. RUSCICA, *Le novità in tema di tutela cautelare nel processo amministrativo*, Giuffrè, 2008, 122.

(12) Cfr. Cons. Stato, Sez. V, decr. 20 settembre 2000, n. 1, in *Guida al Diritto, Il Sole-24 Ore*, 2000, 37, 68.

(13) Cfr. l. 21 luglio 2000, n. 205, in *Gazz. Uff.*, 26 luglio 2000, n. 173.

verso eventuali istanze che fossero proposte per mere finalità dilatorie o defatigatorie.

Pare dunque da respingere quella tesi che ritiene che la concessione della tutela monocratica presidenziale possa prescindere dalla valutazione del *fumus boni iuris* sulla scorta, non solo e non tanto, del silenzio, sul punto, della legge, quanto del fatto che una valutazione di fondatezza della pretesa resa in sede monocratica potrebbe influenzare il Collegio (di cui il Presidente verrebbe a farne parte) chiamato successivamente a pronunciarsi.

In ogni caso la dottrina ha evidenziato l'opportunità di un'attenta applicazione di tale strumento (e ancora di più, ora, della tutela cautelare *ante causam*: si rinvia al Capitolo VIII). Se, infatti, è vero che il decreto cautelare costituisce una ineliminabile garanzia di effettività della tutela, è altresì vero che la sua concessione deve ispirarsi a criteri di prudenza, proprio in relazione alla natura degli atti contro i quali viene richiesta tale cautela. "Si pensi ad esempio al caso... della sospensione di una grossa gara d'appalto o di un grosso concorso pubblico (chiesta da chi ne contesta i requisiti di ammissione) nell'imminenza del termine per la presentazione delle domande di partecipazione (che il ricorrente artatamente non ha presentato) con conseguente possibilità di utilizzazione strumentale del decreto per pretenderne la riapertura e procastinarne artatamente lo svolgimento, magari soltanto a vantaggio dei precedenti affidatari di un servizio (nel caso di gara) o in funzione di raggiungere una maggiore preparazione (in quello del concorso). Anche il rigetto in camera di consiglio pochissimi giorni, dopo non elimina l'effetto pregiudizievole che il decreto ha già causato all'Amministrazione (che dovrà affrontare l'onere, organizzativo ed economico, della rinnovazione di una fase procedimentale) e alla stessa collettività (che, al di là della spesa, dovrà attendere ad avvalersi dei soggetti che la procedura mirava a selezionare)." (14).

2 LE FASI ATTRAVERSO CUI SI SNODA IL PROCESSO CAUTELARE PRESIDENZIALE

La domanda di concessione delle misure cautelari presidenziali provvisorie può formularsi, *ex* art. 56, comma 1, Codice del processo ammini-

(14) Cfr. M.A. SANDULLI, *La tutela cautelare nel processo amministrativo*, in (a cura di) G. PELLEGRINO, *Verso il codice del processo amministrativo*, in *Nel diritto editore*, 2010, 144.

strativo, **sia in uno alla domanda cautelare ordinaria, sia con distinto ricorso**, così come prevedeva anche l'art. 21, comma 9, l. 6 dicembre 1971, n. 1034 (15).

Tenendo conto che la richiesta di intervento cautelare presidenziale può provenire da chi ha già assunto la qualità di ricorrente (o di controinteressato, ove si ammetta che anch'esso sia legittimato a proporre la domanda cautelare: si rinvia al Capitolo III, Paragrafo 5) e che la stessa va presentata al Presidente del Tribunale amministrativo regionale o della Sezione a cui il ricorso è stato assegnato, si deve escludere che la norma consenta un ricorso cautelare *ante causam*, anche perché detto strumento è ora espressamente disciplinato dall'art. 61, Codice del processo Amministrativo (si rinvia al Capitolo VIII).

Nel caso di domanda formulata con atto separato al ricorso, ma sempre a giudizio già instaurato, **è necessario che la parte proponga, nello stesso atto, accanto alla richiesta delle misure cautelari presidenziali, la domanda cautelare collegiale**.

Poiché, infatti, la misura cautelare presidenziale deve essere 'confermata' in sede di udienza collegiale, non sarà possibile proporre l'istanza *ex* art. 56, comma 1, Codice del processo amministrativo, senza aver presentato anche la domanda di cui all'art. 55, comma 3, del Codice.

Inoltre, come previsto nell'ambito delle misure cautelari collegiali, "**La domanda cautelare è improcedibile finché non è presentata l'istanza di fissazione d'udienza per il merito**, salvo che essa debba essere fissata d'ufficio" (si rinvia al Capitolo III, Paragrafo 6).

La possibilità di proporre l'istanza anche con atto separato (ma sempre a giudizio già instaurato), comunque, creava e continua a creare delle perplessità: se, infatti, "la posizione giuridica soggettiva che legittima l'istanza era, sin dall'inizio, gravemente e immediatamente minacciata, dopo l'ulteriore tempo perduto con la notifica — oltre che del ricorso con l'eventuale istanza di sospensiva — anche della separata istanza di misura cautelare provvisoria, a quel tempo certamente ha già esalato l'ultimo fiato!" (16).

Ciò per dire che l'utilità dell 'istanza separata' si dimostra davvero poco rilevante se non in quelle ipotesi dove, depositato il ricorso senza

(15) Cfr. art. 21, comma 9, l. 6 dicembre 1971, n. 1034, in *Gazz. Uff.*, 13 dicembre 1971, n. 314. La norma è stata abrogata dall'art. 4, comma 1, n. 10, dell'Allegato IV, al Codice del processo amministrativo.

(16) Cfr. R. DE PIERO, *Commento all'art. 3*, in *La Giustizia amministrativa - commento alla L. 21 luglio 2000, n. 205*, Giuffrè, 2000, 69.

istanza cautelare, l'esigenza che sta alla sua base, si manifesti, con urgenza, successivamente. Cosa che, allora, potrebbe giustificare la presentazione di tale separata istanza.

La domanda, come già sopra ricordato, **va rivolta al Presidente del Tribunale Amministrativo o della Sezione cui è stato nel frattempo assegnato il ricorso** (17). La norma chiarisce un dubbio che si era posto nel vigore dell'art. 21, comma 9, l. 6 dicembre 1971, n. 1034 (18) che non prevedeva esplicitamente tale delegabilità, sebbene parte della dottrina avesse concluso in senso positivo: "... affidare ad un solo soggetto... la possibiltà di provvedere, significa rendere impossibile l'ottenimento della tutela in tutti i casi in cui, legittimamente, questo soggetto risulti impedito. Deve ritenersi, perciò, che l'espressione normativa individui semplicemente l'organo normalmente competente, senza impedire affatto che questi designi di volta in volta un magistrato in sua sostituzione o consenta l'intervento di colui che è, di norma, il vicario".

Sotto la vigenza del citato art. 21, comma 9, l'istanza cautelare presidenziale poteva proporsi "anche dinanzi al Consiglio di Stato, in caso di appello contro un'ordinanza cautelare e in caso di sospensione della sentenza appellata" (19).

La scomparsa di tale espressa specificazione nell'ambito del citato art. 56 Codice del processo amministrativo, potrebbe portare ad escludere, allora, che le misure cautelari presidenziali possano essere concesse dal Consiglio di Stato.

In realtà, però, la lacuna, viene colmata non solo e non tanto dall'art. 38, Codice del processo amministrativo, rubricato "Rinvio interno" che dispone: "Il processo amministrativo si svolge secondo le disposizioni del Libro II che, se non espressamente derogate, si applicano anche alle impugnazioni e ai riti speciali". Quanto dall'art. 62, comma 2, Codice del processo amministrativo che prevede che all'appello si applichino "gli articoli... 56...".

Alla luce di tale norma, allora, la disciplina del decreto presidenziale sarà utilmente invocabile anche in sede d'appello, tanto in caso di appello

(17) Cfr. C.E. GALLO, *Presidente e collegio nella tutela cautelare: novità e prospettive nella disciplina della legge n. 205/2000*, in *www.giustizia-amministrativa.it*.

(18) Cfr. art. 21, comma 9, l. 6 dicembre 1971, n. 1034, in *Gazz. Uff.*, 13 dicembre 1971, n. 314. La norma è stata abrogata dall'art. 4, comma 1, n. 10, dell'Allegato IV, al Codice del processo amministrativo.

(19) Cfr. art. 21, comma 9, l. 6 dicembre 1971, n. 1034, in *Gazz. Uff.*, 13 dicembre 1971, n. 314. La norma è stata abrogata dall'art. 4, comma 1, n. 10, dell'Allegato IV, al Codice del processo amministrativo.

contro un'ordinanza cautelare, quanto in caso di domanda di sospensione della sentenza appellata *ex* art. 98, Codice del processo amministrativo (si rinvia al Capitolo VI, Paragrafo 11).

Tornando all'*iter* del procedimento cautelare monocratico, **Tribunale competente a ricevere la domanda cautelare** sarà quello investito della cognizione del merito della controversia (si rinvia al Capitolo II, Paragrafo 4). L'incompetenza territoriale sarà sempre rilevabile d'ufficio. Recita infatti l'art. 56, comma 1, Codice del processo amministrativo: "Il presidente provvede sulla domanda solo se ritiene la competenza del tribunale amministrativo regionale, altrimenti rimette le parti al collegio per i provvedimenti di cui all'art. 55, comma 13".

Il Presidente, pertanto, ove rilevi il difetto di competenza, non adotterà alcuna misura cautelare e, con decreto, fisserà l'udienza collegiale camerale. In quella sede il Collegio:

— se riterrà sussistente la competenza del Tribunale, statuirà sulla domanda cautelare;

— nel caso opposto, invece, ai sensi dell'art. 15, comma 5, Codice del processo amministrativo, potrà indicare il Giudice competente ed, eventualmente, richiedere d'ufficio il Regolamento di competenza (si rinvia al Capitolo II, Paragrafo 4).

Tornando all'*iter* attraverso cui si snoda il procedimento, si osserva come la domanda cautelare, per poter essere esaminata, deve essere stata **previamente notificata**, *ex* art. 56, comma 2, Codice del processo amministrativo, nei confronti delle controparti (pubblica amministrazione e controinteressati) "o almeno della parte pubblica e di uno dei controinteressati". Sarà poi in facoltà del Tribunale amministrativo ordinare l'integrazione del contraddittorio nei confronti degli altri controinteressati, nella misura in cui ciò risulti compatibile con la situazione di urgenza allegata dal richiedente. Rimane però il dubbio, come visto al Capitolo III, Paragrafo 6, se il potere di integrazione del contraddittorio possa essere esercitato *ex officio* ovvero solo sul rilievo di parte. Ovviamente, ove la domanda sia stata proposta, *ex* art. 56, comma 1, Codice del processo amministrativo, "con distinto ricorso notificato alle controparti", la stessa andrà notificata alle parti già intimate, nonché a quelle che si siano comunque costituite in giudizio, come visto nell'ambito del procedimento collegiale (si rinvia al Capitolo III, Paragrafo 6).

La precisazione per cui la domanda cautelare, per essere esaminata, deve essere stata previamente notificata, comunque, risolve una *querelle* sorta sotto il vigore dell'art. 21, comma 9, l. 6 dicembre 1971,

n. 1034 [20], in quanto, in assenza di una chiara disciplina, ci si era chiesti se per poter accedere alle misure cautelari presidenziali fosse o meno necessaria la previa notifica della domanda alle controparti, tant'è che, sul punto, si erano registrati due orientamenti. Il primo [21] che, facendo leva sul fatto che il Presidente poteva provvedere "anche in assenza di contraddittorio" [22], riteneva che fosse possibile adottare le misure cautelari provvisorie anche quando, per ragioni di estrema gravita ed urgenza, il ricorso non fosse stato previamente notificato. Il secondo [23], maggioritario ed avvallato, sia pur in via incidentale, dalla Corte Costituzionale [24], richiedeva la previa notifica.

Ora, è dunque chiaro che il Legislatore ha scelto di aderire al secondo orientamento, con le specificazioni di cui di seguito si dirà.

Ai fini di agevolare l'istante, infatti, **si prevede** (art. 56, comma 2, Codice del processo amministrativo) che **la notificazione, possa essere effettuata "da parte del difensore anche a mezzo fax"**, sebbene, nel caso, le misure cautelari concesse perdano "efficacia se il ricorso non viene notificato per via ordinaria entro cinque giorni dalla richiesta delle misure cautelari provvisorie" (cfr. art. 56, comma 5, Codice del processo amministrativo).

Viene inoltre fatta sempre salva l'applicabilità "dell'art. 55, comma 6".

In base alle richiamate norme ne consegue allora che:

1. la notifica via *fax* non viene *in toto* equiparata alla notifica effettuata secondo i mezzi ordinari (ovvero tramite gli Ufficiali giudiziari o da parte dell'avvocato, ai sensi della l. 21 gennaio 1994, n. 53 [25]). La notifica via *fax*, infatti, permette sicuramente di guadagnare del tempo prezioso, ma non dispensa la parte dal procedere alla notifica del ricorso se-

(20) Cfr. art. 21, comma 9, l. 6 dicembre 1971, n. 1034, in *Gazz. Uff.*, 13 dicembre 1971, n. 314. La norma è stata abrogata dall'art. 4, comma 1, n. 10, dell'Allegato IV, al Codice del processo amministrativo.

(21) Cfr. a titolo esemplificativo Tar Sicilia, Sez. II, 6 dicembre 2001, n. 32, in *www.giustizia-amministrativa.it*.

(22) Cfr. art. 21, comma 9, l. 6 dicembre 1971, n. 1034, in *Gazz. Uff.*, 13 dicembre 1971, n. 314, ora non più vigente perché dall'art. 4, comma 1, n. 10, dell'Allegato IV, al Codice del processo amministrativo: "*Il presidente provvede con decreto motivato, anche in assenza di contraddittorio*".

(23) Cfr. a titolo esemplificativo Tar Lazio, Sez. III, decr. Pres. 5 gennaio 2005, n. 9, in *www.giustizia-amministrativa.it*.

(24) Cfr. Corte Cost. ord. 10 maggio 2002, n. 179, in *Banca dati De Jure*, Giuffrè. La Corte, ha escluso l'illegittimità dell'art. 21 della l. 6 dicembre 1971, n. 1034, in *Gazz. Uff.*, 13 dicembre 1971, n. 314, nella parte in cui escludeva l'applicabilità dell'art. 700 c.p.c. davanti al giudice amministrativo, sotto il profilo che le modifiche introdotte dalla l. 205 del 200 presupponevano "*sempre l'avvenuta redazione, la notifica, nonché il deposito del ricorso in sede giurisdizionale, affinché la misura cautelare provvisoria*" potesse "*essere reputata ammissibile.*".

(25) Cfr. l. 21 gennaio 1994, n. 53, in *Gazz. Uff.*, 26 gennaio 1994, n. 20. Tale legge, come senz'altro noto, attribuisce all'avvocato la facoltà di procedere direttamente alla notifica di atti civili, amministrativi e stragiudiziali.

condo i mezzi ordinari, entro i successivi cinque giorni, pena, altrimenti, la perdita di efficacia delle misure cautelari ottenute ovvero, se queste non siano ancora state concesse, l'improcedibilità della domanda cautelare presidenziale;

2. al fine di provare l'avvenuto perfezionamento della notifica ordinaria la parte può comunque produrre, *ex* art. 55, comma 6, Codice del processo amministrativo, "copia dell'attestazione di consegna del servizio di monitoraggio della corrispondenza nel sito internet delle poste" (si rinvia al Capitolo III, Paragrafo 6).

Ma non è ancora finita, perché, ai sensi dell'art. 56, comma 2, Codice del processo amministrativo "Qualora l'esigenza cautelare non consenta l'accertamento del perfezionamento delle notificazioni, per cause non imputabili al ricorrente, il presidente può comunque provvedere, fatto salvo il potere di revoca".

Tale ultima **previsione, non dispensa il ricorrente dal procedere alla notifica** — ed è bene sottolinearlo — **ma gli consente di portare in decisione la domanda cautelare anche se non sia possibile, per cause oggettive, accertare se la notifica sia o meno andata a buon fine**.

La disposizione si presenta di difficile comprensione, perché non è dato capire quando si possa verificare tale impossibilità, che avrebbe senso se la notifica potesse essere eseguita solo con i mezzi ordinari — anche potendosi avvalere del sito delle Poste italiane, infatti, va tenuto presente che ci sono dei tempi tecnici minimi perché la posta possa essere recapitata e il risultato della consegna inserito nel sito —, e non anche, invece, come espressamente previsto, tramite *fax*, che consente, da subito, di verificare, attraverso il rapportino di ricezione, se il documento trasmesso sia o meno giunto a destinazione. Forse tale impossibilità si potrebbe verificare nell'ipotesi in cui non sia stato possibile avvalersi della notifica a mezzo fax, perché, ad esempio, la controparte non possedeva un numero di fax, ecc.

In ogni caso, **ove il Presidente si pronunzi senza aver potuto accertare il perfezionamento delle notifiche, viene fatto salvo il potere di revoca del provvedimento adottato**.

Potere che, nella specifica ipotesi, pare esercitabile, *ex officio*, prima che la misura cautelare venga discussa in sede di camera di consiglio. Il Presidente, infatti, potrebbe avere concesso la misura cautelare chiesta con invito rivolto all'istante di produrre le prove dell'avvenuta notifica, di cui è stato impossibile accertare il perfezionamento, entro un termine breve, anteriore all'udienza camerale, con la conseguenza che, ove tale prova non venga fornita, il Presidente potrebbe anche revocare il provvedimento adottato.

Di regola, poi, il Presidente si pronunzia sulla base della domanda contenuta nel ricorso proposto dalla parte. Nulla esclude, tuttavia, che, "ove ritenuto necessario", il Presidente, prima di decidere, possa, "fuori d'udienza e senza formalità" sentire "anche separatamente, le parti che si siano rese disponibili" (cfr. art. 56, comma 2, Codice del processo amministrativo).

Il Presidente ha dunque la possibilità di chiamare a chiarimenti le parti, senza l'obbligo di rispettare particolari formalità, ove, ad esempio, il contenuto del ricorso non gli permetta di avere un quadro completo della questione. Da "ciò l'assoluta necessità di consentire un contraddittorio informale, anche in via telefonica o a mezzo *fax* o posta elettronica certificata che annulli o almeno riduca l'indubbio vantaggio del ricorrente che conosce e sceglie il momento della notifica e del deposito in relazione alle proprie esigenze." (26).

La descritta de-formalizzazione del procedimento pare costituire un buon compromesso tra l'esigenza del rispetto del principio del contraddittorio (che vorrebbe che tutte le parti potessero interloquire) e di quello di effettività della tutela giurisdizionale (che, nell'ambito della tutela cautelare, richiede che l'intervento sia immediato).

3 L'APPLICABILITÀ DELL'ISTITUTO DELLA CAUZIONE. LE DIFFERENZE CON LA CAUZIONE DISPOSTA DAL COLLEGIO

La concessione o il diniego della misura cautelare presidenziale può essere subordinata alla prestazione di una cauzione "determinata con riguardo all'entità degli effetti irreversibili che possono prodursi per le parti ed i terzi" (cfr. Art. 56, comma 3, Codice del processo amministrativo).

Pare vi sia un'unica rilevante **differenza con la cauzione prevista dall'art. 55, comma 2 Codice del processo amministrativo**, nell'ambito delle misure cautelari collegiali: la cauzione potrebbe infatti essere sempre disposta anche ove siano in gioco diritti fondamentali della persona o al-

(26) Cfr. M.A. SANDULLI, *La tutela cautelare nel processo amministrativo*, in (a cura di) G. PELLEGRINO, *Verso il codice del processo amministrativo*, in *Nel diritto editore*, 2010, 145.

tri beni di primario rilievo costituzionale, in quanto, nell'art. 56, comma 3, Codice del processo amministrativo, non viene fatto cenno alla limitazione prevista invece dal citato art. 55, comma 2, del Codice.

Il fatto, invece, che non sia stato esplicitato, nella norma, il potere del Giudice di determinare l'oggetto, le modalità e i termini di prestazione della cauzione, non dovrebbe creare problemi visto che questo potere è ricavabile attraverso un'**applicazione analogica** dell'art. 55, comma 2 cit. Così come, per lo stesso motivo, si ritiene che la cauzione possa essere disposta, anche mediante fideiussione, sebbene la norma non lo dica espressamente.

Non pare, infine, che una differenza tra le due cauzioni possa scorgersi nel fatto che, mentre l'art. 55, comma 2, Codice del processo amministrativo prevede, *sic et simpliciter*, che il Collegio possa disporre la cauzione quando "dalla decisione sulla domanda cautelare derivino effetti irreversibili", l'art. 56, comma 3, Codice del processo amministrativo, invece, precisi che la cauzione "deve essere determinata con riguardo all'entità degli effetti irreversibili che possono prodursi per le parti ed i terzi". Quest'ultima specificazione, infatti, si ritiene implicitamente contenuta anche nel citato art. 55, comma 2, cit, perché connaturata all'istituto della cauzione che risponde all'esigenza di 'risarcire' la parte che abbia patito degli effetti irreversibili sulla base di un provvedimento provvisorio poi non confermato. Va da sé, dunque, che anche nel primo caso (misura cautelare collegiale) la cauzione dovrà essere commisurata all'entità degli effetti irreversibili che possono potenzialmente prodursi (si rinvia al Capitolo III, Paragrafo 3).

4 L'OBBLIGO DI MOTIVAZIONE DEL DECRETO PRESIDENZIALE

Il decreto presidenziale con cui viene decisa la domanda cautelare **deve essere motivato**, come previsto dall'art. 56, comma, 2, Codice del processo amministrativo: "Il Presidente... provvede con decreto motivato..." [27].

Quanto al *periculum in mora*, la motivazione dovrà dar conto dell'eventuale pericolo che, tra la data di efficacia del provvedimento e la prima camera di consiglio utile si consolidi una situazione irreversibile a

[27] La motivazione era prescritta anche dall'art. 21, comma 9, l. 6 dicembre 1971, n. 1034, in *Gazz. Uff.*, 13 dicembre 1971, n. 314, ora non più vigente perché abrogato dall'art. 4, comma 1, n. 10, dell'Allegato IV, al Codice del processo amministrativo.

danno del ricorrente: "... la motivazione comporta un confronto fra la data di efficacia del provvedimento e la data della prima camera di consiglio utile, non potendosi escludere che anche in fase monocratica sia necessario procedere ad una comparazione dell'interesse e del danno prospettati dal ricorrente con quelli propri dell'amministrazione: non va trascurato anche in questa sede l'importanza del fattore temporale, come emerge dalla stessa formulazione normativa, che fa riferimento alla possibilità di dilazione fino alla successiva camera di consiglio". [28].

Come evidenziato dalla dottrina [29] non sarà di certo rilevante una situazione di urgenza determinata dal comportamento del ricorrente che abbia atteso l'ultimo momento utile per notificare il ricorso, costituendosi, così, una situazione *ad hoc* di urgenza, che gli consentirebbe di accedere alla tutelare cautelare presidenziale.

Sul punto *fumus boni iuris*, invece, la motivazione potrà essere sicuramente meno penetrante rispetto a quanto visto per il *periculum in mora*, atteso che l'art. 56, comma 1, Codice del processo amministrativo — ed in precedenza l'art. 21, comma 9, l. 6 dicembre 1971, n. 1034 [30] — non richiede, in tal senso, una esplicita motivazione. Ciò, del resto, è comprensibile ove si consideri che la misura cautelare viene adottata dal Presidente, e non dal Collegio — che sarà invece chiamato a 'confermala' o meno —, anche senza che siano state sentite le parti (si veda il precedente Paragrafo 2). In questa fase, dunque, l'elemento *periculum in mora* è quello che, nella valutazione di accoglimento della misura cautelare, la fa da 'padrone' mentre il *fumus boni iuris*, sarà pienamente recuperato nella fase camerale immediatamente successiva.

L'art. 56 — così come l'art. 21, comma 9, l. 6 dicembre 1971, n. 1034 [31] — nulla dice circa le modalità secondo cui le parti che non hanno partecipato al giudizio debbono venire informate dell'adottato decreto. Nella prassi, alcuni Presidenti oneravano di questa comunicazione, il ricorrente, anche a mezzo fax, altri, invece, attribuivano l'incombente alla Segreteria.

[28] Cfr., sebbene in ordine all'art. 21, comma 9, l. 6 dicembre 1971, n. 1034, in *Gazz. Uff.*, 13 dicembre 1971, n. 314, ora non più vigente perché abrogato dall'art. 4, comma 1, n. 10, dell'Allegato IV, al Codice del processo amministrativo, S. RUSCICA, *Le novità in tema di tutela cautelare nel processo amministrativo*, Giuffrè, 2008, 142.

[29] Cfr. G. VACIRCA in (a cura di) M.R. SANCHINI, *La tutela cautelare nel processo amministrativo*, Giuffrè, 2006, 30.

[30] Cfr. art. 21, comma 9, l. 6 dicembre 1971, n. 1034, in *Gazz. Uff.*, 13 dicembre 1971, n. 314, ora non più vigente, perché abrogato dall'art. 4, comma 1, n. 10, dell'Allegato IV, al Codice del processo amministrativo.

[31] Cfr. art. 21, comma 9, l. 6 dicembre 1971, n. 1034, in *Gazz. Uff.*, 13 dicembre 1971, n. 314, ora non più vigente, perché abrogato dall'art. 4, comma 1, n. 10, dell'Allegato IV, al Codice del processo amministrativo.

Tra le due soluzioni, appare preferibile, per motivi di velocità e semplificazione, la prima.

5 IL REGIME DI STABILITÀ DEL DECRETO PRESIDENZIALE

Il decreto presidenziale conserva la propria efficacia sino alla camera di consiglio di cui all'art. 55, comma 5, Codice del processo amministrativo, ovvero quella fissata successivamente al ventesimo giorno dal perfezionamento dell'ultima notifica della domanda cautelare e, comunque, non prima del decimo giorno successivo al deposito del ricorso; udienza che, peraltro, ai sensi dell'art. 56, comma 4, Codice del processo amministrativo, deve essere indicata nel decreto.

Se il Collegio non dovesse pronunziarsi in tale sede, il decreto, *ex* art. 56, comma 4, cit., perderà quindi la propria efficacia.

La precisazione è importante perché nel vigore della precedente disciplina, parte della dottrina [(32)], aveva ritenuto che qualora il Collegio, nella prima camera di consiglio, non avesse definito l'incidente cautelare per aver disposto, ad esempio, degli accertamenti istruttori, l'efficacia della misura cautelare doveva ritenersi prorogata sino alla successiva camera di consiglio. In altre parole, dovendosi intendere il termine della prima camera di consiglio utile, mobile e non fisso, il termine di efficacia del decreto presidenziale doveva intendersi ordinatorio e non perentorio.

Con il Codice del processo amministrativo (art. 56, comma 4), si adotta dunque una differente soluzione.

Quanto all'oggetto della cognizione del Collegio in sede di Camera di Consiglio, nella vigenza dell'art. 21, comma 9, l. 6 dicembre 1971, n. 1034 [(33)], si affermava come lo stesso non fosse chiaro: non era infatti dato comprendere se il Collegio dovesse esaminare la richiesta di cautela ordinaria, ovvero la misura interinale concessa dal Presidente.

In realtà pare che valorizzando il dato letterale contenuto nell'art. 21, comma 9, cit. ed ora nell'art. 56, comma 4, Codice del processo amministrativo, la risposta corretta sia la prima.

Recitava infatti l'art. 21, comma 9, cit.: "Il decreto è efficacie sino alla pronunzia del collegio, cui l'istanza cautelare è sottoposta nella prima camera di consiglio utile".

(32) N. SAITTA, *I provvedimenti monocratici nel processo amministrativo*, Giuffrè, 2002, 59.

(33) Cfr. art. 21, comma 9, l. 6 dicembre 1971, n. 1034, in *Gazz. Uff.*, 13 dicembre 1971, n. 314, ora non più vigente, perché abrogato dall'art. 4, comma 1, n. 10, dell'Allegato IV, al Codice del processo amministrativo.

Recita ora l'art. 56, comma 4, del Codice: "Il decreto perde efficacia se il collegio non provvede sulla domanda cautelare nella camera di consiglio...". Come dunque si può comprendere, il Collegio sarà chiamato a pronunziarsi sulla domanda cautelare proposta dal ricorrente (34), eventualmente arricchita da elementi sopravvenuti dedotti dall'istante, non sulla 'correttezza' del provvedimento concesso dal Presidente che, tuttavia, potrà costituire una base di partenza per ogni più approfondita valutazione.

La concessione dell'ordinanza cautelare da parte del Collegio dovrà dunque basarsi sulla rimeditazione degli elementi di fatto e diritto dedotti dall'istante eventualmente valorizzati da un approfondimento istruttorio (si rinvia al Capitolo III, Paragrafo 6).

Non sarebbe pertanto corretta, si ritiene, una mera riconferma, in sede collegiale, del decreto presidenziale proprio perché lo sforzo motivazionale richiesto è differente: se in fase monocratica è sufficiente la non manifesta infondatezza del ricorso (si rinvia al Paragrafo 4 che precede) in sede collegiale, invece, è necessaria la verosimiglianza del suo accoglimento. "Il legislatore non ha previsto alcuna forma di raccordo tra le due pronunce e, in particolare, non prescrive che l'ordinanza collegiale confermi, revochi o modifichi il decreto presidenziale. La decisione collegiale è destinata a sostituire integralmente quella presidenziale." (35) che rimane assorbita dal provvedimento collegiale.

"La definizione del giudizio cautelare, con la reiezione in sede collegiale della domanda cautelare inizialmente accolta con decreto presidenziale.., comporta la caducazione degli effetti prodotti dal decreto cautelare ed anche degli effetti prodotti dagli atti che siano stati eventualmente adottati dall'amministrazione per dare esecuzione al decreto presidenziale." (36).

Se si parte dal descritto presupposto, si ritiene allora chè la circostanza per cui il Presidente estensore del decreto sia anche il Presidente del Collegio che si riunirà in camera di consiglio, **non crei il rischio di un condizionamento del Collegio** che tenderebbe, per così dire, a conformarsi alle scelte fatte dal Presidente, ovvero dal suo componente più autorevole.

(34) Cfr. A. SCALCIONE, *La tutela cautelare monocratica nel processo amministrativo*, in *Foro Amm., TAR*, 2006, 5, 1932 e ss.

(35) Cfr. A. MEZZOTERO, *La tutela cautelare ante causam nel processo amministrativo: uno strumento di cui non si poteva davvero fare a meno?*, in *www.neldiritto.it*.

(36) Cfr. Tar Lombardia, Sez. III, 11 ottobre 2005, n. 3970, in *Foro Amm., TAR*, 2005, 11, 3387.

I due giudizi, infatti, si basano su dei presupposti (*fumus boni iuris* e *periculum in mora*) dal contenuto differente.

Piuttosto, il rischio di condizionamento può esserci a seguito dell'adozione dell'ordinanza cautelare potendo il Collegio, in sede di decisione, nel merito, del ricorso, conformarsi al proprio precedente (si rinvia al Capitolo III, Paragrafo 8).

Si ricorda, infine, che il decreto con cui viene concessa una misura cautelare è suscettivo di perdere efficacia anche ove la parte si sia avvalsa, ai sensi dell'art. 56, comma 2, Codice del processo amministrativo, del fax, quale strumento di notifica della relativa istanza, ma non abbia poi notificato il ricorso, nei cinque giorni successivi, per le vie ordinarie (si rinvia al Paragrafo 2 del presente Capitolo).

Quanto al contenuto del decreto, tenuto conto che la misura presidenziale ha carattere provvisorio, avendo efficacia, al più, sino alla camera di consiglio di cui all'art. 55, comma 5 del Codice, lo stesso non potrà pregiudicare non solo l'esito della controversia, ma anche l'efficacia del provvedimento cautelare che dovesse essere successivamente disposto dal Collegio. La funzione precipua di tale decreto sarà allora quella di 'congelare' la situazione sino alla pronunzia del Collegio. Sul punto valgono le medesime osservazioni che si faranno in ordine al contenuto del decreto presidenziale *ante causam* (Capitolo VIII, Paragrafo 7).

In sintesi

- Presupposti per la concessione della misura cautelare presidenziale sono sempre il *periculum in mora*, da contestualizzare nella vicenda processuale, quale pregiudizio derivante dal differimento dell'esame della domanda cautelare alla prima camera di consiglio utile, ed il *fumus boni iuris*, da intendersi quale non manifesta infondatezza del ricorso.
- Anche la domanda cautelare monocratica può essere inserita in senso al ricorso, ovvero notificata a parte. Essa va proposta al Tribunale competente a conoscere il merito. L'incompetenza può sempre essere rilevata d'ufficio dal Presidente che, nel caso, non potrà adottare alcuna misura cautelare e dovrà rimettere le parti al Collegio per i provvedimenti di cui all'art. 55, comma 13 del Codice.
- Di regola, la decisione sulla domanda cautelare richiede l'accertamento dell'avvenuto perfezionamento delle notificazioni. Ove ciò, tuttavia, non si renda possibile per cause non dipendenti dall'istante, il Presidente potrà egualmente decidere, fatto salvo il potere di revoca della misura adottata.
- Il decreto presidenziale ha natura provvisoria in quanto perde efficacia se non viene confermato in sede di camera di consiglio fissata ai sensi dell'art. 55, comma 5, Codice del processo amministrativo.
- Come nell'ambito del procedimento cautelare collegiale, anche in quello monocratico trova spazio l'istituto della cauzione.

CAPITOLO 5

LE SPESE DEL PROCEDIMENTO CAUTELARE

In materia di spese della fase cautelare collegiale, il Codice del processo amministrativo introduce due importanti novità rispetto alla previgente disciplina. Innanzitutto la liquidazione è prevista non solo nel caso di reiezione della domanda, ma anche di accoglimento della stessa. Inoltre, si prevede che la pronunzia sulle spese sopravviva alla sentenza, salvo che quest'ultima contenga sul punto una diversa statuizione. La regolamentazione della spese, invece, è estranea al contenuto del decreto presidenziale cautelare

1 LE SPESE DEL PROCEDIMENTO CAUTELARE COLLEGIALE

In materia di **spese della fase cautelare** (collegiale) il Codice del processo amministrativo introduce importanti novità rispetto alla disciplina già contenuta nell'art. 21, comma 11, l. 6 dicembre 1971, n. 1034 [1].

Come si ricorderà, infatti, il citato art. 21, comma 11, prevedeva la possibilità di condannare la parte alle spese della fase cautelare solo ove la domanda fosse stata rigettata, ovvero dichiarata inammissibile o irricevibile e non già nell'ipotesi in cui, invece, fosse stata accolta: "Con l'ordinanza che rigetta la domanda cautelare o l'appello contro un'ordinanza cautelare ovvero li dichiara inammissibili o irricevibili, il giudice può provvedere in via provvisoria sulle spese del procedimento cautelare" [2].

Tale soluzione era stata peraltro giudicata non lesiva del dettato costituzionale: "È infondata la q.l.c. dell'art. 21, comma 1, l. 6 dicembre 1971 n. 1034, introdotto dall'art. 3 l. 21 luglio 2000 n. 205, nella parte in cui

(1) Cfr. art. 21, comma 11, l. 6 dicembre 1971, n. 1034, in *Gazz. Uff.*, 13 dicembre 1971, n. 314, abrogato dall'art. 4, comma 1, n. 10, dell'Allegato IV, al Codice del processo amministrativo.

(2) Cfr. art. 21, comma 11, l. 6 dicembre 1971, n. 1034, in *Gazz. Uff.*, 13 dicembre 1971, n. 314, abrogato dall'art. 4, comma 1, n. 10, dell'Allegato IV, al Codice del processo amministrativo.

non prevede che, con l'ordinanza che accoglie la domanda cautelare, il giudice amministrativo possa provvedere in via provvisoria sulle spese del procedimento cautelare medesimo, in riferimento agli art. 3, 24, commi 1 e 2, e 111, comma 2, cost." (3).

La circostanza che l'eventualità della condanna alle spese fosse prevista solo nel caso di rigetto, e non già di accoglimento della richiesta cautelare, veniva giustificata sottolineando come, *ratio* della norma, fosse quella di disincentivare un ricorso indiscriminato alla tutela cautelare, presentandosi la condanna alle spese come una remora alla proposizione di domane destituite di fondamento. Tale *ratio*, invece, non era ravvisabile nel caso di accoglimento della domanda cautelare. La parte vittoriosa, infatti, ben avrebbe potuto ottenere il rimborso delle spese della fase cautelare, nella fase del merito, ove fosse risultata vittoriosa.

Inoltre, sempre secondo la riferita tesi, la condanna alle spese era assolutamente provvisoria, destinata ad essere superata dal 'regolamento delle spese' contenuto nella decisione che definiva il processo: "In considerazione della stretta inerenza procedimentale e funzionale della cautela al merito, è da ritenere che il giudice della sentenza definitiva di merito, che stabilisce con la soccombenza il fondamento dell'intero giudizio e delle contestazioni accessorie, sia il giudice naturale della liquidazione e dell'allocazione anche delle spese dell'incidente cautelare, ivi compreso il segmento di esso che si sia svolto in grado d'appello." (4).

L'**art. 57, Codice del processo amministrativo inverte decisamente rotta**:

(ι) da una parte stabilendo che il Giudice, con l'ordinanza con cui si pronunzia sull'istanza cautelare, "provvede" — e non più può provvedere — "sulle spese della fase cautelare". Siamo dunque di fronte ad un dovere, e non ad una mera facoltà;

(ιι) dall'altra, prevedendo che la liquidazione delle spese sia indipendente dal contenuto dell'ordinanza, sia essa di accoglimento, di rigetto ovvero di inammissibilità o irricevibilità;

(ιιι) dall'altra parte ancora, stabilendo che la pronunzia conserva i propri effetti anche a seguito della sentenza che definisce il giudizio.

Il tutto nell'ottica per cui il giudizio cautelare, sovente, è in grado di soddisfare l'interesse sostanziale della parte che, a seguito della pronunzia cautelare, potrebbe anche non aver più interesse a coltivare il ricorso —

(3) Cfr. Corte Cost., 23 ottobre 2009, n. 265, in *Foro It.*, 2009, 12, 3269.

(4) Cfr. Cons. Stato, Ad. Pl., 1 ottobre 1994, n. 10, in *Giur. It.*, 1995, III, 1, 564.

ove, ad esempio, l'amministrazione abbia dato spontaneamente esecuzione alla pronunzia cautelare — se non, per l'appunto, per farsi liquidare le spese di giudizio. Interesse, quest'ultimo, che ora decade visto che le spese vengono liquidate già con l'ordinanza emessa a seguito dell'udienza camerale.

Quanto alla disciplina da seguire nella liquidazione della spese, si **devono ritenere applicabili gli artt. 91 e ss. del codice di procedura civile** e, conseguentemente, potrà essere utilmente invocabile la dottrina e giurisprudenza su di essi pronunziatasi. Ciò in forza di quanto previsto dall'art. 26, comma 1, Codice del processo amministrativo: "Quando emette una decisione, il giudice provvede anche sulle spese di giudizio, secondo gli articoli 91, 92, 93, 94, 96 e 97 codice di procedura civile". Tra le decisioni del Giudice amministrativo, infatti, rientrano sicuramente anche le decisione cautelari.

L'espresso richiamo alle norme del codice di rito porterà, forse, il passaggio "da una prassi in cui non era insolita la così detta compensazione delle spese... alla introduzione di un regime in cui la regola è esattamente l'opposto, e, cioè, che chi perde (privato o amministrazione che sia) paga le spese legali sostenute da controparte" (5).

Nella liquidazione delle spese, potrà forse avere una qualche influenza anche il mancato **rispetto del principio di sinteticità degli atti**, di cui all'art. 3, comma 2, Codice del processo amministrativo che recita: "Il giudice e le parti redigono gli atti in maniera chiara e sintetica".

Sebbene, infatti, tale riferimento, che si trovava nella bozza di Codice immediatamente precedente a quella approvata dal Consiglio dei Ministri, sia stato eliminato dal contenuto dell'art. 26 cit., lo stesso pare potersi comunque recuperare, se non altro perché, altrimenti, la poca chiarezza degli atti non riceverebbe sanzione alcuna e l'art. 3 del Codice verrebbe a configurare un chiaro esempio di norma imperfetta.

Ove si aderisse a tale tesi in sede di fase cautelare — ma lo stesso ragionamento sarebbe valido anche per la fase di merito —, la parte vittoriosa potrebbe subire una decurtazione delle spese da farsi rimborsare, ove abbia violato tale principio, scrivendo più del dovuto e/o in modo non chiaro.

È evidente, tuttavia, che il giudizio sulla sinteticità e chiarezza è però alquanto soggettivo; ad ogni modo, di fronte a casi limite, in presenza di

(5) Cfr. A. CICCIA-G. MACHEDA, *Chi perde paga anche al Tar*, in *Italia Oggi*, 24 giugno 2010, n. 149.

atti dal contenuto davvero poco chiaro o sovrabbondante, tale 'sanzione', il cui scopo vorrebbe essere acceleratorio del processo, potrebbe anche trovare applicazione.

Pare inoltre possa trovare applicazione, in fase cautelare, anche la disposizione contenuta nell'art. 26, comma 2, Codice del processo amministrativo, per cui il Giudice, nel pronunciare sulle spese, potrebbe altresì "condannare, anche d'ufficio, la parte soccombente al pagamento in favore dell'altra di una somma di denaro equitativamente determinata, quando la decisione" sia "fondata su ragioni manifeste o orientamenti giurisprudenziali consolidati".

2 LE SPESE DEL PROCEDIMENTO CAUTELARE PRESIDENZIALE

La liquidazione delle spese del giudizio non fa parte, invece, del contenuto del decreto presidenziale cautelare di cui all'art. 56, Codice del processo amministrativo.

L'art. 57 del Codice, infatti, è chiaro nello stabilire che solo con "l'ordinanza che decide sulla domanda, il giudice provvede sulle spese della fase cautelare", e non già con il decreto.

La soluzione appare senz'altro logica.

In primo luogo perché il decreto è destinato ad essere confermato, revocato o modificato nella camera di consiglio di cui all'art. 55, comma 5, Codice del processo amministrativo, ovvero in quella fissata successivamente al ventesimo giorno dal perfezionamento dell'ultima notifica della domanda cautelare e, comunque, non prima del decimo giorno successivo al deposito del ricorso. In tale occasione sarà allora possibile regolamentare le spese di causa, relative alla fase cautelare.

In secondo luogo perché l'eventuale liquidazione mal si concilierebbe con il carattere di estrema gravità ed urgenza che caratterizza il procedimento cautelare monocratico e consente di ottenere una misura interinale provvisoria.

La soluzione scelta dal Legislatore potrebbe però lasciare scoperta l'eventualità che il decreto cautelare perda la propria efficacia senza che la domanda cautelare venga discussa in camera di consiglio (si rinvia al Capitolo IV, Paragrafo 5). In tal caso, ove la controparte si sia comunque costituita, è ragionevole ritenere che all'udienza camerale — che, si ricorda, deve comunque essere indicata nel decreto, ai sensi dell'art. 56, comma 4, Codice del processo amministrativo — il Collegio, se richiesto, possa liquidare le spese di lite.

3 I RAPPORTI TRA LE SPESE LIQUIDATE NEL PROVVEDIMENTO CAUTELARE E LE SPESE LIQUIDATE IN SENTENZA

Come si è ricordato al paragrafo 1 del presente Capitolo, l'art. 57, Codice del processo amministrativo, stabilisce che la pronunzia sulle spese conserva i propri effetti anche a seguito della sentenza che definisce il giudizio. Viene dunque meno il carattere di provvisorietà che, secondo l'art. 21, comma 11, l. 6 dicembre 1971, n. 1034 (6), caratterizzava tale pronunzia, destinata ad essere soppiantata dalla sentenza.

Rimane però il problema di capire come debba essere interpretato sul punto l'art. 57, Codice del processo amministrativo. In precedenza, infatti, in virtù della provvisorietà che caratterizzava la regolamentazione delle spese, si affermava che "il giudice, quando" vi fosse stata condanna, doveva "tenerlo presente nella sentenza aggiungendo alle somme già liquidate, quelle per il giudizio di merito, se dello stesso segno dell'ordinanza, ovvero, nel caso la sentenza" fosse giunta "a conclusioni diverse dal provvedimento cautelare, determinando l'importo in considerazione della somma liquidata in precedenza, stabilendone eventualmente il rimborso, se già pagata. Se a prescindere dall'esito" si fosse ritenuto "con la sentenza di compensare tra le parti le spese di lite", occorreva allora "stabilire espressamente, in via definitiva (non più provvisoria), il regolamento delle spese della fase cautelare che" poteva ricevere "una diversa soluzione (cioè condanna di una delle parti al pagamento delle spese della fase cautelare) in considerazione dei caratteri propri e della peculiarità del giudizio cautelare" (7).

Ora che tale provvisorietà è venuta meno, dovendosi escludere che la sentenza non possa offrire una diversa regolamentazione delle spese liquidate in fase cautelare, o per l'eventuale diverso esito del giudizio (di accoglimento di fronte ad un'ordinanza di rigetto o viceversa), o perché la liquidazione non è stata ritenuta corretta, il fatto che la pronunzia cautelare in tema di spese sopravviva alla sentenza pare debba essere interpretato in due modi:

— sia nel senso che ove la sentenza, per qualsiasi motivo, non dovesse essere pronunziata la disciplina delle spese di giudizio cui far riferimento sarebbe quella contenuta nell'ordinanza cautelare;

(6) Cfr. art. 21, comma 11, l. 6 dicembre 1971, n. 1034, in *Gazz. Uff.*, 13 dicembre 1971, n. 314, abrogato dall'art. 4, comma 1, n. 10, dell'Allegato IV, al Codice del processo amministrativo.

(7) Cfr. G. DE MARZO-G. MISSERINI, *La tutela cautelare e sommaria dinanzi ai giudici amministrativi*, Cedam, 2004, 106.

— sia nel senso che la sentenza potrebbe benissimo, in tema di spese, liquidare quelle relative alla fase di merito del ricorso, senza nulla statuire in ordine alle spese della fase cautelare, confermando quindi, implicitamente, la regolamentazione contenuta nell'ordinanza.

In sintesi

• Con l'ordinanza che pronuncia sulla domanda cautelare, sia essa di accoglimento o rigetto, il collegio regolamenta anche le spese di lite.
• La liquidazione delle spese avviene secondo i criteri stabiliti dal codice di rito, agli artt. 91 e ss.
• La pronunzia sulle spese adottata in sede cautelare conserva la propria efficacia anche dopo la sentenza che definisce il giudizio, salvo diversa statuizione espressa nella sentenza.
• Il decreto presidenziale cautelare nulla può statuire in ordine alle spese della fase monocratica.

CAPITOLO 6

LA RIPROPONIBILITÀ, REVOCABILITÀ, MODIFICABILITÀ E APPELLABILITÀ DELLE MISURE CAUTELARI

Nel presente Capitolo verranno analizzati i rimedi offerti dal Codice del processo amministrativo nei confronti dei provvedimenti cautelari adottati dal Giudice di primo grado. Dalla revoca/modifica o riproposione dell'istanza cautelare, all'appello. Il tutto, esaminando, presupposti, modalità di svolgimento dei singoli procedimenti, rapporti di interferenza tra loro, nonché possibili esiti, tenendo però distinta l'ipotesi in cui il provvedimento 'gravato' sia l'ordinanza del Collegio, da quella in cui, invece, sia il decreto cautelare del Presidente.
Si esamineranno, successivamente, i rimedi previsti avverso i provvedimenti cautelari adottati dal Consiglio di Stato. Si analizzerà, infine, la disciplina concernente la possibilità di ottenere la sospensione cautelare dell'esecutività della sentenza di primo grado che sia stata impugnata avanti il Consiglio di Stato, nonché i casi in cui detta sospensione venga chiesta anche nei riguardi della sentenza pronunziata dal Giudice d'appello.

Sommario:

1 I PRESUPPOSTI PER LA RIPROPOSIZIONE, REVOCA E MODIFICA DELLE MISURE CAUTELARI COLLEGIALI

Ai sensi dell'art. 58, Codice del processo amministrativo, è possibile **riproporre** la domanda cautelare, ove questa non abbia trovato accoglimento, ovvero **chiederne la revoca**, nel caso opposto, o comunque **chiedere la modifica** del suo contenuto (o del tipo).

Per quanto concerne la **legittimazione** a proporre dette domande si può dire che "normalmente l'istanza di revoca di una cautela concessa viene presentata dall'Amministrazione o dal controinteressato, nel mentre la facoltà di riproposizione appartiene al ricorrente, e quella di modifica a tutte le parti interessate" (1).

Quanto alle **modalità di presentazione dell'istanza** va da sé che si dovrà fa riferimento alla disciplina prevista per la proposizione della domanda cautelare originaria di cui all'art. 55, commi 3 e seguenti.

Due sono invece i presupposti, alternativi, in presenza dei quali la domanda di revoca, modifica o la riproposizione della domanda originaria è ammissibile.

Il primo presupposto è dato dal verificarsi "***di mutamenti nelle circostanze***" e corrisponde, parzialmente, a quello indicato dal già vigente art. 21, comma 13, l. 6 dicembre 1971, n. 1034, che parlava di fatti sopravvenuti: "La domanda di revoca o modificazione delle misure cautelari concesse e la riproposizione della domanda cautelare respinta sono ammissibili solo se motivate con riferimenti a fatti sopravvenuti" (2).

La richiesta deve dunque fondarsi su delle sopravvenienze non esistenti all'epoca in cui il Giudice si è pronunziato: sopravvenienze che, però, non devono necessariamente essere di fatto, ma anche di diritto, visto che nell'art. 58 cit. si usa l'espressione "mutamenti nelle circostanze" e non già quella, più circoscritta, di "fatti sopravvenuti", di cui all'art. 21 cit., che si poteva anche interpretare in senso restrittivo. Ecco allora perché si è detto esserci solo una parziale sovrapposizione tra i due articoli (3).

(1) Cfr. R. DE PIERO, *Commento all'art. 3*, in *La giustizia amministrativa - Commento alla L. 21 luglio 2000, n. 205*, Giuffrè, 2000, 84-85.

(2) Cfr. art. 21, comma 13, l. 6 dicembre 1971, n. 1034, in *Gazz. Uff.*, 13 dicembre 1971, n. 314, abrogato dall'art. 4, comma 1, n. 10, dell'Allegato IV, al Codice del processo amministrativo.

(3) L'espressione "*fatti sopravvenuti*", anche sotto il vigore dell'art. 21, comma 13, l. 6 dicembre 1971, n. 1034, in *Gazz. Uff.*, 13 dicembre 1971, n. 314, abrogato dall'art. 4, comma 1, n. 10, dell'Allegato IV, al Codice del processo amministrativo, era intesa, da parte della dottrina, come comprensiva anche delle sopravvenienze in diritto. In tal senso S. MENCHINI, in (a cura di M.R. SANCHINI), *La tutela cautelare nel processo amministrativo*,

Le sopravvenienze di diritto potranno evidentemente consistere nella pubblicazione di una nuova legge o nella declaratoria di incostituzionalità di una norma da parte del Giudice delle leggi ecc.

L'altro presupposto, invece, è nuovo ed è dato dall'allegazione "di **fatti anteriori di cui si è acquisita conoscenza successivamente al provvedimento cautelare**", dovendo l'istante, in tale ultima ipotesi, "fornire la prova del momento in cui ne è venuto a conoscenza".

La misura cautelare, pertanto, può essere 'rimessa in discussione' anche alla luce di circostanze già esistenti nel momento in cui il Giudice si è pronunziato sulla domanda cautelare, ma che non erano state dedotte dalla parte perché, in quel momento, non note.

Si possono fare, a questo punto, due considerazioni:

(*i*) in entrambi i descritti casi i "mutamenti nelle circostanze", o i "fatti anteriori di cui si è acquisita conoscenza successivamente", devono incidere sul *fumus boni iuris* e/o sul *periculum in mora*, ovvero sui presupposti richiesti per la concedibilità di una misura cautelare. Solo in tal modo sarà possibile chiedere fondatamente che il provvedimento cautelare venga 'rivisto';

(*ii*) non può sfuggire come il testo dell'art. 58, comma 1, Codice del processo amministrativo, sia ripetitivo dell'art. 669-*decies*, comma 1, c.p.c.: "Salvo che sia stato proposto reclamo ai sensi dell'articolo 669-*terdecies*, nel corso dell'istruzione il giudice istruttore della causa di merito può, su istanza di parte, modificare o revocare con ordinanza il provvedimento cautelare, anche se emesso anteriormente alla causa, se si verificano mutamenti nelle circostanze o se si allegano fatti anteriori di cui si è acquisita conoscenza successivamente al provvedimento cautelare. In tale caso, l'istante deve fornire la prova del momento in cui ne è venuto a conoscenza." [4]. Ci si potrà così riferire alla giurisprudenza civile su quest'ultimo formatasi per risolvere eventuali dubbi interpretativi.

Ne consegue che la **revoca, modifica o riproposizione, quindi, non saranno ammissibili** quando la relativa domanda si basi sulle medesime ragioni di fatto o di diritto già illustrate, ovvero quando, pur di fronte ad una diversa prospettazione dei fatti, valutazione delle prove o esposizioni

Giuffrè, 2006, 108: *"Assumono senz'altro valore le sopravvenienze in diritto, che siano suscettibili di operare rispetto alla situazione soggettiva che funge da oggetto del processo; la domanda respinta può essere riproposta o la misura concessa può essere revocata in presenza di una nuova norma rilevante ovvero della declaratoria d'incostituzionalità di una nuova norma applicata dal giudice nel decidere l'istanza cautelare."*.

[4] Cfr. art. 669-*decies*, comma 1, c.p.c.

di nuove ragioni di diritto, i fatti siano comunque i medesimi, le prove siano le stesse, il contesto normativo sia immutato.

Rimane infine ferma la regola, **circa la competenza a pronunziarsi**, per cui "L'istanza di revoca dell'ordinanza con la quale il T.A.R. pronuncia sulla domanda di sospensione dell'atto impugnato deve essere proposta al T.A.R. medesimo, quando il mutamento dello stato di fatto si sia verificato dopo l'inutile decorso del termine per appellare l'ordinanza, mentre va proposta al consiglio di Stato, quando tale mutamento sia avvenuto dopo la pronuncia sulla sospensiva, resa in fase di appello." (5). Sarà invece competente il Consiglio di Stato ove le circostanze sopravvenute sopraggiungano dopo che quest'ultimo sia sia pronunziato.

2 LA REVOCABILITÀ DELL'ORDINANZA CAUTELARE *EX* ART. 395 C.P.C.

Ai sensi dell'art. 58, comma 2, Codice del Processo Amministrativo "**La revoca può altresì essere richiesta nei casi di cui all'art. 395 codice di procedura civile**".

La citata disposizione, dunque, sancisce espressamente la possibilità di ricorre al rimedio della revocazione anche avverso le ordinanze cautelari. Va sottolineato che non si tratta di una vera novità in quanto, anche prima dell'entrata in vigore del Codice del processo amministrativo, detto rimedio era stato ammesso, sebbene in via pretoria. Così, ad esempio, si era ritenuta soggetta a revocazione l'ordinanza con cui il Consiglio di Stato (6) si era pronunziato sull'appello senza rispettare il termine, di cui all'art. 36, r.d. 17 agosto 1907, n. 642 (7), per la fissazione della Camera di consiglio, norma non più vigente e sostituita dall'art. 55, comma 5, Codice del processo amministrativo.

Il rinvio pieno all'art. 395 c.p.c. porta a ritenere ammissibile sia il ricorso alla revocazione straordinaria (art. 395 c.p.c. nn. 1, 2, 3 e 6) sia quello alla revocazione ordinaria (art. 395 c.p.c. nn. 4 e 5). Con riferi-

(5) Cfr. Cons. Stato, Ad. Pl., 24 febbraio 1978, n. 6, in *Banca dati De Jure*, Giuffrè.

(6) Cfr. Cons. Stato, Sez. VI, ord. 28 gennaio 2003, n. 334, in *www.giustizia-amministrativa.it*. Cfr. inoltre Cons. Stato, Sez. IV, ord. 2707/2007, in *Foro It.*, 2007, III, 545 che ha ammesso la revocazione nel caso di un'ordinanza che aveva accolto un appello cautelare senza, tuttavia, pronunciarsi sull'eccezione di tardività sollevata dall'appellato.

(7) Cfr. art. 36, comma 4, r.d. 17 agosto 1907, n. 642, in *Gazz. Uff.*, 25 settembre 1907, n. 227. La legge è stata abrogato dall'art. 4, comma 1, n. 2, Allegato IV al Codice del processo amministrativo.

mento all'ultimo caso di cui all'art. 395 c.p.c., n. 5, poiché l'ordinanza cautelare non è suscettibile di acquistare la forza del giudicato, la revocazione potrebbe ipotizzarsi solo se il provvedimento cautelare si pone in contrasto con una sentenza (non bastando, evidentemente un'ordinanza) già passata in giudicato.

La revocazione straordinaria potrà essere proposta, anche avverso un'ordinanza pronunziata dal Tribunale amministrativo, sempre che i relativi vizi siano stati scoperti decorso il termine per proporre appello avanti il Consiglio di Stato. Ove, infatti, detti vizi fossero stati scoperti durante la pendenza del termine per appellare, dovrebbero necessariamente essere fatti valere attraverso detto ultimo strumento.

La revocazione ordinaria, invece, **dovrebbe ammettersi** solo per le ordinanze pronunziate dal Consiglio di Stato e non per quelle pronunziate dal Tribunale amministrativo in quanto sempre appellabili: il relativo vizio, infatti, ben potendo essere conosciuto e rilevato sulla base dell'ordinanza, dovrebbe per forza di cose essere fatto valere con l'atto di appello. Sebbene pronunziatosi in un caso di revocazione di sentenza, pare utile richiamare il seguente precedente: "Il rimedio della revocazione di cui al n. 4 dell'art. 395 del codice di procedura civile (così detta 'revocazione ordinaria ') non è esperibile nei confronti delle sentenze dei tribunali amministrativi regionali in pendenza dei termini dell'appello." (8).

Ovviamente dovrà ritenersi inammissibile la revocazione proposta avverso un'ordinanza la quale sia stata assorbita dalla sentenza di merito (9).

Quanto al **termine per la proposizione della revocazione**, lo stesso dovrebbe coincidere con quello per la proposizione dell'appello (10), ovvero 30 giorni dalla notificazione dell'ordinanza (c.d. termine breve), o 60 giorni dalla pubblicazione della stessa (c.d. termine lungo) (si rinvia al Paragrafo 5 del presente Capitolo), sia che si tratti di ordinanza del Tribunale amministrativo regionale sia che si tratti di ordinanza del Consiglio di Stato.

(8) Cfr. Tar Abruzzo, Sez. I, 20 gennaio 2009, n. 56, in *Foro Amm., TAR*, 2009, I, 162.

(9) L'ammissibilità può ricavarsi dalla lettura di Cons. Stato, Sez. V, 5 novembre 2009, n. 6871, in *Foro Amm., CDS*, 2009, 11: "*Nel corso del giudizio di appello è inammissibile la domanda di revocazione dell'ordinanza che aveva disposto la sospensione degli effetti della sentenza appellata in quanto, a prescindere dall'esame della sua fondatezza sotto il profilo sia procedurale che di merito, la stessa non può trovare ingresso in una fase del giudizio che, concludendosi con la sentenza di merito, assorbe la pronuncia cautelare*".

(10) Cfr. F. CARINGELLA-S. MAZZAMUTO-G. MORBIDELLI, *Manuale di diritto amministrativo*, Dike, 2010, 1589.

La revocazione andrà proposta davanti allo stesso Giudice che ha adottato il provvedimento gravato (11). Ove il Giudice di secondo grado abbia confermato l'ordinanza cautelare di primo grado, il ricorso per revocazione andrà proposto avanti quest'ultimo organo.

Quanto al procedimento da seguire, dovrebbero valere le stesse regolare previste per la trattazione dell'istanza di sospensione (12).

3 IL PROBLEMA DELLA RIPROPONIBILITÀ, REVOCABILITÀ E MODIFICABILITÀ DELLE MISURE CAUTELARI PRESIDENZIALI

L'art. 56, comma 4, Codice del processo amministrativo precisa che, **fino a quando il decreto conserva la propria efficacia** — ovvero sino alla camera di consiglio di cui all'art. 55, comma 5, Codice del processo amministrativo (si rinvia al Capitolo IV, Paragrafo 5) —, "**è sempre revocabile o modificabile su istanza di parte**" da notificare alle controparti nelle forme e con gli effetti di cui all'art. 56, comma 2, Codice del processo amministrativo. Ciò significa che la revoca o modifica seguirà il medesimo *iter* che si è visto per la richiesta di concessione della misura (si rinvia al Capitolo IV, Paragrafo 2).

Si possono fare allora alcune brevi riflessioni:

(*i*) la previsione dell'espresso potere di revoca e modifica supera il dubbio di ammissibilità che era sorto sotto la vigenza dell'art. 21, comma 9, l. 6 dicembre 1971, n. 1034 (13);

(*ii*) accanto alla revoca e modifica su istanza di parte, sussiste anche **un caso di revoca d'ufficio**, ovvero quello di cui all'art. 56, comma 2, Codice del processo amministrativo (*i.e* quando il Presidente decide senza aver potuto verificare l'effettivo perfezionamento delle notifiche: si rinvia al Capitolo IV, Paragrafi II e V);

(*iii*) si può ragionevolmente ritenere che la revoca e modifica possano essere chieste **in presenza dei presupposti** di cui all'art. 58, comma 1, Codice del Processo Amministrativo, da ritenere applicabile in via analogica, ovvero se "si verificano mutamenti nelle circostanze o si allegano fatti anteriori di cui si acquisita la conoscenza successivamente al provve-

(11) Cfr. L. MAZZAROLLI-G. PERICU-A. ROMANO-F.A. ROVERSI MONACO-F.G. SCOCA, *Diritto Amministrativo II*, Monduzzi, 2001, 2003.

(12) Cfr. A. TRAVI (a cura di) *Formulario Annotato della Giustizia Amministrativa*, Cedam, 2008, 317.

(13) Cfr. art. 21, comma 9, l. 6 dicembre 1971, n. 1034, in *Gazz. Uff.*, 13 dicembre 1971, n. 314, abrogato dall'art. 4, comma 1, n. 10, dell'Allegato IV, al Codice del processo amministrativo. A favore dell'ammissibilità cfr. Tar Lazio, Sez. III, decr. Pres. 5 gennaio 2005, n. 9, in *www.giustizia-amministrativa.it*.

dimento cautelare", con onere, in capo all'istante, in quest'ultimo caso, "di fornire la prova del momento in cui ne è venuto a conoscenza";

(*iv*) la norma tace sul **potere di riproporre l'istanza** che sia stata respinta. Nonostante il silenzio, si ritiene che la lacuna non sia impeditiva alla riproposizione sempre in forza dell'applicazione analogica dell'art. 58, comma 1, cit.

Può il controinteressato, costituito in giudizio, accedere allo strumento di cui all'art. 56, Codice del processo amministrativo, per chiedere al Presidente la modifica/revoca d'urgenza del provvedimento cautelare concesso dal Collegio, su istanza del ricorrente?

Per rispondere al quesito è necessario verificare se un decreto presidenziale possa modificare una misura collegiale.

La risposta al quesito dovrebbe essere negativa: mentre, infatti, l'art. 56, comma 4, Codice del Processo Amministrativo, prevede espressamente che il Collegio possa incidere sulle statuizioni del Presidente, altrettanto non è previsto nel caso opposto. Il rischio, allora, ove passasse la soluzione positiva — che pur nel vigore della disciplina immediatamente precedente al Codice del processo amministrativo è stata sostenuta da una parte della dottrina (14) —, sarebbe quello di introdurre un rimedio non previsto nel sistema processuale.

4 L'APPELLABILITÀ DELLE MISURE CAUTELARI COLLEGIALI

Ai sensi dell'art. 62, comma 1, Codice del processo amministrativo "**contro le ordinanze cautelari è ammesso appello...**". L'appellabilità era peraltro già prevista dall'art. 28, comma 3, l. 6 dicembre 1971, n. 1034 (15), che era stato aggiunto dall'art. 3, l. 21 luglio 2000, n. 205 (16) che, a sua volta, aveva positivizzato l'orientamento giurisprudenziale dominante (17).

L'appellabilità, ovviamente, riguarda anche le ordinanze con le quali il Tribunale amministrativo abbia revocato o modificato i propri prece-

(14) Cfr. F. CARINGELLA-S. MAZZAMUTO-G. MORBIDELLLI, *Manuale di diritto amministrativo*, Dike, 2010, 1597.

(15) Cfr. art. 28, comma 9, l. 6 dicembre 1971, n. 1034, in *Gazz. Uff.*, 13 dicembre 1971, n. 314, abrogato dall'art. 4, comma 1, n. 10, dell'Allegato IV, al Codice del processo amministrativo.

(16) Cfr. art. 3, l. 21 luglio 2000, n. 205 in *Gazz. Uff.*, in *Gazz. Uff.*, 26 luglio 2000, n. 173.

(17) Nel senso dell'ammissibilità, a seguito di un contrasto giurisprudenziale si era pronunziata l'Adunanza Plenaria del Consiglio di Stato con sentenze 20 gennaio 1978, n. 1, e 8 ottobre 1982, n. 8, entrambe in *Banca dati De Jure*, Giuffrè.

denti provvedimenti cautelari. Ciò discende dalla generalità del rimedio di cui al citato art. 62, comma 1, del Codice del processo amministrativo.

Dovrebbe inoltre essere appellabile anche solo il **capo dell'ordinanza che abbia subordinato la concessione della misura cautelare alla prestazione di una cauzione** (18) (si rinvia al Capitolo III, Paragrafo 3).

Quanto alla **legittimazione soggettiva** a proporre appello "detta facoltà spetta alle parti in senso sostanziale del processo di primo grado, ancorché non costituite o non evocate in giudizio, purché soccombenti" (19). Per proporre appello, va inoltre ricordato che è necessario il ministero di un difensore abilitato al patrocinio presso le giurisdizioni superiori.

L'appello si configura quale **mezzo di gravame che consente il riesame pieno del giudizio effettuato dal Giudice di primo grado**. L'appello, infatti può essere proposto tanto per far valere eventuali vizi dell'ordinanza cautelare, quanto per censurare la sua manifesta ingiustizia, perché adottata in assenza dei requisiti del *fumus boni iuris* e del *periculum in mora*.

5 I TERMINI ED IL PROCEDIMENTO D'APPELLO AVVERSO I PROVVEDIMENTI CAUTELARI COLLEGIALI

L'appello, avanti il Consiglio di Stato, va proposto, *ex* art. 62, comma 1, Codice del processo amministrativo, entro il termine di 30 giorni dalla notificazione dell'ordinanza (**c.d. termine breve**) ovvero entro 60 giorni dalla pubblicazione della stessa (**c.d. termine lungo**).

Rispetto alle previgente disciplina vi sono delle importanti novità:

(i) i termini vengono dimidiati, passando da 60 e 120 giorni, già previsti dall'art. 28, comma 3, l. 6 dicembre 1971, n. 1034 (20), a 30 e 60 giorni per, rispettivamente, il termine breve e quello lungo;

(ii) il *dies a quo* del termine lungo non coincide più con "il giorno della comunicazione del deposito dell'ordinanza... nella segreteria" (21) ma, bensì, con quello della pubblicazione, ovvero con il deposito del

(18) Cfr. Cons. Stato, Sez. V, ord., n. 5796 del 2000, in *www.giustizia-amministrativa.it*.

(19) Cfr. F. CARINGELLA, *Corso di diritto processuale amministrativo*, Giuffrè, 2003, 1065.

(20) Cfr. art. 28, comma 3, l. 6 dicembre 1971, n. 1034, in *Gazz. Uff.*, 13 dicembre 1971, n. 314, abrogato dall'art. 4, comma 1, n. 10, dell'Allegato IV, al Codice del processo amministrativo.

(21) Cfr. art. 28, comma 3, l. 6 dicembre 1971, n. 1034, in *Gazz. Uff.*, 13 dicembre 1971, n. 314, abrogato dall'art. 4, comma 1, n. 10, dell'Allegato IV, al Codice del processo amministrativo.

provvedimento in Segreteria, senza che sia necessaria la sua successiva comunicazione.

Viene così risolto il problema, che poteva porsi sotto la previgente disciplina, nel caso in cui l'ordinanza cautelare non fosse stata né notificata né comunicata a cura della Segreteria del Tribunale e che aveva portato parte della dottrina a ritenere che, nell'ipotesi, il termine per l'impugnativa fosse quello lungo di un anno dalla pubblicazione del provvedimento (22).

L'appello va notificato, entro il termine di scadenza, "ad almeno una delle parti necessarie del giudizio, fermo l'obbligo di integrazione del contraddittorio nei confronti delle altre parti" (23).

La notificazione si esegue alle controparti, **ai sensi dell'art. 330 c.p.c.**, presso il domicilio eletto nella notificazione del provvedimento appellato ovvero, in mancanza di ciò, presso il procuratore costituito, o nella residenza dichiarata o nel domicilio eletto per il giudizio di primo grado. Ciò in forza del rinvio operato dall'art. 39, comma 2, Codice del processo amministrativo, in tema di notificazioni, alle norme del codice di rito: "Le notificazioni degli atti del processo amministrativo sono comunque disciplinate dal codice di procedura civile e dalle legge speciali concernenti la notificazione degli atti giudiziari in materia civile".

Ove, tuttavia, **il procuratore non abbia eletto domicilio**, ovvero **abbia eletto domicilio al di fuori della circoscrizione del Tribunale amministrativo** che ha adottato il provvedimento cautelare oggetto di impugnazione, l'appello andrà notificato presso la Segreteria di detto Tribunale.

Ciò ai sensi dell'art. 25, Codice del processo amministrativo: "1. Nei giudizi davanti ai tribunali amministrativi regionali, la parte, se non elegge domicilio nel comune sede del tribunale amministrativo regionale o della sezione staccata dove pende il ricorso, si intende domiciliata, ad ogni effetto, presso la segreteria del tribunale amministrativo regionale o della sezione staccata. 2. Nei giudizi davanti al Consiglio di Stato, la parte, se non elegge domicilio in Roma, si intende domiciliata, ad ogni effetto, presso la segreteria del Consiglio di Stato".

(22) Cfr. E. FOLLIERI, *Il nuovo giudizio cautelare: art. 3 L. 21 luglio 2000 n. 205*, in *Cons. Stato*, 2001, II, 481.

(23) Cfr. Cons. Stato, Sez. V, 3 aprile 2006, n. 1728, in *Giust. Civ.*, 2007, 2, 498. In senso conforme cfr. Cons. Stato, Ad. Pl. 24 marzo 2004, n. 7, in *Foro. It.*, 2004, III, 597.

Si deve a tal proposito ricordare che, prima dell'entrata in vigore del Codice, la questione si presentava controversa. Se, infatti, non v'era dubbio che l'illustrata ultima regola si applicasse per il giudizio di secondo grado, in considerazione del disposto di cui all'art. 35, comma 2, r.d. 26 giugno 1924, n. 1054 (24), che recitava: "Il ricorrente, che non abbia eletto, nel ricorso, domicilio in Roma, si intenderà averlo eletto, per gli atti e gli effetti del ricorso, presso la segreteria del Consiglio di Stato", qualche perplessità, invece, si nutriva per il processo di primo grado.

Secondo parte della giurisprudenza, infatti, la norma di cui all'art. 35, comma 2, r.d. 26 giugno 1924, n. 1054, doveva essere analogicamente applicata anche al processo di primo grado: "L'art. 35 comma 2, r.d. 26 giugno 1924 n. 1054, secondo cui il ricorrente che non abbia eletto domicilio in Roma si intende averlo eletto per gli atti e gli effetti del ricorso presso la segreteria del Consiglio di Stato, è applicabile per analogia anche al processo dinanzi ai Tribunali amministrativi regionali." (25). Altra parte della giurisprudenza, però, si poneva in senso contrario (26).

L'art. 25, Codice del processo amministrativo, introduce dunque chiarezza sul punto.

V'è peraltro da precisare che la disciplina sino ad ora illustrata si seguirà anche **per la notifica del provvedimento cautelare**, ai fini della decorrenza del termine breve per l'impugnazione.

Sempre per quanto concerne la notifica, tanto del provvedimento cautelare emesso dal Tribunale amministrativo, quanto dell'atto di appello, si può ricordare come non sussista, per la parte, "alcun onere di accertare il reale domicilio del procuratore cui" si "intende notificare l'appello, poiché in base all'art. 330 c.p.c., applicabile anche al processo amministrativo, se manca una rituale comunicazione del diverso domicilio..., continua ad avere rilievo processuale la formale elezione di domicilio da questi effettuata nel giudizio di primo grado" (27).

V'è, però, un'eccezione. "Con la morte del difensore" infatti, "si estinguono anche mandato e connessa elezione di domicilio. Sicché è del tutto irrilevante che l'atto sia notificato e ricevuto nel domicilio a suo tempo eletto: è noto infatti che, dopo la costituzione in giudizio, destinatario di ogni comunicazione o notificazione è il procuratore costituito, ma se que-

(24) Cfr. art. 35, comma, r.d. 26 giugno 1924, n. 1054, in *Gazz. Uff.*, 7 luglio 1924, n. 158, abrogato dall'art. 4, comma 1, n. 4, Allegato IV, al Codice del processo amministrativo.

(25) Cfr. Cons. Stato, Sez. IV, 28 maggio 2009, n. 3343, in *Foro Amm., CDS*, 2009, 5, 1261.

(26) Cfr. Cons. Stato, Sez. V, 1 aprile 1997, n. 301, in *Foro Amm.*, 1997, 1074.

(27) Cfr. Cons. Stato, Sez. IV, 12 maggio 2009, n. 2919, in *Foro Amm., CDS*, 2009, 5, 1252.

sto è deceduto tali forme di conoscenza legale si devono considerare, a protezione del diritto di difesa della parte, come *tamquam non essent*. Non a caso, ai fini della decorrenza del termine breve di decadenza per la proposizione dell'appello, è pacifico che ove sia intervenuta la morte del procuratore, la sentenza deve essere notificata alla parte presso il suo domicilio reale" (28).

In ogni caso, **l'eventuale nullità della notifica è sanata** (29):

— con la costituzione in giudizio della parte intimata: "La notifica del ricorso in appello in luogo diverso da quello prescritto, che non è viziata da giuridica inesistenza ma da nullità, è sanata retroattivamente a seguito della costituzione in giudizio dell'appellato anche dopo la scadenza del termine per proporre controricorso ed anche se effettuata al solo fine di eccepire la nullità.";

— ovvero con la rinnovazione della notifica effettuata spontaneamente dalla parte, ovvero su istanza del Giudice (30).

È peraltro **incerto se la sanatoria operi *ex tunc***, come ritenuto dalla giurisprudenza sopra citata, **ovvero *ex nunc***, come ritenuto da altra parte: "La nullità del ricorso in appello conseguente dall'inesistenza giuridica o dalla nullità della sua notificazione, determina un vizio sanabile '*ex tunc*' solo nel caso in cui l'appellato si costituisca in giudizio non eccependo l'invalidità della notificazione, viceversa, quando la costituzione comporti tale eccezione, essa ha efficacia sanante solo '*ex nunc*', con salvezza dei diritti quesiti e quindi con l'impossibilità di impedire il passaggio in giudicato della sentenza impugnata." (31).

La sanatoria, comunque, **non opera nei casi più gravi di inesistenza** che si hanno quando la notifica "manca del tutto ovvero è stata effettuata in un luogo o con riguardo a persone che non hanno alcun riferimento con il destinatario della notificazione stessa, risultando a costui del tutto estranea" (32).

Per tornare al procedimento d'appello, si precisa che l'atto contenente il gravame, una volta notificato, va depositato in Segreteria entro il termine di cui all'art. 45, Codice del processo amministrativo, ovvero entro e non oltre 30 giorni dal momento di perfezionamento, anche per il de-

(28) Cfr. Cons. Stato, Sez. V, 11 dicembre 2007, n. 6389, in *Foro Amm., CDS*, 2007, 12, 3450.

(29) Cfr. Cons. Stato, Sez. V, 30 agosto 2005, n. 4415, in *Foro Amm., CDS*, 2005, 7/8, 2271. Nello stesso senso cfr. Cons. Stato, Sez. V, 21 ottobre 1995, n. 1448, in *Foro Amm.*, 1995, 2207.

(30) Cfr. Cons. Stato, Sez. IV, 3 novembre 2008, n. 5478, in *Foro Amm., CDS*, 2008, 11, 2985.

(31) Cfr. Cons. Giust. Amm., Sicilia, Sez. Giurisd., 27 maggio 1997, n. 178, in *Banca dati De Jure*, Giuffrè.

(32) Cfr. Cons. Stato, Sez. IV, 3 novembre 2008, n. 5478, in *Foro Amm., CDS*, 2008, 11, 2985.

stinatario, dell'ultima notificazione e viene deciso, come accade in primo grado, "in camera di consiglio con ordinanza".

Da notare come, sotto la previgente disciplina:

— il medesimo termine di 30 giorni per il deposito era previsto dall'art. 36, commi 4 e 5, r.d. 26 giugno 1924 (33): "4. L'originale ricorso, con la prova delle eseguite notificazioni e coi documenti sui quali si fonda, deve essere dal ricorrente, entro 30 giorni successivi alle notificazioni medesime, depositato, insieme all'atto o provvedimento impugnato, nella segreteria del Consiglio di Stato. 5. I termini ed i modi prescritti in quest'articolo per la notificazione ed il deposito del ricorso debbono osservarsi a pena di decadenza.";

— l'applicabilità del rito camerale, nel silenzio della legge, era stata statuita dall'Adunanza Plenaria del Consiglio di Stato, con la decisione 24 febbraio 1978, n. 6 (34).

Al giudizio in grado d'appello si applicano, per espressa previsione dell'art. 62, comma 2, Codice del processo amministrativo, i commi 2, e da 5 a 10 dell'art. 55 ("Misure cautelari collegiali") del Codice, analizzati al Capitolo III, Paragrafo 6, nonché gli artt. 56 ("Misure cautelari monocratiche") e 57 ("Spese del procedimento cautelare") del Codice, esaminati, rispettivamente, ai Capitoli IV e V a cui, pertanto, ci si permette di rinviare.

L'art. 62, comma 3, Codice del processo amministrativo, ricorda, infine, che l'ordinanza con cui il Consiglio di Stato concede delle misure cautelari viene d'ufficio, a cura della Segreteria, trasmessa al Tribunale di primo grado, ai fini della sollecita fissazione dell'udienza di discussione del ricorso.

6 I POSSIBILI ESITI DEL GIUDIZIO D'APPELLO, IN PARTICOLARE, NEL CASO DI ACCERTATA VIOLAZIONE DELLE NORME SULLA GIURISDIZIONE E COMPETENZA

Quanto ai possibili esiti del giudizio d'appello, si possono prendere i considerazioni i seguenti principali casi:

a) se il Consiglio di Stato dovesse rilevare la **violazione, in primo grado, del principio del contraddittorio**, lo stesso, secondo la giuri-

(33) Cfr. art. 36, commi 4 e 5, r.d. 26 giugno 1924, n. 1054, in *Gazz. Uff.*, 7 luglio 1924, n. 158. Articolo abrogato dall'art. 4, comma 1, n. 4, Allegato IV, al Codice del processo amministrativo.

(34) Cfr. Cons. Stato. Ad. Pl. 24 febbraio 1978, n. 6, in *Banca dati de Jure*, Giuffrè.

sprudenza, dovrebbe annullare l'ordinanza impugnata "rinviando la controversia al Tribunale amministrativo regionale per l'integrazione del contraddittorio" (35). Così, ad esempio, il Consiglio di Stato, Sez V, con ordinanza 20 ottobre 1995, n. 1504 (36), ha dichiarato illegittimo il provvedimento cautelare di primo grado pronunziato prima dell'integrazione del contraddittorio con tutti i controinteressati, a prescindere dall'esito, di accoglimento o rigetto, della domanda cautelare. Il Consiglio di Stato ha quindi precisato che, a seguito dell'annullamento, gli atti vanno restituiti al Giudice di primo grado per una nuova decisione. Con una pronuncia di pochi giorni successiva a quella appena citata il Consiglio di Stato (37), tuttavia, ha anche statuito che l'ordinanza cautelare resa a contraddittorio non integro può valere, per il principio di conservazione degli atti, come provvedimento interinale che conserva la propria efficacia sino al nuovo pronunziamento da parte del Collegio. Come si è visto al Capitolo III, Paragrafo 6, però, è incerto se, in primo grado, il difetto di contraddittorio, oltre alla presenza minima dell'amministrazione resistente e di un controinteressato, possa essere rilevato d'ufficio, ovvero solo su eccezione di parte. Il medesimo problema, allora, viene a porsi anche in sede d'appello;

b) allo stesso modo di cui sopra (*i.e.* rinvio al Giudice di primo grado) il Consiglio di Stato procederà ove accerti **un vizio processuale 'mortale'**, tale da determinare "la nullità insanabile del procedimento e della decisione conclusiva di esso" (38);

c) **se il Consiglio di Stato dovesse ritenere che le esigenze cautelari del ricorrente sono fondate e adeguatamente tutelabili con la sollecita definizione del giudizio nel merito**, lo stesso, contrariamente a quando accade in primo grado, anziché fissare la data di discussione del ricorso nel merito (si rinvia al Capitolo III, Paragrafo 9), con la propria ordinanza motiverà "sulle ragioni per cui ritiene di riformare l'ordinanza cautelare di primo grado" e, a mezzo della Segreteria, trasmetterà il provvedimento al Tribunale amministrativo affinché quest'ultimo possa fissare, con sollecitudine, l'udienza di discussione nel merito del ricorso (cfr. art. 55, comma 10, Codice del processo amministrativo);

(35) Cfr. Cons. Stato, Sez. V, ord. 16 dicembre 2003, n. 5552, in *www.giustizia-amministrativa*.

(36) Cfr. Cons. Stato, Sez. V, ord. 20 ottobre 1995, n. 1504, in *Foro It.*, 1996, III, 151.

(37) Cfr. Cons. Stato, Sez. IV, ord. 28 ottobre 1995, n. 1538, *www.giustizia-amministrativa.it*.

(38) Cfr. Cons. Stato, Ad. Pl., 20 febbraio 1985, n. 2, in *Dir. Proc. Amm.*, 1985, 591.

d) il Consiglio di Stato potrà poi **accogliere il gravame**, disponendo delle misure cautelari. In tale ipotesi il provvedimento verrà d'ufficio trasmesso al Giudice di primo grado affinché questi provveda alla sollecita fissazione dell'udienza di discussione del ricorso (cfr. art. 62, comma 3, Codice del processo amministrativo);

e) il Consiglio di Stato potrà **respingere il gravame** confermando le misure cautelari adottate dal Tribunale amministrativo. Ove quest'ultimo abbia però omesso di fissare l'udienza di discussione del ricorso, il Consiglio di Stato, con la propria ordinanza, disporrà "che il tribunale amministrativo provveda alla fissazione della stessa con priorità" (cfr. art. 55, comma 11, Codice del processo amministrativo).

Come si può comprendere la concessione di misure cautelari, anche se in sede d'appello, comporta priorità nella fissazione dell'udienza di discussione nel merito del giudizio (di primo grado). Lo scopo è chiaro: arrivare al più presto ad una decisione di quei processi nei quali sia stata ravvisata — sia pur ad un esame sommario, quale quello proprio della fase cautelare —, l'illegittimità dell'azione amministrativa.

Resta da capire cosa accada nell'ipotesi in cui **il Consiglio di Stato ravvisi la violazione della norme sulla giurisdizione e competenza territoriale a decidere della misura cautelare**.

La risposta al quesito è fornito dall'art. 62, comma 4, Codice del processo amministrativo, che precisa come, in sede d'appello, ove venga **rilevato, anche d'ufficio**, che il Giudice di primo grado:

1. si è pronunziato sulla domanda cautelare, pur essendo privo di giurisdizione (violazione art. 10, comma 2, Codice del processo amministrativo);

2. si è pronunziato sulla domanda cautelare, pur essendo privo di competenza (violazione degli artt. 13 e 14, Codice del processo amministrativo);

3. si è pronunziato sulla domanda cautelare, pur ritenendosi privo di competenza, oppure non si è pronunziato senza indicare il Giudice competente, ovvero senza chiedere il Regolamento di competenza, ovvero chiedendolo senza, tuttavia, indicare il Giudice ritenuto competente (violazione dell'art. 15, comma 5, Codice del processo amministrativo);

4. si è pronunziato sulla domanda cautelare, pur essendo privo di competenza per essere stato proposto un ricorso incidentale, rientrante nella competenza funzionale di altro Tribunale amministrativo regionale (violazione dell'art. 42, comma 4 del Codice: "La cognizione del ricorso incidentale è attribuita al giudice competente per quello principale, salvo

che la domanda introdotta con il ricorso incidentale sia devoluta alla competenza del Tribunale amministrativo regionale del Lazio, sede di Roma, ovvero alla competenza funzionale di un tribunale amministrativo regionale, ai sensi dell'articolo 14; in tal caso la competenza a conoscere dell'intero giudizio spetta al Tribunale amministrativo regionale del Lazio, sede di Roma, ovvero al tribunale amministrativo regionale avente competenza funzionale ai sensi dell'articolo 14");

5. pur ritenendosi competente, nell'incertezza, non si sia pronunziato sulla domanda cautelare (violazione dell'art. 55, comma 13, Codice del processo amministrativo).

Il Consiglio di Stato nei **casi nn. 2, 3, 4 e 5**, sottoporrà la questione che sia stata rilevata d'ufficio al contraddittorio delle parti, nel rispetto dell'art. 73, comma 3, Codice del processo amministrativo ("Se ritiene di porre a fondamento della sua decisione una questione rilevata d'ufficio, il giudice la indica in udienza dandone atto a a verbale. Se la questione emerge dopo il passaggio in decisione, il giudice riserva quest'ultima e con ordinanza assegna alle parti un termine superiore a trenta giorni per il deposito di memorie"), che vuole prevenire le così dette decisioni della terza via [39], per poi regolare d'ufficio la competenza, ai sensi dell'art. 15, comma 4, Codice del processo amministrativo.

La pronunzia del Consiglio di Stato sarà quindi vincolante per i Giudici di primo grado e, nel caso in cui sia stato indicato, come competente un Giudice diverso da quello adito, il giudizio andrà riassunto entro il termine perentorio di 30 giorni dalla comunicazione o notificazione dell'ordinanza che ha pronunziato sul Regolamento (cfr. art. 15, comma 4, Codice del processo amministrativo);

(39) Cfr. in argomento Cass. Civ., Sez. Un., 30 settembre 2009, n. 20935, in *Banca dati De Jure*, Giuffrè: "*Nel caso in cui il giudice esamini d'ufficio una questione di puro diritto, senza procedere alla sua segnalazione alle parti onde consentire su di essa l'apertura della discussione (c.d. terza via), non sussiste la nullità della sentenza, in quanto (indiscussa la violazione deontologica da parte del giudicante) da tale omissione non deriva la consumazione di altro vizio processuale diverso dall'*error iuris in iudicando *ovvero dall'*error in iudicando 'de iure' procedendi, *la cui denuncia in sede di legittimità consente la cassazione della sentenza solo se tale errore sia in concreto consumato: qualora invece si tratti di questioni di fatto, ovvero miste di fatto e di diritto, la parte soccombente può dolersi della decisione, sostenendo che la violazione di quel dovere di indicazione ha vulnerato la facoltà di chiedere prove o, in ipotesi, di ottenere una eventuale rimessione in termini, con la conseguenza che, ove si tratti di sentenza di primo grado appellabile, potrà proporsi specifico motivo di appello solo al fine di rimuovere alcune preclusioni (specie in materia di contro-eccezione o di prove non indispensabili), senza necessità di giungere alla più radicale soluzione della rimessione in primo grado, salva la prova, in casi ben specifici e determinati, che sia stato realmente ed irrimediabilmente vulnerato lo stesso valore del contraddittorio.*".

Nel **caso n. 1**, ferma restando, si ritiene, la necessità di sottoporre la questione al contraddittorio delle parti, ove la stessa sia stata rilevata d'ufficio, nonostante non venga richiamato l'art. 73, comma 3, Codice del processo amministrativo, il Consiglio di Stato dichiarerà il difetto di giurisdizione del Giudice amministrativo.

Ma quale sarà la sorte delle misure cautelari adottate dal Giudice che il Consiglio di Stato abbia accertato essere privo di giurisdizione (caso n. 1) o di competenza (casi nn. 2, 3, 4 e 5)?

Nella prima ipotesi (caso n. 1: decisione cautelare pronunziata dal giudice privo di giurisdizione), pare possa trovare applicazione l'art. 11, comma 7, Codice del processo amministrativo, per cui le "misure cautelari perdono la loro efficacia trenta giorni dopo la pubblicazione del provvedimento che dichiara il difetto di giurisdizione del giudice che le ha emanate. Le parti possono riproporre le domande cautelari al giudice munito di giurisdizione".

Nella seconda ipotesi (casi nn. 2, 3, 4 e 5), invece, il Consiglio di Stato annullerà le ordinanze che siano state adottate da un Giudice diverso da quello indicato come competente dal Giudice adito, *ex* art. 15, comma 7, Codice del processo amministrativo. Le parti avranno però la possibilità, ai sensi dell'art. 15, comma 9, Codice del processo amministrativo richiamato 62, comma 4, del Codice, di riproporre la domanda cautelare al Giudice dichiarato competente.

Le ordinanze pronunziate dal Giudice di cui al citato art. 15, comma 7, Codice del processo amministrativo che poi sia accertato essere incompetente da parte del Consiglio di Stato, invece, conserveranno la loro efficacia sino a 30 giorni dalla data di pubblicazione del provvedimento che regola la competenza (cfr. art. 15, comma 8, Codice del processo amministrativo). L'istante avrà così la possibilità, nelle more, di riassumere il giudizio cautelare (entro il termine perentorio di 30 giorni dalla comunicazione o notificazione dell'ordinanza che ha pronunziato sul regolamento: cfr. art. 15, comma 4, Codice del processo amministrativo), davanti al Giudice indicato come competente.

7 I RIMEDI AVVERSO I PROVVEDIMENTI ADOTTATI DAL CONSIGLIO DI STATO IN SEDE D'APPELLO CAUTELARE

Avverso l'ordinanza cautelare emessa dal Consiglio di Stato in sede d'appello del provvedimento del Tribunale amministrativo è consentito ricorrere al **rimedio della revocazione di cui all'art. 395 c.p.c.** Si rinvia, in argomento, al Paragrafo 2 del presente Capitolo.

Viene invece **escluso il rimedio del ricorso in Cassazione per motivi di giurisdizione**: "*L'ordinanza cautelare emessa dal giudice amministrativo in grado di appello non è impugnabile per cassazione, ai sensi degli art. 362 c.p.c. e 111 Cost., in quanto provvedimento privo di carattere decisorio, inidoneo, quindi, ad incidere in via definitiva sulle posizioni dedotte in giudizio...*" (40).

L'impugnazione, al più, può "*convertirsi in istanza per regolamento preventivo di giurisdizione, ove il ricorrente abbia contestato la giurisdizione dell'autorità procedente in relazione al giudizio di merito ancora pendente sul provvedimento amministrativo impugnato, non essendo di ostacolo a tale conversione né l'emissione del provvedimento cautelare, non potendo questo identificarsi con una pronuncia di merito ai sensi dell'art. 41 c.p.c., e neppure il fatto che il procedimento, invece di svolgersi,* ex *art. 375 c.p.c., nelle forme del rito camerale con l'emanazione di un'ordinanza, sia stato trattato in pubblica udienza e si sia concluso con sentenza.*" (41).

8 LA PROBLEMATICA DELL'AMMISSIBILITÀ DELL'OPPOSIZIONE DI TERZO AVVERSO I PROVVEDIMENTI CAUTELARI

A seguito dell'entrata in vigore del Codice del processo amministrativo può riproporsi **la problematica dell'ammissibilità**, avverso i provvedimenti cautelari, **del rimedio dell'opposizione di terzo di cui all'art. 404, comma 1, c.p.c.** che recita: "Un terzo può fare opposizione contro la sentenza passata in giudicato o comunque esecutiva pronunziata tra altre persone quando pregiudica i suoi diritti".

Nell'ambito del processo civile, la risposta tradizionale al problema è sempre stata negativa:

— "Il terzo che si assume titolare di un possesso incompatibile ed autonomo rispetto a quello già fatto oggetto di una ordinanza di reintegrazione tra altri, per il carattere necessariamente provvisorio inidoneo al giudicato di quest'ultima e la mancanza di un giudizio a cognizione piena sul possesso, non è ammesso alla opposizione di terzo ordinaria, potendo

(40) Cfr. Cass. Civ., Sez. Un, 8 aprile 2008, n. 9151, in *Foro Amm., CDS*, 2008, 4, 1052. Nei medesimi termini Cass. Civ. Sez Un., 24 maggio 2007, n. 12068, in *Guida al Diritto - Il Sole-24 Ore*, 2007, 38, 56.

(41) Cfr. Cass. Civ., Sez. Un, 8 aprile 2008, n. 9151, in *Foro Amm., CDS*, 2008, 4, 1052.

avviare esclusivamente una tutela per reclamo della ordinanza possessoria nelle forme del reclamo cautelare." (42);

— "È inammissibile l'opposizione di terzo contro un provvedimento di urgenza, in quanto il terzo che lamenta pregiudizio della pronuncia '*inter alios*', può intervenire volontariamente nel giudizio di merito e può chiedere la revoca del provvedimento cautelare (nella specie, è stata dichiarata inammissibile l'opposizione, qualificata dal ricorrente 'di terzo all'esecuzione', dell'acquirente di un ramo d'azienda di una emittente radiofonica, contro il provvedimento d'urgenza con il quale era stata disposta la disattivazione dell'impianto, pronunciato, dopo l'avvenuto trasferimento, nei confronti dell'alienante)." (43).

Alla stessa conclusione, nel vigore della previgente disciplina, si era giunti anche nell'ambito del processo amministrativo. Ciò sulla base di due principali argomenti:

— il dato testuale: l'art. 404, comma 1, cit. infatti, fa esplicito riferimento solo alle sentenze e non già alle ordinanze;

— la circostanza che la Corte Costituzionale, con sentenza 17 maggio 1995, n. 177 (44), nel dichiarare l'illegittimità dell'art. 27. l. 6 dicembre 1971, n. 1034 (45), aveva esteso il rimedio dell'opposizione di terzo solo avverso "le sentenze del Consiglio di Stato e delle sentenze del Tribunale amministrativo regionale divenute giudicato", con ciò mostrando di escludere la possibilità di estendere l'opposizione di terzo ad altri provvedimenti, privi di tale ultima caratteristica.

Parte della dottrina aveva però ritenuto superabili gli argomenti sopra richiamati. Il primo, attraverso una lettura estensiva della norma di cui all'art. 404, comma 1, cit.; il secondo sulla base della considerazione che l'intervento additivo della Corte Costituzionale, con la citata sentenza, andava considerato "come il passaggio obbligato per l'ingresso dell'opposizione di terzo nel processo amministrativo, dal quale partire per una ricostruzione più puntuale della disciplina dell'istituto in questione" (46).

(42) Cfr. Pret. Monza, 11 giugno 1996, in *Giur. It.*, 1997, I, 2, 232.

(43) Cfr. Pret. Macerta, 3 agosto 1992, in *Foro It.*, 1993, I, 1707.

(44) Cfr. Corte Cost. 17 maggio 1995, n. 177, in *Banca dati De Jure*, Giuffrè.

(45) Cfr. art. 27, l. 6 dicembre 1971, n. 1034, in *Gazz. Uff.*, 13 dicembre 1971, n. 314, ora non più vigente, perché abrogato dall'art. 4, comma 1, n. 10, dell'Allegato IV, al Codice del processo amministrativo.

(46) W. TROISE MANGONI, *L'opposizione ordinaria del terzo nel processo amministrativo*, Giuffrè, 2004, 287.

Tale dottrina faceva allora notare come la considerazione che la misura cautelare potesse avere una portata autonoma pregiudizievole, doveva necessariamente condurre a ritenere che un siffatto effetto lesivo potesse determinarsi anche nei confronti dei terzi. Nella "prospettiva costituzionalmente orientata di garantire il terzo dai possibili effetti pregiudizievoli derivanti da una pronunzia giurisdizionale, presenta scarso rilievo la valutazione circa l'idoneità della suddetta pronuncia ad assumere il valore di cosa giudicata" (47). Si doveva pertanto concludere per l'ammissibilità dello strumento.

Ora, sebbene non si possa escludere che il provvedimento cautelare si riveli pregiudizievole per il terzo, pare che, alla luce del contenuto dell'art. 108, Codice del processo amministrativo, rubricato "Casi di opposizione di terzo", l'indicata tesi non possa essere accolta. Il citato art. 108, infatti, prevede tra i provvedimenti impugnabili con tale rimedio **solo la sentenza** "ancorché passata in giudicato". La norma non si presta così a differenti interpretazioni.

9 IL PROBLEMA DELL'APPELLABILITÀ DELLE MISURE CAUTELARI PRESIDENZIALI

Il decreto cautelare presidenziale non è appellabile (cfr. art. 56, comma 2, Codice del processo amministrativo: "Il presidente... provvede con decreto motivato non impugnabile"). Il medesimo, piuttosto, perde automaticamente la propria efficacia se la domanda cautelare non viene esaminata nell'ambito dell'udienza camerale, di cui all'art. 55, comma 5, Codice del processo amministrativo (si rinvia al Capitolo IV, Paragrafo 5).

Nel vigore dell'art. 21, comma 9, l. 6 dicembre 1971, n. 1034 (48), pur in assenza di una espressa previsione normativa, **la giurisprudenza** (ad eccezione, secondo quanto consta, di un solo caso di cui si dirà) si era pronunziata nello stesso senso: "È inammissibile l'appello avverso il decreto emesso dal presidente del Tar 'inaudita altera parte' ai sensi dell'art. 3 l. 21 luglio 2000 n. 205, poiché tale misura ha carattere eccezionale, non rientra tra i provvedimenti di cui all'art. 21 comma 8 l. n. 1034 del 1971 e non è per sua natura impugnabile atteso che la questione alle-

(47) W. TROISE MANGONI, *L'opposizione ordinaria del terzo nel processo amministrativo*, Giuffrè, 2004, 287.

(48) Cfr. art. 21, comma 9, l. 6 dicembre 1971, n. 1034, in *Gazz. Uff.*, 13 dicembre 1971, n. 314, ora non più vigente, perché abrogato dall'art. 4, comma 1, n. 10, dell'Allegato IV, al Codice del processo amministrativo.

gata deve essere esaminata dal collegio nel corso della camera di consiglio per la trattazione dell'istanza cautelare secondo le procedure previste e nel rispetto del principio del contraddittorio." (49).

Sul punto, **in dottrina, si era levata qualche voce contraria** che riteneva opportuna l'appellabilità (50).

In realtà, non molto tempo fa, come sopra si accennava, **il Consiglio di Stato ha concluso nello stesso senso di questa dottrina**, in un caso davvero curioso che è opportuno ripercorrere.

Il Tribunale amministrativo regionale del Trentino Adige, Sezione di Bolzano, era stato adito dalla Lega Antivivisezione L.A.V. Onlus per chiedere l'annullamento, previa sospensiva, con decreto *inaudita altera parte*, del decreto dell'Assessore provinciale per le Foreste avente come oggetto: "approvazione al controllo delle marmotte 2009 nei prati da sfalcio e loro vicinanze".

Si trattava, in estrema sintesi, di un provvedimento attraverso cui veniva programmata, nel corso del tempo, l'eliminazione controllata delle marmotte.

Il Tribunale amministrativo di primo grado respingeva la richiesta di concessione delle misure cautelari (51).

Il decreto veniva dunque impugnato avanti il Consiglio di Stato il quale: "Considerato che il gravame si rivolge avverso un decreto presidenziale di TAR di diniego di misure cautelari provvisorie, per il quale l'art. 3 L .n. 205/2000 non ha formalmente previsto l'impugnazione in sede di appello;

considerato peraltro che il provvedimento impugnato in primo grado (decreto provincia autonoma di Bolzano-Alto Adige del 28 agosto 2009) ha una durata circoscritta al mese di settembre 2009 e concerne l'autorizzazione all'abbattimento delle marmotte nei limiti ivi previsti, per cui l'eventuale inammissibilità dell'appello si porrebbe in contrasto con i principi ispiratori dell'ordinamento che sono orientati a garantire l'effettività della tutela giurisdizionale, anche cautelare, delle posizioni soggettive fatte valere dagli interessati;

ritenuta la sussistenza di motivi di estrema gravità ed urgenza prospettati dall'appellante, anche in considerazione del fatto che la camera di

(49) Cfr. Cons. Stato, Sez. IV, 17 novembre 2001, n. 5602, in *Giur. It.*, 2001, 615.

(50) S. RUSCICA, *Le novità in tema di tutela cautele del processo amministrativo*, Giuffrè, 2008, 139.

(51) Cfr. Tar Trentino Alto Adige, Sez. di Bolzano, Sez. I, 9 settembre 2009, n. 151, in *www.giustizia-amministrativa.it*.

consiglio per l'esame collegiale dell'istanza cautelare è stata fissata dal TAR in data 6 ottobre 20009, quando ormai l'abbattimento delle marmotte per l'anno 2009 sarebbe completamente avvenuto;

ritenuto pertanto di dover accogliere l'istanza di misure cautelari provvisorie fino all'esito dell'esame collegiale della domanda cautelare, già fissata dal TAR per il giorno 6 ottobre 2009" (52);

decideva quindi di accogliere la richiesta cautelare disponendo la sospensione "dell'esecuzione del provvedimento impugnato in primo grado fino all'esito dell'esame collegiale dell'istanza cautelare, già fissata presso il TAR per il giorno 6 ottobre 2009" (53).

La dottrina che si è pronunziata a commento della ricordata decisione, dopo averne condiviso l'opportunità, ha effettuato talune riflessione di carattere generale, che meritano qui di essere richiamate.

Ha così scritto F. Satta: "È vero che l'appello contro il decreto cautelare del presidente del TAR non esiste; ma se la camera di consiglio per la trattazione della sospensiva viene fissata a termine per l'abbattimento già scaduto, addio marmotte, addio giustizia. In omaggio all'una e alle altre" il Consiglio di Stato "ha ammesso l'appello ed ha sospeso il provvedimento impugnato.

Due sono gli insegnamenti che si devono trarre. Il primo, di carattere generale, è che il decreto presidenziale adottato inaudita altera parte è per sua struttura pericoloso. Di solito questo si dice perché viene accolto e poi non confermato. Forse le cose non stanno così. Il decreto presidenziale, tranne casi di manifesta irrazionalità e pretestuosità, probabilmente deve essere accolto, perché lascia il mondo immutato fino alla valutazione del collegio. Che certo non è infallibile, ma è collegio, e decide dopo il contraddittorio — quello vero, come si dice.

Il secondo è che di fronte ad una condanna a morte in corso di esecuzione non è dato comprendere come l'atto che la dispone possa non essere sospeso. Certo, se gli abbattimenti sono motivati con la necessità di prevenire disastri incalcolabili alla specie umana (si pensi alla 'mucca pazza') e di questo si dà la prova, non si potrebbe fare altrimenti. Ma non sembra che così fosse. Non è stato evocato il principio di precauzione. La situazione era dunque proprio quella qui sopra tracciata: sospensiva presidenziale negata sull'ordinanza di abbattimento; sospensiva fissata a data

(52) Cfr. Cons. Stato., Sez. V, dec. 18 settembre 2009, n. 4628, in *www.giustizia-amministrativa.it*.

(53) Cfr. Cons. Stato., Sez. V, dec. 18 settembre 2009, n. 4628, in *www.giustizia-amministrativa.it*.

successiva al completamento delle esecuzioni. Situazione dunque senza rimedio secondo il rito ordinario.

La giustizia era divenuta oggettivamente impossibile, priva di ogni contenuto.

Di fronte a questo, bene ha fatto il Consiglio di Stato a ritenere il decreto presidenziale un provvedimento definitivo, equivalente ad un'ordinanza del collegio, e ad ammetterne quindi l'appello. Non si poteva fare altro.

Extra ordinem, certo. Ma in nome della giustizia." (54).

In linea generale, dunque, "se i tempi di decisione lo consentono, non vi è ragione per escludere l'appello sul provvedimento presidenziale, così come è stato riconosciuto l'appello sull'ordinanza cautelare collegiale: l'intervento del giudice di secondo grado prima che sia deciso il merito della causa si giustifica perché i presupposti della decisione in sede cautelare sono in parte diversi dai presupposti per la decisione in sede di merito; ma anche i presupposti per la decisione in sede cautelare presidenziale sono parzialmente differenti dai presupposti per la decisione in sede cautelare collegiale; nel primo caso, infatti, quello che è soprattutto considerato dal legislatore è il fatto che si possano verificare danni irreparabili e gravi prima del compiuto esame della questione in sede collegiale, e cioè con il rispetto il più pieno possibile del principio del contraddittorio.

Da questo punto di vista, perciò, il decreto che si riporta, esclusivamente motivato sull'urgenza del provvedere, appare correttamente motivato." (55).

A seguito dell'entrata in vigore del Codice del processo amministrativo, non pare che l'inappellabilità del decreto monocratico, da un punto di vista letterale (cfr. art. 56, comma 2 del Codice) possa essere messa in dubbio. Ciò, anche da un punto di vista logico-giuridico, perché il provvedimento presidenziale, in quanto per sua natura provvisorio, è soggetto ad una verifica immediata in sede di camera di consiglio da parte del Collegio; e da un punto di vista pratico, perché, pur ad ammettere, in astratto, l'appellabilità del decreto, il tempo intercorrente tra la sua concessione e la camera di consiglio per il suo esame sarebbe così breve che, di regola, la decisione sull'appello proposto rischierebbe di giungere dopo

(54) Cfr. F. SATTA, *Il sonno della marmotte*, in *www.apertacontrada.it*, 27 ottobre 2009.

(55) Cfr. C.E. GALLO, *L'appellabilità del decreto cautelare presidenziale*, in *Foro Amm., CDS*, 2009, 11, 2615.

quella del Collegio ed essere quindi tardiva e, pertanto, sostanzialmente inutile.

In casi eccezionali come quello di cui si è occupato il Consiglio di Stato, tuttavia, non si può escludere la percorribilità del rimedio.

10 I RAPPORTI TRA IL PROCEDIMENTO DI REVOCA/MODIFICA DELLE MISURE CAUTELARI E QUELLO D'APPELLO

Quanto ai rapporti tra revoca/modifica del provvedimento cautelare e appello dello stesso avanti il Consiglio di Stato, rimane ferma la regola per cui, ove "i mutamenti nelle circostanze" (cfr. art. 58, comma 1, Codice del processo amministrativo), ovvero i "fatti anteriori" (cfr. art. 58, comma 1, Codice del processo amministrativo), si siano, rispettivamente, verificati o si siano acquisiti successivamente all'adozione del provvedimento cautelare, ma, in entrambi i casi, decorso inutilmente il termine per proporre appello, le indicate circostanze andranno fatte valere con l'istanza di revoca/modifica.

Nelle more delle pendenza del termine per l'appello, invece, attraverso quest'ultimo strumento: "L'istanza di revoca dell'ordinanza con la quale il T.A.R. pronuncia sulla domanda di sospensione dell'atto impugnato deve essere proposta al T.A.R. medesimo, quando il mutamento dello stato di fatto si sia verificato dopo l'inutile decorso del termine per appellare l'ordinanza, mentre va proposta al Consiglio di Stato, quando tale mutamento sia avvenuto dopo la pronuncia sulla sospensiva, resa in fase di appello." (56).

In dottrina, tuttavia, **gli effetti di questa distinzione sono in parte stati mitigati** "La natura, la funzione, i carattere di provvisorietà delle misure cautelari orientano a non riconoscere al provvedimento un'efficacia preclusiva ampia, che è, invece, tipica dei provvedimenti decisori-definitivi, con la conseguenza che la mancata proposizione dell'appello non determina la preclusione del potere di dare valore tramite l'istanza di revoca o di modifica anche a qui fatti sopravvenuti che pure erano suscettibili di costituire motivo di appello, in quanto verificatisi prima della scadenza del termine di impugnazione (dunque, l'appello concorre con il reclamo)" (57).

(56) Cfr. Cons. Stato, Ad. Pl., 24 febbraio 1978, n. 6, in *Banca dati De Jure*, Giuffrè. In senso contrario si pone parte della dottrina.

(57) Cfr. S.MENCHINI, in (a cura di M.R. SANCHINI), *La tutela cautelare nel processo amministrativo*, Giuffrè, 2006, 106.

11 IL POTERE CAUTELARE DEL GIUDICE D'APPELLO DI SOSPENDERE L'ESECUTIVITÀ DELLA SENTENZA IMPUGNATA: I PRESUPPOSTI E IL RINVIO ALLA DISCIPLINA DEL PROCEDIMENTO CAUTELARE IN CORSO DI CAUSA

Ai sensi dell'art. 98, Codice del processo amministrativo "... il giudice dell'impugnazione può, su istanza di parte, valutati i motivi proposti e qualora dall'esecuzione possa derivare un danno grave ed irreparabile, disporre la sospensione dell'esecutività della sentenza impugnata, nonché le altre opportune misure cautelari, con ordinanza pronunziata in camera di consiglio".

In precedenza una disposizione analoga era contenuta nell'art. 33, commi e 3 e 4, l. 6 dicembre 9171, n. 1034 (58), che prevedeva: "3. Il Consiglio di Stato... su istanza di parte, qualora dall'esecuzione della sentenza possa derivare un danno grave ed irreparabile, può disporre, con ordinanza motivata emessa in camera di consiglio, che la esecuzione sia sospesa. 4. Sull'istanza di sospensione il Consiglio di Stato provvede nella sua prima udienza successiva al deposito del ricorso. I difensori devono essere sentiti in camera di consiglio, ove ne facciano richiesta".

Il potere di sospensione attribuito al Consiglio di Stato **deriva dal fatto che la sentenza di primo grado è esecutiva** e il ricorso in appello non sospende automaticamente la sua efficacia. Si rende dunque necessaria un'apposita domanda di parte la cui proposizione ed il cui esame segue, ora, la disciplina contenuta nell'artt. 55 commi da 2 a 10 ("Misure cautelari collegiali"), 56 ("Misure cautelari monocratiche") e 57 ("Spese del procedimento cautelare"), Codice del processo amministrativo, richiamati dal comma 2 del citato art. 98 del Codice.

Ciò significa che si potrà chiedere che la sospensione venga deliberata non solo con ordinanza in sede di camera di consiglio (cfr. art. 55, commi 2-10: si rinvia al Capitolo III, Paragrafo 6) ma anche con decreto presidenziale, nelle ipotesi di particolare urgenza (cfr. art. 56, Codice del processo amministrativo: si rinvia al Capitolo IV). In altra parole il Presidente della Sezione del Consiglio di Stato deputata a decidere l'appello potrà, in attesa della camera di consiglio, adottare le misure cautelari provvisorie più opportune che saranno poi sottoposte al vaglio del Colle-

(58) Cfr. art. 33, commi 3 e 4, l. 6 dicembre 1971, n. 1034, in *Gazz. Uff.*, 13 dicembre 1971, n. 314, ora non più vigente, perché abrogato dall'art. 4, comma 1, n. 10, dell'Allegato IV, al Codice del processo amministrativo.

gio, per la loro 'conferma, revoca o modifica', ove venga dedotta dall'appellante una situazione "di estrema gravità ed urgenza, tale da non consentire neppure la dilazione fino alla data della camera di consiglio" (cfr. art. 56, comma 1, Codice del processo amministrativo).

L'ordinanza del Consiglio di Stato, inoltre, dovrà pronunziare anche sulle spese (cfr. art. 57, Codice del processo amministrativo: si rinvia al Capitolo V).

Legittimati alla proposizione dell'istanza saranno tanto l'appellante in via principale, quanto l'appellante in via incidentale con esclusione della parte che sia, invece, meramente resistente.

Anche in questo caso si ritrovano alcuni elementi di novità rispetto alla disciplina dell'art. 33, commi 3 e 4 cit., l. 6 dicembre 1971, n. 1034 [59]:

(ι) in primo luogo **l'accoglimento dell'istanza non è basato esclusivamente sulla valutazione del danno grave ed irreparabile** — come previsto dall'art. 33, comma 3, l. 6 dicembre 1971, n. 1034 [60] —**, ma, anche, sulla valutazione dei motivi proposti**. L'ordinanza, sia essa di accoglimento o rigetto, pertanto, dovrà contenere l'indicazione di quei profili, legati ai motivi di doglianza sollevati, che, sia pur ad un sommario esame, conducono ad una ragionevole previsione circa l'esito dell'appello [61];

(ιι) in secondo luogo, il Consiglio di Stato potrà non solo sospendere l'esecutività della sentenza di primo grado ma anche disporre "**le altre opportune misure cautelari**" (cfr. art. 98, comma 1, Codice del processo amministrativo) che si dovessero rendere necessarie.

Merita quindi una breve riflessione **il rapporto tra il provvedimento cautelare di sospensione adottato dal Consiglio di Stato e la sentenza del Tribunale amministrativo regionale** su cui il primo viene, per l'appunto, ad incidere.

L'oramai abrogato art. 33, comma 3, l. 6 dicembre 1971, n. 1034 [62], infatti, prevedeva in capo al Consiglio di Stato il potere di sospendere

(59) Cfr. art. 33, commi 3 e 4, l. 6 dicembre 1971, n. 1034, in *Gazz. Uff.*, 13 dicembre 1971, n. 314, ora non più vigente, perché abrogato dall'art. 4, comma 1, n. 10, dell'Allegato IV, al Codice del processo amministrativo.

(60) Cfr. art. 33, comma 3, l. 6 dicembre 1971, n. 1034, in *Gazz. Uff.*, 13 dicembre 1971, n. 314, ora non più vigente, perché abrogato dall'art. 4, comma 1, n. 10, dell'Allegato IV, al Codice del processo amministrativo.

(61) Sul punto si osserva come, anche sotto la previgente disciplina, si riteneva che il Giudice d'appello non avrebbe dovuto fermarsi alla sola valutazione del *periculum*, ma estendere l'esame anche alla fondatezza dell'appello. In tal senso cfr. G. VACIRCA, in (a cura di M. R. SANCHINI), *La tutela cautelare nel processo amministrativo*, Giuffrè, 2006, 32.

(62) Cfr. art. 33, comma 3, l. 6 dicembre 1971, n. 1034, in *Gazz. Uff.*, 13 dicembre 1971, n. 314, ora non più vigente, perché abrogato dall'art. 4, comma 1, n. 10, dell'Allegato IV, al Codice del processo amministrativo.

l'"esecuzione" della sentenza. Nel citato art. 98, comma 1, Codice del processo amministrativa, invece, si fa riferimento ad analogo potere riferito, però, all'"esecutività" della sentenza.

La differenza terminologica non è di poco conto: **esecutività**, infatti, significa capacità di produrre effetti immediati in forza di un carattere proprio dell'atto. L'esecutività consiste, dunque, "nella produzione automatica ed immediata degli effetti allorquando il provvedimento medesimo sia divenuto efficace" (63).

Esecuzione, invece, richiama un'attività materiale che si rende necessaria per realizzare le "statuizioni poste dal provvedimento" (64).

Sospendere l'esecuzione di una sentenza non ha pertanto il medesimo significato di sospenderne l'esecutività.

Ora, nella vigenza del citato art. 33, comma 3, l. 6 dicembre 1971, n. 1034 (65), sebbene la norma facesse riferimento alla possibilità di sospendere l'esecuzione della sentenza, nella prassi, una volta che il Consiglio di Stato avesse accolto il provvedimento cautelare di sospensione chiesto con l'atto di appello, si riteneva che il provvedimento amministrativo annullato in primo grado riprendesse la propria efficacia, come se la sentenza del Tribunale amministrativo regionale non fosse mai stata pronunziata. In altre parole non v'era differenza "di effetti tra la decisione sommaria sull'istanza di sospensione dell'esecuzione della sentenza e la decisione sommaria che il Consiglio di Stato assume quando in sede d'appello annulla il provvedimento cautelare concesso in primo grado dal tribunale" (66).

Tale prassi era stata critica da parte della dottrina, sia in considerazione del fatto che il ricordato art. 33, comma 3, l. 6 dicembre 1971, n. 1034 (67) faceva riferimento alla possibilità di sospensione dell'"esecuzione" della sentenza, e non già della sua "esecutività", sia in considerazione del fatto che sarebbe risultato alquanto strano che un provvedimento cautelare, sebbene emanato dal Giudice d'appello, potesse incidere in maniera così forte su di una sentenza, sia pur emessa dal Giudice appellato.

(63) Cfr. L. MAZZAROLLI-G. PERICU-A. ROMANO-F.A. ROVERSI MONACO-F.G. SCOCA, *Diritto amministrativo*, II, Monduzzi, 1998, 1443.

(64) Cfr. L. MAZZAROLLI-G. PERICU-A. ROMANO-F.A. ROVERSI MONACO-F.G. SCOCA, *Diritto amministrativo*, II, Monduzzi, 1998, 1443.

(65) Cfr. art. 33, comma 3, l. 6 dicembre 1971, n. 1034, in *Gazz. Uff.*, 13 dicembre 1971, n. 314, ora non più vigente, perché abrogato dall'art. 4, comma 1, n. 10, dell'Allegato IV, al Codice del processo amministrativo.

(66) E. M. BARBIERI, *Sulla sospensione della sentenza amministrativa di primo grado*, in *Dir. Proc. Amm.*, 2005, 1, 150.

(67) Cfr. art. 33, comma 3, l. 6 dicembre 1971, n. 1034, in *Gazz. Uff.*, 13 dicembre 1971, n. 314, ora non più vigente, perché abrogato dall'art. 4, comma 1, n. 10, dell'Allegato IV, al Codice del processo amministrativo.

Tale dottrina, allora, aveva proposto una differente interpretazione per cui "La sentenza amministrativa di primo grado produce si per sé immediati effetti di annullamento del provvedimento impugnato e degli atti ad esso conseguenziali, effetti di annullamento che si verificano indipendentemente da ogni problema di esecuzione della sentenza, in quanto rispetto ad essi non si pone nemmeno un problema di esecuzione non essendovi nulla da eseguire, conseguendo essi all'efficacia propria della sentenza. Quando poi per adempiere all'obbligo di conformarsi alla sentenza la pubblica amministrazione sia tenuta ad attivarsi, allora si pone un problema di esecuzione della sentenza. In tal caso, ove l'amministrazione lamenti da tale esecuzione il pericolo di danni gravi ed irreparabili essa può chiedere al Consiglio di Stato la sospensione dell'esecuzione della sentenza.

Ove essa venga concessa, resta però sospeso per l'amministrazione solo l'obbligo di ottemperare al giudicato, senza che venga meno la sospensione dell'esecutorietà del provvedimento impugnato, la quale si riconnette direttamente alla esecutività della sentenza di primo grado e non alla sua esecuzione" (68).

Tale tesi, che poteva ritenersi condivisibile, sembra ora scontrarsi con il dato letterale dell'art. 98, comma 1, Codice del processo amministrativo che si riferisce alla sospensione dell'esecutività della sentenza di primo grado. **Cosa che potrebbe dunque legittimare definitivamente la prassi di cui si è riferito**.

12 IL POTERE CAUTELARE DEL CDS DI SOSPENDERE L'EFFICACIA DELLA SENTENZA IMPUGNATA CON RICORSO PER CASSAZIONE. IL PROBLEMA DELLA MANCANZA DI UNA SPECIFICA DISCIPLINA IN CASO DI REVOCAZIONE E OPPOSIZIONE DI TERZO

Gli artt. **106, 108 e 110**, Codice del processo amministrativo disciplinano, rispettivamente, i rimedi della revocazione e opposizione di terzo, avverso le sentenze dei Tribunali amministrativi e del Consiglio di Stato, e del ricorso per cassazione avverso le sole sentenze del Consiglio di

(68) E. M. BARBIERI, *Sulla esecutività della sentenza amministrativa di primo grado*, in *Foro Amm.*, 1976, 2915.

Stato. Rimedi già peraltro previsti dall'art. 36, l. 6 dicembre 1971, n. 1034 (69) come inciso dalla sentenza della Corte Costituzionale 17 maggio 1995, n. 117 (70).

Sotto la vigenza del citato art. 36 nulla era previsto in ordine alla possibilità che l'efficacia esecutiva della sentenza impugnata con questi mezzi di gravame potesse essere cautelarmente sospesa. Ciò nonostante la dottrina riteneva che questi rimedi dovessero "ritenersi disciplinati dalle norme generali, per quanto non diversamente disposto" e che, pertanto, fosse da ritenere ammissibile "la sospensione della sentenza qualora dall'esecuzione" potesse "derivare grave ed irreparabile danno (artt. 373, 401, e 407 c.p.c.)" (71).

Con l'entrata in vigore del Codice del processo amministrativo il potere di sospensione viene espressamente previsto **solo** in capo al Consiglio di Stato nell'ipotesi in cui la sua sentenza sia stata impugnata, *ex* art. 110, avanti la Corte di Cassazione per motivi inerenti alla giurisdizione. Recita infatti l'art. 111 del Codice "Il Consiglio di Stato, su istanza di parte, in caso di eccezionale gravità ed urgenza, può sospendere gli effetti della sentenza impugnata e disporre le altre opportune misure cautelari".

Per la sospensione dell'efficacia della sentenza, pertanto, non basterà il rischio di un "grave ed irreparabile danno" di cui all'art. 373 c.p.c. ma ci vorrà l'"eccezionale gravità ed urgenza" richiesta dal citato art. 111 del Codice del processo amministrativo.

La circostanza, invece, che nulla si dica per la revocazione e l'opposizione di terzo, potrebbe anche far pensare che l'efficacia esecutiva della sentenza non sia sospendibile nell'ambito di tali giudizi.

La lacuna pare tuttavia colmabile attraverso il rinvio interno contenuto nell'art. 38 Codice del processo amministrativo per cui: "Il processo amministrativo si svolge secondo le disposizioni del Libro II che, se non espressamente derogate, si applicano anche alle impugnazioni e ai riti speciali".

Ciò fa allora propendere per l'ammissibilità della sospensione dell'efficacia esecutiva della sentenza anche nell'ipotesi in cui sia proposta, avverso la stessa, la revocazione o l'opposizione di terzo.

(69) Cfr. art. 36, l. 6 dicembre 1971, n. 1034, in *Gazz. Uff.*, 13 dicembre 1971, n. 314, ora non più vigente, perché abrogato dall'art. 4, comma 1, n. 10, dell'Allegato IV, al Codice del processo amministrativo.

(70) Cfr. Corte Cost. 17 maggio 1995, n. 117, in *Foro It.*, 1996, I, 3318. Con la citata sentenza la Corte Costituzionale ha dichiarato l'illegittimità dell'art. 36 della l. 6 dicembre 1971, n. 1034, nella parte in cui non prevedeva l'opposizione di terzo ordinaria fra i mezzi di impugnazione delle sentenze del Consiglio di Stato.

(71) Cfr. G. VACIRCA in (a cura di) M.R SANCHINI, *La tutela cautelare nel processo amministrativo*, Giuffrè, 2006, 33.

Quanto al procedimento da seguire:

— nel caso di cui all'art. 111, Codice del processo amministrativo, sempre tenuto conto del rinvio contenuto nell'art. 38 del Codice, si potrà applicare la medesima disciplina prevista per l'appello cautelare di cui all'art. 62, comma 2, Codice del processo amministrativo (si rinvia al Paragrafo 5 del presente Capitolo);

— nei casi di cui agli artt. 106 e 108, Codice del processo amministrativo, invece, tenuto conto che a norma degli artt. 398, comma 1 (72), e 400 (73) c.p.c., per la revocazione, e 405 c.p.c. (74), per l'opposizione di terzo — utilmente invocabili in forza del rinvio esterno contenuto nell'art. 39, comma 1 del Codice ("Per quanto non disciplinato dal presente codice si applicano le disposizioni del codice di procedura civile, in quanto compatibili o espressioni di principi generali") — dette impugnazioni si propongono davanti allo stesso Giudice che ha pronunziato la sentenza da gravare, seguendo le forme prescritte per il procedimento avanti lo stesso, si dovrà ritenere applicabile la disciplina prevista per la proposizione della domanda cautelare in primo grado (cfr. art. 55 e 56, Codice del processo amministrativo), nel caso in cui il giudizio sia promosso avanti il Tribunale amministrativo e quella, invece, prevista per l'appello cautelare (cfr. art. 62, comma 2, Codice del processo amministrativo), nel differente caso in cui, invece, la causa sia instaurata davanti al Consiglio di Stato.

In sintesi

- Le parti possono riproporre la domanda cautelare al Collegio o chiedere la revoca o modifica del provvedimento cautelare collegiale se si verificano mutamenti nelle circostanze o si allegano fatti anteriori di cui si è acquisita conoscenza successivamente al provvedimento cautelare.
- Avverso l'ordinanza cautelare collegiale è ammissibile, accanto all'appello innanzi al Consiglio di Stato (modellato sulla base del procedimento cautelare di primo grado), anche il rimedio della revocazione di cui all'art. 395 c.p.c.
- Il decreto cautelare presidenziale, sino alla camera di consiglio di cui all'art. 55, comma 5, Codice del processo amministrativo, termine ultimo della sua efficacia, può sempre essere revocato o modificato. Il decreto, inoltre, può essere revocato d'ufficio dal Presidente che lo ha pronunziato senza aver potuto accertare l'avvenuto perfezionamento della notificazione della relativa istanza.
- Il decreto cautelare presidenziale è (di regola) inappellabile.

(72) Cfr. art. 398, I co., c.p.c.: "*La revocazione si propone con citazione davanti allo stesso giudice che ha pronunciato la sentenza impugnata.*".

(73) Cfr. art. 400, c.p.c.: "*Davanti al giudice adito si osservano le norme stabilite per il procedimento davanti a lui in quanto non derogate da quelle del presente capo.*".

(74) Cfr. art. 405 c.p.c.: "*L'opposizione è proposta davanti allo stesso giudice che ha pronunciato la sentenza, secondo le forme prescritte per il procedimento davanti a lui.*".

In sintesi

- L'esecutività delle sentenze di primo grado può essere sospesa con apposita domanda svolta in occasione della proposizione dell'atto di appello avverso le stesse.
- In caso di ricorso per cassazione per motivi di giurisdizione avverso le sentenze del Consiglio di Stato, è possibile chiedere la sospensione della loro esecutività.
- La domanda di sospensione dell'esecutività delle sentenze si ritiene possa essere svolta anche in caso di proposizione, avverso le stesse, dei rimedi della revocazione ed opposizione di terzo.

CAPITOLO 7

LA DEFINIZIONE DEL GIUDIZIO IN ESITO ALL'UDIENZA CAUTELARE

Nel Codice del processo amministrativo viene ribadita la previsione, già contenuta negli artt. 21, comma 10 e 26, comma 4, l. 6 dicembre 1971, n. 1034, circa la possibilità che il Collegio, in sede di udienza cautelare, possa definire il merito della controversia. Tale esito è tuttavia condizionato da una serie di presupposti di carattere processuale e sostanziale, contenuti negli artt. 60 e 74, Codice del processo amministrativo.

Sommario:

1 I PRESUPPOSTI PER LA DECISIONE DEL RICORSO IN SEDE DI UDIENZA CAUTELARE.

L'art. 60, Codice processo amministrativo, nel riprendere il contenuto dell'art. 21, comma 10, l. 6 dicembre 1971, n. 1034 ("In sede di decisione della domanda cautelare, il tribunale amministrativo regionale, accertata la completezza del contraddittorio e dell'istruttoria ed ove ne ricorrano i presupposti, sentite sul punto le parti costituite, può definire il giudizio nel merito a norma dell'articolo 26. Ove necessario, il tribunale amministrativo regionale dispone l'integrazione del contraddittorio e fissa contestualmente la data della successiva trattazione del ricorso a norma del comma undicesimo, adotta, ove ne sia il caso, le misure cautelari interinali") (1), **prevede la possibilità che il giudizio venga definito già in sede di udienza cautelare**: "In sede di decisione della domanda cautelare, purché siano trascorsi almeno venti giorni dall'ultima notificazione del ricorso, il collegio, accertata la completezza del contraddittorio e dell'istruttoria, sentite sul punto le parti costituite, può definire, in camera di consiglio, il giudizio con sentenza in forma semplificata, salvo che una

(1) Cfr. art. 21, comma 10, l. 6 dicembre 1971, n. 1034, in *Gazz. Uff.*, 13 dicembre 1971, n. 314, ora non più vigente, perché abrogato dall'art. 4, comma 1, n. 10, dell'Allegato IV, al Codice del processo amministrativo.

delle parti dichiari che intende proporre motivi aggiunti, ricorso incidentale o regolamento di competenza, ovvero regolamento di giurisdizione. Se la parte dichiara che intende proporre regolamento di competenza o di giurisdizione, il giudice assegna un termine non superiore a trenta giorni. Ove ne ricorrano i presupposti, il collegio dispone l'integrazione del contraddittorio o il rinvio per consentire la proposizione di motivi aggiunti, ricorso incidentale, regolamento di competenza o di giurisdizione e fissa contestualmente la data per il prosieguo della trattazione".

La norma rientra sicuramente tra gli strumenti volti a potenziare la definizione accelerata della controversia (2). Nel caso in esame, in particolare, l'accelerazione consiste nel fatto che l'udienza di discussione nel merito del ricorso potrebbe anche mancare, risolvendosi la controversia nell'ambito dell'udienza fissata per la fase cautelare. **Ciò a condizione che**:

(*i*) **siano trascorsi almeno 20 giorni dall'ultima notificazione del ricorso** contenente l'istanza cautelare (o dall'istanza, se notificata successivamente e separatamente dal ricorso), o meglio dal suo perfezionamento, visto che, a norma dell'art. 55, comma 5, Codice del processo amministrativo, la prima camera di consiglio utile per la decisione della fase cautelare non può essere fissata prima che siano trascorsi almeno 20 giorni "dal perfezionamento dell'ultima notifica per il destinatario" (si rinvia al Capitolo III, Paragrafo 6). La violazione del termine, potendosi tradurre in una violazione del principio del contraddittorio, potrebbe comportare l'annullamento con rinvio della sentenza da parte del Consiglio di Stato.

(*ii*) **sia stata accertata la completezza del contraddittorio**, circostanza che presuppone che il ricorso sia stato notificato all'amministrazione resistente e a tutti i controinteressati, "vale a dire che le parti siano state messe in grado di esplicitare '*hinc et inde*' tutte le loro argomentazioni" (3), a prescindere dal fatto che si siano o meno costituite. Ciò dovrebbe derivare dall'applicazione dell'art. 101 del codice di rito (utilmente invocabile in forza del rinvio esterno di cui all'art. 39, comma 1, Codice del processo amministrativo) che recita "Il giudice, salvo che la legge disponga altrimenti, non può statuire sopra alcuna domanda, se la parte contro la quale è proposta non è stata regolarmente citata e non è comparsa".

(2) Cfr. S. RUSCICA, *Le novità in tema di tutela cautelare nel processo amministrativo*, Giuffrè, 2008, 159: "*La conversione dell'incidente cautelare in decisione sul merito della controversia... indica anche uno sfavore legislativo nei confronti della tutela cautelare, in quanto la spinta innovativa è ormai tutta proiettata verso l'accelerazione del processo di merito...*".

(3) Cfr. Cons. Stato, Sez. V, 18 giugno 2008, n. 2991, in *Foro Amm., CDS*, 2008, 6, 1759.

Ratio della citata disposizione, come noto, è quella di consentire al convenuto di difendersi, cosa che si realizza quando lo stesso è stato notiziato dell'azione giudiziale e della possibilità di costituirsi in giudizio, senza che rilevi che il medesimo abbia o meno deciso di profittarne [4].

Ciò, dunque, spiega perché il Collegio potrebbe decidere la controversia, ai sensi dell'art. 60, Codice del processo amministrativo, sebbene le controparti non si siano costituite purché, però, alle stesse sia stata regolarmente notificata la domanda giudiziale.

La notifica della domanda, tuttavia, **dovrà essere stata estesa a tutti i controinteressati e non già ad un solo di questi**. Ques'tultima ipotesi, infatti, se non impedisce la decisione della domanda cautelare (si rinvia al Capitolo III, Paragrafo 6) è però ostativa alla decisione di quella di merito, alla luce di quanto previsto dall'art. 49, comma 1, Codice del processo amministrativo: "Quando il ricorso sia stato proposto solo contro taluno dei controinteressati, il presidente o il collegio ordina l'integrazione del contraddittorio nei confronti degli altri". Si ricorda, peraltro, che l'integrazione del contraddittorio è ammissibile solo in primo grado [5].

Si ripropone, peraltro, lo stesso problema che era sorto sotto la vigenza dell'art. 21, comma 10, l. 6 dicembre 1971, n. 1034 [6]: il Collegio, per poter decidere ai sensi dell'art. 60, Codice del processo amministrativo, deve comunque attendere il decorso del termine, previsto dall'art. 46, comma 1, del Codice, per la costituzione delle parti intimate, oppure può comunque decidere?

L'udienza cautelare, infatti, viene fissata, *ex* art. 55, comma 5, Codice del processo amministrativo, nella prima Camera di consiglio utile successiva al ventesimo giorno dal perfezionamento dell'ultima notifica del ricorso e, comunque, non prima di dieci giorni dal suo deposito. Le parti intimate, invece, *ex* art. 46, comma 1, cit., possono costituirsi in giudizio entro 60 giorni dal perfezionamento, nei propri confronti, della notifica del ricorso. Di regola, dunque, l'udienza camerale si terrà prima che sia scaduto il termine per la costituzione delle parti intimate. *Quid iuris*, dunque?

(4) Cfr. C. MANDRIOLI, *Diritto processuale civile, I Nozioni introduttive e disposizioni generali*, Giappichelli, 2007, 123.

(5) Cfr. Cons. Stato, Ad. Pl., 24 marzo 2004, n. 7, in *Banca dati De jure*, Giuffrè: "*La successiva integrazione del contraddittorio prevista nei confronti degli altri soggetti controinteressati dall'art. 21 comma 1 l. 6 dicembre 1971 n. 1034 è possibile soltanto nel giudizio di primo grado e non anche in appello*".

(6) Cfr. art. 21, comma 10, l. 6 dicembre 1971, n. 1034, in *Gazz. Uff.*, 13 dicembre 1971, n. 314, ora non più vigente, perché abrogato dall'art. 4, comma 1, n. 10, dell'Allegato IV, al Codice del processo amministrativo.

Pare si possa concludere in conformità a quell'orientamento giurisprudenziale per cui: "il Tar può decidere il ricorso con sentenza succintamente motivata... anche se l'Amministrazione intimata e gli eventuali controinteressati non si siano costituiti in giudizio e sia ancora pendente il relativo termine processuale..." (7). Ciò sempre alla luce di quanto sopra ricordato in merito all'art. 101, c.p.c. Sul punto, però, si registra anche un orientamento contrario: "In base all'art. 26 comma 5 l. Tar, che mira a contemperare l'esigenza della rapida definizione del giudizio con quella della salvaguardia del diritto di difesa, il Tar può definire il ricorso quando le parti necessarie del giudizio si siano costituite e siano state avvisate della possibilità che sia emessa la sentenza all'esito della camera di consiglio fissata per l'esame dell'istanza cautelare. Da ciò consegue che il ricorso non può essere deciso quando ancora non sia scaduto il termine per la costituzione in giudizio delle parti necessarie (nella specie la sezione ha ritenuto non rispettato tale principio, in quanto il ricorso di primo grado era stato notificato il 21 dicembre 2000, mentre la causa è stata assunta in decisione semplificata l'11 gennaio 2001, allorché, quindi, non era ancora scaduto il termine per la costituzione dell'amministrazione intimata)." (8).

(*iii*) **sia stata accertata la completezza dell'istruttoria**, ovvero si sia appurato che il giudizio non richiede l'assunzione di prove e che, pertanto, la causa, allo stato degli atti, si presenta già matura per la decisione (9).

Ciò alla luce dell'insegnamento della Corte Costituzionale: "... *la definizione abbreviata è preclusa... dall'esigenza di procedere ad ulteriori acquisi-*

(7) Cfr. Tar Campania, Sez. VII, 18 gennaio 2010, n. 176, in *Banca dati De Jure*, Giuffrè. In senso conf. Con. Stato, Sez. Sez. IV, 3 marzo 2009, n. 1230, in *Foro Amm., CDS*, 2009, 3, 654: "*Il giudice amministrativo, per pronunciare la sentenza immediata che definisce nel merito l'incidente ai sensi degli art. 3 e 9, l. 21 luglio 2000 n. 205, non deve attendere che siano consumati i termini per la costituzione delle parti, sanciti dall'art. 22 comma 1, l. 6 dicembre 1971 n. 1034.*".

(8) Cfr. Cons. Stato, Sez. VI, 23 maggio 2006, n. 3080, in *Foro Amm., CDS*, 2006, 5, 1545. Per una differente tesi cfr. S. RUSCICA, *Le novità in tema di tutela cautelare nel processo amministrativo*, Giuffrè, 2008, 178. L'Autore, nel commentare l'art. 21, comma 10, l. 6 dicembre 1971, n. 1034, dopo aver richiamato la tesi di coloro che sostenevano che la "*completezza del contraddittorio*" richiedeva l'effettiva partecipazione della parte alla discussione della causa, scrive "*L'interpretazione che, probabilmente, si appalesa più ragionevole... è nel senso che il legislatore ha, in realtà, rimesso al giudice, per un accertamento caso per caso, la verifica della completezza del contraddittorio (intesa come effettiva costituzione delle parti e completo svolgimento delle loro difese). Sarà il giudice, cioè, che nel caso concreto accerterà e vaglierà (vuoi perché le parti presenti hanno potuto svolgere la rispettiva difesa e formulato le relative conclusioni, vuoi perché esse risultano comunque regolarmente costituite con rispettivi atti scritti di deduzioni e controdeduduzioni) se il diritto delle parti al contraddittorio sia stato o avrebbe potuto in concreto, essere regolarmente esercitato*".

(9) Cfr. Tar Lazio, Sez. I, 6 settembre 2006, n. 8019, in *Banca dati De Jure*, Giuffrè.

zioni istruttorie." [10]. Si ritiene, peraltro, che il Collegio potrà anche disattendere l'eventuale istanza di parte, ma dovrà fornire sul punto un'adeguata motivazione [11].

Nel caso il giudizio venga egualmente deciso pur in presenza di un'istruttoria incompleta, il Giudice d'appello, ove l'omissione sia stata sollevata quale motivo di impugnazione, potrà effettuare gli accertamenti non disposti in primo grado.

(*iv*) **siano state sentite le parti costituite**, "delle quali non occorre la prestazione dell'assenso o la manifestazione ostativa del dissenso" [12]. Il mancato rispetto di tale regola dovrebbe comportare l'annullamento con rinvio della sentenza gravata: "L'omessa consultazione delle parti costituisce violazione di quanto disposto dall'art. 21 l. Tar, come modificato dall'art. 3 l. n. 205 del 2000, secondo cui condizione perché il Tar possa definire il giudizio nel merito in sede di decisione sulla domanda cautelare è che siano state sentite sul punto le parti costituite, con la conseguenza che la sentenza emessa senza consultazione deve essere annullata, per un vizio della procedura, con rinvio al primo giudice, ai sensi dell'art. 35 l. Tar." [13]. Soggiunto, però che, la decisione in forma semplificata è possibile anche "in assenza dei difensori delle parti costituite, equivalendo la detta assenza a disinteresse o rinunzia ad evidenziare ragioni ostative alla pronuncia" [14].

(*v*) **una delle parti non dichiari:**

a) **che intende proporre ricorso per motivi aggiunti, ricorso incidentale o Regolamento di competenza** sempreché, ovviamente, non siano già decorsi i relativi termine per farlo. Si ricorda, a tal proposito, che il ricorso per motivi aggiunti va proposto entro il medesimo termine previsto per il ricorso principale (cfr. art. 43, comma 1, Codice del processo amministrativo), il ricorso incidentale, entro 60 giorni dalla ricevuta notifica del ricorso principale (cfr. art. 42, commi 1 e 2 e art. 41, comma 2, Codice del processo amministrativo), il Regolamento di competenza, invece, finché la causa non è decisa in primo grado "non rilevando, a tal fine, le pronunce istruttorie o interlocutorie di cui all'art. 36, comma 1, né quelle che respingono l'istanza cautelare senza riferimento espresso

(10) Cfr. Corte Cost. 10 novembre 1999, n. 427, in *Foro Amm.*, 2000, 740.

(11) Cfr. E. FOLLIERI, *Il nuovo giudizio cautelare: art. 3, L. 21 luglio 2000, N 205*, in *Cons. Stato*, 2001, II, 494.

(12) Cfr. Cons. Stato, Sez VI, 26 giugno 2001, n. 3463, in *Foro Amm.*, 2001, 6.

(13) Cfr. Cons. Stato. Sez. VI, 20 aprile 2006, n. n. 2224, in *Foro Amm., CDS*, 2006, 4, 1264.

(14) Cfr. Tar Campania, Sez. VII, 18 febbraio 2010, n. 176, in *Banca dati De Jure*, Giuffrè.

alla questione di competenza" (cfr. art. 15, comma 2, Codice del processo amministrativo).

b) **che intende proporre Regolamento di giurisdizione**, che, ai sensi dell'art. 41 c.p.c., richiamato dall'art. 10, comma 1 Codice del processo amministrativo, è proponibile "finché la causa non sia decisa nel merito in primo grado" dovendosi, con tale espressione, intendere "qualsiasi decisione emanata dal giudice presso il quale il processo è radicato, sia attinente al merito sia a questioni inerenti i presupposti processuali in genere" (15).

Ove, pertanto, vi sia necessità di integrare il contraddittorio, ovvero le richieste della parte che si oppone alla definizione del giudizio in sede cautelare siano fondate, il Giudice rinvierà il procedimento ad una successiva udienza così da consentire, per l'appunto, l'integrazione del contraddittorio, il completamento dell'istruttoria, la proposizione del ricorso per motivi aggiunti, o del ricorso incidentale, ovvero del Regolamento di competenza o giurisdizione. In questi ultimi due casi, peraltro, il Collegio assegnerà alla parte, per la proposizione, un termine non superiore a 30 giorni. In assenza di detto termine, infatti, la possibilità di chiedere il Regolamento di competenza (cfr. art. 15, comma 2, Codice del processo amministrativo) e di giurisdizione (cfr. art. 10, comma 1, Codice del processo amministrativo) si protrarrebbe troppo a lungo, contrastando con le esigenze di concentrazione sottese all'art. 60, Codice del processo amministrativo.

Accanto ai presupposti sopra indicati, ve n'è un altro, di carattere sostanziale, che condiziona la possibilità di definizione del giudizio in sede di udienza cautelare.

Questo presupposto si ricava dalla lettura dell'art. 74 Codice del processo amministrativo, rubricato "Sentenza in forma semplificata", e che, per l'appunto, enuncia le ipotesi in cui può essere adottata tale forma di sentenza, ovvero il ricorrere della "... manifesta fondatezza ovvero ... manifesta irricevibilità, inammissibilità, improcedibilità o infondatezza del ricorso".

Come si vede, si tratta dei medesimi casi già elencati nell'art. 26, comma 4, l. 6 dicembre 1971, n. 1034 ("Nel caso in cui ravvisino la manifesta fondatezza ovvero la manifesta irricevibilità, inammissibilità, im-

(15) Cfr. C. CONSOLO-F.P. LUISO, *Codice di Procedura Civile Commentato*, Ipsoa, 2007, *sub* art. 41, 486.

procedibilità o infondatezza del ricorso, il Tribunale amministrativo regionale e il Consiglio di Stato decidono con sentenza succintamente motivata") [16] e che la giurisprudenza aveva avuto modo di affermare essere i presupposti, di carattere sostanziale, perché si potesse passare dal giudizio cautelare a quello di merito: "La disciplina del passaggio dal giudizio cautelare al giudizio di merito è definita in via generale e in modo compiuto dall'art. 21 comma 10, l. n. 1034 del 1971, che ne indica i presupposti processuali (completezza del contraddittorio e dell'istruttoria; l'audizione delle parti costituite) e nell'art. 26 che ne evidenzia quelli sostanziali ('manifesta fondatezza', 'manifesta irricevibilità, inammissibilità, improcedibilità, infondatezza del ricorso'), entrambi necessari." [17].

Vediamoli ora singolarmente.

Per potersi parale di **manifesta fondatezza o infondatezza** è necessario, innanzitutto, che la controversia non comporti l'esame di problematiche complesse.

Già da un primo esame della causa, quindi, devono emergere degli elementi tali, in termini di chiarezza e completezza, che portino il Giudice a ritenere, senza dubbio al riguardo, che la domanda dell'istante meriti, ovvero non meriti accoglimento.

Così, la **manifesta fondatezza** potrà emergere in presenza "di pretese apodittiche e immotivate di portata assolutamente generale o ripetitiva (come nel caso dei ricorsi definiti semplicisticamente 'filoni') e, ancora, di fattispecie sulle quali è possibile motivare... *per relationem*, richiamando le argomentazioni e le motivazioni che hanno formato oggetto di precedenti pronunce" [18]. La **manifesta fondatezza**, invece, potrà derivare dal fatto che il Collegio ha già avuto modo di pronunciarsi, in precedenza, sulla questione accogliendo il ricorso.

Si può invece parlare di **manifesta irricevibilità** quando è possibile accertare, in modo chiaro, "la tardività della notificazione o del deposito" (cfr. art. 35, comma 1, lett. *a*, Codice del processo amministrativo) del ricorso. Tardività che si ha quando lo stesso è stato proposto oltre i termini di legge, di cui all'art. 41, Codice del processo amministrativo, o deposi-

[16] Cfr. art. 26, comma 5, l. 6 dicembre 1971, n. 1034, in *Gazz. Uff.*, 13 dicembre 1971, n. 314, ora non più vigente, perché abrogato dall'art. 4, comma 1, n. 10, dell'Allegato IV, al Codice del processo amministrativo.

[17] Cfr. Cons. Stato, Sez. IV, 28 gennaio 2002, n. 453, in *Foro Amm., CDS*, 2002, 73. In senso conforme Tar Sicilia, Sez. II, 20 settembre 2000, n. 1699, in *Foro It.*, 2000, II, 537.

[18] Cfr. S. RUSCICA, *Le novità in tema di tutela cautelare nel processo amministrativo*, Giuffrè, 2008, 170.

tato in giudizio oltre i 30 giorni dal perfezionamento della sua ultima notifica, *ex* art. 45, comma 1, Codice del processo amministrativo.

Si ha **manifesta inammissibilità**, nei casi in cui si appalesa la carenza di "... interesse o sussistono altre ragioni ostative ad una pronuncia sul merito" (cfr. art. 35, comma 1, lett. *b*, Codice del processo amministrativo) Si pensi, così, all'inammissibilità del ricorso perché già deciso con sentenza passata in giudicato.

Infine, si può parlare di **manifesta improcedibilità** quando è evidente che "nel corso del giudizio sopravviene il difetto di interesse delle parti alla decisione, o non sia stato integrato il contraddittorio nel termine assegnato, ovvero sopravvengano altre ragioni ostative ad una pronuncia sul merito" (cfr. art. 35, comma 1, lett. *c*, Codice del processo amministrativo).

Precisati i presupposti formali e sostanziali dello strumento di cui all'art. 60, Codice del processo amministrativo, si rendono opportune ancora alcune osservazioni in merito al descritto rito accelerato:

(*i*) **la possibile chiusura repentina del processo impone alle parti di svolgere in modo completo ed esaustivo i propri scritti difensivi**. Infatti "parte istante — per poter sperare nel rito abbreviato — dovrà evidenziare in modo particolare i motivi di diritto che ritiene fondati ed assorbenti (eventualmente rinunciando a quei motivi di puro contorno che a volte servono solo come rafforzativo del motivo principale); allo stesso modo le controparti avranno tutto l'interesse a costituirsi immediatamente con controricorso ampio (e documentazione completa) e con deduzione di tutte le eccezioni preliminari che potrebbe condurre ad una pronuncia di irricevibilità o inammissibilità del ricorso" (19);

(*ii*) **la decisione del ricorso in sede cautelare continua ad essere una mera facoltà del Collegio** che, pur ricorrendone i presupposti, potrebbe anche decidere di non avvalersene (l'art. 60, comma 1, Codice del processo amministrativo recita infatti "... il collegio ... può definire..."). Tuttavia, l'eventuale decisione in forma semplificata in assenza dei requisiti richiesti dal citato art. 60, Codice del processo amministrativo, sarebbe denunziabile in sede d'appello: "In sede di decisione in camera di consiglio resa con motivazione in forma semplificata l'omessa indicazione della formula di rito in ordine alla sussistenza dei presupposti previsti

(19) Cfr. R. DE PIERO, *Commento all'art. 3*, in *La Giustizia amministrativa - commento alla L. 21 Luglio 2000, n. 205*, Giuffrè, 2000, 79.

dall'art. 21, l. 6 dicembre 1971 n. 1034 non costituisce di per sé vizio della decisione, la ritualità della stessa in ordine all'esistenza effettiva di tali presupposti essendo conoscibile e sindacabile in appello, ove venga con esso denunciato un errore sulle norme di rito, che abbia determinato un vizio del contraddittorio." [20];

(*iii*) **la decisione del ricorso "*in sede di decisione della domanda cautelare*"**, *ex* art. 60, comma 1, cit., **non deve ritenersi limitata alla sola prima udienza camerale** ma anche ad eventuali successive: "Il potere del Giudice amministrativo di decidere il merito già in sede di camera di consiglio non spira con l'adozione della misura cautelare primigenia ma si perpetua nelle successive occasioni in cui l'interessato promuove iniziative dirette ad eccitare un'ulteriore esplicazione del potere di decisione della domanda cautelare al quale si riferisce l'art. 3 comma 3 l. n. 205 del 2000, ed in particolare sussiste anche nel caso in cui venga chiesta l'adozione delle disposizioni attuative che il giudice può adottare in caso di inottemperanza alla misura cautelare, ai sensi del penultimo comma del riformato art. 21 l. n. 1034 del 1971" [21].

(*iv*) **la decisione in sede cautelare potrebbe inoltre intervenire sebbene, nelle more, sia stata fissata l'udienza di merito**: "Alla possibilità di decidere il merito già in sede di camera di consiglio per la decisione della domanda preliminare di sospensione non osta la eventuale già avvenuta fissazione della data dell'udienza di merito, atteso che la fissazione dell'udienza non è stata idonea a scalfire la piena esplicazione dei diritti e delle prerogative defensionali" [22];

(*v*) **se non sussistono tutti i presupposti per definire il giudizio in sede cautelare**, il Collegio, come visto, fisserà "... la data per il prosieguo della trattazione" riservandosi, quindi, di decidere il merito della controversia alla successiva udienza. In tale ultimo caso, tuttavia, non si prevede, a differenza di quanto invece disponeva il vecchio art. 21, comma 10, l. 6 dicembre 1971, n. 1034 [23], che il Tribunale possa adottare, "ove ne sia il caso, le misure cautelari interinali". La lacuna non pare però significativa: nulla, dunque, impedirà al Collegio, nelle more, di adottare le

(20) Cfr. Cons. Stato, Sez. IV, 29 luglio 2008, n. 3715, in *Foro Amm., CDS*, 2008, 7-8, 2052.

(21) Cfr. Cons. Stato, Sez. VI, 26 giugno 2001, n. 3463, in *Banca dati De Jure*, Giuffrè.

(22) Cfr. Cons. Stato, Sez. VI, 26 giugno 2001, n. 3463, in *Banca dati De Jure*, Giuffrè.

(23) Cfr. art. 21, comma 10, l. 6 dicembre 1971, n. 1034, in *Gazz. Uff.*, 13 dicembre 1971, n. 314, ora non più vigente, perché abrogato dall'art. 4, comma 1, n. 10, dell'Allegato IV, al Codice del processo amministrativo.

misure cautelari più opportune, in attesa che il giudizio venga poi definito.

2 LA SENTENZA IN FORMA SEMPLIFICATA

La pronunzia che definisce il giudizio in sede cautelare assume la veste della sentenza in forma semplificata che si caratterizza per una motivazione succinta che può consistere, *ex* art. 74, Codice del processo amministrativo, "in un sintetico riferimento al punto di fatto o di diritto ritenuto risolutivo ovvero, se del caso, ad un precedente conforme".

L'art. 74, nella parte sopra citata, è dunque ripetitivo dell'art. 26, comma 4, l. 6 dicembre 1971, n. 1034 (24).

È opinione generalmente condivisa quella per cui "il sintetico riferimento al punto di fatto o di diritto ritenuto risolutivo, ovvero, se del caso, ad un precedente conforme" consenta una motivazione ancor più stringata sebbene non elimini "le garanzie connesse al procedimento giurisdizionale (il processo) di cui la sentenza è l'epilogo, per la semplice ragione che pur nella forma semplificata essa deve contenere ... una succinta ma congrua ed idonea motivazione delle argomentazioni svolte e condivise dal Giudice." (25).

La stesura di una succinta motivazione, nell'intenzione del Legislatore, è anch'essa strumento di accelerazione del processo potendo consentire, rispetto a quella di un'ordinaria motivazione, un certo qual risparmio di tempo.

In sintesi

• Il potere del Collegio di definire il giudizio nel merito, in sede cautelare, è condizionato dalla sussistenza di molteplici presupposti. I primi, di carattere processuale, contenuti nell'art. 60, Codice del processo amministrativo, ovvero:
— l'avvenuto decorso del termine di venti giorni dall'ultima notificazione del ricorso;
— la completezza del contraddittorio;
— la completezza dell'istruttoria;
— l'assenza della dichiarazione di parte circa la volontà di proporre ricorso per motivi aggiunti, ricorso incidentale, Regolamento di competenza o Regolamento di giurisdizione;

(24) Cfr. l'art. 26, comma 5, l. 6 dicembre 1971, n. 1034, in *Gazz. Uff.*, 13 dicembre 1971, n. 314, ora non più vigente, perché abrogato dall'art. 4, comma 1, n. 10, dell'Allegato IV, al Codice del processo amministrativo.

(25) Cfr. Cons. Stato., Sez. V, 28 febbraio 2002, n. 3573, in *Banca dati De Jure*, Giuffrè.

In sintesi

I secondi, di carattere sostanziale, contemplati dall'art. 74, Codice del processo amministrativo, ovvero la manifesta fondatezza, irricevibilità, inammissibilità, improcedibilità o infondatezza del ricorso.

- In assenza di uno di uno dei presupposti di cui sopra, il Collegio, non potendo decidere il merito della vertenza, dovrà rinviare il procedimento ad una successiva udienza in occasione della quale, ove tali presupposti siano tutti presenti, il giudizio potrà essere definito. Nelle more, non pare sia precluso al Collegio adottare delle misure cautelari.
- La decisione della vertenza in sede cautelare si caratterizza per il particolare contenuto motivazionale avente natura succinta.

CAPITOLO 8

LE MISURE CAUTELARI *ANTE CAUSAM*

Nel presente Capitolo verrà analizzata la disciplina delle misure cautelari *ante causam*, già prevista, nel solo ambito delle procedure di affidamento di pubblici lavori, servizi e forniture, dall'art. 245, commi 3 e ss., Codice de Lise, ed ora trasformata in strumento di generale applicazione dall'art. 61, Codice del processo amministrativo.
Si esamineranno, in particolare, i presupposti richiesti per l'utile invocabilità di tale strumento, per poi concentrarsi sull'*iter* processuale da seguire: dalla notifica, alla decisione della domanda, alla necessità della notifica del decreto di accoglimento, al regime delle spese e della sua attuazione.
Verrà quindi dato spazio alla riproponibilità, revocabilità, modificabilità e appellabilità del provvedimento cautelare *ante causam*.

Sommario:

1 INTRODUZIONE

Il Codice del processo amministrativo, all'art. 61, introduce un nuovo strumento: quello delle misure cautelari *ante causam*.

Ora, come noto, **si può parlare di tutela cautelare *ante causam*** quando è possibile proporre al Giudice la relativa domanda anche se il giudizio per il merito non è ancora pendente e, pertanto, in un momento antecedente a quest'ultimo.

Sotto il regime della l. 6 dicembre 1971, n. 1034 (1), come riformata dalla l. 21 luglio 2000, n. 205 (2), si era pressoché in modo unanime

(1) Cfr. l. 6 dicembre 1971, n. 1034, in *Gazz. Uff.*, 13 dicembre 1971, n. 314.

(2) Cfr. l. 21 luglio 2000, n. 205, in *Gazz. Uff.*, 26 luglio 2000, n. 173.

esclusa la cittadinanza di tale strumento nel sistema processuale amministrativo.

Decisivo era il tenore dell'art. 21, comma 9, l. 6 dicembre 1971, n. 1034 (3). Secondo la citata disposizione, infatti, la richiesta di tutela cautelare presidenziale poteva essere avanzata nelle more della trattazione della domanda di sospensiva. "Questa..., per potere essere trattata" doveva "ovviamente risultare già proposta e siccome non" poteva "che essere proposta che in contestualità al ricorso o successivamente alla proposizione di quest'ultimo, se ne" deduceva "che la richiesta di tutela cautelare presidenziale non" poteva "essere presentata che in contestualità o successivamente alla proposizione (e cioè al deposito) del ricorso" (4).

Sulla ragionevolezza di tale esclusione si era tuttavia dubitato. La Corte Costituzionale, però, aveva escluso la fondatezza della questione: "*È manifestamente infondata, in riferimento agli art. 3, 24 e 113 cost., anche in relazione agli art. 6 e 13 della convenzione europea per la salvaguardia dei diritti dell'uomo e delle libertà fondamentali, la q.l.c. dell'art. 21 l. 6 dicembre 1971 n. 1034, così come novellato dalla l. 21 luglio 2000 n. 205, nella parte in cui esclude la tutela* 'ante causam' *e la conseguente applicabilità dell'art. 700 e degli art. 669 ss. c.p.c. davanti al giudice amministrativo, atteso che il completo sistema di tutela delineato dalla citata l. n. 205 del 2000, anche di urgenza e cautelare, che riguarda tutte le posizioni azionabili davanti al giudice amministrativo, senza distinzione tra interessi legittimi o diritti soggettivi tutelabili, esclude l'applicabilità di altri istituti propri del processo civile e, quindi, che si possa configurare una esigenza (rilevante sul piano costituzionale) di intervento additivo sulle norme relative ai procedimenti di urgenza della procedura civile*" (5).

I dubbi si sono poi intensificati con riferimento alla materia degli appalti pubblici tant'è che **il Tar Lombardia si era chiesto se il sistema italiano si ponesse in violazione di quello comunitario**, investendo della questione la Corte di Giustizia: "Ai sensi dell'art. 234 del Trattato Ce, vanno sottoposti alla Corte di Giustizia i seguenti quesiti: 1) se la diversa tutela cautelare prevista per le pretese comunitarie accordabile dal giudice amministrativo nazionale nelle procedure d'appalto rispetto a quella prevista nell'ordinamento interno per i diritti riconosciuti nelle liti

(3) Cfr. l'art. 21, comma 9, l. 6 dicembre 1971, n. 1034, in *Gazz. Uff.*, 13 dicembre 1971, n. 314, ora non più vigente, perché abrogato dall'art. 4, comma 1, n. 10, dell'Allegato IV, al Codice del processo amministrativo.

(4) Cfr. D. IARIA, *Provvedimenti cautelari* ante causam, in (a cura di) M.R. SANCHINI, *La tutela cautelare nel processo amministrativo*, Giuffrè, 2006, 144.

(5) Cfr. Corte Cost., 10 maggio 2002, n. 179, in *Banca dati De jure*, Giuffrè.

fra soggetti privati ovvero in quelle fra questi ultimi e l'Amministrazione per le quali abbia giurisdizione nell'ordinamento nazionale il giudice ordinario violi o meno il principio di collaborazione sancito dall'art. 10 del Trattato, che fa obbligo, in assenza di un sistema processuale armonizzato, di riconoscere alle suddette pretese comunitarie l'identica forma di tutela e non già una tutela meramente incidentale e, dunque, meno efficace rispetto a quella garantita con carattere di generalità agli altri diritti nazionali; 2) se, inoltre, l'art. 21 l. 6 dicembre 1971 n. 1034, così viene novellato dall'art. 3 l. 21 luglio 2000 n. 205, nella parte in cui non prevede che fra i possibili mezzi di ricorso urgente sia previsto quello '*ante causam*', come tale diretto ad impedire in via immediata che l'Amministrazione dia ulteriore corso alla sottoscrizione del contratto dopo la conclusione di una procedura di gara, del tutto indipendentemente dalla proposizione di una previa azione d'impugnazione di un atto della stessa procedura, rappresenti o meno sufficiente adempimento della previsione di cui all'art. 1, n. 3 della direttiva 21 dicembre 1989 n. 665/Cee, che fa obbligo a tutti gli Stati membri d'introdurre nei rispettivi ordinamenti nazionali ricorsi pienamente accessibili per quanti intendano richiedere la riparazione di un danno subito o comunque temano di subire una lesione in dipendenza di una decisione della Commissione di gara per il conseguimento di un appalto pubblico; 3) se la suddetta tutela cautelare accordabile dal giudice amministrativo nazionale integri o meno violazione dell'art. 2, lett. *a*) della suddetta direttiva, che fa obbligo di prendere con la massima sollecitudine e con procedura d'urgenza provvedimenti provvisori intesi a riparare la violazione o impedire che altri danni siano causati agli interessi coinvolti, compresi i provvedimenti intesi a sospendere o a far sospendere la procedura di aggiudicazione pubblica di un appalto o l'esecuzione di qualsiasi decisione presa dalle autorità aggiudicatrici; 4) se, infine, la stessa forma di tutela cautelare violi o meno concorrentemente l'art. 6, comma 2 del Trattato che, nel codificare il rispetto da parte dell'Unione dei diritti fondamentali garantiti dalla Convenzione Europea per la salvaguardia dei Diritti dell'Uomo e delle libertà fondamentali, ha fatto proprio il principio dell'effettività della tutela giurisdizionale stabilito dagli art. 6 e 13 della stessa Convenzione, facendo obbligo agli Stati membri di assicurarne la piena operatività nei rispettivi ordinamenti nazionali." (6).

(6) Cfr. Tar Lombardia, 26 aprile 2003, n. 76, in *Banca dati De Jure*, Giuffrè. Nello stesso senso Tar Lombardia, 10 marzo 2003, n. 189, in *Foro Amm., TAR*, 2003, 842.

La successiva giurisprudenza, invece, **era giunta ad affermare che**, in base al principio proprio della giurisprudenza comunitaria, della indefettibilità della tutela cautelare *ante causam* nell'ambito dei contenziosi aventi ad oggetto gli atti delle amministrazione aggiudicatrici, **il Giudice amministrativo doveva disapplicare la normativa interna contrastante con quella comunitaria e, conseguentemente, ritenere ammissibili le domande cautelari *ante causam*** formulate prima della proposizione del ricorso.

Così, ad esempio, il Tar Toscana, Sez. II, aveva modo di disapplicare l'art. 21 l. 6 dicembre 1971, n. 1034 (7) ritenendo "il ricorso per la tutela cautelare anticipata *ante causam* ammissibile allorquando ricorrono precise ed indilazionabili condizioni di urgenza, tali da non permettere neppure il ricorso alla straordinaria procedura prevista dall'art. 3 della l. n. 205/2000: basti pensare ad un provvedimento emesso dalla pubblica amministrazione il venerdì (o addirittura il sabato) con ordine di esecuzione il lunedì successivo. Tale specifica tutela, peraltro, non è 'contrapposta' bensì 'sussidiaria' rispetto alla procedura straordinaria *ex lege* 205/2000. Il altri termini, ad avviso di questo giudice... è altrettanto vero che nei casi di estrema urgenza è possibile un default nell'operatività del sistema, sicché non pare improprio il ricorso all'ulteriore procedura prevista nel processo cautelare civile, in base al precetto residuale insito nell'ordinamento processuale amministrativo che consente, in difetto di norma specifica, il rinvio al codice di procedura civile." (8).

La Corte di Giustizia, Sez. IV, con ordinanza 29 aprile 2004, n. 202 (9), chiariva che "gli stati membri sono tenuti a conferire ai loro organi competenti a conoscere dei ricorsi la facoltà di adottare, indipendentemente dalla previa proposizione di un ricorso di merito, qualsiasi provvedimento provvisorio, compresi i provvedimenti intesi a sospendere o a far sospendere la procedura di aggiudicazione pubblica dell'appalto in esame", ritenendo, pertanto, non conforme al quadro comunitario la normativa nazionale italiana che non prevedeva lo strumento della tutela cautelare *ante causam*.

(7) Cfr. art. 21, l. 6 dicembre 1971, n. 1034, in *Gazz. Uff.*, 13 dicembre 1971, n. 314, ora non più vigente, perché abrogato dall'art. 4, comma 1, n. 10, dell'Allegato IV, al Codice del processo amministrativo.

(8) Cfr. Tar Toscana, Sez. II, 16 aprile 2004, n. 1147 in *www.appaltiecontratti.it*.

(9) Cfr. Corte di Giustizia CE, Sez. IV, 29 aprile 2004, n. 202, in *Foro Amm., CDS*, 1000.

Si è così giunti a rompere il tabù e con il Codice de Lise (d.lgs. 12 aprile 2006, n. 163 (10)), per la priva volta, è stata introdotta la tutela *cautelare ante causam*, sebbene limitatamente all'ambito della materia degli appalti pubblici: "In caso di eccezionale gravità e urgenza, tale da non consentire neppure la previa notifica del ricorso e la richiesta di misure cautelari provvisorie di cui all'art. 21, comma 9, della legge 6 dicembre 1971, n. 1034, il soggetto legittimato al ricorso può proporre istanza per l'adozione delle misure interinali e provvisorie che appaiono indispensabili durante il tempo occorrente per la proposizione del ricorso di merito e della domanda cautelare di cui ai commi 8 e 9 del citato articolo 21" (11).

Peraltro, mentre l'introduzione di tale strumento veniva imposta all'Italia solo per gli appalti sopra soglia, il Legislatore del Codice de Lise preferiva estenderla anche a quelli sotto soglia, introducendo, così, uno strumento di tutela generalizzato, sia pur settoriale (12).

Il Consiglio di Stato, Sezione Atti Normativi, si era però da subito preoccupato di osservare come "a seguito dell'introduzione della tutela cautelare '*ante causam*' nel processo amministrativo limitatamente alle controversie in materia di appalti pubblici, è necessario assumere le opportune iniziative per estendere la tutela cautelare '*ante causam*' a tutto il processo amministrativo, in quanto prevedere la tutela cautelare '*ante causam*' solo nel settore dei pubblici appalti — pur nella peculiarità degli interessi coinvolti — potrebbe non superare il vaglio di costituzionalità per disparità di trattamento allorché si evidenzi che, anche in altre materie, si è in presenza della medesima situazione giuridica soggettiva tutelata nella" (13).

Con il Codice del processo amministrativo questo monito è stato ora accolto visto che l'art. 61 disciplina la tutela cautelare *ante causam* non limitandola a particolari categorie di controversie, ma estendendola a tutto il processo amministrativo.

Si ritiene tuttavia condivisibile l'opinione di quella dottrina che, ancor prima venisse introdotto questo nuovo strumento, aveva fatto notare come i casi in cui sarebbe davvero servito, non risultando sufficiente il ri-

(10) Cfr. d.lgs. 12 aprile 2006, in *Suppl. ordinario* n. 107 alla *Gazz. Uff.*, 2 maggio 2006, n. 100.

(11) Cfr. art. 245, comma 3, d.lgs. 12 aprile 2006, n. 163, in *Suppl. ordinario* n. 107 alla *Gazz. Uff.*, 2 maggio 2006, n. 100.

(12) In casi come questi, caratterizzati dal fatto che il *dictum* della Corte viene esteso dal Legislatore interno oltre il suo naturale ambito di applicazione, a situazioni ritenute comunque meritevoli di pari considerazione, si parla di effetto *spill over*.

(13) Cons. Stato, Atti Normativi, 6 febbraio 2006, n. 355, in *Dir. & Gius.*, 2006, 28, 110.

medio cautelare presidenziale, sarebbero stati davvero pochi, se non del tutto eccezionali. Il risparmio di tempo che consente lo strumento *ante causam* rispetto a quello presidenziale, infatti, è davvero poco se si tiene conto che, per il secondo, vi sono notevoli semplificazioni per la notifica (cfr. art. 56, comma 2, Codice del processo amministrativo) e che "una motivata richiesta di provvedimenti cautelari *ante causam* determina per la difesa dell'istante un impegno sostanzialmente identico alla predisposizione di un normale ricorso giurisdizionale" (14).

In definitiva vale quanto era già stato espresso con riferimento alla tutela cautelare *ante causam* nell'ambito del Codice de Lise: "***l'istituto, più che rispondere ad un'effettiva esigenza di giustizia, è il portato di un obbligo di adeguamento dello Stato ai rilievi formulati in sede comunitaria*** *e, alla prova dei fatti, potrebbe risultare di scarso impatto pratico, poiché le forme di tutela anticipata — seppur non* ante causam *— appaiono costituire sufficiente garanzia. Rispetto alla tutela monocratica*" post causam "*il nuovo rimedio nulla effettivamente aggiunge, limitandosi il legislatore ad esasperare i presupposti per la concessione della misura, fissando dei requisiti di accesso alla tutela difficilmente riscontrabili in concreto.*" (15).

2 I PRESUPPOSTI PER LA CONCESSIONE DELLA TUTELA CAUTELARE *ANTE CAUSAM* (I RAPPORTI CON IL DECRETO CAUTELARE PRESIDENZIALE)

Secondo l'art. 61, comma 1, Codice del processo amministrativo "In caso di eccezionale gravità e urgenza, tale da non consentire neppure la previa notificazione del ricorso e la domanda di misure cautelari provvisorie con decreto presidenziale, il soggetto legittimato al ricorso può proporre istanza per l'adozione delle misure interinali e provvisorie che appaino indispensabili durante il tempo occorrente per la proposizione del ricorso di merito e della domanda cautelare in corso di causa".

La citata disposizione riprende, pressoché integralmente, il contenuto dell'art. 245, comma 3, d.lgs. 12 aprile 2006, n. 163 (c.d. Codice de Lise) (16) richiamato al Paragrafo precedente e sostituito dall'art. 3, comma

(14) Cfr. M.P. CHITI, *Tutela* ante causam *e comunitarizzazione del processo amministrativo*, in M.A. SANDULLI (a cura di), *Le nuove frontiere del giudice amministrativo tra tutela cautelare ante causam e confini della giurisdizione esclusiva*, Giuffrè, 2005, 65.

(15) Cfr. A. MEZZOTERO, *La tutela cautelare* ante causam *nel processo amministrativo: uno strumento di cui non si poteva davvero fare a meno?*, in *www.neldiritto.it*.

(16) Cfr. art. 245, comma 3, d.lgs. 12 aprile 2006, n. 163, in *Suppl. ordinario* n. 107 alla *Gazz. Uff.*, 2 maggio 2006, n. 100.

19, lett. *d*), Allegato IV, al Codice del processo amministrativo: "La tutela giurisdizionale davanti al giudice amministrativo è disciplinata dal codice del processo amministrativo".

Ne consegue che le stesse osservazioni che si sono fatte in ordine a quest'ultimo articolo (245, comma 3, cit.), possono ripetersi anche per il testo dell'art. 61, comma 1, Codice del processo amministrativo.

Innanzitutto si può allora notare come il presupposto che legittima la richiesta della tutela cautelare *ante causam* è più stringente rispetto a quello richiesto per la tutela cautelare presidenziale *post causam*: in quest'ultima ipotesi, infatti, deve sussistere, *ex* art. 56, comma 1, Codice del processo amministrativo, una situazione di "estrema gravità ed urgenza", nel secondo caso, invece, *ex* art. 61, comma 1, Codice del processo amministrativo, una situazione di "eccezionale gravità ed urgenza", tale da non consentire nemmeno la previa notifica del ricorso di merito e della domanda cautelare.

In realtà, **risulta difficoltoso operare un distinguo tra le due situazioni** (17) visto che, come ha evidenziato autorevole dottrina a commento del citato art. 245, comma 3, del Codice degli appalti, appare arduo individuare dei casi in cui l'urgenza è tale "da non consentire al difensore del ricorrente di portare il ricorso a notifica, farsi restituire l'originale e depositarlo, tenuto conto che della redazione e del deposito del ricorso stesso non può comunque farsi meno..." (18).

Ciò nonostante non è stato prestato ascolto a quanto aveva evidenziato il Consiglio di Stato, Sez. Cons. Atti Normativi 6 febbraio 2006, n. 355: "Appare evidente, al riguardo, che occorre uniformare da un punto di vista lessicale le due previsioni, al fine di evitare difficoltà interpretative ad applicative, e pertanto, rendere identici i presupposti di fatto per l'esercizio del potere cautelare *ante causam* e in corso di causa. Né la diversa sfumatura della due aggettivazioni — pur esistente — appare giustificata dalla diversità della tipologia di intervento cautelare".

(17) Cfr. Cons. Stato, Sez. Cons. Atti Normativi 6 febbraio 2006, n. 355, in *Foro Amm., CDS*, 2006, 2, 600.

(18) Cfr. F. SAITTA, *Relazione alla giornata di studio su: il nuovo Codice dei contratti pubblici: prime riflessioni*, Lamezia Terme, 18 maggio 2006, in *www.giustamm.it*. L'Autore prosegue evidenziando che *"l'introduzione della tutela cautelare* ante causam *consente al difensore del ricorrente di risparmiare soltanto la previa notifica del ricorso; adempimento che, se si prendono opportuni accordi con l'ufficiale giudiziario, non porta via troppo tempo, anche perché le misure cautelari provvisorie vengono spesso adottate dal presidente prima ancora che il ricorso — che, com'è noto — si considera ormai notificato al momento della consegna all'ufficiale giudiziario — sia effettivamente giunto a conoscenza della parti intimate"*.

In ogni caso, **stante il tenore della disposizione, si deve prendere atto che il rimedio della tutela *ante causam* non potrà essere efficacemente attivato nelle medesime ipotesi in cui è ammissibile la tutela presidenziale**.

Tentando di schematizzare, si potrebbe dire che, "in un'ipotetica scala ordinata in base alla crescente intensità del presupposto, il primo gradino" sarebbe "occupato dalla tutela cautelare collegiale di stampo tradizionale" (19) — che richiede l'allegazione di un 'pregiudizio grave e irreparabile', *ex* art. 55, comma 1, Codice del processo amministrativo, il secondo dalla tutela monocratica *post causam*, che richiede una situazione di estrema "gravità ed urgenza", ai sensi dell'art. 56, comma 1 del Codice, ed il terzo, per l'appunto, dalla tutela monocratica *ante causam*.

In altre parole presupposto crescente per poter accedere alle ricordate misure cautelari sarebbe:

— **un *periculum in mora* normale**, per la tutela cautelare collegiale;

— **un pericolo assai grave ed urgente**, per la tutela cautelare presidenziale *post causam*;

— **una fortissima ed eccezionale imminenza di pericolo** tale che nemmeno la tutela cautelare presidenziale *post causam*, di cui all'art. 56, comma 1, del Codice sarebbe in grado di arginare, per le misure *ante causam*.

"In questo senso, pacifico essendo che il danno paventato dall'istante *ante causam* deve essere grave (ossia, di non lieve entità), la situazione di urgenza non può farsi coincidere *tout court* con la imminenza del pregiudizio; appare decisiva, piuttosto, l'emersione di una situazione di eccezionalità, ossia di straordinarietà, tale da imporre un provvedimento assolutamente indilazionabile da parte del magistrato onde evitare che l'esecuzione materiale del provvedimento (più che la sua efficacia giuridica), o comunque l'avanzamento della procedura, possa determinare immutazioni fattuali esiziali e non più reversibili in forza di successive (e, a questo punto, tardive) cure cautelari.

Si può pensare, al caso, solo esemplificativo ma emblematico, in cui l'impresa (esclusa dalla gara, non invitata, o impossibilitata a partecipare per via di un bando discutibile) abbia necessità di rivolgersi al giudice

(19) Cfr. S. TARULLO, *La nuova tutela cautelare* ante causam *introdotta dall'art. 245, codice degli appalti*, in *www.giustamm.it*.

nella imminenza della seduta fissata dalla commissione per l'apertura delle buste contenenti le offerte" [20].

V'è però da dire che, accanto all'indicato orientamento, ne sussiste altro di segno opposto. Secondo quest'ultimo, infatti, nonostante le diversità lessicali tra l'art. 61 comma 1 e l'art. 56, comma 1, Codice del processo amministrativo (in precedenza tra l'art. 245, comma 3, Codice de Lise [21] e l'art. 21, comma 9, l. 6 dicembre 1971, n. 1034 [22]), al fine di evitare delle difficoltà interpretative, si dovrebbero ritenere identici i presupposti per l'esercizio del potere cautelare *ante causam* ed in corso di causa.

Quanto al ***fumus boni iuris***, si può osservare come la norma non ne contenga alcun riferimento. Eppure ciò non pare idoneo "a sostenere che il ricorrente possa limitarsi ad allegare alla propria istanza la mera sussistenza del *periculum*, essendo evidente il carattere necessario di una valutazione, ancorché sommaria, riguardo alla verosimile fondatezza della doglianza fatta valere... Non vi sarebbe, infatti, alcuna apparente ragione per concedere la tutela cautelare prima della proposizione del ricorso, quando vi fosse poi la certezza che la misura accordata non potrebbe in alcun caso essere confermata dopo la notificazione ed il deposito dello stesso" [23].

Nonostante il silenzio della legge, dunque, è da ritenere che una siffatta valutazione, quanto meno in termini di non manifesta inammissibilità ed infondatezza del proponendo (trattandosi di cautela *ante causam*) ricorso, non possa difettare, essendo connaturale ad ogni giudizio cautelare. Cosa che impone all'istante di indicare, sia pur sommariamente, quelli che sono i vizi del provvedimento che si contestano. "Una domanda cautelare disgiunta dall'allegazione e sintetica illustrazione dei profili di illegittimità del provvedimento... non potrà consentire al giudice di apprezzare la meritevolezza della pretesa. Tale conclusione è imposta dal principio della domanda di parte che permea il processo amministrativo (in tutte le sue fasi), non potendo il giudice integrare d'ufficio il *thema de-*

(20) Cfr. S. TARULLO, *La nuova tutela cautelare* ante causam *introdotta dall'art. 245, codice degli appalti*, in *www.giustamm.it*.

(21) Cfr. art. 245, comma 3, d.lgs. 12 aprile 2006, n. 163, in *Suppl. ordinario* n. 107 alla *Gazz. Uff.*, 2 maggio 2006, n. 100. L'articolo è stato così sostituito dall'art. 3, comma 19, lett. *d*), Allegato IV al Codice del processo amministrativo: "*La tutela giurisdizionale davanti al giudice amministrativo è disciplinata dal codice del processo amministrativo*".

(22) Cfr. art. 21, comma 9, l. 6 dicembre 1971, n. 1034, in *Gazz. Uff.*, 13 dicembre 1971, n. 314, ora non più vigente, perché abrogato dall'art. 4, comma 1, n. 10, dell'Allegato IV, al Codice del processo amministrativo.

(23) Cfr. S. RUSCICA, *Le novità in tema di tutela cautelare nel processo amministrativo*, Giuffrè, 2008, 214.

cidendum, rimesso all'esclusivo dominio della parte istante. I fondamentali principi del nostro ordinamento processuale amministrativo impediscono di ritenere ammissibile la proponibilità di un'istanza cautelare 'al buio' o meramente 'esplorativa' (motivata in forza del solo *periculum*)" [24].

3 IL REGIME DELL'INCOMPETENZA

Anche per il procedimento cautelare *ante causam* (cfr. art. 61, comma 3, Codice del processo amministrativo) **vale il principio della rilevabilità d'ufficio dell'incompetenza territoriale del Giudice adito**, conformemente a quanto previsto nell'ambito del procedimento cautelare collegiale (cfr. art. 55, comma 13, Codice del processo amministrativo), di quello monocratico *post causam* (cfr. 56, comma 1, ultima parte, Codice del processo amministrativo) e, in precedenza in conformità di quanto previsto dall'art. 245, comma 4, Codice de Lise [25], con il quale, per la prima volta, è stato previsto il rimedio cautelare *ante causam*.

La rilevabilità d'ufficio dell'incompetenza, è opportuno ricordarlo, a seguito dell'entrata in vigore del Codice del processo amministrativo, costituisce regola generale e non più eccezione come invece si prevedeva nel vigore della previgente disciplina (si rinvia al Capitolo II, Paragrafo 4).

La rilevabilità officiosa dell'incompetenza, anche in sede cautelare, è previsione chiaramente volta "ad evitare il fenomeno delle c.d. 'migrazioni cautelari'" [26], ovvero di consentire al ricorrente, in sede di domanda cautelare, di rivolgersi a quei Tribunali che sa essere più propensi a concedere la misura chiesta, anche se non competenti a conoscere il merito della controversia.

La norma "dimostra" così "l'attenzione del legislatore per il rispetto del principio del giudice naturale precostituito per legge, ossia legato, secondo modalità oggettive e normativamente tipizzate e non già per la mera opzione di una parte alla controversia che è chiamato a decidere

(24) Cfr. A. MEZZOTERO, *La tutela cautelare ante causam nel processo amministrativo: uno strumento di cui non si poteva davvero fare a meno?*, in *www.neldiritto.it*.

(25) Cfr. art. 245, comma 4, d.lgs. 12 aprile 2006, n. 163, in *Suppl. ordinario* n. 107 alla *Gazz. Uff.*, 2 maggio 2006, n. 100: "... Le questioni di competenza... sono rilevabili d'ufficio". L'articolo è stato così sostituito dall'art. 3, comma 19, lett. *d*), Allegato IV al Codice del processo amministrativo: "*La tutela giurisdizionale davanti al giudice amministrativo è disciplinata dal codice del processo amministrativo*".

(26) Cfr. S. RUSCICA, *Le novità in tema di tutela cautelare nel processo amministrativo*, Giuffrè, 2008, 220.

(anche alla luce dell'essenzialità della tutela cautelare in un sistema processuale che aspiri ad essere realmente efficace)" (27).

Ove il Presidente adito rilevi l'incompetenza del Tribunale di cui fa parte, sebbene l'art. 61, Codice del processo amministrativo, nulla dica al riguardo circa lo sviluppo del procedimento, pare che la disciplina applicabile sia quella di cui all'art. 56, comma 1, ultima parte, Codice del processo amministrativo. Per cui:

— il Presidente, con proprio decreto, dichiarerà incompetente il Tribunale, e rimetterà le parti avanti il Collegio. Nello spogliarsi della controversia, non potrà adottare alcun tipo di misura cautelare;

— il Collegio, ove non condivida la tesi del Presidente, potrà adottare la misura cautelare chiesta, altrimenti, ai sensi dell'art. 15, comma 5, Codice del processo amministrativo, potrà indicare il Giudice che ritiene competente (con possibilità delle parti di riassumere il giudizio davanti a quest'ultimo), ovvero chiedere d'ufficio, con ordinanza, il Regolamento di competenza, sempre indicando il Tribunale reputato competente (si rinvia al Capitolo II, Paragrafo 4).

Può anche accadere, tuttavia, che il Presidente ritenga competente il Tribunale adito ma questi, in sede di udienza camerale, non ne condivida poi la conclusione. In tal caso, il Collegio potrà 'revocare' il decreto del Presidente (argomentando *ex* art. 61, comma 5, Codice del processo amministrativo) declinando la propria competenza, con conseguente applicazione del citato art. 15, comma 5, Codice del processo amministrativo.

4 LE FASI ATTRAVERSO CUI SI SNODA IL PROCEDIMENTO CAUTELARE *ANTE CAUSAM*

L'*iter* attraverso cui si snoda il procedimento cautelare *ante causam* è modellato sull'art. 245, comma 4, Codice de Lise che recitava: "L'istanza, previamente notificata ai sensi dell'articolo 21, comma 1, della legge 6 dicembre 1971, n. 1034, si propone al Presidente del Tribunale amministrativo regionale competente per il merito. Il Presidente, o il giudice da lui delegato, provvede sull'istanza, sentite, ove possibile, le parti, e omessa ogni altra formalità..." (28).

(27) Cfr. M.A. SANDULLI, *Diritto europeo e processo amministrativo*, in *www.federalismi.it*, 10.

(28) Cfr. art. 245, comma 4, d.lgs. 12 aprile 2006, n. 163, in *Suppl. ordinario* n. 107 alla *Gazz. Uff.*, 2 maggio 2006, n. 100. L'articolo è stato così sostituito dall'art. 3, comma 19, lett. *d*), Allegato IV

Innanzitutto la domanda cautelare *ante causam* può essere proposta dal "*soggetto legittimato al ricorso*" (cfr. art. 61, comma 1 del Codice). E ciò pare ovvio, visto che sarebbe irragionevole che la misura cautelare potesse essere chiesta da un soggetto privo di legittimazione attiva, atteso che la misura cautelare è strumentale alla decisione del ricorso.

L'istanza, ai sensi dell'art. 61, comma 2, Codice del processo amministrativo, **va previamente notificata**: sebbene non venga precisato quali siano i destinatari minimi della notifica, si ritiene che tali siano l'amministrazione resistente ed almeno uno dei controinteressati (29). Ciò in armonia con quanto previsto dall'art. 56, comma 2, Codice del processo amministrativo.

La notifica serve, evidentemente, a consentire alle altre parti di svolgere le proprie difese.

L'istanza deve essere rivolta al Presidente del Tribunale amministrativo regionale competente per il merito, secondo le ordinarie regole di competenza territoriale di cui agli artt 13 e 14, Codice del processo amministrativo (si rinvia al Paragrafo 3 che precede per quanto concerne le eventuali questioni di competenza che dovessero sorgere).

In assenza di un'espressa disciplina, si ritiene che l'istanza vada **depositata**, al più tardi, entro il termine di cui all'art. 45, comma 1, Codice del processo amministrativo: ovvero entro 30 giorni dal perfezionamento dell'ultima notifica (si rinvia al Capitolo III, Paragrafo 6), fermo restando, ovviamente, che sarà interesse della parte procedere, al più presto, con il deposito così da dar modo al Presidente (o ad un magistrato da lui delegato) di pronunziarsi sulla domanda.

Quanto al contenuto dell'istanza, questa, nonostante il silenzio della legge, pare debba contenere la domanda che si intende proporre (azione di accertamento, avverso il silenzio, di annullamento, di condanna, di adempimento: artt. 29 e ss., Codice del processo amministrativo) nonché, ai fini della valutazione del *fumus boni* iuris, anche i motivi di impugnazione. L'istanza, ovviamente, dovrà altresì contenere la rappresentazione della situazione di eccezionale gravità ed urgenza che ha indotto il ricorrente ad avvalersi dello strumento *ante causam*.

Competente a pronunziarsi sull'istanza sarà non solo il Presidente del Tribunale, ma anche un magistrato da lui eventualmente delegato, così

al Codice del processo amministrativo: "*La tutela giurisdizionale davanti al giudice amministrativo è disciplinata dal codice del processo amministrativo*".

(29) In tal senso, sebbene a commento dell'art. 245, Codice de Lise, cfr. Cfr. A. CARULLO-G. IUDICA, *Commentario breve alla legislazione sugli appalti pubblici a privati*, Cedam, 2009, *sub* art. 245, d.lgs. n. 163 del 2006, 1303.

come previsto nell'ambito della tutela cautelare presidenziale *post causam* (si veda Capitolo IV Paragrafo 2). Si tratterà di capire se l'Ufficio giudiziario potrà stabilire una turnazione dei Giudici chiamati a provvedere su tali istanze cautelari, ovvero se si renda necessaria, di volta in volta, un'apposita delega.

Il Giudice "accertato il perfezionamento della notificazione per i destinatari" — che, come detto, è categoria che dovrebbe comprendere, quanto meno, l'amministrazione resistente e uno dei controinteressati — "provvede sull'istanza, sentite, ove necessario, le parti e omessa ogni altra formalità" (cfr. art. 61, comma 2, Codice del processo amministrativo). Si possono allora fare alcune osservazioni al riguardo:

(*i*) *in primis*, **la nozione di *ante causam* nel giudizio amministrativo è diversa da quella che si ritrova nell'ambito del codice di procedura civile**: in quest'ultimo, infatti, *ante causam* sta a significare che il procedimento giurisdizionale può venir promosso senza che la controparte ne sia venuta a conoscenza (*i.e. inaudita altera parte*), non essendoci necessità della previa notifica dell'atto introduttivo [30]. Nel primo caso, invece, la domanda deve essere previamente notificata. Si è allora voluto far sì che l'amministrazione resistente ed il controinteressato siano messi in grado di rappresentare le proprie deduzioni, ad evitare l'adozione di una misura cautelare pronunziata sulla base di una unilaterale ricostruzione dei fatti, che potrebbe risultare lesiva dell'interesse pubblico;

(*ii*) **il Giudice ha la possibilità di decidere anche senza sentire le parti**, incombente, questo, da espletare solo ove si renda "necessario". Si può notare la differente formulazione rispetto alla previsione del citato art. 245, comma 4, del Codice de Lise, secondo cui le parti venivano invece sentite "ove possibile" [31]. Ciò dovrebbe allora rendere ancora più raro il caso in cui il Giudice, prima di pronunziarsi, senta le parti. Il contraddittorio viene comunque rimesso alla discrezionalità del Giudice, fermo restando che, anche in assenza di convocazione, l'ammi-

[30] Cfr. art. 669-*sexies*, comma 2, c.p.c. La notificazione viene effettuata a posteriori: "*Quando la convocazione della controparte potrebbe pregiudicare l'attuazione del provvedimento, provvede con decreto motivato assunte ove occorra sommarie informazioni. In tal caso fissa, con lo stesso decreto, l'udienza di comparizione delle parti davanti a sé entro un termine non superiore a quindici giorni assegnando all'istante un termine perentorio non superiore a otto giorni per la notificazione del ricorso e del decreto. A tale udienza il giudice, con ordinanza, conferma, modifica o revoca i provvedimenti emanati con decreto.*".

[31] Cfr. art. 245, comma 4, d.lgs. 12 aprile 2006, n. 163, in *Suppl. ordinario* n. 107 alla *Gazz. Uff.*, 2 maggio 2006, n. 100. L'articolo è stato così sostituito dall'art. 3, comma 19, lett. *d*), Allegato IV al Codice del processo amministrativo: "*La tutela giurisdizionale davanti al giudice amministrativo è disciplinata dal codice del processo amministrativo*".

nistrazione resistente e le altri parti intimate potranno comunque costituirsi in giudizio per far valere le loro ragioni e contrastare quelle del ricorrente;

(*iii*) la previsione per cui **il Giudice deve omettere "*ogni altra formalità*"**, evidenzia il carattere meramente facoltativo di qualsivoglia atto istruttorio, e conferma la regola per cui il provvedimento va assunto 'allo stato degli atti'.

La norma (art. 61, comma 2, Codice del processo amministrativo), quindi, prosegue prevedendo la facoltà per il difensore di procedere alla notifica dell'istanza a mezzo fax, potere, questo, riconosciuto anche nell'ambito del procedimento cautelare presidenziale *post* causam (cfr. art. 56, comma 2, Codice del processo amministrativo). Inoltre "qualora l'esigenza cautelare non consenta l'accertamento del perfezionamento delle notificazioni, per cause non imputabili al ricorrente, il presidente" — o il Giudice delegato — "può comunque provvedere, fatto salvo il potere di revoca da esercitare nelle forme di cui all'articolo 56, comma 4, terzo e quarto periodo".

Come si può verificare l'art. 61, comma 2, nella parte citata, riprende il contenuto dell'art. 56, comma 2, quarto periodo, Codice del processo amministrativo. Si possono dunque qui ripetere tutte le osservazioni che sono state svolte con riferimento a quest'ultima norma (si rinvia al Capitolo IV, Paragrafo 2).

Si deve precisare che la revoca del decreto emesso senza che sia stato possibile, per il Presidente, verificare l'avvenuto perfezionamento delle notificazioni, potrà essere disposta, sino a che il decreto conserva la propria efficacia (ovvero, al massimo, non oltre 60 giorni dalla sua emissione: cfr. art. 61, comma 5, terz'ultimo periodo), a seguito di apposita istanza da notificare alle controparti o, se costituite, ai loro procuratori, *ex* art. 170 c.p.c. (si rinvia al Capitolo III, Paragrafo 6).

Se si volesse trarre delle conclusioni si potrebbe dire che lo strumento della tutela *ante causam*, così come configurato dall'art. 61 del Codice del processo amministrativo, non si distingue di molto, in termini di effettività, dallo strumento di cui all'art. 56 del Codice del processo amministrativo. Infatti, la differenza principale tra la tutela *ante causam* e quella *post causam*, in termini di risparmio di tempo, sta unicamente nel fatto che nel primo caso l'istante è dispensato del predisporre (e depositare) il ricorso che, invece, si rende necessario nella seconda ipotesi. Ma si tratta di ben poca cosa se si considera che, di norma, proprio perché la domanda cautelare è strumentale alla decisione nel merito del ricorso, la predisposizione della prima implica l'aver già abbozzato, se non addirittura steso pressoché integralmente, anche il ricorso.

Si ha dunque la sensazione "che saranno davvero raramente configurabili delle ipotesi nelle quali ci sia una situazione di urgenza così qualificata da non poter essere soddisfatta con un decreto presidenziale successivo alla notificazione del ricorso, considerato che l'istanza con la quale si chiede la tutela *ante causam* deve essere previamente notificata e dovrà contenere già in estrema sintesi i motivi di gravame" (32).

5 IL REGIME DEL CONTRIBUTO UNIFICATO

C'è da chiedersi quale sia, nell'ambito del procedimento cautelare *ante causam*, la regolamentazione del contributo unificato, previsto dal T.U. delle Spese di Giustizia (d.p.r. 30 maggio 2002, n. 115 (33)), come da ultimo modificato dall'art. 2, comma 212, l. 23 dicembre 2009, n. 191 (legge finanziaria 2010) (34) e dall'art. 1, comma-*quinquiesdecies*, d.l. 30 dicembre 2009, n. 194 (decreto mille proroghe 2010) (35), come convertito, con modificazioni, dalla l. 26 febbraio 2010, n. 25 (36).

Per rispondere al quesito si può ricordare come, con il c.d. decreto Bersani (d.l. 4 luglio 2006, n. 223 (37), convertito nella l. 4 agosto 2006, n. 248 (38)), sia stato innovato, in modo sensibile, il regime del contributo unificato nel processo amministrativo. L'art. 21, comma 4, del decreto Bersani, infatti, ha eliminato il sistema della dichiarazione di valore resa dalla parte al momento della proposizione del ricorso, introducendo due sole misure del contributo unificato.

L'art. 1, comma 1307, l. 27 dicembre 2006, n. 296 (*legge finanziaria per il 2007*) (39) ha poi elevato la misura del contributo a € 1.000,00, per i ricorsi disciplinati dal rito speciale di cui all'art. 23-*bis*, l. 6 dicembre 1971, n. 1034 (40), e ad € 2.000,00, per i ricorsi che seguivano tale rito

(32) Cfr. A. CARULLO-G. IUDICA, *Commentario breve alla legislazione sugli appalti pubblici a privati*, Cedam, 2009, *sub* art. 245, d.lgs. n. 163 del 2006, 1301.

(33) Cfr. d.p.r. 30 maggio 2002, n. 115, in *Gazz. Uff.*, 15 giugno 2002, n. 139.

(34) Cfr. l. 23 dicembre 2009, n. 191, in *Gazz. Uff.*, 30 dicembre 2009, n. 302.

(35) Cfr. d.l. 30 dicembre 2009, n. 194, in *Gazz. Uff.*, 20 dicembre 2009, n. 302.

(36) Cfr. l. 26 febbraio 2010, n. 25, in *Gazz. Uff.*, 27 febbraio 2010, n. 48.

(37) Cfr. d.l. 4 luglio 2006, n. 223, in *Gazz. Uff.*, 4 luglio 2006, n. 153.

(38) Cfr. l. 4 agosto 2006, n. 248, in *Suppl. ordinario* n. 183, alla *Gazz. Uff.*, 11 agosto 2008, n. 186.

(39) Cfr. l. 27 dicembre 2006, n. 296, in *Suppl. ordinario* n. 244 alla *Gazz. Uff.*, 27 dicembre 2006, n. 299.

(40) Cfr. art. 23-*bis*, l. 6 dicembre 1971, n. 1034, in *Gazz. Uff.*, 13 dicembre 1971, n. 314. L'articolo è stato abrogato dall'art. 4, comma 1, n. 10, Allegato IV al Codice del processo amministrativo.

in materia di procedure di affidamento di lavori, servizi e forniture e di provvedimenti delle Autorità indipendenti.

Il decreto Bersani aveva però lasciato ferme le esenzioni già previste dal T.U. delle spese di giustizia, tra cui quella di cui all'art. 10, comma 5 (41) che contemplava "il processo cautelare attivato in corso di causa".

Ne derivava quindi, che per la domanda cautelare proposta unitamente al ricorso di merito, poteva ritenersi operante l'esenzione dal pagamento del contributo.

Con l'introduzione, nel nostro sistema processuale, della tutela cautelare *ante causam* (42), si era allora posto il problema di capire: (*i*) se l'esenzione contemplata dall'art. 10, comma 5, T.U. cit. potesse essere estesa in via analogica alla tutela cautelare *ante causam*; (*ii*) oppure se dovesse versarsi un importo pari alla metà di quello che si sarebbe dovuto versare per la causa di merito, come accadeva per i procedimenti *ex* artt. 669-*bis* ss., c.p.c.; (*iii*) o se, ancora, fosse da pagare l'intero importo dovuto per le controversie avanti al Giudice amministrativo, prescindendo dal successivo pagamento previsto per il giudizio di merito.

Sul punto si potevano rinvenire due principali posizioni.

La prima (43), più rigorosa, secondo cui, atteso che la norma di esenzione riguardava solo il processo cautelare in corso di causa, si doveva ritenere che per la domanda *ante causam* fosse dovuto un autonomo contributo unificato, rispetto al successivo ricorso di merito.

La seconda, più benevola, e sostenuta da parte della giurisprudenza riteneva "applicabile in via analogica (mancando una specifica disposizione che disciplini, per quanto concerne il contributo unificato, la domanda cautelare *ante causam*, prevista, nel giudizio amministrativo, solo per il processo in materia di contratti pubblici di cui all'art. 245 del Codice) la regola dell'esenzione posta dall'art. 10, comma 5, T.U. sulle spese di giudizio, che, se pure letteralmente riferita alla domanda presentata in corso di causa, è ritenuta comprensiva anche della tutela cautelare pre-

(41) Cfr. art. 10, comma 4, d.p.r. 30 maggio 2002, n. 115, in *Gazz. Uff.*, 15 giugno 2002, n. 139.

(42) Cfr. art. 245, comma 4, d.lgs. 12 aprile 2006, n. 163, in *Suppl. ordinario* n. 107 alla *Gazz. Uff.*, 2 maggio 2006, n. 100. L'articolo è stato così sostituito dall'art. 3, comma 19, lett. *d*), Allegato IV al Codice del processo amministrativo: "*La tutela giurisdizionale davanti al giudice amministrativo è disciplinata dal codice del processo amministrativo*".

(43) R. DE NICTOLIS, *Il nuovo contributo unificato nel processo amministrativo*, in *Urb. e app.*, 2007, 139. Cfr. inoltre Segretario Generale della Giustizia Amministrativa, Circolare 6 luglio 2006: "*il contributo per i giudizi cautelari è dovuto, in aggiunta al contributo per il ricorso in primo grado e in appello* ... c) *per le istanze cautelari* ante causam *introdotte dall'art. 245 del codice degli appalti (approvato con d.lgs. n. 163 del 12 aprile 2006), richieste dall'interessato in un momento antecedente alla proposizione del ricorso di merito*".

ventiva pura, che riguarda un'istanza cautelare che, sebbene proposta anteriormente alla notificazione del ricorso, mantiene i caratteri dell'accessorietà e della strumentalità rispetto al successivo giudizio di merito e che, quindi, non dà luogo ad un'autonoma iscrizione a ruolo" (44).

In tal senso, ad esempio, si era posto il Tar Calabria: "Mancando una specifica disposizione che disciplini, per quanto concerne il contributo unificato, la fattispecie di domanda cautelare prevista, nel giudizio amministrativo, solo per il processo in materia di contratti pubblici di cui all'art. 245, d.lg. n. 163 del 2006, deve ritenersi applicabile in via analogica la regola dell'esenzione posta dall'art. 10 comma 5, t.u. n. 115 del 2002, che, se pure letteralmente riferita alla domanda presentata in corso di causa, può comprendere anche la fattispecie in parola che riguarda una istanza cautelare, che sebbene proposta anteriormente alla notificazione del ricorso, mantiene i caratteri dell'accessorietà e della strumentalità rispetto al successivo giudizio di merito e che, quindi, non dà luogo ad una autonoma iscrizione a ruolo." (45).

Tale disputa dovrebbe oramai ritenersi superata visto che con le disposizioni richiamate all'inizio del presente Paragrafo è venuta meno l'esenzione per i procedimenti cautelari in corso di causa ai quali si applica il contributo ordinario ridotto della metà.

Allo stesso trattamento, quindi, non potrà sottrarsi nemmeno il procedimento cautelare *ante causam*. Cosa che appare ragionevole se si pensa che, specie in caso di provvedimento di rigetto, potrebbe poi non seguire la successiva introduzione del giudizio di merito e, pertanto, si consentirebbe di adire l'organo giurisdizionale senza aver pagato alcunché a titolo di contributo unificato.

Naturalmente, come evidenziato da parte della dottrina che era pervenuta alla conclusione dell'obbligatorietà del versamento del contributo unificato nei procedimenti *ante causam*, anche prima delle ultime modifiche legislative, "ci si rende conto che, nell'ipotesi di introduzione del giudizio di merito, dover provvedere, da parte del ricorrente, ad un doppio pagamento del contributo unificato (il primo per la fase cautelare *ante causam*, quanto meno di importo pari alla metà di quello che dovrebbe essere versato per la causa di merito... ed il secondo al momento del deposito del ricorso di merito) appare conseguenza eccessivamente rigorosa

(44) A. MEZZOTERO, *La tutela cautelare* ante causam *nel processo amministrativo: uno strumento di cui non si poteva davvero fare a meno?*, in *www.neldiritto.it*, 1319.

(45) Cfr. Tar Calabria, 27 aprile 2007, n. 324, in *Foro Amm., Tar*, 2007, 4, 1463.

e tale da dissuadere, di fatto, dall'esperimento dello straordinario rimedio cautelare previsto dal Codice" (46).

6 L'APPLICABILITÀ DELL'ISTITUTO DELLA CAUZIONE

Qualora "dall'esecuzione del provvedimento cautelare..." *ante causam* "derivino effetti irreversibili", il Presidente "può disporre la prestazione di una **cauzione**, anche mediante fideiussione, cui subordinare la concessione della misura cautelare." (cfr. art. 61, comma 5, Codice del processo amministrativo).

Come si può verificare, non viene impiegata, nell'art. 61, comma 5, Codice del processo amministrativo, la formula di cui all'art. 245, comma 6, Codice de Lise "L'efficacia del provvedimento di accoglimento può essere subordinata alla prestazione di una adeguata cauzione per i danni alle parti e ai terzi." (47).

La disposizione, infatti, si uniforma, almeno in parte, alla disciplina dell'istituto della cauzione contenuta nell'art. 56, comma 3, Codice del Processo Amministrativo (si rinvia al Capitolo IV Paragrafo 3): la cauzione, infatti, può essere disposta ove sussista il rischio di effetti irreversibili derivanti dal provvedimento cautelare e non, semplicemente, a ristoro dell'eventuale pregiudizio che dovesse patire, all'esito del giudizio, il ricorrente.

Rimane tuttavia una diversità: mentre nell'ambito del procedimento per decreto presidenziale *post causam* la cauzione può condizionare, tanto la concessione, quanto il diniego della misura cautelare, nel procedimento per decreto presidenziale *ante causam*, invece, sembra che la cauzione possa condizionare solo il provvedimento di accoglimento.

Non pare che alla lacuna possa porsi rimedio attraverso un'interpretazione estensiva della disposizione. Così come non pare che possa estendersi alla tutela *ante causam* la previsione, contenuta nell'art. 55, comma 2, Codice del processo amministrativo, concernente il divieto di subordinare la concessione della misura cautelare alla prestazione di una cauzione, quando la relativa domanda attenga "a diritti fondamentali della

(46) A. MEZZOTERO, *La tutela cautelare* ante causam *nel processo amministrativo: uno strumento di cui non si poteva davvero fare a meno?*, in *www.neldiritto.it*, 1319.

(47) Cfr. art. 245, comma 6, d.lgs. 12 aprile 2006, n. 163, in *Suppl. ordinario* n. 107 alla *Gazz. Uff.*, 2 maggio 2006, n. 100. L'articolo è stato così sostituito dall'art. 3, comma 19, lett. *d*), Allegato IV al Codice del processo amministrativo: "*La tutela giurisdizionale davanti al giudice amministrativo è disciplinata dal codice del processo amministrativo*".

persona o ad altri beni di primario rilievo costituzionale". Del resto tale divieto non compare neppure nell'art. 56, Codice del processo amministrativo, relativo alla tutela cautelare presidenziale *post causam*. V'è però da dire che, parte della dottrina, ha ritenuto invece che tale ultima disposizione "ponendosi a protezione di valori di primaria rilevanza, ben" possa "essere analogicamente estesa alla prestazione della cauzione in caso di concessione di una misura cautelare preventiva." (48).

7 L'EFFICACIA PROVVISORIA DEL DECRETO PRESIDENZIALE DI ACCOGLIMENTO. IL SUO CONTENUTO

Il decreto presidenziale, ove accolga la domanda cautelare, va notificato, a cura del richiedente, alle parti a cui è stato notificato il ricorso *ante causam*, entro il termine perentorio fissato dal Giudice, che, comunque, non può essere superiore a cinque giorni. Il mancato rispetto del termine dovrebbe produrre la perdita di efficacia del provvedimento (49).

Entro l'indicato termine è comunque sufficiente che l'atto venga consegnato all'Ufficiale giudiziario, secondo il principio, oramai facente parte del nostro Ordinamento e sancito, per la prima volta, dalla Corte Costituzionale, con sentenza 26 novembre 2002, n. 447 (50), di scissione dei momenti di perfezionamento della notificazione, per cui la notifica si deve considerare perfezionata, per il richiedente, al momento di consegna dell'atto all'Ufficiale giudiziario, per il destinatario, al momento di ricevimento dell'atto.

Sarà da questo momento, pertanto, che l'amministrazione resistente sarà tenuta ad adeguarsi al provvedimento cautelare.

Il provvedimento **perde comunque la sua efficacia**:

— decorsi 15 giorni dalla sua emanazione (da intenderi come pubblicazione), senza che sia stato notificato il ricorso con la domanda cautelare ordinaria (sulla quale dovrà pronunziarsi il Collegio), corredato dall'istanza di fissazione dell'udienza di discussione. Entro l'indicato termine è

(48) Cfr. A. MEZZOTERO, *La tutela cautelare* ante causam *nel processo amministrativo: uno strumento di cui non si poteva davvero fare a meno?*, in *www.neldiritto.it*.

(49) Cfr. F. GAVERINI, *La giurisdizione del giudice amministrativo in materia di appalti e le forme di tutela, anche cautelare, nel codice degli appalti (d.lgs. n. 163 del 2006): spunti di riflessione*, in *Foro Amm., TAR*, 2006, 11, 3554.

(50) Cfr. Corte Cost., 26 novembre 2002, n. 477, in *Banca dati De jure*, Giuffrè.

sufficiente, peraltro, che l'atto, in base a quanto sopra detto, venga semplicemente 'portato' alla notifica;

— decorsi 5 giorni dal perfezionamento della notifica "senza che il ricorso sia stato depositato corredato da istanza di fissazione di udienza" (cfr. art. 61, comma 5, terzo periodo del Codice);

— trascorsi 60 giorni dalla sua emissione (sempre da intendersi come pubblicazione) senza che venga confermato nell'ambito del giudizio di merito. Restano infatti efficaci, a norma dell'art. 61, comma 5, Codice del processo amministrativo, "le sole misure cautelari che siano confermate o disposte in corso di causa". L'individuazione del termine di efficacia in 60 giorni è probabilmente frutto della considerazione che, in tale lasso di tempo, il ricorrente dovrebbe poter notificare il ricorso di merito, depositarlo in atti, domandare ed ottenere la misura cautelare *post causam*.

Ciò significa, dunque, che il decreto cautelare *ante cusam*, una volta notificato alle parti intimate, *ex* art. 51, comma 5, primo periodo, Codice del processo amministrativo, conserverà la propria efficacia alla duplice condizione che il ricorrente abbia tempestivamente (entro 15 giorni dall'emissione) promosso il giudizio di merito e chiesto la misura cautelare ordinaria e che quest'ultima, nel confermarlo, almeno in parte, sia intervenuta entro i successivi 60 giorni dalla sua emissione.

Tale soluzione è stata criticata da parte della dottrina che, con riferimento all'art. 245, comma 6, Codice del Lise (51) — contenente analoga previsione di quella di cui all'art. 61, comma 5, Codice del processo amministrativo — ha sottolineato come sarebbe stato preferibile che il Legislatore ancorasse l'efficacia del provvedimento sino alla pronunzia del Collegio cui l'istanza viene sottoposta nella prima camera di consiglio utile.

Inoltre è stato fatto notare che la misura *ante causam* ha un'efficacia temporale più ampia (60 giorni) rispetto a quella monocratica *post causam* di cui all'art. 56, Codice del processo amministrativo (il decreto perde infatti efficacia se il Collegio non provvede nella Camera di consiglio di cui all'art. 55, comma 5, Codice del processo amministrativo). Cosa che "aggrava le conseguenze dei possibili 'errori' di una decisione assunta in

(51) Cfr. art. 245, comma 6, d.lgs. 12 aprile 2006, n. 163, in *Suppl. ordinario* n. 107 alla *Gazz. Uff.*, 2 maggio 2006, n. 100. L'articolo è stato così sostituito dall'art. 3, comma 19, lett. *d)*, Allegato IV al Codice del processo amministrativo: "*La tutela giurisdizionale davanti al giudice amministrativo è disciplinata dal codice del processo amministrativo*".

modo sommario e per di più sulla base della prospettazione di un'unica parte" (52).

Manca invece, nel Codice del processo amministrativo, una **regolamentazione relativa alla dichiarazione di inefficacia del decreto** che non sia stato notificato per tempo, ovvero non sia stato seguito dalla tempestiva instaurazione del giudizio di merito, ovvero dalla pronunzia cautelare ordinaria. Pare, tuttavia, che l'inefficacia operi automaticamente, senza bisogno di una pronunzia dichiarativa del Giudice.

Quanto al contenuto, le misure che sono adottabili dal Presidente adito con ricorso *ante causam*, sono qualificate come "interinali e provvisorie" e caratterizzate da un rapporto di fortissima strumentalità non solo e non tanto con la "proposizione del ricorso di merito" quanto con la proposizione "della domanda cautelare in corso di causa" (cfr. art. 61, comma 1, Codice del processo Amministrativo). "Il rapporto di strumentalità si appunta infatti non già sulla futura sentenza, ma sulla futura misura cautelare *post causam*... Appare appropriata, per il nuovo rimedio, la denominazione di misura precautelare, proprio in quanto esso risulta funzionale a preservare le condizioni di operatività e di efficacia non della decisione di merito, ma di un'ipotetica misura cautelare incidentale, che il giudice — mediante una proiezione mentale — è chiamato ad assumere a riferimento per verificare il grado di indifferibilità della cautela richiesta" (53).

Ciò significa che il provvedimento adottato dal Presidente non solo non dovrà pregiudicare il futuro esito della controversia, ma nemmeno l'efficacia di una misura cautelare che dovesse essere adottata in corso di causa.

In altre parole, attraverso i provvedimenti interinali e provvisori che il Presidente riterrà opportuno adottare, non si potrà produrre un'alterazione dell'assetto degli interessi in gioco da cui non si possa poi tornare indietro. Così, ad esempio, in materia di procedure ad evidenza pubblica, il Presidente adito con il ricorso cautelare *ante causam* potrà sospendere provvisoriamente la gara pubblica, al fine di evitare che si addivenga all'aggiudicazione, ma non potrà adottare un provvedimento di *remand* (si rinvia al Capitolo III, Paragrafo 2), che suggerisca all'amministrazione

(52) Cfr. M.A. SANDULLI, *La tutela cautelare nel processo amministrativo*, in (a cura di G. PELLEGRINO), *Verso il codice del processo amministrativo*, in *Nel diritto editore*, 2010, 139.

(53) Cfr. A. CARULLO-G. IUDICA, *Commentario breve alla legislazione sugli appalti pubblici e privati*, Cedam, 2009, *sub* art. 245 d.lgs. n. 163 del 2006, 1303.

l'aggiudicazione in un senso piuttosto che in un altro. La funzione delle misure interinali e provvisorie, dunque, è quella di 'congelare' la situazione sino alla pronunzia più approfondita che verrà adottata in corso di causa. Essa "vale ad evitare che nel tempo occorrente per pervenire alla misura *post causam* (monocratica o collegiale) la situazione di fatto dedotta in giudizio (*res in iudicio deducta*) subisca mutamenti tali da rendere inutile (*inutiler data*) la successiva pronuncia incidentale" (54).

Pare dunque che la misura cautelare che sarà più frequentemente, se non addirittura esclusivamente concedibile, sarà quella sospensiva. Ciò, tuttavia, non contrasta con il carattere atipico delle misure cautelari (si rinvia al Capitolo III, Paragrafo 2) non potendosi escludere, ad esempio, che il Giudice amministrativo, nel disporre la sospensione degli atti impugnati possa dettare all'amministrazione altre regole di condotta volte a preservare lo *status quo*, quali "obblighi di comunicazione ed informazione ai partecipanti o all'Autorità di Vigilanza, ordine di restituzione di cauzioni incamerate, richieste di parere tecnici o accertamenti il cui esito sarà poi lo stesso giudice a valutare, nel momento in cui sarà richiesto di adottare una misura cautelare in causa. Tale ampia gamma di prescrizioni consente certamente di recuperare quella atipicità della misura interinale che ormai costituisce tratto caratterizzante della tutela cautelare nel processo amministrativo, evitando che il giudice resti ingessato nell'alternativa secca data dalla scelta tra sospensione e prosecuzione della procedura. Il limite è, però, sempre rappresentato dal carattere interinale di ogni precetto, la cui attuazione non deve alterare gli interessi in controversia, quali si presentano al momento dell'accesso al giudice della cautela" (55).

In merito alla motivazione, la norma nulla dice. Eppure non v'è dubbio — non fosse altro in forza dell'art. 111, comma 6, Cost., per cui "Tutti i provvedimenti giurisdizionali devono essere motivati" —, che una pur minima motivazione deve accompagnare l'adozione del provvedimento cautelare, sia esso di accoglimento o di rigetto.

Tale motivazione, ovviamente, potrà essere alquanto sintetica atteso che i tempi per la stesura di una motivazione articolata sarebbero incompatibili con quelle ristrettissimi sottesi alla situazione di urgenza dedotta dall'istante.

(54) Cfr. S. TARULLO, *La nuova tutela cautelare ante causam introdotta dall'art. 245, codice delgi appalti*, in *www.giustamm.it*.

(55) Cfr. S. TARULLO, *La nuova tutela cautelare ante causam introdotta dall'art. 245, codice degli appalti*, in *www.giustamm.it*.

La motivazione dovrà contenere un sia pur minimo riferimento tanto al *fumus boni iuris*, quanto al *periculum in mora*.

8 IL PROBLEMA DELLA RIPROPONIBILITÀ, REVOCABILITÀ, MODIFICABILITÀ E APPELLABILITÀ DEL DECRETO PRESIDENZIALE

Il provvedimento di accoglimento della misura cautelare *ante causam* non è appellabile: in ogni caso, fino a quando il provvedimento conserva la propria efficacia, ovvero al più tardi nei sessanta giorni dalla sua emissione, lo stesso può essere revocato o modificato su istanza di parte (cfr. art. 61, comma 5, penultimo periodo, Codice del processo amministrativo).

Legittimati attivi alla richiesta di revoca/modifica saranno sicuramente l'amministrazione resistente ed i controinteressati, non potendosi escludere nel novero di tali soggetti anche qualunque altro interessato, sebbene non contraddittore dell'istanza cautelare.

Tale potere, invece, non spetterà al ricorrente non potendo questi proporre un'istanza di modifica in *melius:* la revocabilità/modificabilità del provvedimento assentivo della misura cautelare, infatti, vuole bilanciare, la sua non appellabilità.

L'istanza di revoca o modifica dovrà essere proposta seguendo l'*iter* che si è esaminato al paragrafo 4 del presente Capitolo per la proposizione dell'originaria istanza *ante causam.*

Si può notare come, contrariamente alla previsione di cui all'art. 245, comma 6, Codice de Lise ("Il provvedimento di accoglimento non è appellabile, ma, fino a quando conserva efficacia, è sempre revocabile o modificabile senza formalità dal Presidente, d'ufficio o su istanza o reclamo di ogni interessato, nonché dal Collegio dopo l'inizio del giudizio di merito.") (56), la revocabilità o modificabilità (nel senso della sua riduzione o ampliamento senso quantitativo e/o qualitativo) non può essere disposta *ex officio*, ma solo su domanda di parte in conformità a quanto previsto dall'art. 58, comma 1, Codice del processo amministrativo).

(56) Cfr. art. 245, comma 6, d.lgs. 12 aprile 2006, n. 163, in *Suppl. ordinario* n. 107 alla *Gazz. Uff.*, 2 maggio 2006, n. 100. L'articolo è stato così sostituito dall'art. 3, comma 19, lett. *d*), Allegato IV al Codice del processo amministrativo: "*La tutela giurisdizionale davanti al giudice amministrativo è disciplinata dal codice del processo amministrativo*".

Ma, mentre per il citato articolo, la revocabilità/modificabilità, è condizionata al verificarsi "di mutamenti nelle circostanze", ovvero a "fatti anteriori di cui si è acquisita conoscenza successivamente al provvedimento cautelare" (si rinvia al Capitolo VI, Paragrafo 1) — così da consentire il continuo e costante adeguamento della cautela alla situazione concreta sulla quale è destinata ad incidere —, per la disposizione di cui all'art. 61, comma 5, penultimo periodo, Codice del processo amministrativo, la revocabilità/modificabilità pare slegata a tali evenienze che non vengono menzionate.

Si ritiene che tale mancata menzione non sia il frutto di una svista del Legislatore ma sia espressione di una reale *voluntas legis*. La tutela cautelare *ante causam*, invero, viene concessa in una situazione caratterizzata da una particolare urgenza (si rinvia al Paragrafo 2 del presente Capitolo) che influisce inevitabilmente sulla ponderatezza del giudizio sotteso alla sua concessione. **Potrebbe allora non essere sbagliato acconsentire che la revoca/modifica venga chiesta sulla base di una diversa prospettazione dei fatti, valutazione delle prove o esposizioni di nuove ragioni di diritto**. Di contrario avviso si pone tuttavia parte della dottrina secondo cui "l'ancoraggio al parametro della sopravvenienza appare meritevole di conservazione, se non altro per evitare istanza meramente pretestuose il cui unico effetto sarebbe quello di impegnare il tempo e le energie del giudice, a seconda dei casi, monocratico o collegiale." (57).

Quanto al provvedimento di rigetto, anch'esso viene definitivo non impugnabile con la precisazione, però, che la domanda può essere riproposta dopo l'instaurazione del giudizio di merito "con le forme della domanda cautelare in corso di causa".

La disposizione riprende il contenuto dell'art. 245, comma 5, d.lgs. 12 aprile 2006, n. 163: "Il provvedimento negativo non è impugnabile ma la domanda cautelare può essere riproposta dopo l'inizio del giudizio di merito ai sensi dell'articolo 21, commi 8 e 9, della legge 6 dicembre 1971, n. 1034." (58).

Il provvedimento di rigetto, tuttavia, a differenza di quello di accoglimento non può essere oggetto di un'istanza di revoca e/o modifica. Tale diversità di trattamento mal si comprende (59). Infatti, "mentre

(57) Cfr. S. TARULLO, *La nuova tutela cautelare* ante causam *introdotta dall'art. 245 del Codice degli appalti*, in *www.giustamm.it*.

(58) Cfr. art. 245, comma 5, d.lgs. 12 aprile 2006, n. 163, in *Suppl. ordinario* n. 107 alla *Gazz. Uff.*, 2 maggio 2006, n. 100. L'articolo è stato così sostituito dall'art. 3, comma 19, lett. *d*), Allegato IV al Codice del processo amministrativo: "*La tutela giurisdizionale davanti al giudice amministrativo è disciplinata dal codice del processo amministrativo*".

(59) Cfr. N. PAOLANTONIO, *Note sulla c.d. tu-*

alle parti resistenti e controinteressate è accordata" — attraverso lo strumento delle revoca/modifica — "una sia pur limitata facoltà processuale di ottenere una modificazione *in melius* dell'assetto provvisorio degli interessi stabilito dal provvedimento *ante causam*, eguale facoltà non è concessa, in alcun caso all'istante" che, per l'appunto, è privato di tale potere di revoca e/o modifica, potendo, al più riproporre la domanda dopo l'inizio del giudizio di merito (cfr. art. 61, comma 4, Codice del processo amministrativo). "Il che pone seri dubbi di legittimità costituzionale della previsione in parola. (60)".

La non impugnabilità pare comunque coerente con il carattere di estrema provvisorietà della misura cautelare *ante causam* tanto più che nemmeno il decreto presidenziale *post causam* è (di regola) impugnabile, essendo destinato a mantenere i propri effetti sino alla camera di consiglio collegiale (si rinvia al Capitolo IV, Paragrafo 5).

Si può tuttavia rilevare come, mentre per il provvedimento di accoglimento si parla di non appellabilità, con riferimento a quello di rigetto, invece, si usa l'espressione non impugnabilità.

La differenza terminologica è probabilmente dovuta ad una svista del Legislatore, in realtà reiterata, visto che l'art. 245, commi 5 e 6, Codice de Lise (61), già contenevano questa discrepanza.

Se si dovesse 'dar peso' alle due espressioni impiegate dal Legislatore si dovrebbe ritenere che, mentre avverso il provvedimento di rigetto non sarebbe esperibile alcun mezzo di gravame, nei confronti di quello di accoglimento, invece, escluso l'appello, residuerebbe la revocazione (si rinvia al Capitolo VI Paragrafo 2). Non si ritiene, tuttavia, di poter seguire questa tesi.

9 LE SPESE DEL PROCEDIMENTO E L'ATTUAZIONE DELLE MISURE CAUTELARI. IL RINVIO AL PROCEDIMENTO CAUTELARE IN CORSO DI CAUSA

Il regime delle spese segue le norme esaminate per le ordinanze cautelari emesse in corso di causa: ciò in forza del rinvio operato dall'art. 61,

tela cautelare ante causam, in *Studi in onore di Leopoldo Mazzarolli*, Cedam, 2007, 338.

(60) Cfr. N. PAOLANTONIO, *Note sulla c.d. tutela cautelare* ante causam, in *Studi in onore di Leopoldo Mazzarolli*, Cedam, 2007, 340.

(61) Cfr. art. 245, commi 5 e 6, d.lgs. 12 aprile 2006, n. 163, in *Suppl. ordinario* n. 107 alla *Gazz. Uff.*, 2 maggio 2006, n. 100. L'articolo è stato così sostituito dall'art. 3, comma 19, lett. *d)*, Allegato IV al Codice del processo amministrativo: "*La tutela giurisdizionale davanti al giudice amministrativo è disciplinata dal codice del processo amministrativo*".

comma 6, Codice del processo amministrativo (si rimanda, in argomento, al Capitolo V).

Questo significa che pure il provvedimento di rigetto dovrà, contenere la disciplina sulle spese di giudizio. Anche nel caso in cui, pertanto, la fase cautelare *ante causam* non fosse poi seguita dal giudizio di merito, la parte risultante vincitrice non correrà più il rischio di non vedersi riconoscere la refusione delle spese anticipate [62]. Rischio che, invece, sussisteva nella vigenza dell'art. 245, comma 7, d.lgs. 12 aprile 2006, n. 163, che richiamava, in tema di spese, l'art. 21, l. 6 dicembre 1971, n. 1034 [63], secondo il quale la pronunzia su quest'ultime era facoltativa e non obbligatoria. A causa di tale facoltatività, pertanto, se il provvedimento di rigetto non avesse regolato le spese tra le parti e non fosse stato seguito dal giudizio di merito, le parti che le avevano anticipate si vedevano costrette a sobbarcarsele definitivamente.

In forza del rinvio espresso, in materia di spese, operato dall'art. 26, comma 1, Codice del processo amministrativo, alle norme del codice di rito ("Quando emette una decisione, il giudice provvede anche sulle spese di giudizio, secondo gli articoli 91, 92, 93, 94, 96 e 97 del codice di procedura civile"), potrà trovare applicazione l'art. 96, comma 2, c.p.c. che recita: "Il giudice che accerta l'inesistenza del diritto per cui è stato eseguito un provvedimento cautelare... su istanza della parte danneggiata condanna al risarcimento dei danni l'attore o il creditore procedente, che ha agito senza la normale prudenza".

Il difetto di normale prudenza, in particolare, potrà essere ravvisato nell'aver chiesto ed ottenuto la tutela cautelare *ante causam* attraverso una prospettazione dei fatti solo parziale o, comunque, in assenza dei presupposti previsti dalla legge.

La prova circa il difetto della normale prudenza incomberà, in ogni caso, sulla controparte e non potrà dirsi raggiunta per il semplice motivo che la misura non venga successivamente confermata, ovvero l'esito del ricorso sia poi sfavorevole al ricorrente: "Non può essere accolta la domanda di risarcimento del danno *ex* art. 96 comma 2 c.p.c. (per responsabilità aggravata), nel caso in cui, a dimostrazione della colpa, sia pure

(62) Cfr. art. 245, comma 7, d.lgs. 12 aprile 2006, n. 163, in *Suppl. ordinario* n. 107 alla *Gazz. Uff.*, 2 maggio 2006, n. 100. L'articolo è stato sostituito dall'art. 3, comma 19, lett. *d*), Allegato IV al Codice del processo amministrativo dal seguente: "*La tutela giurisdizionale davanti al giudice amministrativo è disciplinata dal codice del processo amministrativo*".

(63) Cfr. art. 21, l. 6 dicembre 1971, n. 1034, in *Gazz. Uff.*, 13 dicembre 1971, n. 314. L'articolo è stato abrogato dall'art. 4, comma 1, n. 10, Allegato IV al Codice del processo amministrativo.

lieve, dei soggetti che hanno ottenuto una misura cautelare, non sia stato offerto neppure un principio di prova; né è a tal fine sufficiente dedurre che la misura cautelare ottenuta non è stata poi confermata in sede di esame del merito, dal momento che l'onere di dimostrare il difetto della normale prudenza in chi ha proposto la domanda cautelare può ritenersi adempiuto quando la presunta colpa risulti da circostanze oggettivamente apprezzabili." (64).

Anche l'attuazione del decreto presidenziale seguirà le regole generali sull'ottemperanza delle misure cautelari (si rinvia al Capitolo XI), in forza del rinvio operato dall'art. 61, comma 6, Codice del processo amministrativo.

Ove, pertanto, l'ordine sia rimasto ineseguito, l'interessato potrà notificare alle controparti un'istanza finalizzata ad ottenere l'esecuzione del provvedimento, eventualmente a mezzo di un commissario *ad acta*.

Poiché, tuttavia, come più sopra ricordato (si rinvia al Paragrafo 7 del presente Capitolo), la misura cautelare *ante causam* più frequente avrà contenuto meramente sospensivo, la stessa non abbisognerà di una specifica attività esecutiva.

10 L'INAPPLICABILITÀ DEL PROCEDIMENTO CAUTELARE *ANTE CAUSAM* NEL GRADO D'APPELLO

La disciplina sino ad ora vista e concernente le misure cautelari *ante causam* non si applica "ai giudizi in grado d'appello" (cfr. art. 61, comma 7, Codice del processo amministrativo).

La disposizione non risulta innovativa rispetto a quanto prevedeva l'art. 245, comma 8, Codice del Lise ("Le disposizioni del presente art. non si applicano ai giudizi in grado di appello, per i quali le istanze cautelari restano disciplinate dagli articoli 21 e 23-*bis* della legge 6 dicembre 1971, n. 1034.") (65) ed è una conseguenza logica del fatto che l'*ante causam* presuppone che il giudizio non penda e, pertanto, è concepibile solo 'in primo grado' e non già in grado d'appello. Inoltre, "l'esclusione del rimedio di tutela preventiva in appello risulta coerente con il principio se-

(64) Cfr. Cons. Stato, Sez. V, 27 aprile 2006, n. 2359, in *Giust. Civ.*, 2006, 7-8, 1659.

(65) Cfr. art. 245, comma 8, d.lgs. 12 aprile 2006, n. 163, in *Suppl. ordinario* n. 107 alla *Gazz. Uff.*, 2 maggio 2006, n. 100. L'articolo è stato così sostituito dall'art. 3, comma 19, lett. *d*), Allegato IV al Codice del processo amministrativo: "*La tutela giurisdizionale davanti al giudice amministrativo è disciplinata dal codice del processo amministrativo*".

condo cui il giudizio d'appello, anche per il suo carattere devolutivo, costituisce la prosecuzione del processo radicato con l'originario ricorso di merito; con la logica conseguenza che la richiesta di tutela cautelare *ante causam* non può essere avanzata per la prima volta o rinnovata in occasione della pubblicazione della sentenza che ha definito il primo grado di giudizio." (66).

In sintesi

- Lo strumento cautelare *ante causam* costituisce una misura 'straordinaria' che, già prevista dall'art. 245, commi 4 e ss., Codice de Lise, viene ora generalizzata attraverso l'art. 61, Codice del processo amministrativo.
- Il presupposti che legittimano la richiesta della tutela cautelare *ante causam* sono sempre il *periculum in mora* ed il *fumus boni iuris*. Il primo, però, è da intendersi come una fortissima ed eccezionale imminenza di pericolo tale per cui nemmeno la tutela cautelare presidenziale *post causam* di cui all'art. 56, comma 1, del Codice, sarebbe strumento adeguato di tutela. Il secondo, invece, è da intendersi quale non manifesta infondatezza della domanda.
- Anche in sede di tutela cautelare *ante causam* l'incompetenza territoriale del Giudice adito è rilevabile d'ufficio.
- Quanto all'*iter* processuale da seguire, tentando di schematizzare, si può ricordare che la domanda va notificata (anche a mezzo fax) all'amministrazione resistente e ad almeno uno di controinteressati per poi essere depositata presso la competente Segreteria del Tribunale.
- Sulla stessa il Presidente o un Magistrato da lui delegato deciderà senza particolari formalità.
- Il decreto di accoglimento della domanda andrà notificato alle parti intimate entro 5 giorni dalla sua emissione e da questa conserverà efficia non oltre i 60 giorni successivi. Il decreto diverrà inoltre inefficace ove, entro 15 giorni dalla sua emissione, non venga notificato il ricorso contenente la domanda cautelare e, detto ricorso, con l'istanza di fissazione dell'udienza, non venga depositato nei 5 giorni successivi.
- Sia il decreto di accoglimento che quello di rigetto non sono appellabili. Il primo, tuttavia, può essere revocato o modificato su istanza delle controparti.
- Quanto al regime delle spese di giudizio e di attuazione del decreto cautelare *ante causam*, si dovrà seguire la disciplina prevista per i procedimenti cautelari in corso di causa.

(66) Cfr. A. MEZZOTERO, *La tutela cautelare* ante causam *nel processo amministrativo: uno strumento di cui non si poteva davvero fare a menò*, in *www.neldiritto.it*.

CAPITOLO 9

IL PROCEDIMENTO CAUTELARE NELL'AMBITO DEL RITO ABBREVIATO

Il Codice del processo amministrativo conferma, con l'art. 119, la previsione di un rito abbreviato per particolari materie riprendendo, sostanzialmente, il contenuto dell'art. 23-*bis*, l. 6 dicembre 1971, n. 1034. Solo che, mentre nel vigore di quest'ultima disposizione l'oggetto principale di tale rito era costituito dalle controversie in materia di procedure di affidamento di pubblici lavori, servizi e forniture, ora, invece, quest'ultime vengono assoggettate alla disciplina speciale contenuta nell'art. 119 del Codice, fatto salvo, però, quanto previsto dagli articoli 120 e ss. del Codice: norme specificamente dedicate alle procedure ad evidenza pubblica. Le più importanti caratteristiche del rito di cui all'art. 119, Codice del processo amministrativo, paiono comunque essere le seguenti: la dimiziazione di tutti i termini processuali, con eccezione di alcuni; la circostanza che, in sede di udienza camerale, l'accertamento della sussistenza del *periculum in mora* e del *fumus boni iuris*, vale non già ad accordare la tutela cautelare quanto, piuttosto, ad accelerare la definizione, nel merito, del giudizio. Solo in casi di estrema gravità ed urgenza il Giudice potrà infatti accompagnare la tempestiva fissazione dell'udienza di discussione con una misura cautelare.

Sommario:

1 INTRODUZIONE

Nel Codice del processo amministrativo trova piena conferma la previsione di un rito abbreviato speciale, già contenuta nell'art. 23,-*bis*, l. 6 dicembre 1971, n. 1034 (1), ed ora, per l'appunto, nell'art. 119 del Codice.

(1) Cfr. art. 23-*bis*, l. 6 dicembre 1971, n. 1034, in *Gazz. Uff.*, 13 dicembre 1971, n. 314. L'articolo è stato abrogato dall'art. 4, comma 1, n. 10, Allegato IV, al Codice del processo amministrativo.

Si può parlare di rito speciale tutte le volte in cui si è di fronte ad un processo che si discosta, sia pur limitatamente a taluni aspetti, dal modello ordinario che, nel Codice del processo amministrativo è contenuto negli artt. 40 e ss.

Va ricordato come **la possibilità di introdurre un rito speciale** differenziato da quello ordinario ed applicabile solo a talune materie **è stata giudicata costituzionalmente legittima dal Giudice delle Leggi**, sia pur pronunziatosi sul rito previsto dall'art. 19, d.l. 25 marzo 1997, n. 67 (2) (poi abrogato dall'art. 4, comma 2, l. 21 luglio 2000, n. 205 (3)), che introduceva un procedimento speciale per le controversie in materia di opere pubbliche e di pubblica utilità e per le procedure ad esse connesse: "1. Nei giudizi davanti ai tribunali amministrativi regionali ed al Consiglio di Stato aventi ad oggetto provvedimenti relativi a procedure di affidamento di incarichi di progettazione e attività tecnico-amministrative ad essa connesse e provvedimenti di aggiudicazione, affidamento ed esecuzione di opere pubbliche o di pubblica utilità, ivi comprese le procedure di occupazione ed espropriazione delle aree ad esse destinate, si applicano le disposizioni di cui al presente articolo. 2. Il tribunale amministrativo regionale, chiamato a pronunciarsi sulla domanda di sospensione, può definire immediatamente il giudizio nel merito, con motivazione in forma abbreviata, quando accerta l'irricevibilità o l'inammissibilità o l'infondatezza del ricorso. Le medesime disposizioni si applicano davanti al Consiglio di Stato in caso di domanda di sospensione della sentenza appellata. 3. Tutti i termini processuali sono ridotti della metà ed il dispositivo della sentenza è pubblicato entro sette giorni dalla data dell'udienza con deposito in cancelleria. 4. Nel caso di concessione del provvedimento cautelare, l'udienza di discussione del merito della causa deve essere celebrata entro sessanta giorni. 5. Con la sentenza che definisce il giudizio amministrativo il giudice pronuncia specificamente sulle spese del processo cautelare. 6. La parte interessata ha facoltà di proporre appello contro la sentenza pronunciata dal tribunale amministrativo regionale subito dopo la pubblicazione del dispositivo, con riserva dei motivi, che dovranno essere proposti entro trenta giorni dalla notificazione della sentenza. Anche in caso di appello immediato si applica l'art. 33 della legge 6 dicembre 1971, n. 1034".

(2) Cfr. art. 19, d.l. 25 marzo 1997, n 67, in *Gazz. Uff.*, 26 marzo 1997, n. 71.

(3) Cfr. art. 4, comma 2, l. 21 luglio 2000, n. 205, in *Gazz. Uff.*, 26 luglio 2000, n. 173. Articolo abrogato dall'art. 4, comma 1, n. 23, Allegato IV, al Codice del processo amministrativo.

La Corte costituzionale ha statuito che "*La diversità e peculiarità della materia giustifica — anche per tale profilo — la deroga al regime ordinario del processo, seguendosi un sistema già collaudato in altri settori normativi, per i quali il legislatore ha parimenti ritenuto necessario dettare disposizioni speciali improntate ad obiettivi di celerità processuale*" (4).

Analogo ragionamento può dunque ripetersi per il rito di cui all'art. 119 (e 120), Codice del processo amministrativo (e in precedenza, art. 23-*bis*, l. 6 dicembre 1971, n. 1034 (5)).

2 IL CAMPO DI APPLICAZIONE DEL C.D. RITO ABBREVIATO

L'art. 119, Codice del processo amministrativo, ricalca, in parte, l'art. 23-*bis*, l. 6 dicembre 1971, n. 1034 (6), prevedendo un rito abbreviato per determinate tipologie di controversie caratterizzate dalla particolare delicatezza degli interessi coinvolti.

Si tratta delle controversie già indicate nel citato art. 23-*bis* ma con importanti novità.

Prima fra tutte, il rito abbreviato non è più *in toto* applicabile agli atti delle procedure ad evidenza pubblica. Dette controversie, infatti, rientrano nel campo di applicazione dell'art. 119, Codice del processo amministrativo salvo, però, quanto previsto dagli artt. 120 e ss. del Codice (si rinvia al Capitolo X).

Il rito abbreviato, inoltre, per un breve periodo di tempo, era da ritenersi applicabile anche alle controversie aventi ad oggetto i provvedimenti di cui all'art. 12, comma 3, l. 29 dicembre 1993, n. 580 "Riordinamento delle Camere di Commercio, industria, artigianato e agricoltura" (7).

L'art. 53, comma 2, l. 23 luglio 2009, n. 99, infatti, aveva disposto: "Al comma 1 dell'articolo 23-*bis* della legge 6 dicembre 1971, n. 1034, dopo la lettera *g*) è aggiunta la seguente: '*g-bis*) i provvedimenti adottati ai sensi dell'articolo 12, comma 3, della legge 29 dicembre 1993, n. 580" (8).

(4) Cfr. Corte Cost., 10 novembre 1999, n. 427, in *Banca dati De Jure*, Giuffrè.

(5) Cfr. art. 23-*bis*, l. 6 dicembre 1971, n. 1034, in *Gazz. Uff.*, 13 dicembre 1971, n. 314. L'articolo è stato abrogato dall'art. 4, comma 1, n. 10, Allegato IV, al Codice del processo amministrativo.

(6) Cfr. art. 23-*bis*, l. 6 dicembre 1971, n. 1034, in *Gazz. Uff.*, 13 dicembre 1971, n. 314. L'articolo è stato abrogato dall'art. 4, comma 1, n. 10, Allegato IV, al Codice del processo amministrativo.

(7) Cfr. art. 12, comma 3, l. 29 dicembre 1993, n. 580, in *Suppl. ordinario* alla *Gazz. Uff.*, 11 gennaio 1994, n. 7.

(8) Cfr. art. 53, comma 2, l. 23 luglio 2009, n. 99, in *Suppl. ordinario* n. 136 alla *Gazz. Uff.*, 31 luglio 2009, n. 176.

La norma, che non brillava per chiarezza, è stata tuttavia abrogata dall'art. 4, comma 1, n. 43, Allegato 4, del Codice del processo amministrativo.

Il rito accelerato, in forza dell'art. 9, comma 1, secondo e terzo periodo, . d.lgs. 1 agosto 2003, n. 259 "Codice delle Comunicazioni" (9), **deve invece tutt'ora ritenersi applicabile anche ai ricorsi contro i provvedimenti dell'Autorità per le garanzie nelle comunicazioni**, nonché contro i provvedimenti adottati, sempre in forza della citata legge, dal Ministero: "I ricorsi avverso i provvedimenti del Ministero e dell'Autorità adottati sulla base delle disposizioni del Codice sono devoluti alla giurisdizione esclusiva del giudice amministrativo. La competenza nei giudizi di primo grado è attribuita in via esclusiva ed inderogabile dalle parti al Tribunale amministrativo regionale (TAR) del Lazio, con sede in Roma; ai giudizi si applica 23-*bis* della legge 6 dicembre 1971, n. 1034, e successive modificazioni".

La citata norma, che veniva abrogata dall'art. 4, comma 1, n. 29, Allegato IV, alla Bozza del Codice del processo amministrativo anteriore al testo poi approvato dal Consiglio dei Ministri, nel testo definitivo, invece, è stata fatta salva dalla scure delle abrogazioni. Scelta, questa, sicuramente condivisibile. Poiché, infatti, l'Autorità per le garanzie nelle comunicazioni è un'Autorità indipendente, i ricorsi avverso i suoi atti sarebbero comunque rientrati nell'elencazione dell'art. 119 (comma 1, lett. *b*), Codice del processo amministrativo e, pertanto, sarebbero egualmente stati assoggettati al rito ivi previsto.

Il rito abbreviato, inoltre, continua a trovare applicazione per le controversie relative a:

1) "i provvedimenti adottati dalle Autorità amministrative indipendenti" (10) con la precisazione della esclusione dei provvedimenti "relativi al rapporto di servizio con i propri dipendenti". Tale esclusione era già stata evidenziata dalla giurisprudenza pronunciatasi sull'art. 23-*bis* cit. (11): "La speciale disciplina processuale dell'art. 23-*bis*, legge Tar, nella parte in cui ha riguardo a controversie involgenti i provvedimenti delle autorità amministrative indipendenti, va circoscritta alle sole vertenze nelle quali è in contestazione l'esercizio di funzioni che incidono sui settori alla cui vigilanza o regolazione gli organismi in questione sono istituzionalmente

(9) Cfr. art. 9, comma 1, d.lgs. 1 agosto 2003, n. 259, in *Gazz. Uff.*, 15 settembre 2003, n. 214.

(10) Cfr. art. 119, comma 1, *sub a*), Codice del processo amministrativo corrispondente all'art. 23-*bis*, comma 1, *sub d*), l. 6 dicembre 1971, n. 1034.

(11) Cfr. art. 23-*bis*, l. 6 dicembre 1971, n. 1034, in *Gazz. Uff.*, 13 dicembre 1971, n. 314. L'articolo è stato abrogato dall'art. 4, comma 1, n. 10, Allegato IV, al Codice del processo amministrativo.

preposti. Essa non trova, pertanto, applicazione alle controversie concernenti l'ordinaria gestione del proprio personale che altrimenti, finirebbe col fruire di un non ragionevole privilegio, rispetto alle altre categorie di pubblici dipendenti.". (12).

La norma pone, come già l'art. 23-*bis* cit. (13), il problema dell'esatta individuazione dell'ambito soggettivo ed oggettivo di tali controversie.

Quanto **all'ambito soggettivo**, non vi è sempre certezza circa gli esatti confini della categoria delle Autorità indipendenti. Si possono annoverare, in via astratta (salvo le precisazioni che si svolgeranno di seguito) secondo l'opinione prevalente, l'Istituto superiore per la vigilanza sulle assicurazioni private (ISVAP), la Commissione nazionale per le società e la borsa (CONSOB), l'Autorità per la Vigilanza sui contratti Pubblici di Lavori, Servizi e Forniture, la Commissione di Garanzia sull'attuazione del diritto di sciopero, il Garante per la protezione dei dati personali, l'Autorità Garante per la Concorrenza ed il Mercato (14), la Banca d'Italia (15). Potrebbe rientrarvi anche il Centro nazionale per l'informatica nella pubblica amministrazione, istituito dall'art. 176, d.lgs. 30 giugno 2003, n. 196 (c.d. Codice della Privacy) (16), non già, invece, "le varie Agenzie — quali l'Agenzia per la rappresentanza negoziale delle pubbliche amministrazioni (ARAN), l'Agenzia nazionale per la protezione dell'ambiente, l'Agenzia autonoma per la gestione dell'albo dei segretari comunali e provinciali, al pari dell'Autorità per la vigilanza sulle ONLUS." (17).

La disciplina del rito accelerato di cui all'art. 119, Codice del Processo Amministrativo non dovrebbe trovare invece applicazione nei casi di controversie che, sebbene proposte avverso provvedimenti delle Autorità amministrative indipendenti, abbiano ad oggetto l'impugnazione del diniego di accesso ai documenti amministrativi. In tal senso si ritengono tutt'ora valide le argomentazioni della giurisprudenza pronunziatasi nella vigenza dell'art. 23-*bis*, l. 6 dicembre 1971, n. 1034 (18): « Si è detto che

(12) Cfr. Tar Lazio, Sez. I, 3 luglio 2009, n. 6451, in *Foro Amm., TAR*, 2009, 7-8, 2113. In senso conf. Cons. Stato, Sez. VI, 16 gennaio 2009, n. 212, in *Foro Amm., CDS*, 2009, 1, 226.

(13) Cfr. art. 23-*bis*, l. 6 dicembre 1971, n. 1034, in *Gazz. Uff.*, 13 dicembre 1971, n. 314. L'articolo è stato abrogato dall'art. 4, comma 1, n. 10, Allegato IV, al Codice del processo amministrativo.

(14) Cfr. Tar Lazio, Sez. I, 20 febbraio 2008, n. 1536, in *Foro Amm., Tar*, 2008, 2, 502.

(15) Cfr. Tar Lazio, Sez. I, 26 aprile 2004, n. 3528, in *Banca dati De Jure*, Giuffrè.

(16) Cfr. art. 176, d.lgs. 30 giugno 2003, n. 196, in *Gazz. Uff.*, 29 luglio 2003, n. 174.

(17) Cfr. R GIOVAGNOLI-M. FRATINI, *Le sanzioni amministrative*, Giuffrè, 2009, 2958.

(18) Cfr. art. 23-*bis*, l. 6 dicembre 1971, n. 1034, in *Gazz. Uff.*, 13 dicembre 1971, n. 314. L'articolo è stato abrogato dall'art. 4, comma 1, n. 10, Allegato IV, al Codice del processo amministrativo.

"il regime processuale cui soggiacciono tutte le controversie sull'accesso è già esso stesso un regime speciale notevolmente accelerato": per l'effetto assumendosi che "l'innesto in questa disciplina, quando l'accesso debba essere fatto valere nei confronti di un'autorità amministrativa indipendente, del regime dell'art. 23-*bis*, determinerebbe ... una complicata ibridazione di procedure speciali senza arrecare alcun tangibile beneficio".

Si è ritenuto che, ove venga in considerazione "una determinazione su una richiesta di accesso, dal momento che non sarebbe possibile rinvenire la *ratio* della soggezione al regime di cui all'art. 23-*bis*, resterebbe applicabile solo l'ordinario rito — comunque per parte sua già accelerato — dell'art. 25, legge n. 241/1990", con il supporto delle seguenti argomentazioni:

— "la sottoposizione dei giudizi in materia di accesso alla regola sul dimezzamento dei termini, recata dall'art. 23-*bis*, imporrebbe una loro decisione in camera di consiglio entro appena quindici giorni dalla scadenza del termine (dimidiato) per il deposito del ricorso, comprimendo così al massimo grado il contraddittorio processuale a tutto discapito proprio delle esigenze defensionali dell'Autorità, che il rito speciale dovrebbe invece salvaguardare;

— le determinazioni amministrative in tema di accesso non sono 'provvedimenti' nella comune accezione tecnica del termine, ma hanno una natura giuridica sui generis, che si riflette nel fatto che il contenzioso che le concerne non ha una natura autenticamente impugnatoria, bensì un contenuto di accertamento sostanziale della eventuale fondatezza della pretesa dell'istante;

— poiché ... l'art. 23-*bis* si riferisce ai soli 'provvedimenti' delle *Authorities*, l'interpretazione dalla quale si dissente non potrebbe comunque valere ... nell'ipotesi in cui sulla richiesta di accesso l'Amministrazione sia rimasta silente: sicché il contenzioso sull'accesso delle *Authorities* sarebbe allora condannato a seguire un irrazionale doppio binario a seconda che la richiesta di accesso sia stata respinta o invece semplicemente ignorata.

In primo luogo, l'asserita compressione dei tempi di difesa dell'Autorità (e, più in generale, di tutti i soggetti pubblici le cui determinazioni siano sottoposte al regime processuale dell'art. 23-*bis*) si atteggia diversamente, quanto alla controversie in materia di accesso, rispetto alla generalità del contenzioso che ricade sotto la previsione da ultimo richiamata.

In conclusione la normativa speciale che disciplina il regime processuale delle controversie sull'accesso, non è modificata dalla normativa di cui all'art. 23-*bis* » [19].

Quanto all'ambito oggettivo, invece, si potrebbe pensare che detta disposizione abbia abrogato implicitamente tutte quelle norme di settore che attribuiscono la cognizione delle controversie vertenti sugli atti delle Autorità indipendenti, al Giudice ordinario. Prima fra tutte si ricorda l'art. 152, comma 1, d.lgs. 30 giugno 2003, n. 196 [20]: "Tutte le controversie che riguardano, comunque, l'applicazione delle disposizioni del presente codice, comprese quelle inerenti ai provvedimenti del Garante in materia di protezione dei dati personali o alla loro mancata adozione, sono attribuite all'autorità giudiziaria ordinaria".

Ora, sotto la vigenza dell'art. 23-*bis* cit., si era esclusa tale interpretazione in quanto si era osservato come la citata disposizione applicasse il rito accelerato nei giudizi elencati che si svolgessero "davanti agli organi di giustizia amministrativa". Nulla, pertanto, poteva dirsi innovato in termini di giurisdizione ma, piuttosto, in termini di rito: la "... norma" si occupava "precipuamente di prevedere e disciplinare un procedimento speciale in talune materie, senza dettare esplicitamente regole innovative in tema di giurisdizione" [21].

Ora che, tuttavia, l'art. 119, comma 1, Codice del processo amministrativo, non contiene più questa precisazione, il problema potrebbe porsi, anche perché, ai sensi dell'art. 44, comma 2, lett. *b*), n. 1, della legge delega 18 giugno 2009, n. 69 [22] tra i principi e criteri direttivi cui il Governo doveva attenersi nell'esercitare la delega vi era anche quello "di disciplinare le azioni e le funzioni del Giudice: 1) riordinando le norme vigenti sulla giurisdizione del giudice amministrativo, anche rispetto alle altre giurisdizioni".

Qualche problema potrebbe inoltre porsi in quanto la norma, come in precedenza l'art. 23-*bis*, l. 6 dicembre 1971, n. 1034 [23], fa generico riferimento ai "provvedimenti adottati dalla Autorità amministrative indipendenti". **Continua dunque ad essere incerta l'applicabilità del**

(19) Cfr. Cons. Stato, Sez. VI, 26 novembre 2008, n. 5840, in *www.giustizia-amministrativa.it*. In Senso conf. Cons. Stato., Sez. VI, 3 settembre 2009, n. 5201, in *Foro Amm., CDS*, 2009, 9, 2068.

(20) Cfr. art. 152, comma 1, d.lgs. 30 giugno 2003, n. 196, in *Gazz. Uff.*, 29 luglio 2003, n. 174.

(21) Cfr. Cons. Stato, Sez. V, 14 luglio 2003, n. 4167, in *Banca dati De Jure*, Giuffrè.

(22) Cfr. 44 della legge delega 18 giugno 2009, n. 69, in *Suppl. ordinario* n. 95 alla *Gazz. Uff.*, 19 giugno 2009, n. 140.

(23) Cfr. art. 23-*bis*, l. 6 dicembre 1971, n. 1034, in *Gazz. Uff.*, 13 dicembre 1971, n. 314. L'articolo è stato abrogato dall'art. 4, comma 1, n. 10, Allegato IV, al Codice del processo amministrativo.

rito abbreviato ai giudizi aventi ad oggetto l'impugnazione dei regolamenti adottati dalle Autorità amministrative indipendenti che non sono propriamente, se non in termini atecnici, dei provvedimenti. Pare, comunque, che la giurisprudenza si pur nel vigore del citato art. 23-*bis*, si sia orientata per una lettura estensiva dell'espressione "provvedimenti" che potrebbe, pertanto, essere ancora valida: "L'art. 23-*bis* lett. *c*) l. Tar, che dimezza tutti i termini processuali concernenti i giudizi aventi come oggetto 'provvedimenti relativi alle procedure di esecuzione di servizi pubblici', si applica alle controversie in materia di gestione dei servizi pubblici ove venga in contestazione un provvedimento autoritativo. Ne consegue l'applicabilità di tale dimidiazione dei termini a una controversia avente per oggetto il regolamento di determinazione della tariffa rifiuti, posto che non può dubitarsi che il servizio di smaltimento dei rifiuti non costituisca servizio pubblico in senso proprio." (24).

Nella nozione di provvedimenti, invece, non dovrebbero rientrare eventuali contratti conclusi dall'Autorità amministrativa indipendente, attesa la diversità manifesta tra i due atti (25).

2) "**i provvedimenti relativi alle procedure di privatizzazione o di dismissione di imprese o beni pubblici, nonché quelli relativi alla costituzione, modificazione o soppressione di società, aziende e istituzioni da parte degli enti locali**" (cfr. art. 119, comma 1, *sub c*), Codice del processo amministrativo, corrispondente all'art. 23-*bis*, comma 1 *sub e*), l. 6 dicembre 1971, n. 1034 (26)). Si pensi, a titolo esemplificativo, alle controversie concernenti la costituzione di una società di capitali per la gestione di un servizio locale (27), la trasformazione di un'azienda speciale in società per azioni (28), i provvedimenti di alienazione di beni pubblici comunali (29);

3) "**i provvedimenti di nomina, adottati previa delibera del Consiglio dei Ministri**" (cfr. art. 119, comma 1, *sub d*), codice del processo amministrativo, corrispondente all'art. 23-*bis*, comma 1, *sub f*), l. 6 dicembre

(24) Cfr. Cons. Stato, Sez. V, 13 giugno 2008, n. 2971, in *Banca dati De Jure*, Giuffrè.

(25) Cfr. in tal senso F. CARINGELLA-S. MAZZAMUTO-G. MORBIDELLI, *Manuale di diritto amministrativo*, Dike, 2010, 718.

(26) Cfr. art. 23-*bis*, comma 1, *sub e*), l. 6 dicembre 1971, n. 1034, in *Gazz. Uff.*, 13 dicembre 1971, n. 314. L'articolo è stato abrogato dall'art. 4, comma 1, n. 10, Allegato IV, al Codice del processo amministrativo.

(27) Cfr. Tar Piemonte, Sez. I, 8 maggio 2008, n. 1009, in *Foro Amm., TAR*, 2008, 5, 1221.

(28) Cfr. Cons. Stato, Sez. V, 13 dicembre 2006, n. 7369, in *Foro Amm., CDS*, 2006, 12, 3348.

(29) Cfr. Cons. Stato. Sez. V, 13 luglio 2006, n. 4418, in *Banca dati De Jure*, Giuffrè.

1971, n. 1034 [30]) Poiché, a differenza di quanto prevedeva l'art. 23-*bis*, comma 1, *sub f*), non c'è più il riferimento alla l. 23 agosto 1988, n. 400, pare [31] che il rito abbreviato si debba applicare non solo quando la delibera sia espressamente prescritta dalla legge (come, ad esempio dagli artt. 3 [32] e 11 [33] della l. 23 agosto 1988, n. 400) ma anche quando "sia prescritta o il Presidente del Consiglio dei Ministri" la "ritenga opportuna" [34];

4) "**i provvedimenti di scioglimento di enti locali e quelli connessi concernenti la formazione ed il funzionamento degli organi**" (cfr. art. 119, comma 1, *sub e*), Codice del processo amministrativo, corrispondente all'art. 23-*bis*, comma 1, *sub g*), l. 6 dicembre 1971, n. 1034 [35]), come, ad esempio, i provvedimenti di scioglimento dei Consigli comunali e degli altri organi amministrativi del Comune [36] o,

[30] Cfr. art. 23-*bis*, comma 1, *sub f*), l. 6 dicembre 1971, n. 1034, in *Gazz. Uff.*, 13 dicembre 1971, n. 314. L'articolo è stato abrogato dall'art. 4, comma 1, n. 10, Allegato IV, al Codice del processo amministrativo.

[31] Sotto la vigenza dell'art. 23-*bis* si era invece pronunziato in senso contrario Tar Friuli Venezia Giulia, 22 maggio 2006, n. 350, in *Foro Amm., TAR*, 2006, 5, 1618: "*Quando l'art. 23-*bis *comma 1 lett. f), l. n. 1034 del 1971, assoggetta alla particolare procedura acceleratoria e alla dimidiazione dei termini processuali 'i provvedimenti di nomina, adottati previa delibera del Consiglio dei Ministri ai sensi della l. 23 agosto 1988 n. 400' non intende ricomprendervi 'gli altri provvedimenti per i quali sia prescritta o il Presidente del Consiglio ritenga opportuna la deliberazione consiliare', previsti dall'art. 2 comma 3, lett. q) stessa l. n. 400 del 1988, in quanto una simile interpretazione, estendendo ai ricorsi avverso un numero elevatissimo di provvedimenti una disciplina di carattere eccezionale, che deve ricevere, in quanto gravosa per il ricorrente, un'interpretazione restrittiva, sarebbe contraria alla sua ratio e considerato altresì che essa andrebbe altresì contro la lettera della norma, applicando la speciale dimidiazione dei termini a casi disciplinati dalle più varie leggi (nella specie dal d.l. 28 maggio 2004 n. 136) mentre essa è contemplata solo per i 'provvedimenti di nomina' che siano soggetti a deliberazione consiliare per espressa prescrizione della l. n. 400 del 1988 (art. 3 e 11).*".

[32] Cfr. art. 3, l. 23 agosto 1988, n. 400, in *Gazz. Uff.*, 12 settembre 1988, n. 214 "1. *Le nomine alla presidenza di enti, istituti o aziende di carattere nazionale, di competenza dell'amministrazione statale, fatta eccezione per le nomine relative agli enti pubblici creditizi, sono effettuate con decreto del Presidente della Repubblica emanato su proposta del Presidente del Consiglio dei ministri, previa deliberazione del Consiglio dei ministri adottata su proposta del ministro competente. 2. Resta ferma la vigente disciplina in ordine all'acquisizione del parere delle competenti Commissioni parlamentari.*".

[33] Cfr. art. 11, l. 23 agosto 1988, n. 400, in *Gazz. Uff.*, 12 settembre 1988, n. 214: "*1. Al fine di realizzare specifici obiettivi determinati in relazione a programmi o indirizzi deliberati dal Parlamento o dal Consiglio dei ministri o per particolari e temporanee esigenze di coordinamento operativo tra amministrazioni statali, può procedersi alla nomina di commissari straordinari del Governo, ferme restando le attribuzioni dei Ministeri, fissate per legge. 2. La nomina è disposta con decreto del Presidente della Repubblica, su proposta del Presidente del Consiglio dei ministri, previa deliberazione del Consiglio dei ministri. Con il medesimo decreto sono determinati i compiti del commissario e le dotazioni di mezzi e di personale. L'incarico è conferito per il tempo indicato nel decreto di nomina, salvo proroga o revoca. Del conferimento dell'incarico è data immediata comunicazione al Parlamento e notizia nella Gazzetta Ufficiale. 3. Sull'attività del commissario straordinario riferisce al Parlamento il Presidente del Consiglio dei ministri o un ministro da lui delegato.*".

[34] Cfr. art. 2, comma 3, *sub* q), l. 23 agosto 1988, n. 400, in *Gazz. Uff.*, 12 settembre 1988, n. 214.

[35] Cfr. art. 23-*bis*, comma 1, *sub g*), l. 6 dicembre 1971, n. 1034, in *Gazz. Uff.*, 13 dicembre 1971, n. 314. L'articolo è stato abrogato dall'art. 4, comma 1, n. 10, Allegato IV, al Codice del processo amministrativo.

[36] Cfr. Cons. Stato, Sez. V, 4 maggio 2004, n. 2737, in *Banca dati De Jure*, Giuffrè.

comunque, i provvedimenti concernenti la loro formazione e funzionamento [(37)];

5) "**i provvedimenti relativi alle procedure di occupazione e di espropriazione delle aree destinate all'esecuzione di opere pubbliche o di pubblica utilità e i provvedimenti di espropriazione delle invenzioni adottate ai sensi del codice della proprietà industriale**" (cfr. art. 119, I comma, *sub f)*, Codice del processo amministrativo, corrispondente parzialmente all'art. 23-*bis*, comma 1, *sub b)*, seconda parte, l. 6 dicembre 1971, n. 1034 [(38)]). Si possono fare, a tal proposito, due osservazioni:

a) il rito accelerato troverà applicazione a prescindere dal fatto che i provvedimenti di occupazione ed espropriazione siano legati a delle procedure di aggiudicazione, affidamento ed esecuzione di opere pubbliche o di pubblica utilità, come invece poteva anche desumersi [(39)] dal contenuto dell'art. 23-*bis*, comma 1, *sub b)*, l. 6 dicembre 1971, n. 1034: "*b)* i provvedimenti relativi alle procedure di aggiudicazione, affidamento ed esecuzione di opera pubbliche o di pubblica utilità, ivi compresi i bandi di gara e gli atti di esclusione dei concorrenti, nonché quelli relativi alle procedure di occupazione e di espropriazione delle aree destinate alle predette opere." [(40)];

b) il rito accelerato si applicherà, per la priva volta, anche alle controversie aventi ad oggetto i provvedimenti attraverso i quali l'amministrazione espropria un diritto di proprietà industriale (cfr. artt. 194 e ss. del d.lgs. 10 febbraio 2005, n. 30 c.d. "Codice della Proprietà Industriale" [(41)]).

Lo stretto legame tra espropriazione e pianificazione finisce per attrarre nell'ambito del rito abbreviato anche le controversie concernenti

(37) Cfr. Tar Campania, Sez. II, 26 giugno 2003. n. 744, in *Foro Amm., TAR*, 2003, 2054.

(38) Cfr. art. 23-*bis*, comma 1, *sub b)*, l. 6 dicembre 1971, n. 1034, in *Gazz. Uff.*, 13 dicembre 1971, n. 314. L'articolo è stato abrogato dall'art. 4, comma 1, n. 10, Allegato IV, al Codice del processo amministrativo.

(39) Tale principio pare potersi inferire da Cons. Stato, Sez. VI, 17 ottobre 2008, n. 5044, in *Foro Amm., CDS*, 2008, 10, 2784: "... Inoltre, non può trovare applicazione nel caso di specie la previsione di cui all'art. 23-*bis* comma 1 lett. *b)*, l. Tar, in quanto il giudizio non ha ad oggetto 'provvedimenti relativi alle procedure di aggiudicazione, affidamento ed esecuzione di opere pubbliche o di pubblica utilità '. E infatti, il richiamato disposto normativo, da interpretarsi in modo restrittivo trattandosi di norma di tipo eccezionale, non comprende i provvedimenti di autorizzazione (e di diniego) alla realizzazione di stazioni radio base, ma solo gli atti attinenti alla scelta del contraente a seguito di una procedura di evidenza pubblica, o all'esecuzione nell'ambito di un procedimento di occupazione o di espropriazione delle aree destinate alla realizzazione delle opere relative".

(40) Cfr. art. 23-*bis*, comma 1, *sub b)*, l. 6 dicembre 1971, n. 1034, in *Gazz. Uff.*, 13 dicembre 1971, n. 314. L'articolo è stato abrogato dall'art. 4, comma 1, n. 10, Allegato IV, al Codice del processo amministrativo.

(41) Cfr. d.lgs. 10 febbraio 2005, n. 30, in *Suppl. ordinario* n. 28 alla *Gazz. Uff.*, 4 marzo 2005, n. 52.

provvedimenti urbanistici a condizione, però, che costituiscano presupposto dei provvedimenti espropriativi. Così, a titolo esemplificativo, il Consiglio di Stato ha precisato che il rito abbreviato "si applica alle controversie aventi ad oggetto dichiarazioni espresse di pubblica utilità contenute in provvedimenti di approvazione di strumenti urbanistici, ovvero piani di localizzazione e realizzazione di opere pubbliche e simili, in quanto la dichiarazione di p.u. va considerata come primo atto della procedura espropriativa a sua volta conclusivo di autonoma fase procedimentale" (42).

Il rito abbreviato, invece, non potrà trovare applicazione per i meri atti di pianificazione che non siano collegati all'espropriazione (43);

6) "**i provvedimenti del Comitato Olimpico nazionale italiano o delle Federazioni sportive**" (cfr. art. 119, comma 1, *sub g*), Codice del processo amministrativo).

Ora, ai sensi dell'art. 3, comma 1, d.l. 19 agosto 2003 n. 220 (44), le controversie aventi ad oggetto gli atti del Comitato Olimpico Nazionale Italiano o delle Federazioni sportive, che non siano riservate agli organi di giustizia dell'ordinamento sportivo, rientrano nella giurisdizione esclusiva del Giudice amministrativo (45).

L'art. 3, comma 3 del citato d.l. 19 agosto 2003 n. 220 (46), disponeva l'applicabilità della speciale disciplina dettata dall'art. 23-*bis*, l. 6 dicembre 1971 n. 1034 (47), commi 2 e seguenti. Il citato comma è stata abrogato dall'art. 4, comma 1, n 29, Allegato 4, al Codice del processo amministrativo.

La disposizione è stata però ripresa nel comma 1, lettera *g*), dell'art. 119, Codice del processo amministrativo;

7) "**le ordinanze adottate in tutte le situazioni di emergenza dichiarate ai sensi dell'articolo 5, comma 1, della l. 24 febbraio 1992, n. 225, e i consequenziali provvedimenti commissariali**" (cfr. art. 119, comma 1, *sub h*), Codice del processo amministrativo). Si tratta dei prov-

(42) Cfr. Cons. Stato, Sez. V, 13 giugno 2008, n. 2969, in *Foro Amm., CDS*, 2008, 6, 1757.

(43) Cfr. Tar Campania, Sez. I, 17 dicembre 2004, n. 19385, in *Foro Amm., TAR*, 2004, 12, 3789.

(44) Cfr. art. 3, comma 1, d.l. 19 agosto 2003, n. 220, in *Gazz. Uff.*, 20 agosto 2003, n. 192, convertito, con modificazioni, in l. 17 ottobre 2003, n. 280, in *Gazz. Uff.*, 18 ottobre 2003, n. 243.

(45) Cfr. Tar Lazio, Sez. III, 19 gennaio 2010, n. 459, in *Banca dati de Jure*, Giuffrè.

(46) Cfr. art. 3, comma 1, d.l. 19 agosto 2003, n. 220, in *Gazz. Uff.*, 20 agosto 2003, n. 192, convertito, con modificazioni, in l. 17 ottobre 2003, n. 280, in *Gazz. Uff.*, 18 ottobre 2003, n. 243.

(47) Cfr. art. 23-*bis*, l. 6 dicembre 1971, n. 1034, in *Gazz. Uff.*, 13 dicembre 1971, n. 314. L'articolo è stato abrogato dall'art. 4, comma 1, n. 10, Allegato IV, al Codice del processo amministrativo.

vedimenti adottati nell'ambito dello stato di emergenza dichiarato in presenza di "calamità naturali, catastrofi o altri eventi che, per intensità ed estensione, debbono essere fronteggiati con mezzi e poteri straordinari" (48). L'art. 3, comma 2-*bis*, d.l. 30 novembre 2005, n. 245, conv. in l. 27 gennaio 2006, n. 21, prevedeva "che la competenza di primo grado a conoscere della legittimità delle ordinanze adottate e dei consequenziali provvedimenti commissariali" spettasse "in via esclusiva, anche per l'emanazione di misure cautelari, al tribunale amministrativo regionale del Lazio, con sede in Roma" (49). Il successivo comma 2-*ter*, disponeva inoltre la rilevabilità d'ufficio della questione di competenza ed inoltre prevedeva che "Davanti al giudice amministrativo il giudizio" fosse "definito con sentenza succintamente motivata ai sensi dell'articolo 26 della legge 6 dicembre 1971, n. 1034, e successive modificazioni, trovando applicazione i commi 2 e seguenti dell'articolo 23-*bis* della stessa legge" (50). I citati commi 2-*bis* e *ter* sono ora stati abrogati ad opera dell'art. 4, comma 1, n 34, Allegato 4, al Codice del processo amministrativo.

La lettera *sub h*) dell'art. 119, comma 1, Codice del processo amministrativo ribadisce tuttavia l'applicabilità del rito accelerato. Rimane peraltro ferma, ai sensi dell'art. 135, comma 1, sub *e*), Codice del processo amministrativo, la competenza territoriale esclusiva del Tar Lazio, sede di Roma. Si ricorda, peraltro, che la previgente disciplina aveva superato il vaglio della Corte Costituzionale: "*Non è fondata la q.l.c. dell'art. 3 commi* 2-bis *e* 2-ter *d.l. 30 novembre 2005 n. 245, conv., con modificazioni, in l. 27 gennaio 2006 n. 21, secondo cui, nelle situazioni di emergenza dichiarate ai sensi dell'art. 5 comma 1 l. 24 febbraio 1992 n. 225, la competenza di primo grado a conoscere della legittimità delle ordinanze adottate e dei consequenziali provvedimenti commissariali spetta in via esclusiva, anche per l'emanazione di misure cautelari, al Tar del Lazio, con sede in Roma (comma* 2-bis*) e la declaratoria del difetto di competenza deve essere adottata anche 'd'ufficio' e con 'sentenza succintamente motivata'* ex *art. 26 l. 6 dicembre 1971 n. 1034 (comma* 2-ter*), censurato, in riferimento all'art. 3 cost., per l'irragionevolezza del richiamo del peculiare regime processuale di cui agli art.* 23-bis *e 26 della citata l. n. 1034 del 1971. La previsione di forme celeri per la definizione delle controversie amministrative non può infatti considerarsi, di per*

(48) Cfr. art. 2, comma 1, lett. *c*), l. 24 febbraio 1992, n. 225, in *Gazz. Uff.*, 17 marzo 1992, 64.

(49) Cfr. art. 3, comma 2-*bis*, d.l. 30 novembre 2005, n. 245, in *Gazz. Uff.*, 30 novembre 2005, n. 279, conv. in l. 27 gennaio 2006, n. 21, in *Gazz. Uff.*, 28 gennaio 2006, n. 23.

(50) Cfr. art. 3, comma 2-*bis*, d.l. 30 novembre 2005, n. 245, in *Gazz. Uff.*, 30 novembre 2005, n. 279, conv. in l. 27 gennaio 2006, n. 21, in *Gazz. Uff.*, 28 gennaio 2006, n. 23.

sé, costituzionalmente illegittima, alla luce delle peculiarità delle fattispecie considerate, risultando, nella specie, assicurato il rispetto di alcuni valori processuali, tra cui, in primo luogo, l'integrità del contraddittorio e la completezza e sufficienza del quadro probatorio ai fini della sentenza da adottare." (51).

8) **"il rapporto di lavoro del personale dei servizi di informazione per la sicurezza, ai sensi dell'articolo 22, della legge 2 agosto 2007, n. 124"** (cfr. art. 119, I co., *sub i)*, Codice del processo amministrativo). La disposizione si limita a ribadire il contenuto dell'art. 22, della l. 3 agosto 2007, n. 124 (52): "Ai ricorsi al giudice amministrativo, aventi ad oggetto controversie relative al rapporto di lavoro, si applicano le disposizioni di cui all'articolo 23-*bis* della legge 6 dicembre 1971, n. 1034;

9) **"le controversie comunque attinenti alle procedure e ai provvedimenti della pubblica amministrazione in materia di impianti di generazione di energia elettrica di cui al decreto legge 7 febbraio 2002, n. 7, convertito con modificazioni, dalla legge 9 aprile 2003, n. 55, comprese quelle concernenti la produzione di energia elettrica da fonte nucleare, i rigassificatori, i gasdotti di importazione, le centrali termoelettriche di potenza termica superiore a 400 MW nonché quelle relative ad infrastrutture di trasporto ricomprese o da ricomprendere nella rete di trasmissione nazionale o rete nazionale di gasdotti"** (cfr. art. 119, comma 1, *sub l*), Codice del processo amministrativo). Da notare come il rito accelerato trovi applicazione non per tutte le procedure ed i provvedimenti concernenti gli impianti per la produzione di energia elettrica, ma solo per quelli di cui al d.l. 7 febbraio 2002, n. 7;

10) "**i provvedimenti della commissione centrale per la definizione e applicazione delle speciali misure di protezione, recanti applicazione, modifica e revoca delle speciali misure di protezione nei confronti dei collaboratori e testimoni di giustizia**" (cfr. art. 119, comma 1, *sub m*), Codice del processo amministrativo);

Con riferimento a tutte le tipologie di controversie indicate all'art. 119, Codice del Processo Amministrativo, va detto che:

(*i*) **presupposto per poter accedere al rito abbreviato** è la presentazione di una domanda cautelare. "In mancanza, o in caso di rinuncia alla

(51) Cfr. Corte Cost., 26 giugno 2007, n. 237, in *Foro Amm., CDS*, 2007, 6, 1721.

(52) Cfr. art. 22, l. 3 agosto 2007, n. 124 "*Sistema di informazione per la sicurezza della Repubblica e nuova disciplina del segreto*", in *Gazz. Uff.*, 13 agosto 2007, n. 187.

stessa, si segue il rito ordinario anche nelle materie di cui all'art. 23-bis" [53], ora art. 119, Codice del Processo Amministrativo;

(*ii*) **il rito abbreviato**, che **ha natura di giudizio impugnatorio**, non troverà applicazione nel caso in cui sia proposta la sola domanda risarcitoria.

Con riferimento a quest'ultima affermazione ha avuto modo di pronunciarsi, sotto la vigenza dell'art. 23-*bis*, l. 6 dicembre 1971, n. 1034 [54], l'Adunanza Plenaria del Consiglio di Stato: "Il giudizio risarcitorio non rientra tra quelli tassativamente enumerati al comma 1 dell'art. 23-*bis*, l. Tar, le cui disposizioni acceleratorie — nella misura in cui derogano incisivamente all'ordinario regime processuale — risultano di stretta interpretazione e non possono essere applicate estensivamente al di fuori delle ipotesi individuate dal legislatore." [55].

La pronunzia è utilmente invocabile anche a seguito dell'entrata in vigore del Codice del processo amministrativo.

Così, ad esempio, la domanda di risarcimento dei danni che dovesse essere proposta a seguito dell'annullamento degli atti del procedimento espropriativo, seguirà il rito ordinario. Fattispecie, questa, peraltro, ben ipotizzabile ai sensi dell'art. 30, comma 5, Codice del processo amministrativo: "Nel caso in cui sia stata proposta azione di annullamento la domanda risarcitoria può essere formulata nel corso del giudizio o, comunque, sino a centoventi giorni dal passaggio in giudicato della relativa sentenza".

Solo nell'ipotesi in cui la domanda risarcitoria sia cumulata a quella di impugnazione tornerà allora ad essere applicabile il rito abbreviato: "L'oggetto del giudizio risarcitorio non rientra tra quelli tassativamente enumerati al comma 1 dell'art. 23-*bis*, L. Tar, le cui disposizioni acceleratorie nella misura in cui derogano incisivamente all'ordinario regime processuale risultano di stretta interpretazione e non possono essere applicate estensivamente al di fuori delle ipotesi nominate che il legislatore ha ritenuto di individuare; viceversa, il rito accelerato di cui alla citata disposizione normativa deve trovare piena applicazione in ogni caso in cui la domanda proposta in un giudizio rientrante tra quelli di cui al

[53] Cfr. R. DE NICTOLIS, *Il nuovo contenzioso in materia di appalti pubblici alla luce del codice dei contratti pubblici*, Giuffrè, 2007, 463.

[54] Cfr. art. 23-*bis*, l. 6 dicembre 1971, n. 1034, in *Gazz. Uff.*, 13 dicembre 1971, n. 314. L'articolo è stato abrogato dall'art. 4, comma 1, n. 10, Allegato IV, al Codice del processo amministrativo.

[55] Cfr. Cons. Stato, Ad. Pl., 30 luglio 2007, n. 9, in *Foro Amm., CDS*, 2007, 9, 2415.

relativo comma 1 non sia meramente risarcitoria, ma riguardi (anche) l'annullamento di atti amministrativi." (56).

Ove, tuttavia, dovesse sussistere dubbio circa l'applicabilità del rito accelerato il criterio guida sarà dato da un'interpretazione restrittiva della norma, atteso il suo carattere derogatorio. Sotto la vigenza dell'art. 23-*bis* l. 6 dicembre 1971, n. 1034 (57), in tal senso, si era pronunziata la giurisprudenza: "Le disposizioni acceleratone contenute nell'art. 23-*bis* l. 6 dicembre 1971 n. 1034, nella misura in cui derogano all'ordinario regime processuale, devono essere considerate di stretta interpretazione e non possono perciò essere applicate estensivamente al di fuori delle ipotesi specificamente individuate dal legislatore. (Fattispecie relativa all'impugnazione dell'autorizzazione alla realizzazione di impianti alimentati da fonti rinnovabili *ex* art. 12 comma 1 d.lg. 29 dicembre 2003 n. 387)" (58).

D'altra parte, la *ratio* acceleratoria del giudizio rispecchia l'esigenza di una definizione tempestiva dei ricorsi avente ad oggetto l'impugnazione di atti e non si estende alla controversie risarcitorie che possono richiedere tempi maggiori.

La norma, come in precedenza, non chiarisce quale sia il rito da applicare nel caso in cui con il ricorso **vengano impugnati dei provvedimenti tra loro connessi**, solo alcuni dei quali rientranti all'interno dell'elencazione contenuta nell'art. 119, Codice del processo amministrativo.

La giurisprudenza occupatasi della questione, sebbene nella vigenza del citato art. 23-*bis* (59), **pare orientata nel senso di ritenere che, in detti casi, il rito da applicare sia quello accelerato**: "L'art. 23-*bis* l. Tar introdotto dalla l. n. 205 del 2000" — ora art. 119, Codice del processo amministrativo — "deve essere interpretato nel senso che il rito speciale si applichi in tutti i casi in cui sia impugnato un provvedimento rientrante in quelli indicati" nella norma "anche se unitamente a provvedimento di diversa natura; del resto, anche sotto il profilo letterale, la disposizione ha previsto l'applicazione del rito speciale ai giudizi aventi ad oggetto gli indicati provvedimenti e non ai giudizi aventi ad oggetto solo tali provvedi-

(56) Cfr. Cons. Giust. Amm. Sicilia, Sez. Giurisd., 20 novembre 2008, n. 946, in *Banca dati De jure*, Giuffrè.

(57) Cfr. art. 23-*bis*, l. 6 dicembre 1971, n. 1034, in *Gazz. Uff.*, 13 dicembre 1971, n. 314. L'articolo è stato abrogato dall'art. 4, comma 1, n. 10, Allegato IV, al Codice del processo amministrativo.

(58) Cfr. Tar Veneto, Sez. III, 22 maggio 2009, n. 1539, in *Banca dati De Jure*, Giuffrè.

(59) Cfr. art. 23-*bis*, l. 6 dicembre 1971, n. 1034, in *Gazz. Uff.*, 13 dicembre 1971, n. 314. L'articolo è stato abrogato dall'art. 4, comma 1, n. 10, Allegato IV, al Codice del processo amministrativo.

menti. In considerazione dei rilevanti interessi che detti provvedimenti coinvolgono, il legislatore ha voluto introdurre un rito speciale, più veloce, che si applica ogni volta che uno di quei determinati provvedimenti viene impugnato e a prescindere dalla contestuale impugnazione di altri atti, che non sminuisce certo la rilevanza degli interessi coinvolti." (60).

Non sono mancate, tuttavia, pronunzie contrarie: "È ammesso il ricorso cumulativo quando tra gli atti impugnati sussista un nesso procedimentale o di preordinazione funzionale o logica, tale da rendere gli stessi componenti di un quadro procedimentale unitariamente lesivo dell'interesse del ricorrente; allorché sussista una siffatta connessione tra gli atti, il ricorso cumulativo non può essere escluso neppure dal fatto che gli atti provengano da amministrazioni diverse. Tuttavia, il cumulo di domande non è ammesso quando queste siano assoggettate a riti diversi, con la conseguenza in rito dell'inammissibilità parziale del ricorso, nel senso cioè che il ricorso risulta ammissibile rispetto all'atto all'impugnazione del quale il ricorrente abbia maggiore interesse." (61).

3 LA REGOLA DELLA DIMIDIAZIONE DEI TERMINI

Va ricordato che il comma 2 dell'**art. 119**, Codice del processo amministrativo, così come in precedenza l'art. 23-*bis* della l. 6 dicembre 1971, n. 1034 (62), **prevede la dimidiazione dei termini processuali.**

Il citato art. 23-*bis*, tuttavia, faceva espressamente salvo dalla scure della dimidiazione solo il termine per la proposizione del ricorso, ingenerando taluni dubbi per gli altri termini 'affini.

Così, ad esempio, era controverso se dovesse considerarsi dimidiato anche il termine per la proposizione di motivi aggiunti tant'è che la V Sezione del Consiglio di Stato aveva rimesso la questione all'Adunanza Plenaria: "Va rimessa all'Adunanza plenaria, atteso il riscontrato contrasto giurisprudenziale, la questione se il disposto dell'art. 23-*bis*, l. 21 luglio

(60) Cfr. Cons. Stato, Sez. VI, 27 marzo 2003, n. 1605, in *Foro Amm., CDS*, 2003, 1120. Nello stesso sembra porsi, sia pur in forma implicita, la giurisprudenza pronunciatasi in merito all'applicabilità della dimidiazione dei termini all'impugnazione proposta con motivi aggiunti di provvedimenti sopravvenuti all'instaurazione del giudizio di cui all'art. 23-*bis*, l. 6 dicembre 1971, n. 1034 e non contemplati nell'elenco previsto dalla norma. Cfr. ad esempio, Tar Molise, Sez. I, 25 novembre 2009, n. 708, in *Foro Amm., TAR*, 2009, 11, 3214. Per la problematica della dimidiazione, si rinvia, comunque, al prosieguo del presente Paragrafo.

(61) Cfr. Tar Lazio, Sez. III-*ter*, 30 novembre 2006, n. 13415, in *Foro Amm., TAR*, 2006, 11, 3586.

(62) Cfr. art. 23-*bis*, l. 6 dicembre 1971, n. 1034, in *Gazz. Uff.*, 13 dicembre 1971, n. 314. L'articolo è stato abrogato dall'art. 4, comma 1, n. 10, Allegato IV, al Codice del processo amministrativo.

2000 n. 205, nella parte in cui prevede che per determinate materie i termini processuali previsti sono ridotti alla metà salvo quelli per la proposizione del ricorso, si riferisce soltanto all'atto introduttivo del giudizio, oppure anche all'atto di impugnazione nella via dei motivi aggiunti." [63].

Quest'ultima, con decisione 15 aprile 2010, n. 2155 [64], ha escluso che la dimidizione possa ritenersi operante oltre che per il termine per la proposizione del ricorso originario anche per il termine per la proposizione del ricorso per motivi aggiunti.

La giurisprudenza, invece, aveva considerato soggetto a dimezzamento il termine per la proposizione del Regolamento di competenza [65], il termine per la perenzione del giudizio [66], il termine per la riassunzione del processo interrotto [67], il termine per l'opposizione al Ricorso Straordinario nonché quello per la trasposizione di quest'ultimo in sede giurisdizionale [68].

L'art. 119, comma 2, Codice del processo amministrativo, pare ora risolutivo della questione: "**Tutti i termini processuali ordinari sono dimezzati, salvo, nei giudizi di primo grado, quelli per la notificazione del ricorso introduttivo, del ricorso incidentale e dei motivi aggiunti nonché quelli di cui all'art. 62, comma 1**" — per la proposizione dell'appello cautelare (si rinvia al Capitolo VI, Paragrafo 5) — "**e quelli espressamente disciplinati nel presente articolo**".

Si possono fare comunque due osservazioni:

(*i*) il riferimento alla notificazione e non più, come prevedeva l'art. 23-*bis*, comma 2, l. 6 dicembre 1971, n. 1034 [69], alla proposizione, mette fine definitivamente alla *querelle* sorta circa l'esatta portata di tale espressione. Era infatti dubbio se per "proposizione" del ricorso dovesse intendersi solo la notifica o anche il deposito. Era poi intervenuta l'Adunanza Plenaria del Consiglio di Stato [70] chiarendo che la dimidiazione era applicabile solo al termine per il deposito del ricorso e non a quello per la sua notificazione;

(*ii*) la non operatività della dimidiazione dei termini con riferimento al ricorso incidentale era già stata affermata dal Supremo Consesso [71].

(63) Cfr. Cons. Stato. Sez. V, 12 dicembre 2009, n. 7793, in *Foro Amm., CDS*, 2009, 12, 2848.

(64) Cfr. Cons. Stato, Ad. Pl., 15 aprile 2010, n. 2155, in *Banca dati De Jure*, Giuffrè.

(65) Cfr. Cons. Stato, Ad. Pl., 18 marzo 2004, n. 5, in *Cons. Stato*, 2004, I, 473.

(66) Cfr. Cons. Stato, Sez. IV, 23 settembre 2004, n. 6234, in *Cons. Stato*, 2003, I, 1906.

(67) Cfr. Cons. Stato, Sez. V, 28 giugno 2002, n. 3559, in *Cons. Stato*, 2002, I, 1293.

(68) Cfr. Tar Veneto, Sez. I, 21 febbraio 2006, n. 401, Urb. e App., 2006, 1221.

(69) Cfr. art. 23-*bis*, l. 6 dicembre 1971, n. 1034, in *Gazz. Uff.*, 13 dicembre 1971, n. 314. L'articolo è stato abrogato dall'art. 4, comma 1, n. 10, Allegato IV, al Codice del processo amministrativo.

(70) Cfr. Cons. Stato, Ad. Pl., 31 maggio 2002, n. 5, in *Cons. Stato*, 2002, I, 997.

(71) Cfr. Cons. Stato, Ad. Pl., 31 maggio 2002, n. 5, in *Cons. Stato*, 2002, I, 997.

Poiché, peraltro, ai sensi dell'art. 119, comma 7, Codice del processo amministrativo, le sue disposizioni, ivi comprese quelle sulla dimidiazione dei termini, si applicano anche "nei giudizi di appello, revocazione e opposizione di terzo" viene risolto un altro dubbio che, nella vigenza dell'art. 23-*bis*, l. 6 dicembre 1971, n. 1034 (72) si era posto.

Il dimezzamento dei termini processuali non inciderà, invece, sulla durata della **sospensione feriale** dei termini che rimarrà invariata: "L'art. 1 l. 7 ottobre 1969 n. 742, secondo cui il decorso dei termini processuali, relativi alle giurisdizioni ordinaria e amministrativa, è sospeso di diritto dall'1 agosto al 15 settembre di ogni anno, non è incisa, circa la durata del periodo in cui opera detta sospensione, dall'art. 23-*bis*, l. Tar (inserito dall'art. 4 l. 21 luglio 2000 n. 205) — che in determinate materie ha ridotto della metà i termini processuali — " ora art. 119, Codice del Processo Amministrativo — "in quanto, posto che per 'termine processuale' si intende comunemente il periodo di tempo in cui deve, può o non può compiersi una determinata attività processuale, la sospensione, come d'altronde l'interruzione, incide *ab externo* sul computo del termine vanificandone o impedendone il corso, mentre il termine dà ordine alla successione degli atti nella catena procedimentale attraverso la configurazione di limiti temporali tra il compimento di un dato atto del processo ed il compimento (o l'astensione) di quello successivo, onde il regime della sospensione non è influenzato, in difetto di una norma '*ad hoc*', dalla quantità che la legge fissa per un certo termine processuale." (73).

Per quanto qui interessa, **la dimidiazione riguarderà anche il giudizio cautelare**. In particolare, l'udienza di sospensiva si terrà alla prima udienza camerale utile successiva al decimo giorno dal perfezionamento dell'ultima notifica per il destinatario e, comunque, non prima del quinto giorno decorrente dal deposito del ricorso (i termini di cui all'art. 55, comma 5, Codice del processo amministrativo saranno dunque dimidiati). Nella vigenza dell'art. 23-*bis*, l. 6 dicembre 1971, n. 1034 (74), invece, il termine minimo per la discussione in Camera di consiglio era di cinque giorni, con la conseguenza che le parti evocate in giudizio, ove

(72) Cfr. art. 23-*bis*, l. 6 dicembre 1971, n. 1034, in *Gazz. Uff.*, 13 dicembre 1971, n. 314. L'articolo è stato abrogato dall'art. 4, comma 1, n. 10, Allegato IV, al Codice del processo amministrativo.

(73) Cfr. Cons. Stato, Sez. V, 28 febbraio 2001, n. 1089, in *Foro Amm.*, 2001, 466.

(74) Cfr. art. 23-*bis*, l. 6 dicembre 1971, n. 1034, in *Gazz. Uff.*, 13 dicembre 1971, n. 314. L'articolo è stato abrogato dall'art. 4, comma 1, n. 10, Allegato IV, al Codice del processo amministrativo.

avessero inteso costituirsi, si trovavano ad operare in termini davvero ristretti.

Inoltre, le parti intimate potranno depositare memorie e documenti sino ad un giorno libero prima dell'udienza, fatta salva la produzione di nuovi documenti in sede di udienza con i presupposti di cui all'art. 55, comma 8, Codice del Processo Amministrativo e ferma restando la possibilità di costituirsi anche in sede di udienza camerale, *ex* art. 55, comma 7, Codice del processo amministrativo (si rinvia al Capitolo III, Paragrafo 6).

4 LE FASI ATTRAVERSO CUI SI SNODA IL PROCEDIMENTO CAUTELARE

Le regole procedurali da seguire nell'ambito del rito abbreviato, per quanto concerne la materia cautelare, sono quelle di cui all'art. 55, Codice del processo Amministrativo (si rinvia al Capitolo III), per la tutela cautelare collegiale, ovvero quelle di cui all'art. 56 del Codice, in materia di tutela cautelare presidenziale (si rinvia al Capitolo IV) ed, infine, quelle di cui all'art. 61 del Codice, in materia di tutela cautelare *ante causam* (si rinvia al Capitolo VIII).

Recita infatti l'art. 119, comma 4, ultimo periodo, Codice del processo amministrativo: "**Al procedimento cautelare si applicano le disposizioni del Titolo II del Libro II, in quanto non derogate dal presente articolo**".

Il procedimento cautelare segue dunque la disciplina già esaminata nei Capitoli che precedono, fatta salva la dimidiazione di tutti i relativi termini.

L'art. 119, comma 3 e ss., Codice del processo amministrativo, nel riprendere il contenuto dell'art. 23-*bis*, comma 3 e ss., l. 6 dicembre 1971, n. 1034 (75), detta però una disciplina particolare nel caso in cui, notificato il ricorso e la domanda cautelare, in sede di camera di consiglio vengano ravvisati taluni particolari presupposti.

Il Tribunale amministrativo, infatti, una volta accertata la completezza del contraddittorio, ovvero dispostane l'integrazione, verificata la sussistenza, ad un primo sommario esame, "di profili di fondatezza del ri-

(75) Cfr. art. 23-*bis*, l. 6 dicembre 1971, n. 1034, in *Gazz. Uff.*, 13 dicembre 1971, n. 314. L'articolo è stato abrogato dall'art. 4, comma 1, n. 10, Allegato IV, al Codice del processo amministrativo.

corso", e l'esistenza "di un pregiudizio grave ed irreparabile", non adotta una misura cautelare — a differenza di quello che accade nel rito ordinario (si rinvia al Capitolo III, Paragrafo 6) —, ma fissa, con ordinanza, "la data di discussione del merito alla prima udienza successiva alla scadenza del termine di trenta giorni dalla data di deposito dell'ordinanza" (cfr. art. 119, comma 3, Codice del processo amministrativo).

Con la medesima ordinanza il Tribunale può disporre "il deposito dei documenti necessari e l'acquisizione delle eventuali altre prove occorrenti" (cfr. art. 119, comma 3, Codice del processo amministrativo).

Sempre con la stessa ordinanza, "in caso di estrema gravità ed urgenza" — quella stessa gravità ed urgenza che autorizza, *ex* art. 56, comma 1, Codice del processo amministrativo, l'adozione di misure interinali presidenziali (si rinvia al Capitolo IV, Paragrafo 1) —, il Tribunale Amministrativo potrà disporre "le opportune misure cautelari" (cfr. art. 119, comma 4, Codice del processo amministrativo).

Come si può comprendere, si prevede che in sede cautelare, in presenza di quegli stessi requisiti che consentirebbero al ricorrente, nell'ambito del giudizio ordinario, di ottenere l'accoglimento dell'istanza cautelare, venga invece fissata, entro un brevissimo lasso di tempo (30 giorni dal deposito dell'ordinanza), la data di discussione del ricorso, cosicché questo possa avere una rapida definizione.

Solo in presenza di una situazione di "estrema gravità ed urgenza" tale per cui, nonostante la ravvicinata definizione nel merito del giudizio, la pretesa del ricorrente possa egualmente, *medio tempore*, patire pregiudizio, il provvedimento di fissazione dell'udienza potrà essere accompagnato dall'adozione di misure cautelari.

Nell'ambito del rito di cui all'art. 119, Codice del processo amministrativo, quindi, la sussistenza del *periculum in mora* e del *fumus boni iuris*, valgono non già ad accordare la tutela cautelare quanto, piuttosto, ad accelerare la definizione, nel merito, del giudizio.

Siffatta opzione legislativa che, per la concessione della misura cautelare, richiede maggior rigore di quanto accade nel rito ordinario, si spiega con il fatto che, di regola, la fissazione a breve dell'udienza di discussione del ricorso è normalmente, già di per sé, un valido strumento di cautela. Ove, dunque, i tempi per la definizione nel merito della causa sono brevi, lo strumento cautelare perde di importanza, eccezione fatta per taluni casi: ciò spiega, pertanto, la maggiore severità cui viene subordinata la concessione della misura cautelare.

Vi sono delle **significative precisazioni/differenze rispetto al previgente art. 23-*bis*, l. 6 dicembre 1971, n. 1034** (76), che è opportuno mettere in luce per meglio comprendere la struttura del nuovo rito abbreviato:

(*i*) **il Tribunale amministrativo può stabilire**, con l'ordinanza di fissazione dell'udienza di discussione del ricorso, **un termine per il deposito di documenti o l'acquisizione di altre prove**. Ciò, evidentemente, per poter giungere all'udienza di discussione con tutti gli elementi utili per poter decidere la causa. La giurisprudenza formatasi a commento del citato art. 23-*bis*, era giunta alle medesime conclusioni: "La previsione normativa dell'art. 23-*bis* comma 3 prima parte l. n. 1034 del 1971 — con la quale si dispone la fissazione della prima udienza per la discussione del ricorso ritenuto, in sede cautelare, non del tutto infondato — non esclude l'esercizio dei poteri istruttori del collegio, rimanendo integra la valenza del metodo acquisitivo anche nel contesto del rito speciale." (77). Nell'ambito del rito cautelare collegiale ordinario, invece, il completamento dell'istruttoria pare rimesso all'impulso di parte (cfr. art. 55, comma 12, Codice del processo amministrativo);

(*ii*) **le parti hanno comunque la facoltà di depositare documenti e memorie non più**, come prevedeva l'art. 23-*bis*, comma 4, l. 6 dicembre 1971, n. 1034 (78), rispettivamente "entro il termine di quindici giorni dal deposito o dal ricevimento" dell'ordinanza adottata dal Tribunale, per i documenti, e "entro i successivi dieci giorni", per le memorie.

La giurisprudenza aveva peraltro chiarito che "i termini previsti per il deposito di documenti e delle memorie trovano una loro logica giustificazione solo se collegati al termine previsto per la fissazione dell'udienza di discussione; pertanto, qualora la trattazione della causa nel merito non possa avvenire alla prima udienza successiva al termine di trenta giorni dalla data di deposito dell'ordinanza cautelare che ha fissato l'udienza medesima, i termini abbreviati per il deposito dei documenti e delle memorie, derogatori rispetto a quelli ordinari previsti dal precedente art. 23, potranno risultare logicamente non operanti ove non funzionali all'accelerazione del giudizio" (79).

(76) Cfr. art. 23-*bis*, l. 6 dicembre 1971, n. 1034, in *Gazz. Uff.*, 13 dicembre 1971, n. 314. L'articolo è stato abrogato dall'art. 4, comma 1, n. 10, Allegato IV al Codice del processo amministrativo.

(77) Cfr. Tar Puglia, Sez. I, 6 febbraio 2003, n. 391, in *Foro Amm., TAR*, 2003, 2387.

(78) Cfr. art. 23-*bis*, comma 4, l. 6 dicembre 1971, n. 1034, in *Gazz. Uff.*, 13 dicembre 1971, n. 314. L'articolo è stato abrogato dall'art. 4, comma 1, n. 10, Allegato IV al Codice del processo amministrativo.

(79) Cfr. Tar Lazio, Sez. II 9 novembre 2009, n. 10991, in *Foro Amm., TAR*, 2009, 11, 3155. In senso conforme Tar Valle da Osta, 13 luglio 2006, n. 128, in *Foro Amm., TAR*, 2006, 7-8, 2312.

Facendo infatti applicazione dell'art. 55, comma 5, Codice del processo amministrativo e tenendo conto della dimidiazione dei termini, **eventuali memorie e documenti potranno essere depositati sino ad un giorno libero prima dell'udienza**, fatta salva, in presenza di gravi ed eccezionali ragioni, la possibilità di produrre documenti anche in camera di consiglio, ed impregiudicato il potere della parti di costituirsi anche in tale sede (si rinvia al Capitolo III, Paragrafo 6);

(*iii*) **scompare nell'art. 119, comma 4, Codice del processo amministrativo, la precisazione** per cui, nell'adottare le misure cautelari, il Giudice deve enunciare i "profili che, ad un sommario esame, inducono ad una ragionevole probabilità sull'esito del ricorso" (80). Tale prescrizione imponeva al Giudice, nell'accogliere la richiesta cautelare, uno sforzo motivazionale, prossimo a quello di una sentenza e, pertanto, rendeva ancora più difficoltoso l'accesso alla tutela cautelare. Ora, dunque, tale accesso, dovrebbe presentarsi relativamente più semplice.

Va poi rimarcato il fatto che il potere di accelerare la definizione del giudizio **è subordinato alla verifica della regolarità e completezza del contraddittorio** da intendersi "sia in senso soggettivo (ossia come evocazione in giudizio di tutte le parti necessarie), sia in senso oggettivo (ossia come rispetto dei termini a difesa), nonché l'audizione sul punto delle parti, che serve a consentire la definizione immediata del giudizio qualora non siano decorsi i predetti termini, purché sussista il consenso delle parti stesse" (81).

Ne consegue che, mentre nell'ambito del procedimento cautelare collegiale ordinario l'integrazione del contraddittorio, oltre alla presenza delle parti necessarie (amministrazione resistente e almeno un controinteressato), parrebbe potersi disporre solo "su istanza di parte" (cfr. art. 55, comma 12, Codice del processo amministrativo: si rinvia al Capitolo III, Paragrafo 6), **nell'ambito del rito abbreviato, invece, l'integrazione può essere disposta anche d'ufficio**. Sul punto, si ricorda che l'integrazione deve essere ordinata entro un termine perentorio, a pena di estinzione del procedimento, *ex* art. 27, comma 2, Codice del processo amministrativo, con conseguente rinvio della data dell'udienza camerale. Nelle more, il Collegio potrà comunque adottare, ai sensi dell'art. 27, comma 2, Codice del processo Amministrativo, "in caso di estrema gravità ed ur-

(80) Cfr. art. 23-*bis*, comma 5, l. 6 dicembre 1971, n. 1034, in *Gazz. Uff.*, 13 dicembre 1971, n. 314. L'articolo è stato abrogato dall'art. 4, comma 1, n. 10, Allegato IV al Codice del processo amministrativo.

(81) Cfr. Cons. Stato, Sez. V, 28 novembre 2008, in *Foro Amm., CDS*, 2008, 11, 3057.

genza" (cfr. art. 119, comma 4, Codice del processo amministrativo) dei "provvedimenti cautelari interinali", destinati ad essere confermati, revocati o modificati alla successiva udienza.

Proseguendo nell'analisi della disciplina dell'art. 119 si può notare come venga meno quel carattere di automaticità per cui, secondo l'art. 23-*bis*, comma 6, della l. 6 dicembre 1971, n. 1034 (82), il dispositivo della sentenza era "pubblicato entro sette giorni dalla data dell'udienza" di discussione nel merito del ricorso "mediante deposito in segreteria", in quanto **la pubblicazione anticipata del dispositivo, rispetto alla sentenza, viene ora rimessa ad una scelta discrezionale di una delle parti**, da esercitare "nell'udienza di discussione" e da far attestare "nel verbale d'udienza" (cfr. art. 119, comma 5, Codice del processo amministrativo).

Può osservarsi, inoltre, come l'indicato termine di sette giorni decorra, ai sensi del citato articolo 119, comma 5 del Codice, non più dalla discussione, come previsto dall'art. 23-*bis*, comma 6, l. 6 dicembre 1971, n. 1034, che, in ipotesi, potrebbe difettare — per aver le parti deciso di introitare la causa senza discuterla — ma, più correttamente, dalla "decisione della causa".

Quanto sopra esposto, ovvero il potere del Collegio di fissare, in sede di udienza cautelare, la data discussione del ricorso adottando, eventualmente, delle misure cautelari provvisorie, mantiene la propria validità **sempre che il Collegio non ritenga vi siano i presupposti per definire, già in sede di camera di consiglio, il giudizio nel merito, con sentenza in forma semplifica** (si rinvia al Capitolo VII).

L'art. 119, comma 3, Codice del processo amministrativo, infatti, fa salva l'applicazione dell'art. 60 del Codice così come, in precedenza, l'art. 23-*bis*, comma 3, l. 6 dicembre 1971, n. 1034 (83), faceva salva l'applicazione dell'art. 26, comma 4, della citata legge.

Dunque, se:

— risultano decorsi almeno 10 giorni dall'ultima notificazione del ricorso (cfr. art. 60, comma 1, Codice del processo amministrativo. Il termine ivi previsto di 20 giorni va infatti dimidiato);

— è stata accertata la completezza del contraddittorio;

(82) Cfr. art. 23-*bis*, comma 6, l. 6 dicembre 1971, n. 1034, in *Gazz. Uff.*, 13 dicembre 1971, n. 314. L'articolo è stato abrogato dall'art. 4, comma 1, n. 10, Allegato IV al Codice del processo amministrativo.

(83) Cfr. art. 23-*bis*, comma 3, l. 6 dicembre 1971, n. 1034, in *Gazz. Uff.*, 13 dicembre 1971, n. 314. L'articolo è stato abrogato dall'art. 4, comma 1, n. 10, Allegato IV al Codice del processo amministrativo.

— è stata accertata la completezza dell'istruttoria;

— sono state sentite le parti costituite;

— non vi sono le cause ostative di cui all'art. 60, Codice del processo amministrativo (dichiarazione della volontà di proporre ricorso per motivi aggiunti, ricorso incidentale, Regolamento di competenza o Regolamento di giurisdizione: si rinvia al Capitolo VII, Paragrafo 1);

— ricorre una situazione di "... manifesta fondatezza ovvero... manifesta irricevibilità, inammissibilità, improcedibilità o infondatezza del ricorso";

il giudizio potrà essere definito nel merito in sede di udienza cautelare.

L'**altra ipotesi** che potrebbe verificarsi è data dal fatto che, in sede di camera di consiglio, non vengano ravvisati né i presupposti di cui all'art. 60, Codice del processo amministrativo, né quelli per la fissazione anticipata dell'udienza di merito di cui all'art. 119, comma 3, del Codice. In tal caso, il Giudice dovrà rigettare semplicemente la domanda cautelare.

5 ALCUNE RIFLESSIONI SUL REQUISITO DEL *FUMUS BONI IURIS* TRA VECCHIA E NUOVA NORMATIVA

Si è visto, al paragrafo precedente, che quei presupposti che, nel rito ordinario, ai sensi dell'art. 55, commi 1 e 9, Codice del processo amministrativo, portano il Giudice ad accogliere la richiesta di misura cautelare, nel rito accelerato, invece, conducono ad una fissazione anticipata dell'udienza di merito."È" dunque "evidente il disfavore manifestato dal legislatore nei confronti di misure che lasciano in sospeso i procedimenti in materie di estrema delicatezza..." (84).

Come nell'art. 23-*bis* (85), anche nel citato art. 119 del Codice traspare "chiaramente l'intento del Legislatore di privilegiare il momento decisorio (nel merito) della lite, e di risolvere, pertanto, il problema del rapporto tra la fase cautelare e giudizio di merito sicuramente a favore di quest'ultimo" (86).

La *ratio*, dunque, è rimasta immutata rispetto alla previgente disciplina, eppure ci troviamo di fronte ad una significativa differenza.

(84) Cfr. G. VACIRCA in (a cura di) M. R. SANCHINI, *La tutela cautelare nel processo amministrativo*, Giuffrè, 2006, 27.

(85) Cfr. art. 23-*bis*, l. 6 dicembre 1971, n. 1034, in *Gazz. Uff.*, 13 dicembre 1971, n. 314. L'articolo è stato abrogato dall'art. 4, comma 1, n. 10, Allegato IV al Codice del processo amministrativo.

(86) Cfr. L. ANDRONIO-A. PALAZZO in (a cura di) M.R SANCHINI, *La tutela cautelare nel processo amministrativo*, Giuffrè, 2006, 54.

Secondo l'art. 23-*bis*, comma 3, l. 6 dicembre 1971, n. 1034 (87), infatti, perché venisse fissata l'udienza di discussione era necessario che, accanto all'esistenza di "un pregiudizio grave ed irreparabile", il ricorso "ad un primo esame", evidenziasse "l'illegittimità dell'atto impugnato", mentre ora è sufficiente, *a latere* del primo requisito, "la sussistenza di profili di fondatezza del ricorso", stessa formula utilizzata dall'art. 55, comma 9, Codice del processo Amministrativo e che era impiegata, per il rito ordinario, anche dall'art. 21, comma 8, l. 6 dicembre 1971, n. 1034 (88).

In precedenza, dunque, "rispetto al giudizio cautelare ordinario... **la disposizione**" **esigeva "dal giudice amministrativo un sindacato più incisivo in ordine alla fondatezza dei motivi di ricorso**, *atteso che il giudice*" doveva "spingersi fino a verificare, seppur nei limiti che un sommario esame comporta, se il ricorso" era "in grado di evidenziare l'illegittimità dell'atto" (89).

Ora, invece, questo accertamento più approfondito del *fumus boni iuris* sembra essere venuto meno.

6 I RAPPORTI TRA IL C.D. RITO CAUTELARE ABBREVIATO E IL REGOLAMENTO DI GIURISDIZIONE E DI COMPETENZA

Circa i rapporti tra la tutela cautelare nell'ambito del rito abbreviato e il Regolamento preventivo di giurisdizione e di competenza, il problema potrebbe porsi in termini differenti rispetto a quanto previsto, per il rito ordinario, al Paragrafo 4 del Capitolo II. Ciò, perché, nelle materie di cui all'art. 119, comma 1, Codice del processo amministrativo, il Legislatore, si potrebbe dire, avrebbe vietato l'adozione, pura e semplice, di provvedimenti cautelari dovendo i medesimi essere sempre accompagnati dalla fissazione dell'udienza di merito.

In altre parole, l'art. 119, comma 3, Codice del processo amministrativo, che riprende il contenuto dell'art. 23-*bis*, comma 5, della l. 6 dicembre 1971, n. 1034 (90), non consentirebbe "l'adozione di una misura cau-

(87) Cfr. art. 23-*bis*, comma 3, l. 6 dicembre 1971, n. 1034, in *Gazz. Uff.*, 13 dicembre 1971, n. 314. L'articolo è stato abrogato dall'art. 4, comma 1, n. 10, Allegato IV, al Codice del processo amministrativo.

(88) Cfr. art. 21, comma 8, l. 6 dicembre 1971, n. 1034, in *Gazz. Uff.*, 13 dicembre 1971, n. 314. L'articolo è stato abrogato dall'art. 4, comma 1, n. 10, Allegato IV, al Codice del processo amministrativo.

(89) Cfr. L. ANDRONIO-A. PALAZZO in (a cura di) M.R SANCHINI, *La tutela cautelare nel processo amministrativo*, Giuffrè, 2006, 51.

(90) Cfr. art. 21, comma 8, l. 6 dicembre 1971, n. 1034, in *Gazz. Uff.*, 13 dicembre 1971, n. 314. L'articolo è stato abrogato dall'art. 4, comma 1, n. 10, Allegato IV, al Codice del processo amministrativo.

telare che non sia accompagnata dalla fissazione della data dell'udienza di discussione della causa nel merito" (91).

In tal senso, in giurisprudenza leggesi: "Va annullata l'ordinanza di accoglimento della domanda di sospensione del provvedimento impugnato, ove sia stata emessa dopo l'avvenuta proposizione di un regolamento di competenza che non sia stato preventivamente delibato dal Tar ai sensi del comma 5 dell'art. 31 l. Tar, per come modificato dall'art. 9 comma 4 l. 21 luglio 2000 n. 205. L'art. 23-*bis* comma 5, non consente l'adozione di misura cautelare che non sia accompagnata dalla fissazione della data dell'udienza di discussione della causa nel merito." (92).

Se si dovesse dare seguito a questa interpretazione, si dovrebbe concludere che nelle materie rientranti nell'ambito del rito accelerato, il ricorrente sarebbe privo di un'adeguata tutela tutte le volte in cui venga proposto il Regolamento di giurisdizione o di competenza: il Giudice, infatti, non potendo fissare l'udienza di merito, attesa la pendenza del Regolamento, non potrebbe neppure adottare una misura cautelare essendo quest'ultima, per l'appunto, legata alla fissazione dell'udienza di merito.

Tale interpretazione, tuttavia, si scontrerebbe con il principio di effettività della tutela giurisdizionale (cfr. art. 1, Codice del processo amministrativo), appalesandosi oltremodo irragionevole visto le conseguenze cui porterebbe proprio nelle materie più delicate, quali quelle di applicazione del rito accelerato.

È allora preferibile ritenere che anche nell'ambito di tale rito valgano le stesse regole esaminate per il rito ordinario, in caso di proposizione di Regolamento di giurisdizione o competenza. In tal senso, nella vigenza del citato art. 23-*bis*, con riferimento al Regolamento di giurisdizione si era espressa anche la giurisprudenza: "La proposizione del regolamento preventivo di giurisdizione da parte degli odierni resistenti nelle more della definizione del giudizio amministrativo fissato *ex* art. 23-*bis* comma 3, l. n. 1034 del 1971, impone al giudice di affrontare in via preliminare la questione inerente la eventuale sospensione del giudizio *ex* art. 367 c.p.c., da disporre laddove non si ritenga l'istanza manifestamente inammissibile o la contestazione della giurisdizione manifesta-

(91) Cfr. Cons. Giust. Amm. Sicilia, Sez. Giur., 8 maggio 2006, n. 187, in *Foro Amm., CDS*, 2006, 5, 1592. In senso conforme Cons. Giust. Amm. Sicilia, Sez. Giur., 28 luglio 2004, n. 661, in *Foro Amm., CDS*, 2004, 2303.

(92) Cfr. in tal senso Cons. Giust. Amm. Sicilia, Sez. Giurisd., 8 maggio 2006, n 187, in *Foro Amm., CDS*, 2006, 5, 1592. In senso conforme Cons. Giust. Amm. Sicilia, Sez. Giurisd., 28 luglio 2004, n 661, in *Foro Amm., CDS*, 2004, 2303.

mente infondata, restando nelle more comunque salva la proponibilità e l'esame di domande cautelari." [93].

7 LA RIPROPONIBILITÀ, REVOCABILITÀ, MODIFICABILITÀ E IMPUGNABILITÀ DEL PROVVEDIMENTO CAUTELARE NEL PROCEDIMENTO C.D. ABBREVIATO

Anche nel rito abbreviato **deve ritenersi ammissibile la riproposizione della domanda cautelare, così come la richiesta di revoca e modifica della stessa**, ove sussistano i presupposti di cui all'art. 58, Codice del processo amministrativo. L'art. 119, comma 4, ultimo periodo, infatti, prevede l'applicabilità delle disposizioni del Titolo II del Libro II del Codice (tra cui, per l'appunto, l'art. 58 cit.), in quanto non derogate. In argomento, si rinvia pertanto al Capitolo VI.

Il provvedimento cautelare è inoltre senz'altro appellabile.

Il termine per la proposizione dell'appello, in forza di quanto previsto dall'art. 119, comma 2, del Codice è quello di cui all'art. 61, comma 1: 30 giorni dalla notificazione, ovvero 60 giorni dalla pubblicazione (che avviene con il deposito in Segreteria) del provvedimento.

Anche in questo caso, ci troviamo di fronte ad un'importante novità. Durante la vigenza della l. 6 dicembre 1971, n. 1034 [94], infatti, la giurisprudenza aveva ritenuto che nei giudizi rientranti nel c.d. rito abbreviato il termine per la proposizione dell'appello al Consiglio di Stato avverso un'ordinanza cautelare non fosse dimidiabile, con conseguente applicabilità dei termini di cui all'art. 28, comma 3, della cit. l. 6 dicembre 1971, n. 1034, ovvero sessanta giorni dalla notificazione, oppure centoventi giorni dalla comunicazione del deposito: "Nei giudizi nelle materie previste dall'art. 23-*bis* l. 6 dicembre 1971 n. 1034, il termine per l'appello al Consiglio di Stato contro un'ordinanza cautelare non è dimidiabile." [95].

La giurisprudenza era giunta a tale conclusione facendo leva sul carattere di stretta interpretazione delle disposizioni acceleratorie di cui all'art. 23-*bis* cit. che, pertanto, non potevano "essere applicate estensivamente al di fuori delle ipotesi specificamente individuate dal legislatore, solo per queste ultime sussistendo secondo il discrezionale e non irragionevole

(93) Cfr. Tar Liguria, Sez. II, 28 maggio 2008, n. 1132, in *Foro Amm., TAR*, 2008, 5, 1265.

(94) Cfr. art. 28, l. 6 dicembre 1971, n. 1034, in *Gazz. Uff.*, 13 dicembre 1971, n. 314. L'articolo è stato abrogato dall'art. 4, comma 1, n. 10, Allegato IV, al Codice del processo amministrativo.

(95) Cfr. Cons. Stato, Sez. VI, 25 novembre 2008, n. 6262, in *Foro It.*, 2009, 2, 57.

giudizio del legislatore speciali esigenze, in ragione degli interessi pubblici coinvolti, di contenimento dei tempi dell'azione giudiziaria." (96)

L'art. 119, comma 2, cit., prevede ora un'espressa disciplina sul punto.

Quanto all'*iter* processuale da seguire, troveranno applicazione le norme dettate dall'art. 119, Codice del processo amministrativo per il procedimento cautelare di primo grado, giusta la previsione dell'art. 119 cit., comma 7: "Le disposizioni del presente articolo si applicano anche nei giudizi di appello...". Ovviamente, il ricorso in appello andrà notificato, ai sensi dell'art. 93, comma 1, Codice del processo amministrativo, dettato per le sentenze ma applicabile anche alle ordinanze "nella residenza dichiarata o nel domicilio eletto dalla parte nell'atto di notificazione" dell'ordinanza "o, in difetto, presso il difensore o nella residenza dichiarata o nel domicilio eletto per il giudizio e risultante" dall'ordinanza cautelare.

L'appello, una volta notificato, andrà depositato in giudizio così da permettere la fissazione dell'udienza camerale nella quale il Collegio deciderà sul gravame.

Ma è appellabile l'ordinanza con cui il Tribunale amministrativo si limiti, *ex* art. 119, comma 3, Codice del processo amministrativo, a fissare l'udienza di discussione del ricorso, ritenendo sussistenti i "profili di fondatezza" nonché il pregiudizio "grave ed irreparabile" ma non, invece, quella "estrema gravità ed urgenza", di cui all'art. 119, comma 4 cit., del Codice del processo amministrativo, tale da giustificare l'adozione di misure cautelari?

A voler seguire la giurisprudenza formatasi sull'art. 23-*bis*, comma 3, l. 6 dicembre 1971, n. 1034 (97), sostanzialmente ripreso dall'art. 119, comma 3, cit., la risposta dovrebbe essere negativa essendo l'ordinanza "finalizzata" esclusivamente "alla fissazione dell'udienza di trattazione del merito" (98).

Come inoltre accadeva sotto il vigore dell'art. 23-*bis* cit., l. 6 dicembre 1971, n. 1034 (99), "In caso di rigetto dell'istanza cautelare da parte del

(96) Cfr. Cons. Stato, Sez. IV, 2 ottobre 2008, n. 4774, in *Foro Amm., CDS*, 2008, 10, 2691.

(97) Cfr. art. 23-*bis*, comma 3, l. 6 dicembre 1971, n. 1034, in *Gazz. Uff.*, 13 dicembre 1971, n. 314. L'articolo è stato abrogato dall'art. 4, comma 1, n. 10, Allegato IV, al Codice del processo amministrativo.

(98) Cfr. Cons. Stato, Sez. V, ord. 29 ottobre 2002, n. 4782, in *www.giustizia-amministrativa.it*.

(99) Cfr. art. 23-*bis*, l. 6 dicembre 1971, n. 1034, in *Gazz. Uff.*, 13 dicembre 1971, n. 314. L'articolo è stato abrogato dall'art. 4, comma 1, n. 10, Allegato IV, al Codice del processo amministrativo.

tribunale amministrativo regionale, ove il Consiglio di Stato riformi l'ordinanza di primo grado, la pronuncia di appello è trasmessa al tribunale amministrativo regionale per la fissazione dell'udienza di merito" (cfr. art. 119, comma 3, penultimo periodo, Codice del processo amministrativo). Fissazione che dovrà avvenire entro il termine di trenta giorni che decorrerà "dalla data di ricevimento dell'ordinanza da parte della segreteria del tribunale amministrativo, che ne dà avviso alle parti" (cfr. art. 119, comma 3, ultimo periodo, Codice del processo amministrativo). **Il Consiglio di Stato, pertanto, nel riformare l'ordinanza negativa del Tribunale Amministrativo Regionale, affermerà che sussistono i presupposti per il giudizio abbreviato, e restituirà gli atti al Tribunale di primo grado**.

Si può poi ricordare che **la parte potrebbe rivolgersi al Consiglio di Stato anche per chiedere la sospensione dell'esecutività della sentenza appellata**. Il procedimento è retto dalla medesime regole già esaminate. Ciò lo si ricava argomentando dall'art. 119, comma 7, Codice del processo amministrativo "Le disposizioni del presente articolo si applicano anche nei giudizi d'appello..." e, in precedenza, dall'art. 23-*bis*, comma 8, l. 6 dicembre 1971, n. 1034 [100]: "Le disposizioni del presente articolo si applicano anche davanti il Consiglio di Stato, in caso di domanda di sospensione della sentenza appellata".

Sul punto, v'è però da ricordare che, *ex* art. 119, comma 7, Codice del processo amministrativo, la parte potrebbe chiedere la sospensione dell'esecutività del dispositivo della sentenza di primo grado, con ricorso da notificare entro trenta giorni dalla sua pubblicazione, riservando di proporre i motivi di gravame entro trenta giorni dalla notificazione della sentenza, ovvero entro tre mesi dalla sua pubblicazione.

Il citato art. 119, comma 7, Codice del processo amministrativo, nello specificare che "La mancata richiesta di sospensione dell'esecutività del dispositivo non preclude la possibilità di chiedere la sospensione dell'esecutività della sentenza dopo la pubblicazione dei motivi", introduce una novità importante rispetto al regime previgente di cui all'art. 23-*bis*, comma 8, l. 6 dicembre 1971, n. 1034 [101].

(100) Cfr. art. 23-*bis*, comma 8, l. 6 dicembre 1971, n. 1034, in *Gazz. Uff.*, 13 dicembre 1971, n. 314. L'articolo è stato abrogato dall'art. 4, comma 1, n. 10, Allegato IV, al Codice del processo amministrativo.

(101) Cfr. art. 23-*bis*, comma 8, l. 6 dicembre 1971, n. 1034, in *Gazz. Uff.*, 13 dicembre 1971, n. 314. L'articolo è stato abrogato dall'art. 4, comma 1, n. 10, Allegato IV, al Codice del processo amministrativo.

Innanzitutto, perché l'appello contro il mero dispositivo della sentenza non è necessariamente funzionale all'istanza cautelare di sospensione dell'esecutività della sentenza medesima, ben potendo l'appello essere proposto senza tale domanda cautelare. Nel vigore dell'art. 23-*bis* cit, tale opzione, invece, veniva esclusa: "L'appello contro il mero dispositivo della sentenza di primo grado, ai sensi dell'art. 23-*bis* l. Tar (introdotto dall'art. 4 l. 21 luglio 2000 n. 205) essendo funzionale alla istanza cautelare di sospensione dell'esecutività della sentenza, ben può contenere solo le ragioni a proprio sostegno, né la posteriore deduzione dei motivi, tempestiva rispetto alla sentenza integrale nelle more pubblicate, può ritenersi tardiva." (102).

In secondo luogo, perché **il mancato inserimento di tale domanda nell'appello avverso il dispositivo della sentenza, non preclude di avanzare detta domanda a seguito della pubblicazione integrale della sentenza medesima**.

Si precisa, infine, che le regole procedurali esaminate nel presente paragrafo per il giudizio d'appello avanti il Consiglio di Stato troveranno applicazione, in forza dell'art. 119, comma 7, Codice del processo amministrativo, anche "nei giudizi di... revocazione e opposizione di terzo". Opposizione di terzo che, peraltro, si dubita sia ammissibile avverso un provvedimento cautelare (si rinvia al Capitolo VI, Pagrafo VIII).

In sintesi

- Il rito abbreviato di cui all'art. 119, Codice del processo amministrativo, si applica all'elenco di controversie da esso richiamate. È peraltro dubbio se tale disposizione possa aver influito, per dette controversie, sul riparto di giurisdizione tra Giudice ordinario e Giudice amministrativo.
- Il rito di cui all'art. 119, Codice del processo amministrativo si caratterizza per la dimidiazione di tutti i termini, eccezione fatta per quello per la proposizione del ricorso introduttivo, per motivi aggiunti ed incidentale, nonché per l'appello dei provvedimenti cautelari.
- Sono compatibili con il rito abbreviato tutti i procedimenti cautelari del rito ordinario: quello collegiale, quello monocratico *post causam* e quello monocratico *ante causam*.
- Ferma la possibilità, prevista dall'art. 60, Codice del processo amministrativo, della definizione della controversia in sede di udienza cautelare, l'accertamento, in quest'ultima sede, della sussistenza del *periculum in mora* e del *fumus boni iuris*, vale non già ad accordare la tutela cautelare quanto, piuttosto, ad accelerare la definizione, nel merito, del giudizio, attraverso la fissazione dell'udienza di discussione del merito nei 30 giorni successivi al deposito del provvedimento giudiziale.

(102) Cfr. Cons. Stato, Sez. IV, 15 febbraio 2002, n. 946, in *Foro Amm., CDS*, 2002, 393.

In sintesi

- Solo in casi di estrema gravità ed urgenza il Giudice può accompagnare il provvedimento di tempestiva fissazione dell'udienza di discussione del merito con una misura cautelare.
- Anche nel rito abbreviato trovano spazio gli istituti della riproponibilità, revocabilità, modificabilità ed impugnabilità dei provvedimenti cautelari di primo grado. Rimane tuttavia dubbio se l'impugnazione possa essere proposta anche solo avverso il provvedimento con cui il Giudice si sia limitato a fissare l'udienza di discussione del merito del ricorso senza pronunziarsi sull'istanza cautelare.

CAPITOLO 10

IL PROCEDIMENTO CAUTELARE IN MATERIA DI PROCEDURE DI AFFIDAMENTO DI PUBBLICI LAVORI, SERVIZI E FORNITURE

Il Codice del processo amministrativo dedica delle disposizioni specifiche (artt. 120-124) al rito avente ad oggetto le procedure di affidamento di pubblici lavori, servizi e forniture. Il modello di riferimento rimane pur sempre il rito abbreviato di cui all'art. 119 del Codice — che, a sua volta, ha ripreso, almeno in parte, il contenuto dell'abrogato art. 23-*bis*, l. 6 dicembre 1971, n. 1034 — sebbene via siano importanti differenze.
Viene inoltre prevista, con l'art. 125 del Codice, un'ulteriore disciplina speciale per le controversie in materia di infrastrutture strategiche che si basa su quella di cui agli artt. 120 e ss. del Codice ma che, purtuttavia, se ne discosta per certi (non marginali) aspetti. Nel presente capitolo si tenterà dunque di dar conto delle caratteristiche principali di tali riti, con particolare attenzione alla fase cautelare.

Sommario:

1 INTRODUZIONE: IL RECEPIMENTO DELLA DIRETTIVA RICORSI DA PARTE DEL D.LGS. N. 53 DEL 2010. ALCUNE OSSERVAZIONI GENERALI

Il 27 aprile 2010 è entrato in vigore il d.lgs. 20 marzo 2010, n. 53 (1), di esecuzione della delega contenuta nell'art. 44, l. 7 luglio

(1) Cfr. d.lgs. 20 marzo 2010, n. 53, in *Gazz. Uff.*, 12 aprile 2010, n. 84.

2009, n. 88 [(2)], attuativo della Direttiva 2007/66/CE (c.d. Direttiva Ricorsi) di modifica delle Direttive 89/665/CEE e 92/13/CEE, concernente il miglioramento dell'efficacia delle procedure di ricorso in materia di aggiudicazione degli appalti pubblici.

Come si ricorderà, **con le Direttive 89/665/CEE e 92/13/CEE** il Legislatore comunitario aveva inteso coordinare le disposizioni regolamentari ed amministrative concernenti l'applicazione, nella materia delle procedure d'appalto, delle norme comunitarie.

In particolare, in considerazione della brevità che caratterizza le procedure d'aggiudicazione degli appalti, si era posto l'accento sulla necessità di garantire, anche attraverso le misure cautelari, una tutela effettiva (in ordine al principio di effettività, si rinvia al Capitolo II, Paragrafo 1).

Tuttavia, la Commissione Europea dovette constatare che "le regole comunitarie relative alla procedure di aggiudicazione degli appalti pubblici non sono applicate in modo soddisfacente da tutti gli acquirenti pubblici degli Stati membri. Il fatto che il tasso di pubblicazione dei bandi di gara sia esiguo (16,2% per l'Unione europea nel 2002) e che detto tasso vari notevolmente a seconda dello Stato membro, del tipi di autorità aggiudicatrice e del settore d'attività, dimostra che le direttive non hanno ancora pienamente raggiunto l'effetto che queste si prefiggono. Ovviamente, questa situazione fa sì che non sia possibile beneficiare interamente di una reale concorrenza tra i potenziali offerenti a livello comunitario. Inoltre, ... le procedure nazionali di ricorso non sono sempre tali da consentire di correggere in modo efficace e rapido le violazioni del diritto comunitario degli appalti pubblici. Si è anche constatato che varia notevolmente da uno Stato membro all'altro, che il comportamento delle ripercussioni sulla disponibilità di taluni operatori economici a presentare offerte per l'aggiudicazione di appalti pubblici" [(3)].

È da queste constatazioni che è nata, allora, **la Direttiva n. 2007/66CE la cui principale finalità** è quella di garantire, in un'ottica eminentemente pratica, che la soluzione delle controversie avvenga anteriormente rispetto alla stipula del contratto. Ciò in quanto il Legislatore comunitario ha avuto modo di comprendere che, dopo la stipulazione del

[(2)] Cfr. l. 7 luglio 2009, n. 88, in *Suppl. ordinario* n. 110 alla *Gazz. Uff.*, 14 luglio 2009, n. 161.

[(3)] Cfr. Commissione Europea, DG Mercato interno, unità D1 - Appalti pubblici, Consultazione preliminare delle autorità aggiudicatrici in vista dell'avvio del processo di revisione delle direttive relative ai ricorsi nel settore degli appalti pubblici, in *www.ec.europa.eu/internal_market/.../docs/.../consult-contractauthor_it.pdf.*

contratto, le conseguenze che vengano a determinarsi, e sul piano giuridico e su quello fattuale, sono pressoché irreversibili.

Il d.lgs. 20 marzo 2010, n. 53 [4], composto da n. 16 articoli, in recepimento di detta Direttiva, ha allora modificato alcune disposizioni del d.lgs. 14 febbraio 2006, n. 163 [5] (c.d. Codice dei Contratti Pubblici, meglio noto come Codice de Lise) e, segnatamente, gli artt. 11, 79, 240, 241, 243, 244, 245 aggiungendo, inoltre, gli articoli 79-*bis*, 243-*bis*, 245-*bis*, 245-*ter* e 245-*quater*.

Il citato decreto, infine, all'art. 15, **ha abrogato l'art. 20, commi 8 e 8-*bis*, d.l. 29 novembre 2008, n. 185** [6] (conv., con modificazioni, dalla l. 28 gennaio 2009, n. 2 [7]) che disegnavano una disciplina processuale *ad hoc* per i contenziosi aventi ad oggetto le procedure esecutive di progetti di opere facenti parte del quadro strategico nazionale:

"8. I provvedimenti adottati ai sensi del presente articolo sono comunicati agli interessati a mezzo fax o posta elettronica all'indirizzo da essi indicato. L'accesso agli atti del procedimento è consentito entro dieci giorni dall'invio della comunicazione del provvedimento. Il termine per la notificazione del ricorso al competente Tribunale amministrativo regionale avverso i provvedimenti emanati ai sensi del presente articolo è di trenta giorni dalla comunicazione o dall'avvenuta conoscenza, comunque acquisita. Il ricorso principale va depositato presso il Tar entro cinque giorni dalla scadenza del termine di notificazione del ricorso; in luogo della prova della notifica può essere depositata attestazione dell'ufficiale giudiziario che il ricorso è stato consegnato per le notifiche; la prova delle eseguite notifiche va depositata entro cinque giorni da quando è disponibile. Le altre parti si costituiscono entro dieci giorni dalla notificazione del ricorso principale e entro lo stesso termine possono proporre ricorso incidentale; il ricorso incidentale va depositato con le modalità e termini previsti per il ricorso principale. I motivi aggiunti possono essere proposti entro dieci giorni dall'accesso agli atti e vanno notificati e depositati con le modalità previste per il ricorso principale. Il processo viene definito ad una udienza da fissarsi entro 15 giorni dalla scadenza del termine per la costituzione delle parti diverse dal ricorrente; il dispositivo della sentenza è pubblicato in udienza; la sentenza è redatta in forma semplificata, con i

(4) Cfr. d.lgs. 20 marzo 2010, n. 53, in *Gazz. Uff.*, 12 aprile 2010, n. 84.

(5) Cfr. d.lgs. 12 aprile 2006, n. 163, in *Suppl. ordinario* n. 107 alla *Gazz. Uff.*, 2 maggio 2006, n. 100.

(6) Cfr. art. 20, commi 8 e 8-*bis*, d.l. 29 novembre 2008, n. 185, in *Suppl. ordinario* n. 263 alla *Gazz. Uff.*, 29 novembre 2008, n. 290.

(7) Cfr. l. 28 gennaio 2009, n. 2, in *Gazz. Uff.*, 28 gennaio 2009, n. 22.

criteri di cui all'articolo 26, quarto comma, della legge 6 dicembre 1971, n. 1034. Le misure cautelari e l'annullamento dei provvedimenti impugnati non possono comportare, in alcun caso, la sospensione o la caducazione degli effetti del contratto già stipulato, e in caso di annullamento degli atti della procedura, il giudice può esclusivamente disporre il risarcimento degli eventuali danni, ove comprovati, solo per equivalente. Il risarcimento per equivalente del danno comprovato non può comunque eccedere la misura del decimo dell'importo delle opere che sarebbero state eseguite se il ricorrente fosse risultato aggiudicatario, in base all'offerta economica presentata in gara. Se la parte soccombente ha agito o resistito in giudizio con mala fede o colpa grave si applicano le disposizioni di cui all'articolo 96 del codice di procedura civile. Per quanto non espressamente disposto dal presente articolo, si applica l'articolo 23-*bis* della legge 6 dicembre 1971, n. 1034 e l'art. 246 del decreto legislativo 12 aprile 2006, n. 163 e successive modificazioni. Dall'attuazione del presente comma non devono derivare nuovi o maggiori oneri a carico della finanza pubblica. 8-*bis*. Per la stipulazione dei contratti ai sensi del presente articolo non si applica il termine di trenta giorni previsto dall'articolo 11, comma 10, del codice dei contratti pubblici relativi a lavori, servizi e forniture, di cui al decreto legislativo 12 aprile 2006, n. 163".

Per tali tipi di contenziosi, se l'aggiudicazione definitiva è anteriore all'entrata in vigore del d.lgs. 20 marzo 2010, n. 53 (8) (ovvero anteriore al 27 aprile 2010), continuerà ad applicarsi la previgente disciplina, **se successiva, invece**, troveranno applicazione le norme di cui agli art. 120 e ss., Codice del processo amministrativo.

Si precisa, inoltre, che **la disciplina contenuta nel richiamato comma 8, art. 20, d.l. 29 novembre 2008, n. 185 rimane ferma**, sempre per le opere rientranti nel quadro strategico nazionale, ove siano già stati nominati i relativi commissari, ovvero questi siano stati nominati entro novanta giorni dall'entrata in vigore (27 aprile 2010) del d.lgs. 20 marzo 2010, n. 53 (9).

Tale disciplina, peraltro, continuerà a sollevare, nei limiti in cui manterrà la propria efficacia, serie dubbi di legittimità costituzionale per la compressione del diritto alla tutela giurisdizionale che comporta. La contrazione dei termini di difesa e l'affermazione dell'intangibilità dell'affida-

(8) Cfr. d.lgs. 20 marzo 2010, n. 53, in *Gazz. Uff.*, 12 aprile 2010, n. 84.

(9) Cfr. d.lgs. 20 marzo 2010, n. 53, in *Gazz. Uff.*, 12 aprile 2010, n. 84.

mento, infatti, incentivano, sostanzialmente, la corsa all'affidamento diretto [10].

L'art. 15 del d.lgs. 20 marzo 2010, n. 53 [11]**, inoltre**:

— **opera l'abrogazione** dei commi 19, 20 e 21, dell'art. 3, della l. 24 dicembre 2007, n. 244 [12], concernenti il divieto di inserire clausole compromissorie nei contratti di lavori, servizi e forniture stipulati dalle pubbliche amministrazioni: "Comma 19 'Divieto di inserimento di clausole compromissorie nei contratti di lavori, servizi e forniture stipulati dalle pubbliche amministrazioni.' 19. È fatto divieto alle pubbliche amministrazioni di cui all'articolo 1, comma 2, del decreto legislativo 30 marzo 2001, n. 165, di inserire clausole compromissorie in tutti i loro contratti aventi ad oggetto lavori, forniture e servizi ovvero, relativamente ai medesimi contratti, di sottoscrivere compromessi. Le clausole compromissorie ovvero i compromessi comunque sottoscritti sono nulli e la loro sottoscrizione costituisce illecito disciplinare e determina responsabilità erariale per i responsabili dei relativi procedimenti Comma 20 'Estensione del divieto di clausole compromissorie' 20. Le disposizioni di cui al comma 19 si estendono alle società interamente possedute ovvero partecipate maggioritariamente dalle pubbliche amministrazioni di cui al medesimo comma, nonché agli enti pubblici economici ed alle società interamente possedute ovvero partecipate maggioritariamente da questi ultimi. Comma 21 'Obbligo di declinare la competenza arbitrale per le controversie relative ai contratti già stipulati e decadenza dei collegi arbitrali costituiti dopo il 30 settembre 2007'. 21 Relativamente ai contratti aventi ad oggetto lavori, forniture e servizi già sottoscritti dalle amministrazioni alla data di entrata in vigore della presente legge e per le cui controversie i relativi collegi arbitrali non si sono ancora costituiti alla data del 30 settembre 2007, è fatto obbligo ai soggetti di cui ai commi 19 e 20 di declinare la competenza arbitrale, ove tale facoltà sia prevista nelle clausole arbitrali inserite nei predetti contratti; dalla data della relativa comunicazione opera esclusivamente la giurisdizione ordinaria. I collegi arbitrali, eventualmente costituiti successivamente al 30 settembre 2007 e fino alla data di entrata in vigore della presente legge, decadono automaticamente e le relative spese restano integralmente compensate tra le parti".

(10) Cfr. M.A. SANDULLI, *La tutela cautelare nel processo amministrativo*, in (a cura di) G. PELLEGRINO, *Verso il codice del processo amministrativo*, in *Nel diritto editore*, 2010, 145.

(11) Cfr. d.lgs. 20 marzo 2010, n. 53, in *Gazz. Uff.*, 12 aprile 2010, n. 84.

(12) Cfr. art. 3, commi 19, 20 e 21, l. 24 dicembre 2007, n. 244, in *Suppl. ordinario* n. 285, alla *Gazz. Uff.*, 28 dicembre 2007, n. 300.

— **modifica l'art. 13, comma 6-*bis* del d.p.r. 30 maggio 2001, n. 115 "Testo Unico delle disposizioni legislative e regolamentari in materia di spese di giustizia"** (13), sostituendo le parole "per i predetti ricorsi in materia di affidamento di lavori, servizi e forniture" con le parole "per i ricorsi in materia di procedure di affidamento di lavori, servizi e forniture, ivi compresi quelli per motivi aggiunti e quelli incidentali contenenti domande nuove...".

La modifica non è di poco conto atteso che la norma "obbliga a reiterare il pagamento del contributo unificato... ogni volta che, in un contenzioso in materia di appalti, si presentano motivi aggiunti o si solleva ricorso incidentale. Hai impugnato l'aggiudicazione provvisoria e deve integrare il il giudizio contestando anche l'aggiudicazione definitiva? Ai duemila euro di contributo già versati si dovranno aggiungere duemila euro. Hai impugnato il bando e poi deve contestare il provvedimento di esclusione o l'aggiudicazione ad altri? Ancora duemila euro. Scopri in seguito all'accesso che i tuoi motivi d'impugnazione devono essere integrati con altri motivi (dopo tutto ogni motivo d'impugnazione è un'autonoma domanda)? Duemila euro" (14).

Le norme processuali che momentaneamente sono state inserite dal d.lgs. 20 marzo 2010, n. 53 all'interno del Codice de Lise (d.lgs. 12 aprile 2006, n. 163) (15), hanno avuto vita breve: **dal 27 aprile 2010, data di entrata in vigore del d.lgs. n. 53 del 2010 cit., sino al 16 settembre 2010**, data di entrata in vigore del Codice del processo amministrativo nel quale (artt. 120-125) sono state trasposte, sia pur solo in parte. A decorrere dal 16 settembre 2010 infatti, dette disposizioni sono state sostituite dall'art. 3, comma 19, lett. *a* — i (si rinvia al Capitolo I, Paragrafo 4).

L'esame delle rilevanti novità introdotte con il descritto intervento normativo (d.lgs. 20 marzo 2010, n. 53) e poi confluite negli artt. 120-125, Codice del processo amministrativo, fuoriesce dal campo di indagine del presente lavoro e meriterebbe un'approfondita e compiuta analisi.

Nel prosieguo ci si militerà, allora, ad analizzare, solo per sommi capi, la disciplina prevista per le controversie in materia di appalti pubblici, così da avere uno sguardo di insieme, per dedicare poi un più approfondito esame al momento cautelare del processo.

(13) Cfr. art. 13, comma 6-*bis* del d.p.r. 30 maggio 2001, n. 115, in *Gazz. Uff.*, 15 giugno 2002, n. 139.

(14) Cfr. F. VOLPE, *Quanto è troppo, è troppo*, in *www.amministrativistiveneti.it*.

(15) Cfr. d.lgs. 12 aprile 2006, n. 163, in *Suppl. ordinario* n. 107 alla *Gazz. Uff.*, 2 maggio 2006, n. 100.

2 IL CAMPO DI APPLICAZIONE DEL RITO ABBREVIATO DI CUI ALL'ART. 120, CODICE DEL PROCESSO AMMINISTRATIVO

Il rito abbreviato disegnato dall'art. 120, Codice del processo amministrativo — che, come si è fatto già presente si basa comunque sulla disciplina dell'art. 119 del Codice (si rinvia al Capitolo I, Paragrafo 2) — **è applicabile** ai ricorsi proposti avverso "gli atti delle procedure di affidamento, ivi comprese le procedure di affidamento di incarichi e concorsi di progettazione e di attività tecnico-amministrative ad esse connesse, relativi a pubblici lavori, servizi o forniture, nonché i connessi provvedimenti dell'Autorità per la vigilanza sui contratti pubblici di lavori, servizi e forniture".

La disposizione, riproduttiva dell'art. 245, comma 1, Codice de Lise (16), **delinea un giudizio di tipo impugnatorio avente ad oggetto gli atti delle procedure di affidamento di cui agli artt.**:

— 3, comma 36, Codice de Lise;

— 11, Codice de Lise;

— 91, Codice de Lise;

— nonché i provvedimenti dell'Autorità per la Vigilanza sui contratti pubblici di lavori, servizi e forniture di cui all'art. 6, Codice de Lise.

3 LE PRINCIPALI CARATTERISTICHE DEL RITO ABBREVIATO DI CUI ALL'ART. 120, CODICE DEL PROCESSO AMMINISTRATIVO E LE SUE DIVERSITÀ CON IL RITO ABBREVIATO DI CUI ALL'ART. 119, CODICE DEL PROCESSO AMMINISTRATIVO

L'art. 120, comma 3, Codice del processo amministrativo specifica che il rito da seguire in materia di procedure di affidamento di pubblici lavori, servizi e forniture è quello di cui all'art. 119, del Codice (si rinvia al Capitolo IX), eccezione fatta per quanto in esso specificamente previsto.

Quali sono, quindi, le principali differenze tra i due riti?

Innanzitutto il ricorso avanti il Tribunale amministrativo regionale viene configurato, dall'art. 120, comma 1, Codice del processo ammini-

(16) Cfr. art. 245, comma 1, d.lgs. 12 aprile 2006, n. 163, in *Suppl. ordinario* n. 107 alla *Gazz. Uff.*, 2 maggio 2006, n. 100. L'articolo è stato sostituito dall'art. 3, comma 19, lett. *d)*, Allegato IV al Codice del processo amministrativo dal seguente: "*La tutela giurisdizionale davanti al giudice amministrativo è disciplinata dal codice del processo amministrativo*".

strativo, **quale unico rimedio utilmente esperibile, venendo preclusa la possibilità di proporre il Ricorso Straordinario al Capo dello Stato**, come invece prevedeva l'art. 245, comma 1, Codice de Lise (17), prima di essere inciso dal d.lgs. 20 marzo 2010, n. 53 (18).

Viene dunque meno il dubbio che si era posto circa l'applicabilità della tutela cautelare *ante causam* anche nell'ambito del Ricorso Straordinario e che era stato risolto, da parte della dottrina, nel senso dell'ammisibilità, sebbene con qualche dubbio (19).

Il rito di cui all'art. 119, Codice del processo amministrativo, invece, conformemente a quanto previsto dall'art. 23-*bis*, l. 6 dicembre 9171, n. 1034 (20), continua ad essere alternativo rispetto al Ricorso Straordinario al Presidente della Repubblica che, pertanto, rimane una strada utilmente percorribile.

L'ordinario termine per proporre il ricorso, anche per motivi aggiunti, sia che esso riguardi il medesimo atto, sia atti differenti, viene portato da 60 a 30 giorni (cfr. art. 120, comma 5, Codice del processo amministrativo) che decorrono:

(*i*) **dalla ricezione della comunicazione prevista dall'art. 79, Codice de Lise** (21), ovvero, in particolare, da quelle concernenti l'esclusione dalla competizione e l'aggiudicazione della gara;

(*ii*) **dalla pubblicazione dei bandi e degli avvisi di gara**, di cui all'art. 66, comma 8 (22), Codice De Lise, ove questi siano autonomamente lesivi;

(*iii*) in ogni caso, "**dalla conoscenza dell'atto**" (cfr. articolo 120, comma 5 del Codice).

Si prevedono, inoltre, nel caso in cui non sia stato rispettato appieno il procedimento, dei termini massimi entro cui proporre l'im-

(17) Cfr. art. 245, comma 1, d.lgs. 12 aprile 2006, n. 163, in *Suppl. ordinario* n. 107 a *Gazz. Uff.*, 2 maggio 2006, n. 100. L'articolo è stato così sostituito dall'art. 3, comma 19, lett. *d*), Allegato IV al Codice del processo amministrativo: "*La tutela giurisdizionale davanti al giudice amministrativo è disciplinata dal codice del processo amministrativo*".

(18) Cfr. d.lgs. 20 marzo 2010, n. 53, in *Gazz. Uff.*, 12 aprile 2010, n. 84.

(19) Cfr. G. CORAGGIO, *La Disciplina del contenzioso nel codice degli appalti* (Relazione al Convegno tenuto a Napoli il 16 febbraio 2007 a cura della Seconda Università di Napoli) in *Foro Amm., TAR*, 2007, 3, 1210.

(20) Cfr. art. 23-*bis*, l. 6 dicembre 1971, n. 1034, in *Gazz. Uff.*, 13 dicembre 1971, n. 314. L'articolo è stato abrogato dall'art. 4, comma 1, n. 10, Allegato IV al Codice del processo amministrativo. In giurisprudenza cfr. a titolo esemplificativo Cons. Stato, Sez. V, 23 giugno 2008, n. 3104, in *Foro Amm., CDS*, 2008, 6, 1760.

(21) Cfr. art. 79, d.lgs. 12 aprile 2006, n. 163, in *Suppl. ordinario* n. 107 a *Gazz. Uff.*, 2 maggio 2006, n. 100.

(22) Cfr. art. 66, comma 8, d.lgs. 12 aprile 2006, n. 163, in *Suppl. ordinario* n. 107 a *Gazz. Uff.*, 2 maggio 2006, n. 100: "*Gli effetti giuridici che l'ordinamento connette alla pubblicità in ambito nazionale decorrono dalla pubblicazione nella Gazzetta Ufficiale della Repubblica italiana*".

pugnazione (cfr. art. 120, comma 2, Codice del processo amministrativo), ovvero:

(*i*) **nel caso in cui sia mancata la pubblicità del bando, 30 giorni** dal giorno successivo alla pubblicazione dell'avviso di aggiudicazione definitiva prevista dagli **artt. 65 e 225** Codice de Lise (23), purché l'avviso "contenga la motivazione dell'atto con cui la stazione appaltante ha deciso di affidare il contratto senza previa pubblicazione del bando" (cfr. art. 120, comma 2, Codice del processo amministrativo);

(*ii*) **6 mesi successivi** alla stipulazione del contratto tra la stazione appaltante e l'aggiudicatario, ove siano state omesse, ovvero non siano state rispettate le formalità di cui al punto che precede.

In argomento è peraltro opportuno richiamare la recente sentenza della Corte di Giustizia della CE, Sez. III, 28 gennaio 2010, n. 406 (24) pronunciatasi sull'importante questione relativa alla decorrenza del termine per la proposizione dei ricorsi in materia di appalti: "La direttiva 89/665/Cee, come modificata dalla direttiva 92/50/Cee, impone al giudice nazionale di prorogare il termine di ricorso, esercitando il proprio potere discrezionale, in maniera tale da garantire al ricorrente un termine pari a quello del quale avrebbe usufruito se il termine previsto dalla normativa nazionale applicabile fosse decorso dalla data in cui egli era venuto a conoscenza o avrebbe dovuto essere a conoscenza della violazione della normativa in materia di aggiudicazione di appalti pubblici. Qualora le disposizioni nazionali relative ai termini di ricorso non si dovessero prestare ad un'interpretazione conforme alla direttiva 89/665/Cee, come modificata dalla direttiva 92/50/Cee, il giudice nazionale sarebbe tenuto a disapplicarle, al fine di applicare integralmente il diritto comunitario e di proteggere i diritti che questo attribuisce ai singoli".

La Corte ha quindi soggiunto che "In materia di pubblici appalti, il candidato o l'offerente, che sia venuto a conoscenza del rigetto della sua candidatura o della sua offerta, non può proporre ricorso in modo efficace qualora non abbia informazioni sufficienti per scoprire l'eventuale illegittimità degli atti. Solamente dopo essere venuto a conoscenza dei motivi per i quali è stato escluso dalla procedura di aggiudicazione, questi potrà avere un'idea precisa in ordine all'eventuale violazione delle disposi-

(23) Cfr. art. 225, d.lgs. 12 aprile 2006, n. 163, in *Suppl. ordinario* n. 107 a *Gazz. Uff.*, 2 maggio 2006, n. 100.

(24) Cfr. Corte di Giustizia della CE, Sez. III, 28 gennaio 2010, n. 406, in *Banca dati De Jure*, Giuffrè.

zioni in materia di appalti pubblici e sull'opportunità di proporre ricorso." (25).

Nell'ambito del rito di cui all'art. 119, Codice del processo amministrativo, invece, il termine per la notificazione del ricorso non viene dimidiato e rimane di 60 giorni (si rinvia al Capitolo IX).

Quanto alle modalità di notifica del ricorso e alla competenza territoriale, varranno invece le regole viste per l'art. 119 del Codice.

Proseguendo nella disamina, secondo l'art. 120, comma 7, Codice del processo amministrativo, la scelta se impugnare gli atti connessi a quelli della procedura con ricorso per motivi aggiunti, ovvero con un autonomo ricorso viene meno: **viene infatti sancita l'obbligatorietà del ricorso per motivi aggiunti** (cfr. art. 120, comma 7, Codice del processo amministrativo: "I nuovi atti attinenti la medesima procedura di gara devono essere impugnati con ricorso per motivi aggiunti").

Nell'ambito del rito di cui all'art. 119, Codice del processo amministrativo, l'una o l'altra strada è invece rimessa alla valutazione della parte: "La possibilità di impugnare con motivi aggiunti i provvedimenti sopravvenuti connessi con l'oggetto del giudizio pendente rappresenta una mera facoltà e non certo un obbligo giuridico, sicché nessuna ragione di inammissibilità può essere desunta dalla scelta difensiva di proporre un autonomo e distinto ricorso anziché avvalersi dello strumento dei motivi aggiunti c.d. impugnatori" (26).

Da ultimo l'art. 120, comma 10, Codice del processo amministrativo **rafforza quel dovere di sinteticità** cui devono conformarsi tutti i protagonisti della vicenda giudiziaria che, in via di principio, è sancito dall'art. 3, comma 2, del Codice: "Il giudice e le parti redigono gli atti in maniera chiara e sintetica".

Il citato comma 10, infatti, dispone: "Tutti gli atti di parte e i provvedimenti del giudice devono essere sintetici...".

Nessuna sanzione è tuttavia prevista per il mancato rispetto di tale dovere.

Quanto alla sentenza, il comma 10 cit. prevede che la stessa sia "redatta, ordinariamente, in forma semplificata". Ci si dovrà, dunque, riferire

(25) Cfr. Cfr. Corte di Giustizia della CE, Sez. III, 28 gennaio 2010, n. 406, in *Foro Amm., CDS*, 2010, 1, 22.

(26) Cfr. Tar Molise, Sez. I, 27 gennaio 2010, n. 101, in *Banca dati De Jure*, Giuffrè. Il principio, con specifico riferimento al rito di cui all'art. 23-*bis*, l. 6 dicembre 1971, n. 1034, in *Gazz. Uff.*, 13 dicembre 1971, n. 314, ora art. 119, Codice del processo amministrativo si ricava anche da Cons. Stato, Sez. V, 8 marzo 2006, n. 1199, in *Foro Amm., CDS*, 2006, 3, 851.

al contenuto dell'art. 74, Codice del processo amministrativo che dispone che la motivazione di tali sentenze possa "consistere in un sintetico riferimento al punto di fatto o di diritto ritenuto risolutivo ovvero, se del caso, ad un precedente conforme".

Anche in questa ipotesi, la particolare sinteticità imposta dal Legislatore così come l'impiego della forma semplificata per la sentenza sono due elementi che non si ritrovano nel rito di cui all'art. 119, Codice del processo amministrativo.

Ai sensi dell'art. 120, comma 9, Codice del processo amministrativo, si prevede che, comunque, **il dispositivo del provvedimento con cui il Giudice definisce il giudizio** debba essere pubblicato entro 7 giorni dalla data della sua deliberazione. Nel giudizio di cui all'art. 119, Codice del Processo Amministrativo, invece, la pubblicazione del dispositivo della sentenza entro 7 giorni è rimesso ad una richiesta di parte da proporsi prima della conclusione dell'udienza di discussione (cfr. art. 119, comma 5, Codice del processo amministrativo).

La disciplina prevista dall'art. 120, Codice del processo amministrativo, per il processo in primo grado, si applicherà pressoché integralmente (commi 3, 6, 8 e 10) **anche al giudizio di appello innanzi al Consiglio di Stato, nonché ai giudizi di revocazione e opposizione di terzo**. (cfr. art. 120, comma 11, Codice del processo amministrativo). Viene inoltre assicurata la possibilità di proporre appello anche solo avverso il dispositivo della sentenza, "al fine di ottenerne la sospensione prima della pubblicazione della sentenza" (cfr. art. 120, comma 11, ultimo periodo, Codice del processo amministrativo).

Si ricorda, infine, che i ricorsi ricadenti nell'ambito di applicazione dell'art. 120, Codice del processo amministrativo, ai sensi dell'art. 243-*bis*, Codice de Lise [27], norma inserita dall'art. 6, d.lgs. 20 marzo 2010, n. 53 [28], **'devono' essere preceduti dalla comunicazione all'amministrazione, da parte del ricorrente, di un preavviso di ricorso**. Recita infatti la citata disposizione: "1. Nelle materie di cui all'articolo 244, comma 1, i soggetti che intendono proporre un ricorso giurisdizionale informano le stazioni appaltanti della presunta violazione e della intenzione

[27] Cfr. art. 243-*bis*, d.lgs. 12 aprile 2006, n. 163, in *Suppl. ordinario* n. 107 a *Gazz. Uff.*, 2 maggio 2006, n. 100. Il comma 6 del citato articolo è stato così sostituito dall'art. 3, comma 19, lett. *b*), Allegato IV al Codice del processo amministrativo: "*Il diniego totale o parziale di autotutela, espresso o tacito, è impugnabile solo unitamente all'atto cui si riferisce, ovvero, se quest'ultimo è già stato impugnato, con motivi aggiunti.*".

[28] Cfr. art. 6, d.lgs. 20 marzo 2010, n. 52, in *Gazz. Uff.*, 12 aprile 2010, n. 84.

di proporre un ricorso giurisdizionale. 2. L'informazione di cui al comma 1 è fatta mediante comunicazione scritta e sottoscritta dall'interessato, o da un suo rappresentante, che reca una sintetica e sommaria indicazione dei presunti vizi di illegittimità e dei motivi di ricorso che si intendono articolare in giudizio, salva in ogni caso la facoltà di proporre in giudizio motivi diversi o ulteriori. L'interessato può avvalersi dell'assistenza di un difensore. La comunicazione può essere presentata fino a quando l'interessato non abbia notificato un ricorso giurisdizionale. L'informazione è diretta al responsabile del procedimento. La comunicazione prevista dal presente comma può essere effettuata anche oralmente nel corso di una seduta pubblica della commissione di gara ed è inserita nel verbale della seduta e comunicata immediatamente al responsabile del procedimento a cura della commissione di gara.

3. L'informativa di cui al presente articolo non impedisce l'ulteriore corso del procedimento di gara, né il decorso del termine dilatorio per la stipulazione del contratto, fissato dall'articolo 11, comma 10, né il decorso del termine per la proposizione del ricorso giurisdizionale. 4. La stazione appaltante, entro quindici giorni dalla comunicazione di cui al comma 1, comunica le proprie determinazioni in ordine ai motivi indicati dall'interessato, stabilendo se intervenire o meno in autotutela. L'inerzia equivale a diniego di autotutela. 5. L'omissione della comunicazione di cui al comma 1 e l'inerzia della stazione appaltante costituiscono comportamenti valutabili, ai fini della decisione sulle spese di giudizio, nonché ai sensi dell'articolo 1227 del codice civile. 6 [29]. Il diniego totale o parziale di autotutela, espresso o tacito, è impugnabile solo unitamente all'atto cui si riferisce, ovvero, se quest'ultimo è già stato impugnato, con motivi aggiunti".

Come si può comprendere, si tratta di un strumento che non solo serve per preavvertire della volontà di adire le vie legali ma che contiene un'esposizione, sia pur sommaria, delle doglianze che saranno sollevate (cosa che consentirà all'amministrazione, visti i tempi particolarmente stretti del giudizio, di preparare meglio la propria difesa).

A seguito del ricevimento di detta comunicazione, l'amministrazione, nei 15 giorni successivi, potrà decidere se intervenire o meno in autotu-

(29) Cfr. art. 243-*bis*, d.lgs. 12 aprile 2006, n. 163, in *Suppl. ordinario* n. 107 a *Gazz. Uff.*, 2 maggio 2006, n. 100. Il comma 6 del citato articolo è stato così sostituito dall'art. 3, comma 19, lett. *b*), Allegato IV al Codice del processo amministrativo: "*Il diniego totale o parziale di autotutela, espresso o tacito, è impugnabile solo unitamente all'atto cui si riferisce, ovvero, se quest'ultimo è già stato impugnato, con motivi aggiunti.*".

tela, accogliendo le richieste dell'istante. Il preavviso di ricorso, comunque, non costituisce condizione di procedibilità dell'azione giudiziale, ma il suo mancato impiego potrà essere valutato, ai fini del risarcimento, ai sensi dell'art. 1227 c.c., ovvero come concorso colposo del ricorrente nella produzione del danno cagionato dall'amministrazione attraverso l'adozione dell'atto illegittimo censurato. Si pensi, a titolo esemplificativo, al caso in cui l'amministrazione, non preavvertita dell'azione giudiziale, a seguito della notifica del ricorso, in via di autotutela, annulli il proprio atto. In tale evenienza, potrebbe configurarsi una cooperazione colposa del ricorrente che, se avesse notiziato l'amministrazione della volontà di censurare il suo provvedimento, avrebbe ottenuto il medesimo effetto, con tempi e costi ridotti. Ciò che potrebbe portare ad una decurtazione del risarcimento danni che questi abbia in ipotesi chiesto.

Come peraltro opportunamente evidenziato da parte della dottrina, nella logica di una uniformità ed unitarietà dei rimedi precontenziosi, la regola del preavviso di ricorso si sarebbe potuta estendere a tutto il processo amministrativo. Invero, "non si tratta di perseguire un obiettivo squisitamente tecnico... in termini di deflazione del contenzioso e dell'eccesso di giurisdizionalizzazione, bensì di un fatto di civiltà giuridica avuto riguardo a quella nuova eticità del rapporto tra P.A. e cittadino, riaffermata dalle regole del procedimento amministrativo" (30).

Ciò, soprattutto, ove si aderisca ad un recente orientamento del Tar Piemonte, Sez. I, che, con sentenza breve 30 luglio 2009, n. 2125, chiamato a decidere sulla doverosità o meno dell'amministrazione di pronunziarsi sulla richiesta di intervento in via di autotutela, ha statuito che "i principi, che vieppiù stanno prendendo corpo in continua ed evoluta applicazione dei dettami di garanzia, giustizia sostanziale ed uguaglianza scolpiti nella Carta costituzionale, principi di leale collaborazione, di trasparenza, di parità tra P.A. e cittadino nella dialettica procedimentale che va estesa fino alle sue propaggini, del procedimento di autotutela decisoria, consistenti nei procedimenti di secondo grado innescati dalle istanze di annullamento in autotutela ovvero di riesame presentate dai privati destinatari di provvedimenti negativi e lesivi, devono indurre sia a predicare sussistente un obbligo della P.A. di provvedere su dette istanze di riesame, sia ad affermare la reviviscenza di siffatto obbligo qualora i provvedimenti oggetto della domanda di riesame vengano poi aggrediti nella

(30) Cfr. P. QUINTO, *Il preavviso di ricorso nella delega comunitaria e nel processo amministrativo*, in G. PELLEGRINO (a cura di), *Verso il codice del processo amministrativo*, Nel diritto editore, 2010, 176.

sede giurisdizionale con ricorso al T.A.R. competente. Senza trascurare, del resto, anche l'indubbio vantaggioso effetto deflattivo del contenzioso che costituirebbe il precipitato della cogenza del divisato obbligo di provvedere da ritenere incombente sull'Amministrazione nonostante venga proposto ricorso al TAR su provvedimenti fatti oggetto di previa istanza di riesame." (31).

Naturalmente ben può accadere che la risposta dell'amministrazione all'informativa di ricorso pervenga successivamente alla sua proposizione. Detta risposta, allora, potrà essere rilevante, o nel senso della cessazione della materia del contendere, ovvero nel senso della necessità di impugnare il provvedimento di risposta con ricorso per motivi aggiunti (cfr. Art. 120, comma 7, Codice del processo amministrativo e art. 243-*bis*, comma 6, Codice de Lise (32)).

4 LE PRINCIPALI DIFFERENZE TRA I RITI ABBREVIATI DI CUI AGLI ARTT. 119 E 120, CODICE DEL PROCESSO AMMINISTRATIVO IN PUNTO DI TUTELA CAUTELARE. IL C.D. *STAND STILL PERIOD*

Come evidenziato al Paragrafo 3 del presente Capitolo, il rito in materia di procedure di affidamento di pubblici lavori, servizi e forniture, di cui all'art. 120, Codice del processo amministrativo, si impernia su quello disegnato dall'art. 119 del Codice.

In materia cautelare, quindi, le regole procedurali da seguire sono quelle previste dall'art. 119, Codice del processo amministrativo. Tra le misure cautelari utilmente invocabili vi saranno sia quelle *post causam*, collegiali e monocratiche, che quelle *ante causam*. La specialità del rito, infatti, non preclude l'attivazione dei rimedi cautelari esaminati nell'ambito del rito ordinario (33).

Anche nell'ambito del rito di cui all'art. 120, Codice del processo amministrativo, inoltre, sarà possibile che, in sede cautelare, la causa venga

(31) Cfr. Tar Piemonte, Sez. I, 30 luglio 2009, n. 2125, in *www.giustizia-amministrativa.it*.

(32) Cfr. art. 243-*bis*, d.lgs. 12 aprile 2006, n. 163, in *Suppl. ordinario* n. 107 a *Gazz. Uff.*, 2 maggio 2006, n. 100. Il comma 6 del citato articolo è stato così sostituito dall'art. 3, comma 19, lett. *b*), Allegato IV al Codice del processo amministrativo: "*Il diniego totale o parziale di autotutela, espresso o tacito, è impugnabile solo unitamente all'atto cui si riferisce, ovvero, se quest'ultimo è già stato impugnato, con motivi aggiunti.*".

(33) Cfr. in tale senso A. CARULLO-G. IUDICA, *Commentario breve alla legislazione sugli appalti pubblici e privati*, Cedam, 2009, *sub* art. 245 d.lgs. n. 163 del 2006, 1300.

decisa nel merito, ai sensi dell'art. 60 del Codice, con la precisazione che, anche ove ciò non dovesse accadere e l'udienza di merito non fosse, per sorte, "indicata dal collegio..." la stessa dovrebbe essere "immediatamente fissata d'ufficio con assoluta priorità" (cfr. art. 120, comma 6, Codice del processo amministrativo).

Nel rito di cui all'art. 120, Codice del processo amministrativo, vi sono due 'casi' nei quali il Tribunale Amministrativo può adottare delle misure cautelari interinali.

Il primo caso è il medesimo di quello previsto nell'ambito del rito di cui all'art. 119, comma 4, Codice del processo amministrativo.

Il Collegio, infatti, con l'ordinanza con la quale fissa l'udienza di discussione nel merito del ricorso, "in caso di estrema gravità ed urgenza" — quella stessa gravità ed urgenza che autorizza, *ex* art. 56, comma 1, del Codice del processo amministrativo l'adozione di misure interinali presidenziali —, potrà disporre "le opportune misure cautelari" (si rinvia al Capitolo IX Paragrafo 4).

Il secondo caso, invece, è contemplato dall'art. 120, comma 8, Codice del processo amministrativo, secondo cui il Giudice è comunque chiamato a pronunziarsi sulla domanda cautelare, anche ove si rendano necessari adempimenti istruttori, ovvero conceda termini per il deposito di documenti o memorie (così, pare, debba interpretarsi l'espressione "termini a difesa"), ovvero rilevi, o vengano sollevati, incidenti processuali (ad. es. Regolamento di competenza, interruzione del giudizio per morte di una parte ecc.).

In tal caso il Giudice, infatti, deciderà comunque interinalmente cosa che, invece, pare preclusa nell'ambito del rito di cui all'art. 119, Codice del processo amministrativo ove l'adozione del provvedimento cautelare è legata oltreché alla sussistenza di una situazione di "estrema gravità ed urgenza" (cfr. art. 119, comma 4, Codice del processo amministrativo) anche alla fissazione dell'udienza di discussione (si rinvia al Capitolo IX, Paragrafo 6).

Anche nell'ambito del rito di cui all'art. 120, Codice del processo amministrativo, sarà inoltre possibile proporre appello avverso l'ordinanza cautelare di primo grado e chiedere la sospensione dell'efficacia delle sentenza del Tribunale amministrativo Regionale.

L'ultimo comma dell'art. 120 precisa infatti che "le disposizioni dei commi 3, 6, 8 e 10 si applicano anche nel giudizio di appello innanzi al Consiglio di Stato, proposto avverso la sentenza o avverso l'ordinanza cautelare, e nei giudizi di revocazione o opposizione di terzo. La parte può proporre appello avverso il dispositivo, al fine di ottenere la sospensione prima della pubblicazione della sentenza".

Ne consegue, pertanto, che:

— **il modello di riferimento**, anche avanti il Consiglio di Stato, è sempre data dall'art. 119, Codice del processo amministrativo;

— **l'appello non deve essere notificato anche alla stazione appaltante**, nella sua sede reale (art. 120, comma 4), non operando più, evidentemente, lo *stand still period* (si rinvia al prosieguo del presente Paragrafo);

Fermo quanto sopra, va sottolineato come, tuttavia, sussistano una serie di particolarità che verranno sinteticamente esaminate nel presente paragrafo e in quelli che seguono **che, seppur non attinenti direttamente al processo cautelare sono ad esso, in qualche modo, collegate**.

Innanzitutto ai sensi dell'art. 11, comma 10, d.lgs. 20 marzo 2010, n. 53: "**Il contratto non può... essere stipulato prima di trentacinque giorni dall'invio dell'ultima delle comunicazioni del provvedimento di aggiudicazione definitiva**..." (34). Il termine dilatorio viene dunque portato da 30 a 35 giorni. La modifica è dovuta al fatto che il Legislatore ha voluto coordinare detto termine con quello nuovo di 30 giorni previsto per la proposizione del ricorso giurisdizionale che decorre dalla comunicazione, da parte della stazione appaltante, dell'avvenuta aggiudicazione. "Grazie al coordinamento delle nuove norme, il contratto d'appalto verrà tendenzialmente stipulato una volta decorso il termine di decadenza per proporre il ricorso.

In particolare, è stato ritenuto congruo uno scarto di cinque giorni tra il termine dilatorio di stipulazione e il termine di ricorso giurisdizionale, in quanto al trentacinquesimo giorno dalla comunicazione dell'aggiudicazione definitiva, la stazione appaltante può essere ragionevolmente certa dell'assenza di impugnazioni.

La *ratio* della previsione di un termine dilatorio per la stipulazione del contratto più lungo rispetto al termine di proposizione del ricorso giurisdizionale è chiara: consentire un ricorso efficace, nel tempo che intercorre tra l'aggiudicazione di un appalto e la stipulazione del relativo contratto... Fissando, invece, il termine in trenta giorni sarebbe potuto succedere che la stazione appaltante stipulasse il contratto al trentunesimo giorno, non avendo ancora ricevuto la notifica del ricorso, soprag-

(34) Cfr. art. 11, comma 10, d.lgs. 12 aprile 2006, n. 163, in *Suppl. ordinario* n. 107 alla *Gazz. Uff.*, 2 maggio 2006, n. 100.

giunta successivamente, anche se partita entro il trentesimo giorno, con il problema conseguente di un ricorso notificato che sospende automaticamente la stipulazione del contratto" (35).

Va poi precisato che il termine dilatorio indicato non si applica:

"*a)* se, a seguito di pubblicazione di bando o avviso con cui si indice una gara o inoltro degli inviti nel rispetto del presente codice, è stata presentata o è stata ammessa una sola offerta e non sono state tempestivamente proposte impugnazioni del bando o della lettera di invito o queste impugnazioni risultano già respinte con decisione definitiva;

b) nel caso di un appalto basato su un accordo quadro di cui all'articolo 59 e in caso di appalti specifici basati su un sistema dinamico di acquisizione di cui all'articolo 60" (36).

Inoltre, ai sensi dell'art. 120, comma 4, Codice del processo amministrativo, il ricorso, ove l'amministrazione resistente usufruisca del patrocinio dell'Avvocatura di Stato, deve essere notificato anche alla prima, nella sua sede oltre che presso l'Avvocatura e successivamente alla notifica a quest'ultima.

Ciò al fine di garantire l'operatività **di un secondo *stand still period***, ovvero quello di cui all'art. 11, comma 10-*ter*, Codice de Lise (37), che prevede che dal momento della notificazione dell'istanza cautelare alla stazione appaltante questa non possa addivenire alla sottoscrizione del contratto per i successivi 20 giorni, a condizione che in detto periodo intervenga il provvedimento cautelare, ovvero venga pubblicato il dispositivo della sentenza di primo grado, e, comunque, sino alla pronunzia di questi provvedimenti.

Si tratta di una previsione che non trova corrispondenza nell'art. 119, Codice del processo amministrativo e che "dovrebbe impedire 'la corsa' alla firma del contratto, e favorire la possibilità per gli interessati di contestazioni e impugnazioni, al fine di conseguire in sede giurisdizionale la sospensione cautelare dell'aggiudicazione e, conseguentemente, di impedire la firma del contratto." (38).

(35) Cfr. B. CARUSO-G. CAUDULLO-G. SCALAMBRIERI, *Gli appalti pubblici dopo il recepimento della Direttiva ricorsi*, EPC Libri, 2010, 39.

(36) Cfr. art. 11, comma 10-*bis*, d.lgs. 12 aprile 2006, n. 163, in *Suppl. ordinario* n. 107 alla *Gazz. Uff.*, 2 maggio 2006, n. 100.

(37) Cfr. art. 11, comma 10-*ter*, d.lgs. 12 aprile 2006, n. 163, in *Suppl. ordinario* n. 107 alla *Gazz. Uff.*, 2 maggio 2006, n. 100, come modificato dall'art. 3, comma 19, lett. *a)*, Allegato IV al Codice del processo amministrativo: "a) *all'articolo 11, comma 10-*ter*, le parole: "dell'articolo 245, comma 2-*quater*, primo periodo" sono sostituite dalle seguenti: "dell'articolo 14, comma 4, del codice del processo amministrativo"*.

(38) Cfr. R. DE NICTOLIS, *Il nuovo contenzioso in materia di appalti pubblici alla luce del codice dei contratti pubblici*, Giuffrè, 2007, 8.

In caso di impugnativa giudiziale, "al primo periodo di sospensione obbligatoria segue, senza soluzione di continuità, il secondo, con il che la proposizione del ricorso accompagnata dalla richiesta di misura cautelare determina sostanzialmente la sospensione automatica del provvedimento ancorché provvisoria" (39).

L'operatività di questa seconda sospensione alla stipulazione del contratto viene meno:

— **se "il giudice si dichiara incompetente ai sensi dell'art. 14, comma 4, codice del processo amministrativo"** (40). L'eventuale errore commesso dal ricorrente nell'individuazione del Giudice competente costerà dunque caro, anche in presenza di un ricorso che, nella sostanza, risulti fondato.

— **se il giudice "fissa con ordinanza la data di discussione del merito senza concedere misure cautelari"** (41). Come nel rito di cui all'art. 119, Codice del processo amministrativo, infatti, ove il Collegio, in sede di udienza camerale accerti "dei profili di fondatezza del ricorso" e l'esistenza "di un pregiudizio grave ed irreparabile", non adotta una misura cautelare ma fissa, con ordinanza, "la data di discussione del merito alla prima udienza successiva alla scadenza del termine di trenta giorni dalla data di deposito dell'ordinanza" (cfr. art. 119, comma 3, Codice del processo amministrativo). Come rilevato dal Consiglio di Stato nel parere 1 febbraio 2010 reso sullo schema del d.lgs. 20 marzo 2010, n. 52: "Tale pronuncia, infatti, pur fondandosi sulla sussistenza di profili di *fumus*, non comporta la concessione di misure cautelari, o meglio costituisce un accoglimento parziale della domanda cautelare ai soli fini della fissazione del merito, con reiezione (anche implicita) della richiesta di sospensione degli atti impugnati e ciò determina la cessazione dello *stand-still*" (42);

— **se il giudice, con il consenso delle parti, "rinvia al giudizio di merito l'esame dell'istanza cautelare"** (43), dovendosi inten-

(39) Cfr. D. IARIA, *Direttiva ricorsi: termini dilatori per la stipula del contratto*, in *Dir. e Prat. Amm., Il Sole-24 Ore*, 5, 41.

(40) Cfr. art. 11, comma 10-*ter*, d.lgs. 12 aprile 2006, n. 163, in *Suppl. ordinario* n. 107 alla *Gazz. Uff.*, 2 maggio 2006, n. 100, come modificato dall'art. 3, comma 19, lett. *a)*, Allegato IV al Codice del processo amministrativo: "a) *all'articolo 11, comma 10-*ter*, le parole: "dell'articolo 245, comma 2-*quater*, primo periodo" sono sostituite dalle seguenti: "dell'articolo 14, comma 4, del codice del processo amministrativo"*.

(41) Cfr. art. 11, comma 10-*ter*, d.lgs. 12 aprile 2006, n. 163, in *Suppl. ordinario* n. 107 alla *Gazz. Uff.*, 2 maggio 2006, n. 100, come modificato dall'art. 3, comma 19, lett. *a)*, Allegato IV al Codice del processo amministrativo: "a) *all'articolo 11, comma 10-*ter*, le parole: "dell'articolo 245, comma 2-*quater*, primo periodo" sono sostituite dalle seguenti: "dell'articolo 14, comma 4, del codice del processo amministrativo"*.

(42) Cfr. Parere 1 febbraio 2010 reso dal Consiglio di Stato sullo schema del d.lgs. 20 marzo 2010, n. 53.

(43) Cfr. art. 11, comma 10-*ter*, d.lgs. 12 aprile 2006, n. 163, in *Suppl. ordinario* n. 107 alla *Gazz.*

dere il consenso delle parti quale rinunzia all'immediato esame della stessa.

Lo scopo di questo secondo descritto *stand still period* è evidente: si vuole ottenere una decisione cautelare prima che intervenga la stipula del contratto, così da garantire una tutela effettiva delle parti, prima fra tutte il ricorrente.

La sospensione riguarda non solo la stipula del contratto ma anche l'esecuzione anticipata in via d'urgenza, di cui all'art. 11, comma 9, Codice De Lise, "salvo che nelle procedure in cui la normativa vigente non prevede la pubblicazione del bando di gara, ovvero nei casi in cui la mancata esecuzione immediata della prestazione dedotta nella gara determinerebbe un grave danno all'interesse pubblico che è destinata a soddisfare, ivi compresa la perdita di finanziamenti comunitari" (44).

Questa seconda deroga è stata ritenuta eccessivamente generica da parte del Consiglio di Stato che aveva così suggerito la sua soppressione: "La formula, oltre a risultare eccessivamente generica, perché basata sul concetto elastico di danno grave al pubblico interesse, non risulta in linea con la disciplina comunitaria, che indica con chiarezza le tassative ed eccezionali situazioni in cui può derogarsi alla regola del termine dilatorio... Si richiede, quindi, di eliminare l'ultimo parte del periodo aggiunto al comma 9 dell'art. 11 del Codice dei contratti pubblici: 'ovvero nei casi in cui la mancata esecuzione immediata della prestazione dedotta nella gara determinerebbe un grave danno all'interesse pubblico che è destinata a soddisfare' (45).

La violazione dello *standistill period* può portare all'inefficacia del contratto, nei casi e con i presupposti di cui all'art. 121, Codice del processo amministrativo, ovvero all'applicazione delle sanzioni alternative di cui all'art. 123, del Codice medesimo.

5 IL RITO PER LE CONTROVERSIE RELATIVE ALLE INFRASTRUTTURE STRATEGICHE: CAMPO DI APPLICAZIONE E CARATTERISTICHE PRINCIPALI

L'art. 125, Codice del processo amministrativo, contiene una disciplina particolare per le controversie "che riguardano le procedure di pro-

Uff., 2 maggio 2006, n. 100,, come modificato dall'art. 3, comma 19, lett. *a)*, Allegato IV al Codice del processo amministrativo: "a) *all'articolo 11, comma 10-*ter*, le parole: "dell'articolo 245, comma 2-*quater*, primo periodo" sono sostituite dalle seguenti: "dell'articolo 14, comma 4, del codice del processo amministrativo"*.

(44) Cfr. art. 11, comma 9, d.lgs. 12 aprile 2006, n. 163, in *Suppl. ordinario* n. 107 alla *Gazz. Uff.*, 2 maggio 2006, n. 100.

(45) Cfr. Parere 1 febbraio 2010 reso dal Consiglio di Stato sullo schema del d.lgs. 20 marzo 2010, n. 53.

gettazione, approvazione, e realizzazione delle infrastrutture e degli insediamenti produttivi e relative attività di espropriazione, occupazione e asservimento, di cui alla parte II, titolo III, capo IV, del decreto legislativo 12 aprile 2006, n. 163".

Si tratta delle medesime controversie per le quali l'art. 14, d.lgs. 20 agosto 2002, n. 190 rubricato "Attuazione della legge 21 dicembre 2001, n. 443, per la realizzazione delle infrastrutture e degli insediamenti produttivi strategici e di interesse nazionale" (46) aveva esteso il rito di cui all'art. 23-*bis*, l. 6 dicembre 1971, n. 1034 (47).

Il citato art. 14 è stato poi abrogato dall'art. 256, d.lgs. 12 aprile 2006, n. 163 (c.d. Codice del Lise) (48), con decorrenza 1° luglio 2006, ai sensi di quanto disposto dall'art. 257 (49) del medesimo decreto legislativo, ed è stato trasfuso nell'art. 246 (50) del Codice del Lise, da ultimo inciso dal d.lgs. 20 marzo 2010, n. 53 (51). L'art. 246 cit. è stato poi sostituito dall'art. 3, comma 19, lett. *i*), Allegato IV al Codice del processo amministrativo: "Art. 246. 'Norme processuali ulteriori per le controversie relative a infrastrutture e insediamenti produttivi' 1. La tutela giurisdizionale davanti al giudice amministrativo nelle controversie relative a infrastrutture e insediamenti produttivi è disciplinata dal codice del processo amministrativo".

Le infrastrutture e gli insediamenti produttivi cui la norma si riferisce sono quelli facenti parte del programma delle infrastrutture e degli insediami produttivi strategici di preminente interesse nazionale, di cui all'art. 1, l. 21 dicembre 2001, n. 443 (52).

Si ricorda, così, che **sono state considerate infrastrutture strategiche gli impianti per la telefonia mobile**: "Anche in assenza di un'esplicita qualificazione normativa un impianto per radiotelefonia mobile è ascrivibile alla categoria delle infrastrutture strategiche in conseguenza del piano degli interventi di preminente interesse nazionale approvato dal

(46) Cfr. art. 14, d.lgs. 20 agosto 2002, n. 190, in *Gazz. Uff.*, 26 agosto 2002, n. 199.

(47) Cfr. art. 23-*bis*, l. 6 dicembre 1971, n. 1034, in *Gazz. Uff.*, 13 dicembre 1971, n. 314. La norma è stata abrogata dall'art. 4, comma 1, n. 10, Allegato IV al Codice del processo amministrativo.

(48) Cfr. art. 256, d.lgs. 12 aprile 2006, n. 163, in *Suppl. ordinario* n. 107 alla *Gazz. Uff.*, 2 maggio 2006, n. 100.

(49) Cfr. art. 257, d.lgs. 12 aprile 2006, n. 163, in *Suppl. ordinario* n. 107 alla *Gazz. Uff.*, 2 maggio 2006, n. 100.

(50) Cfr. art. 246, d.lgs. 12 aprile 2006, n. 163, in *Suppl. ordinario* n. 107 alla *Gazz. Uff.*, 2 maggio 2006, n. 100. L'art. 246 cit. è stato sostituito dall'art. 3, comma 19, lett. *i*), Allegato IV al Codice del processo amministrativo: "Art. 246. 'Norme processuali ulteriori per le controversie relative a infrastrutture e insediamenti produttivi' *1. La tutela giurisdizionale davanti al giudice amministrativo nelle controversie relative a infrastrutture e insediamenti produttivi è disciplinata dal codice del processo amministrativo.*".

(51) Cfr. d.lgs. 20 marzo 2010, n. 53, in *Gazz. Uff.*, 12 aprile 2010, n. 84.

(52) Cfr. art. 1, l. 21 dicembre 2001, n. 443, in Suppl. ord. n. 279 alla *Gazz. Uff.*, 27 dicembre 2001, n. 299.

Cipe con deliberazione 21 dicembre 2001 n. 121, ai sensi dell'art. 1 comma 1 l. n. 443 del 2001, dovendosi considerare che ciascun impianto di telecomunicazioni costituisce parte integrante di una complessa e unitaria rete nazionale. Di conseguenza, nelle controversie relative a detti impianti trova applicazione l'art. 14 d.lg. n. 190 del 2002" (53) — ora art. 125 Codice del processo amministrativo; ed, in genere, "Le opere comprese nel 'programma delle infrastrutture pubbliche e private e degli insediamenti produttivi' che assumono carattere strategico e di preminente interesse nazionale, approvato dal Cipe con la delibera 21 dicembre 2001, ai sensi dell'art. 1 comma 1 l. n. 443 del 2001" (54).

Il riferimento alla **procedure di "asservimento"**, poi, deve essere inteso nel senso che il rito risulta applicabile anche ai procedimenti con i quali viene imposta, ad esempio, una servitù che sia strumentale e finalizzata alla realizzazione delle infrastrutture strategiche. In genere, si tratta di tutte le procedure "inerenti le c.d. attività di conformazione della P.A., ossia quelle riguardanti la destinazione e l'apposizione del vincoli conseguenti, anche preordinati all'esproprio, da parte degli strumenti urbanistici, al fine della realizzazione delle infrastrutture e degli insediamenti di cui trattasi; e naturalmente gli atti ed i provvedimenti finali, come, ancora più a monte, quelli generali o iniziali, che decidono la realizzazione e dispongono la localizzazione della singola infrastruttura o dello specifico insediamento." (55).

Il riferimento alla "realizzazione" oltreché alla "approvazione" e "progettazione" **continua, come in passato, a generare taluni dubbi**. Si potrebbe infatti pensare che anche la fase di esecuzione del contratto rientri nell'ambito della giurisdizione del giudice amministrativo. E preferibile, tuttavia, ritenere che la norma vada intesa quale norma sul rito e non sulla giurisdizione con la conseguenza, pertanto, "che la fase di esecuzione del contratto rimane, di regola, nella giurisdizione del giudice ordinario, e solo ove vi siano atti autoritativi, è conosciuta dal giudice amministrativo" (56).

Per le controversie descritte l'art. 125, Codice del processo amministrativo, prevede l'applicabilità della disciplina di cui agli artt. 120 e ss. (57),

(53) Cfr. Tar Torino, Sez. I, 23 novembre 2005, n. 3762, in *Foro Amm., TAR*, 2005, 11, 3376. In senso conforme Tar Torino, Sez. I, 4 giugno 2003, n. 849, in *Foro Amm., TAR*, 2003, 1854.

(54) Cfr. Cons. Stato, Sez. IV, 23 febbraio 2005, n. 657, in *Foro Amm., CDS*, 2005, 2, 389.

(55) Cfr. A. CARULLO-G. IUDICA, *Commentario breve alla legislazione sugli appalti pubblici e privati*, Cedam, 2009, *sub* art. 146, d.lgs. n. 163 del 2006, 1311-1312.

(56) Cfr. R. DE NICTOLIS, *Il nuovo contenzioso in materia di appalti pubblici alla luce del codice dei contratti pubblici*, Giuffrè, 2007, 494.

(57) In realtà, probabilmente per un refuso, l'art. 125 richiama la disciplina "*del presente capo*" anziché "*del presente titolo*".

del Codice (con esclusione dell'art. 122), prevedendo, tuttavia, alcune disposizioni specifiche che interessano soprattutto la materia cautelare come si vedrà nel Paragrafo che segue.

In questa sede ci si limita a notare che:

— scompare, nell'ambito dell'art. 125, Codice del processo amministrativo, la previsione di cui all'art. 246, comma 2, Codice de Lise (58), per cui "Non occorre domanda di fissazione dell'udienza di merito, che ha luogo entro quarantacinquegiorni dalla data di deposito del ricorso". In base a tale norma, la tempestiva fissazione dell'udienza di discussione del ricorso prescindeva dalla proposizione della domanda cautelare e da ogni valutazione sul *fumus boni iuris* e sul *periculum in mora*. D'ora in poi, invece, l'istanza di fissazione dell'udienza di merito sarà necessaria, a pena di improcedibilità della domanda cautelare, *ex* art. 55, comma 4, Codice del processo amministrativo (si rinvia al Capitolo III, Paragrafo 6);

— mentre in base al testo dell'art. 246, comma 4, Codice de Lise, "La sospensione o l'annullamento dell'affidamento non" comportava "la caducazione del contratto già stipulato, e il risarcimento del danno eventualmente dovuto" avveniva "solo per equivalente" (59) ora, invece, l'affermazione conserva la propria efficacia ferme però restando le disposizioni di cui agli artt. 121 e 123. Ciò significa che il contratto già stipulato, ove venga annullata l'aggiudicazione, potrà perdere efficacia *ex nunc* o *ex tunc* nei casi contemplati dall'art. 121, Codice del processo amministrativo. Il Giudice, inoltre, anche nell'ambito delle controversie relative alle infrastrttutre strategiche potrà disporre l'applicazione delle sanzioni contenute nell'art. 123 del Codice.

— quanto esposto al punto che precede vale anche per le controversie relative alla procedure di affidamento di cui all'art. 140, Codice de Lise (60), ovvero quelle che seguono al fallimento dell'appaltatore, ovvero

(58) Cfr. art. 246, comma 2, d.lgs. 12 aprile 2006, n. 163, in *Suppl. ordinario* n. 107 alla *Gazz. Uff.*, 2 maggio 2006, n. 100. L'art. 246 cit. è stato sostituito dall'art. 3, comma 19, lett. *i)*, Allegato IV al Codice del processo amministrativo: "Art. 246. 'Norme processuali ulteriori per le controversie relative a infrastrutture e insediamenti produttivi' *1. La tutela giurisdizionale davanti al giudice amministrativo nelle controversie relative a infrastrutture e insediamenti produttivi è disciplinata dal codice del processo amministrativo.*".

(59) Cfr. art. 246, comma 4, d.lgs. 12 aprile 2006, n. 163, in *Suppl. ordinario* n. 107 alla *Gazz. Uff.*, 2 maggio 2006, n. 100. L'art. 246 cit. è stato sostituito dall'art. 3, comma 19, lett. *i)*, Allegato IV al Codice del processo amministrativo: "Art. 246. 'Norme processuali ulteriori per le controversie relative a infrastrutture e insediamenti produttivi' *1. La tutela giurisdizionale davanti al giudice amministrativo nelle controversie relative a infrastrutture e insediamenti produttivi è disciplinata dal codice del processo amministrativo.*".

(60) Cfr. art. 140 d.lgs. 12 aprile 2006, n. 163, in *Suppl. ordinario* n. 107 alla *Gazz. Uff.*, 2 maggio 2006, n. 100.

alla risoluzione del contratto per grave inadempimento del medesimo. L'art. 140 cit. è però relativo alle procedure di affidamento di lavori, con la conseguenza che la disciplina indicata non potrà trovare applicazione per gli affidamenti concernenti i servizi e le forniture "contrariamente a quanto previsto dalla Dir. 2004/18/CE, emanata per coordinare e unificare le procedure di affidamento di lavori, servizi e forniture" (61).

6 LA TUTELA CAUTELARE NELL'AMBITO DELLE CONTROVERSIE RELATIVE ALLE INFRASTRUTTURE STRATEGICHE

L'art. 125, comma 2, Codice del processo amministrativo recita: "In sede di pronuncia del provvedimento cautelare, si tiene conto delle probabili conseguenze del provvedimento stesso per tutti gli interessi che possono essere lesi, nonché del preliminare interesse nazionale alla sollecita realizzazione dell'opera, e, ai fini dell'accoglimento della domanda cautelare, si valuta anche la irreparabilità del pregiudizio per il ricorrente, il cui interesse va comunque comparato con quello del soggetto aggiudicatore alla celere prosecuzione delle procedure".

La disposizione riprende esattamente il contenuto dell'art. 246, comma 3 (62), Codice del Lise.

"Viene dunque già *ex lege* stabilito qual'è l'interesse in gioco prevalente, sicché residua, in concreto, ben poco spazio per la concessione della misura cautelare: ove il giudice intenda accordarla, dovrà spiegare perché ritiene di sacrificare un interesse che per legge è qualificato come 'preminente'" (63).

In altre parole **la norma contiene una preventiva graduazione degli interessi in gioco**, ponendo al primo posto quello alla sollecita realizzazione dell'opera pubblica, individuata come opera strategica. Si tratta, ovviamente, di una prevalenza dell'interesse pubblico solo relativa e non assoluta, altrimenti la misura cautelare non sarebbe mai assentibile, con evidente violazione dell'art. 24, Cost.: "... deve rifiutarsi ogni interpretazione

(61) Cfr. A. CARULLO-G. IUDICA, *Commentario breve alla legislazione sugli appalti pubblici e privati*, Cedam, 2009, *sub* art. 146, d.lgs. n. 163 del 2006, 1315.

(62) Cfr. art. 246, comma 3 d.lgs. 12 aprile 2006, n. 163, in *Suppl. ordinario* n. 107 alla *Gazz. Uff.*, 2 maggio 2006, n. 100. L'art. 246 cit. è stato sostituito dall'art. 3, comma 19, lett. *i*), Allegato IV al Codice del processo amministrativo: "Art. 246. 'Norme processuali ulteriori per le controversie relative a infrastrutture e insediamenti produttivi' *1. La tutela giurisdizionale davanti al giudice amministrativo nelle controversie relative a infrastrutture e insediamenti produttivi è disciplinata dal codice del processo amministrativo.*".

(63) Cfr. R. DE NICTOLIS, *Il nuovo contenzioso in materia di appalti pubblici alla luce del codice dei contratti pubblici*, Giuffrè, 2007, 495.

che possa portare il bilanciamento/contemperamento degli interessi in gioco a risolversi sempre ed indefettibilmente a favore dell'interesse pubblico (in quanto 'preminente') e preluderebbe alla negazione, nella totalità dei casi, della misura cautelare, con radicale vanificazione della funzione dell'istituto; contrasterebbe con la lettera della norma, che invero contempla la possibilità che la misura sia accolta e che quindi il 'preminente' interesse pubblico possa passare in secondo piano; determinerebbe una palese posizione di privilegio dell'amministrazione in giudizio, dando così vita ad un sensibile *vulnus* delle disposizioni costituzionali tanto in tema di effettività della tutela (artt. 24, 103, e 113, Cost.), quanto in tema di parità delle parti nel processo (art. 111, comma 2, Cost.), quanto ancora in tema di indipendenza del magistrato, *sub specie*, di garanzia del suo libero convincimento (artt. 101 e 108 Cost). La fondamentale direttrice della interpretazione *secundum Constitutionem* esclude, dunque, la percorribilità di una soluzione di tale genere." (64).

La motivazione che il Giudice è chiamato a fornire è inoltre vincolata nel contenuto, in quanto si dovranno enucleare le ragioni per cui il ricorrente rischia di patire un pregiudizio irreparabile e si dovrà quindi comparare l'interesse di questi con quello dell'amministrazione, evidenziando i motivi per i quali si ritiene di accordare prevalenza al primo rispetto al secondo.

Le suesposte considerazioni "varranno anche in sede di tutela monocratica *ante causam*, per quanto l'estrema provvisorietà della misura ivi concedibile faccia apparire davvero improbabile che l'accoglimento dell'istanza possa comportare un rallentamento significativo della realizzazione dell'infrastruttura." (65).

Per il resto la disciplina cautelare è quella propria del rito di cui all'art. 120, Codice del processo amministrativo che ricala, con le particolarità viste, il rito di cui all'art. 119 del Codice.

7 IL REGIME DEL CONTRIBUTO UNIFICATO

L'art. 15, d.lgs. 20 marzo 2010, n. 53 (66), come accennato al Paragrafo 1 del presente capitolo, ha modificato l'art. 13, comma 6-*bis* del

(64) Cfr. S. TARULLO, *La nuova tutela cautelare ante causam introdotta dall'art. 245, codice delgi appalti*, in *www.giustamm.it*.

(65) Cfr. S. TARULLO, *La nuova tutela cautelare ante causam introdotta dall'art. 245, codice delgi appalti*, in *www.giustamm.it*.

(66) Cfr. d.lgs. 20 marzo 2010, n. 53, in *Gazz. Uff.*, 12 aprile 2010, n. 84.

d.p.r. 30 maggio 2001, n. 115 "Testo Unico delle disposizioni legislative e regolamentari in materia di spese di giustizia" (67), sostituendo le parole "per i predetti ricorsi in materia di affidamento di lavori, servizi e forniture" con le parole "per i ricorsi in materia di procedure di affidamento di lavori, servizi e forniture, ivi compresi quelli per motivi aggiunti e quelli incidentali contenenti domande nuove...".

La suddetta modifica importa il pagamento, a titolo di contributo unificato, della rilevante somma di € 2.000,00, nella materia degli appalti pubblici, **non solo con la proposizione del ricorso principale ma anche per motivi aggiunti e per i ricorsi incidentali che contengano domande nuove**, con una conseguente moltiplicazione del suo pagamento.

La disposizione è criticabile sotto almeno due punti di vista.

In primo luogo in quanto è stata adottata in assenza di apposita delega legislativa. L'art. 44, l. 7 luglio 2009, n. 88 (68), infatti, non attribuiva al Legislatore delegato il potere di intervenire sulla materia disciplinata dal T.U. n. 115 del 2002. La norma, allora, potrebbe essere dichiarata costituzionalmente illegittima per eccesso di delega.

In secondo luogo in quanto, attraverso l'indicato meccanismo della moltiplicazione del pagamento del contributo unificato, viene di fatto scoraggiato, o meglio impedito, l'accesso alla tutela giurisdizionale da parte delle fasce della popolazione che è titolare di redditi bassi o medi. Il ricorso in materia di appalti pubblici rischia infatti di trasformarsi in un 'ricorso di lusso' o 'd'elite'.

Da parte di qualcuno (69) è già stata proposta un'interpretazione restrittiva della norma, che si basa sulla valorizzazione del riferimento alle "domande nuove". Il contributo iniziale già versato, infatti, secondo tale tesi, potrebbe essere richiesto nuovamente solo ove il ricorso per motivi aggiunti o incidentale venga ad introdurre una domanda nuova che comporti un aumento del valore della causa.

In sintesi

- Le norme processuali che, momentaneamente sono state inserite dal d.lgs. 20 marzo 2010, n. 53 all'interno del Codice de Lise, (efficaci dal 27 aprile 2010, data di entrata in vigore del d.lgs. n. 53 del 2010 cit., sino al 16 settembre 2010, data di entrata in vigore del Codice del processo amministrativo) sono state trasposte (art. 120 e ss.) all'interno di quest'ultimo, sia pur solo in parte.

(67) Cfr. art. 13, comma 6-*bis* del d.p.r. 30 maggio 2001, n. 115, in *Gazz. Uff.*, 15 giugno 2002, n. 139.

(68) Cfr. art. 44, l. 7 luglio 2009, n. 88, in *Supp. Ordinario* n. 110 alla *Gazz. Uff.*, 14 luglio 2009, n. 161.

(69) Cfr. B. CARUSO-G. CAUDULLO-G. SCALAMBIERI, *Gli appalti pubblici dopo il recepimento della direttiva ricorsi*, in EPC Libri, 2010, 127.

In sintesi

- Le specifiche disposizioni contenute negli artt. 120 e ss., Codice del processo amministrativo, si applicano alle controversie in materia di procedure di affidamento di pubblici lavori, servizi e forniture.
- Il rito di cui all'art. 120 si modella su quello di cui all'art. 119 del Codice.
- Per le controversie in materia di infrastrutture strategiche è previsto un ulteriore rito speciale disciplinato dall'art. 125 del Codice. La particolarità risiede soprattutto nella comparazione degli interessi in gioco che, in sede cautelare, il Giudice è tenuto a svolgere.
- Per tali tipologie di controversie viene inasprito il regime del contributo unificato.

CAPITOLO 11

L'ESECUZIONE DELLE MISURE CAUTELARI

I provvedimenti cautelari, siano essi monocratici o collegiali, pur non avendo la forza del giudicato, esplicano un effetto conformativo nei confronti dell'amministrazione, per cui quest'ultima è tenuta ad adeguarvisi. Quando ciò non accade, la parte interessata ha la possibilità di rivolgersi al Giudice per chiedere l'ottemperanza di quelle misure cautelari che siano rimaste in tutto o in parte ineseguite.

Sommario:

1 INTRODUZIONE

Il provvedimento cautelare, atteso il carattere temporaneo che lo caratterizza, non è idoneo ad acquistare la forza del giudicato. La misura cautelare, tuttavia, fino a quando non viene superata dalla sentenza che definisce il giudizio (eventualmente di contenuto difforme) esplica comunque un effetto conformativo nei confronti del potere della pubblica amministrazione. **Più precisamente l'amministrazione, che non viene privata del potere di provvedere in ordine a ciò che ha costituito materia del contendere, è tenuta a conformarsi al *dictum* contenuto nel provvedimento**, non potendo adottare un provvedimento elusivo allo stesso.

Ciò vale per tutte le misure cautelari, ivi comprese quelle di tipo propulsivo (c.d. *remand*) o sostitutivo (si rinvia al Capitolo III, Paragrafo 2).

Le prime, come si ricorderà, consistono nell'ordine dato all'amministrazione di ri-esercitare il potere, emendato, però, dai vizi riscontrati nel giudizio. Con il *remand*, dunque, viene ad instaurarsi un dialogo, tra giudizio e procedimento, tra giurisdizione e amministrazione, di modo che quest'ultima possa esercitare il proprio potere secondo la direzione voluta dalla prima. Ne consegue, pertanto, "che è illegittimo il provvedimento, adottato in seguito ad un impulso cautelare, che ignori completamente il tenore precettivo della misura di carattere propulsivo, fonte e limite della rinnovazione procedimentale." (1).

Le seconde, invece, si caratterizzano per sovrapporsi alla determinazione amministrativa, in quanto attribuiscono al ricorrente, sia pur in via interinale, l'utilità sostanziale negata dall'amministrazione. Anche a tali misure, pertanto, si deve riconoscere efficacia vincolante per l'amministrazione.

La possibilità di avvalersi dello strumento dell'ottemperanza anche per le misure cautelari non è una novità introdotta dal Codice del processo amministrativo ma risale all'art. 3, l. 21 luglio 2000, n. 205 (2) che, nel novellare il testo dell'art. 21, l. 6 dicembre 1971, n. 1034 (3), ha codificato gli orientamenti giurisprudenziali e dottrinali che si erano formati e che, in omaggio al principio della piena effettività della tutela giurisdizionale, avevano già riconosciuto l'utile impiegabilità del rimedio dell'ottemperanza, ove l'amministrazione non si fosse conformata al provvedimento cautelare. In tal senso si era espressa l'Adunanza Plenaria del Consiglio di Stato: "Nel caso che l'ordinanza cautelare di sospensione dell'atto impugnato non sia per sé stessa sufficiente a garantire l'effettività della tutela dell'interesse fatto valere dal ricorrente, ovvero l'Amministrazione ne rifiuti o eluda l'esecuzione, l'interessato ben può adire nuovamente il giudice, chiedendo l'emanazione dei provvedimenti ritenuti idonei (e consentiti dal sistema) per assicurare l'esecuzione della sospensione, con le forme stabilite per l'ordinario giudizio di sospensione del quale la domanda stessa rappresenta nulla più che una fase integrativa" (4).

Nel conformarsi all'ordinanza cautelare, si ricorda che **l'amministrazione**, secondo parte della giurisprudenza (5), **non deve dare applicazione alle norme sul procedimento amministrativo di cui alla l. 7**

(1) Cfr. Cons. Stato., Sez. V, 19 febbraio 2007., n. 833, in *Foro Amm., CDS*, 2007, 2, 542.

(2) Cfr. art. 3, l. 21 luglio 2000, n. 205, in *Gazz. Uff.*, 26 luglio 2000, n. 173.

(3) Cfr. art. 21, l. 6 dicembre 1971, n. 1034, in *Gazz. Uff.*, 13 dicembre 1971, n. 314. L'articolo è stato abrogato dall'art. 4, comma 1, n. 10, Allegato IV, al Codice del processo amministrativo.

(4) Cfr. Cons. Stato, Ad. Pl. 11 giugno 1982, n. 12, in *Banca dati De Jure*, Giuffrè.

(5) Cfr. in tal senso Tar Lombardia, Sez. IV, 6 giugno 2008, n. 1937, in *Foro Amm., TAR*, 2008, 6, 1612: *"Qualora un'ordinanza cautelare del giudice amministrativo imponga il riesame di un atto impugnato in sede giurisdizionale all'Amministrazione e quest'ultima ritenga di confermare l'atto gravato, non appare necessario che l'Amministrazione stessa provveda alla comunicazione al ricorrente del preavviso di rigetto ex art. 10-*bis*, l. n. 241 del 1990"*. Conf. Tar Molise, 14 maggio 2001, n. 121, in *Banca dati De Jure*, Giuffrè: *"Nell'ipotesi di atto adottato in esecuzione di ordinanza cautelare del giudice amministrativo — esecuzione ritenuta, a ragione, doverosa dall'amministrazione — la mancanza di partecipazione procedimentale, ai sensi dell'art. 7 l. 7 agosto 1990 n. 241, non vizia l'atto finale."*.

agosto 1990, n. 241 (6), a meno ritenga di adottare "un provvedimento che si discosti dall'ordinanza" in quanto, nella fattispecie, si tratterebbe "di nuovo esercizio del potere autoritativo" (7).

L'ottemperanza all'ordinanza cautelare non determina l'improcedibilità o la cessazione della materia del contendere — a seconda che l'atto consequenziale adottato dall'amministrazione sia sfavorevole o favorevole al ricorrente — "atteso che l'adozione non spontanea dell'atto consequenziale, con cui l'amministrazione dà esecuzione all'ordinanza di sospensione degli effetti di un provvedimento, non comporta la revoca del precedente provvedimento sospeso ed ha una rilevanza provvisoria, in attesa che la sentenza di merito accerti se il provvedimento sospeso sia o meno legittimo" (8).

Ciò può accadere solo nel caso in cui "il contenuto della motivata ordinanza cautelare sia tanto condiviso dall'amministrazione da indurre questa a ritirare il precedente provvedimento già sospeso, sostituendolo con un nuovo atto, senza attendere il giudicato sul suo prevedibile annullamento" (9). In tale ipotesi, infatti, l'amministrazione va oltre ad un mero adempimento dell'ordinanza perché mostra di condividerne il contenuto e di volersi adeguare definitivamente (e non solo provvisoriamente) ad esso.

Sebbene sarebbe buona norma che l'amministrazione eseguisse tempestivamente, e secondo il canone di correttezza e buona fede, le statuizioni contenute nei provvedimenti cautelari, ciò, non sempre accade. **Ecco dunque che assume notevole importanza lo strumento dell'ottemperanza, disciplinato dall'art. 59, Codice del processo amministrativo**, che è espressione del principio di effettività della tutela giurisdizionale, ora richiamato espressamente nell'art. 1, del medesimo Codice. Il fondamento e la *ratio* dell'ottemperanza cautelare non sta, dunque, nell'esigenza di adeguare l'Ordinamento alla certezza legale, che può discendere solo dal giudicato, ma, bensì, nell'esigenza "di assicurare la serietà della funzione giurisdizionale" (10).

(6) Cfr. l. 7 agosto 1990, n. 241, in *Gazz. Uff.*, 18 agosto 1990, n. 192.

(7) Cfr. A. LIBERATI, *Il processo innanzi ai Tribunali Amministrativi Regionali*, Cedam, 2006, II, 1483.

(8) Cfr. Tar Sicilia, Sez. I, 20 gennaio 2010, n. 583, in *Banca dati De Jure*, Giuffrè. In senso conforme *ex multis* cfr. Tar Lombardia, Sez. I, 5 novembre 2009, n. 5917, in *Banca dati De jure*, Giuffrè; Tar Sicilia, Sez. III, 28 ottobre 2009, n. 1802, in *Banca dati De jure*, Giuffrè; Cons. Stato, Sez. VI, 23 giugno 2008, n. 3132, in *Foro Amm., CDS*, 2008, 6, 1828.

(9) Cfr. Tar Sicilia, Sez. I, 20 gennaio 2010, n. 583, in *Banca dati De Jure*, Giuffrè.

(10) Cfr. M.V. LUMETTI, *L'esecuzione delle misure cautelari del Giudice amministrativo*, in *www.arsg.it*.

Del resto, la stessa Corte Costituzionale, con una pronuncia del 1995, ha statuito che "*la previsione di una fase di esecuzione coattiva delle decisioni di giustizia, in quanto connotato intrinseco ed essenziale della stessa funzione giurisdizionale, deve ritenersi costituzionalmente necessaria*" (11).

2 LE FASI ATTRAVERSO CUI SI SNODA IL PROCESSO ESECUTIVO. IL RINVIO AL TITOLO I, LIBRO IV, DEL CODICE DEL PROCESSO AMMINISTRATIVO

Secondo l'art. 59, Codice del processo amministrativo, che riprende il contenuto dell'art. 21, comma 14, l. 6 dicembre 1971, n. 1034 ("Nel caso in cui l'amministrazione non abbia prestato ottemperanza alle misure cautelari concesse, o vi abbia adempiuto solo parzialmente, la parte interessata può, con istanza motivata e notificata alle altre parti, chiedere al tribunale amministrativo regionale le opportune disposizioni attuative. Il tribunale amministrativo regionale esercita i poteri inerenti al giudizio di ottemperanza al giudicato, di cui all'articolo 27, primo comma, numero 4), del testo unico delle leggi sul Consiglio di Stato, approvato con regio decreto 26 giugno 1924, n. 1054, e successive modificazioni, e dispone l'esecuzione dell'ordinanza cautelare indicandone le modalità e, ove occorra, il soggetto che deve provvedere") (12), quando i provvedimenti cautelari non vengono "eseguiti, in tutto o in parte, l'interessato, con istanza motivata e notificata alle altre parti può chiedere al tribunale amministrativo regionale le opportune misure attuative."

Innanzitutto, il giudizio di ottemperanza risulta ammissibile tanto per le misure cautelari collegiali, quanto per quelle monocratiche, atteso che sia il citato art. 59, Codice del processo amministrativo ("Qualora i provvedimenti cautelari non siano eseguiti in tutto o in parte") sia l'art. 112, comma 2, lett. *b*) del Codice del processo amministrativo ("L'azione di ottemperanza può essere promossa per conseguire l'attuazione: ... *b*) ... e degli altri provvedimenti esecutivi del giudice amministrativo"), non fanno alcun distinguo in merito (13) ma parlano, in

(11) Cfr. Corte Cost., Corte Cost. 15 settembre 1995, n. 435, in *Cons. St.*, 1995, II, 1947.

(12) Cfr. art. 21, comma 14, l. 6 dicembre 1971, n. 1034, in *Gazz. Uff.*, 13 dicembre 1971, n. 314. L'articolo è stato abrogato dall'art. 4, comma 1, n. 10, Allegato IV, al Codice del processo amministrativo.

(13) Sotto la vigenza della l. 6 dicembre 1971, n. 1034, in *Gazz. Uff.*, 13 dicembre 1971, era invece controverso se il decreto presidenziale potesse essere suscettivo di esecuzione. In senso favorevole cfr. G. DE MARZO-G. MISSERINI, *La tutela cautelare e sommaria dinanzi ai giudici amministrativi*, Cedam, 2004, 172. Gli Autori evidenziano come "*ove non si*

modo onnicomprensivo, di provvedimenti cautelari. V'è comunque da dire che l'esecuzione delle misure cautelari monocratiche si presenta come ipotesi di difficile verificazione visto che le stesse sono destinate a produrre effetto per un lasso di tempo molto breve (cfr. Capitolo IV, Paragrafo 5 e Capitolo VIII, Paragrafo 7). Ciò non esclude, tuttavia, che il caso possa verificarsi, come dimostra un precedente del Tar Sicilia (14), secondo cui il Presidente del Tribunale amministrativo deve provvedere all'esecuzione del decreto monocratico, nelle stesse forme con le quali lo ha emanato.

V'è poi da osservare come venga messa sullo stesso piano l'ipotesi della inesecuzione totale e di quella parziale, non essendoci diversità di procedura da seguire. Analogamente, nei casi di provvedimenti violativi o elusivi del provvedimento cautelare "similmente a quanto accade nei casi di violazione o di elusione del giudicato, si registra una carenza di potere amministrativo, ossia di nullità dell'atto deducibile con l'azione di esecuzione e non necessitante di impugnazione autonoma nel termine di decadenza. (15)".

Il rimedio può essere attivato dall' "interessato": ne deriva che qualunque parte che sia titolare di uno specifico interesse all'esecuzione della misura cautelare potrà chiedere l'intervento del Giudice, nel caso di inerzia dell'amministrazione. Tra queste rientrerà, ad esempio, l'interventore *ad opponendum* (16).

Quanto al Giudice competente a decidere dell'esecuzione della misura cautelare, si può ricordare come, sotto la vigenza dell'art. 21, comma 14, l. 6 dicembre 1971, n. 1034 (17), la questione si presentasse dubbia: il problema, peraltro, permarrebbe tutt'ora se ci si dovesse basare esclusivamente sull'art. 59, Codice del processo amministrativo.

La citata disposizione, infatti, così come il ricordato art. 21, 14 comma cit., prevede che l'istanza per l'ottemperanza vada indirizzata al

ammettesse la possibilità di ottenere una esecuzione coattiva del decreto cautelare presidenziale si finirebbe per assegnare alla decisione monocratica una valenza meramente accertativa ma non già concretamente satisfattiva delle ragioni del ricorrente".

(14) Cfr. Tar Sicilia, Sez. II, dec. Pres. 17 gennaio 2004, n. 94.

(15) Cfr. M. SANINO, *Il giudizio di ottemperanza*, in G. PELLEGRINO (a cura di), *Verso il codice del processo amministrativo, Nel diritto editore*, 2010, 189.

(16) Cfr. Cons. Stato, Sez. VI, 4 settembre 1991, n. 528, in *Banca dati De Jure*, Giuffrè: "*Il ricorso per l'esecuzione dell'ordinanza di sospensiva è ammissibile, ancorché proposto da alcuni soltanto dei soggetti (nella specie degli interventori* 'ad opponendum'*) costituiti nel giudizio di merito, quali soggetti cointeressati, in base a titolo individuale legittimante la partecipazione al giudizio*".

(17) Cfr. art. 21, comma 14, l. 6 dicembre 1971, n. 1034, in *Gazz. Uff.*, 13 dicembre 1971, n. 314. L'articolo è stato abrogato dall'art. 4, comma 1, n. 10, Allegato IV, al Codice del processo amministrativo.

Tribunale Amministrativo regionale, non facendo menzione alcuna del Consiglio di Stato.

Letteralmente, dunque, parrebbe che la competenza del Tribunale regionale debba sussistere anche nell'ipotesi in cui la misura cautelare, rimasta ineseguita, sia stata concessa dal Consiglio di Stato, in sede di riforma del provvedimento cautelare di rigetto di primo grado.

La conclusione, nel vigore dell'art. 21, comma 14, cit., era stata rigettata (18), sulla base di differenti argomentazioni.

Attualmente, soccorre invece la lettura congiunta:

— dell'art. 113, Codice del processo amministrativo, rubricato "Giudice dell'ottemperanza" che recita: "Il ricorso si propone, nel caso di cui all'art. 112, comma 2 lettere *a*) e *b*), al giudice che ha emesso il provvedimento della cui ottemperanza si tratta; la competenza è del tribunale amministrativo regionale anche per i suoi provvedimenti confermati in sede di appello con motivazione che abbia lo stesso contenuto dispositivo e conformativo dei provvedimenti di primo grado";

— dell'art. 112, comma 2, lett. *b*), Codice del processo amministrativo, che dispone: "L'azione di ottemperanza può essere proposta per conseguire l'attuazione:. ... *b*) delle sentenze esecutive e degli altri provvedimenti esecutivi del giudice amministrativo".

Ne deriva, pertanto, che l'istanza di cui all'art. 59, Codice del processo amministrativo, andrà proposta avanti il Tribunale amministrativo regionale, ove la cautela sia stata concessa da quest'ultimo, essendo peraltro irrilevante che la misura cautelare sia stata, in ipotesi, riconfermata, in grado d'appello, dal Consiglio di Stato. Andrà invece proposta innanzi al Consiglio di Stato se sia stato quest'ultimo organo, in sede di gravame del provvedimento di rigetto di primo grado, a concederla ovvero se quest'ultimo nel confermarla, ne abbia mutato il contenuto dispositivo e conformativo.

Una volta individuato il Giudice competente la parte interessata, dovendo proporre, *ex* art. 59, Codice del processo amministrativo, **"istanza motivata"**, ovvero dovrà esplicitare le ragioni per cui l'ordinanza cautelare non può considerarsi eseguita, in tutto o in parte, dall'amministrazione resistente. Il contenuto della richiesta potrà, invece, essere indeterminato. La parte, infatti, "chiederà al giudice che vengano adottati (anche attra-

(18) Cfr. G. DE MARZO-G. MISSERINI, *La tutela cautelare e sommaria dinanzi ai giudici amministrativi*, Cedam, 2004, 121.

verso il Commissario *ad acta*) tutti gli atti o comportamenti che garantiscono che la statuizione contenuta nell'ordinanza cautelare abbia effettiva realizzazione" (19).

L'istanza, una volta predisposta, andrà notificata, "*alle altre parti*". Poiché l'art. 59, Codice del processo amministrativo, come del resto l'art. 21, comma 14, l. 6 dicembre 1971, n. 1034 (20), parla genericamente di parti, senza operare alcun distinguo tra parti necessarie o meno, si deve ritenere che la notifica vada effettuata a tutti coloro ai quali il ricorso introduttivo è stato notificato, nonché a tutti coloro che si siano eventualmente costituiti in giudizio. In tale senso si era espresso, il Consiglio di Stato: "Ai sensi dell'art. 24, comma 2, cost., anche nel giudizio di ottemperanza delle misure cautelari concesse è necessario che venga comunque assicurato il contraddittorio tra le parti, necessità che è soddisfatta solo là dove venga accertato che la parte interessata abbia notificato la relativa istanza a tutte le altre partii che comunque hanno partecipato al giudizio...)." (21).

L'istanza va poi depositata presso la Segreteria del Giudice competente: non è tuttavia previsto alcun termine entro il quale procedere all'incombente. Come rilevato dalla dottrina (22) si deve allora ritenere che il deposito possa essere effettuato liberamente dalla parte, senza dover rispettare termine alcuno. Ovviamente, in assenza di deposito, il Giudice non potrà statuire.

Il Giudice investito dell'ottemperanza della misura cautelare rimasta ineseguita "eserciterà" quindi "i poteri inerenti al giudizio di esecuzione di cui al Titolo I del Libro IV" (artt. 112 e ss. Codice del processo amministrativo).

Si può da subito notare come l'art. 59, del Codice, così come il suo predecessore, art. 21, comma 14, l. 6 dicembre 1971, n. 1034 (23), **richiami non già la procedura dell'ottemperanza ma i poteri del Giudice dell'ottemperanza**, con la conseguenza che non dovranno, per-

(19) Cfr. R. DE PIERO, *Commento all'art. 2*, in *La Giustizia amministrava - Commento alla L. 21 luglio 2000, n. 205*, Giuffrè, 2000, 87.

(20) Cfr. art. 21, comma 14, l. 6 dicembre 1971, n. 1034, in *Gazz. Uff.*, 13 dicembre 1971, n. 314. L'articolo è stato abrogato dall'art. 4, comma 1, n. 10, Allegato IV, al Codice del processo amministrativo.

(21) Cfr. Cons. Stato, Sez. V, 5 luglio 2006, n. 4246, in *Foro Amm., CDS*, 2006, 7-8, 2305.

(22) Cfr. G. DE MARZO-G. MISSERINI, *La tutela cautelare e sommaria dinanzi ai giudici amministrativi*, Cedam, 2004, 119.

(23) Cfr. art. 21, comma 14, l. 6 dicembre 1971, n. 1034, in *Gazz. Uff.*, 13 dicembre 1971, n. 314. L'articolo è stato abrogato dall'art. 4, comma 1, n. 10, Allegato IV, al Codice del processo amministrativo.

tanto, essere seguite le regole procedurali stabilite, per il giudizio di ottemperanza, dall'art. 114, Codice del processo amministrativo.

In particolare, la notifica dell'istanza seguirà le norme sopra richiamate, e non, invece, quelle di cui all'art. 114, comma 1, Codice del processo amministrativo. Non sarà poi necessario allegare all'istanza, come richiesto dall'art. 114, comma 2, del Codice, copia autentica del provvedimento di cui si chiede l'esecuzione, anche se sarà buona regola unire, quanto meno, una copia semplice della stessa. Inoltre, non sarà necessario diffidare previamente l'amministrazione cosa che, peraltro, è divenuta facoltativa, *ex* art. 114, comma 1, cit., anche nell'ordinario giudizio di ottemperanza avente ad oggetto le sentenze.

Il ricorso in ottemperanza potrà essere proposto anche se non è ancora spirato il termine per la proposizione dell'appello cautelare e a prescindere dalla sua avvenuta proposizione. Certo è che, se nelle more del giudizio di ottemperanza, il Consiglio di Stato dovesse riformare l'ordinanza cautelare di accoglimento del Tribunale amministrativo, verrebbe meno il presupposto logico del rimedio di cui all'art. 59, Codice del processo amministrativo (24). L'istanza, dunque, dovrebbe essere respinta e se egualmente accolta, potrebbe essere oggetto di annullamento in sede di impugnazione, *ex* art. 114, commi 8 e 9, Codice del processo amministrativo (si rinvia al Paragrafo 5 del presente Capitolo).

3 I POSSIBILI CONTENUTI DEL PROVVEDIMENTO ADOTTABILE DAL GIUDICE. LA NOMINA DEL COMMISSARIO *AD ACTA*

Come si è visto nel Paragrafo che precede, in sede di esecuzione della misura cautelare, il Giudice esercita gli stessi poteri inerenti al giudizio di esecuzione di cui agli artt. 112 e ss. Codice del processo amministrativo.

Va preliminarmente detto che il giudizio di ottemperanza è una tipica ipotesi di giurisdizione estesa al merito, come previsto, peraltro espressamente, dall'art. 134, comma 1, lett. *a*), Codice del processo amministrativo (25), nella quale il Giudice può "emanare tutte le misure che

(24) Sebbene pronunziatosi in un caso di esecuzione di una sentenza poi cautelarmente sospesa, cfr. Cons. Stato, Sez. V, 12 marzo 2009, n. 1512, in *Foro Amm., CDS*, 2009, 3, 738: "*Se, in sede cautelare, il giudice di appello sospende gli effetti della sentenza del giudice di primo grado viene meno la condizione oggettiva di esperibilità del ricorso per l'ottemperanza, con conseguente annullamento senza rinvio della sentenza dello stesso giudice di primo grado che, invece, ne abbia ordinato l'esecuzione alla parte soccombente a conclusione del processo celebrato innanzi a lui*".

(25) In precedenza si veda art. 27, comma 1, *sub* 4), r.d. 26 giugno 1924, n. 1054, in *Gazz. Uff.*,

si rendono opportune per l'esecuzione dell'ordinanza cautelare... e tali mezzi possono essere costituiti tanto della adozione diretta di statuizioni amministrative anche imperative, quanto nella nomina di un commissario 'ad acta', e qualora l'amministrazione non esegua indebitamente l'ordinanza cautelare possono essere prese le misure più appropriate anche nei confronti del funzionario responsabile, perché essa sia materialmente eseguita" (26).

Il giudizio di ottemperanza è un giudizio misto di cognizione ed esecuzione. "Nel senso che il giudice dell'ottemperanza cumula un'attività cognitoria (quando scioglie 'le riserve' e colma le insufficienze del giudicato...)" — o del provvedimento cautelare — "e un'attività esecutiva (quando assume le misure necessarie a tradurre effettivamente nella realtà il diritto posto dal primo giudice e da esso stesso giudice dell'ottemperanza)" (27).

In particolare, troverà applicazione, per l'esecuzione delle misure cautelari, l'art. 114, comma 4, lett. *c*) e *d*), Codice del processo amministrativo, che dispongono che il Giudice, in sede di ottemperanza, ove ritenga meritevole di accoglimento l'istanza di parte, possa:

— determinare "le modalità esecutive" del provvedimento cautelare, "considerando inefficaci gli atti emessi in violazione o elusione" dello stesso e provvedendo "di conseguenza, tenendo conto degli effetti che ne derivano" (cfr. art. 114, comma 4, lett. *c*, del Codice);

— nominare, "ove occorra, un commissario *ad acta*" (cfr. art. 114, comma 4, lett. *d*, del Codice);

Si tratta, rispettivamente, di misure intimatorie e repressive, quanto a quelle previste nella lettera *c*), e sostitutorie, quanto a quelle contenute nella lettera *d*) (28).

Le misure di cui alle lettere ***a***) ("Il giudice in caso di accoglimento del ricorso: *a*) ordina l'ottemperanza, prescrivendo le relative modalità, anche mediante la determinazione del contenuto del provvedimento amministrativo o l'emanazione dello stesso in luogo dell'amministrazione;"), ***b***) ("Il giudice in caso di accoglimento del ricorso: *b*) dichiara nulli gli eventuali atti in violazione o elusione del giudicato;") ed ***e***) ("Il giudice in caso

7 luglio 1924, n. 158. L'articolo è stato abrogato dall'art. 4, comma 1, n. 4, Allegato IV al Codice del processo amministrativo.

(26) Cfr. Cons. Stato, Ad. Pl., 30 marzo 2000, n. 1, in *Banca dati de Jure*, Giuffrè.

(27) Cfr. M. SANINO, *Il giudizio di ottemperanza*, in G. PELLEGRINO (a cura di), *Verso il codice del processo amministrativo*, Nel diritto editore, 2010, 190-191.

(28) In merito alla classificazione proposta cfr. L.MAZZAROLLI-G. PERICU-A. ROMANO-F.A. ROVERSI MONACO-F.G. SCOCA, *Diritto Amministrativo II*, Monduzzi, 1998, 2041.

di accoglimento del ricorso: *e*) salvo che ciò sia manifestamente iniquo, e non sussistano altre ragioni ostative, fissa, su richiesta, di parte, la somma di denaro dovuta dal resistente per ogni violazione o inosservanza successiva, ovvero per ogni ritardo nell'esecuzione del giudicato; tale statuizione costituisce titolo esecutivo;"), invece — nonostante il rinvio che l'art. 59, Codice del processo amministrativo, fa ai poteri del Giudice dell'ottemperanza —, sulla base del loro tenore letterale, pare possano trovare applicazione solo nel caso in cui il giudizio di ottemperanza abbia ad oggetto una sentenza e non già un provvedimento cautelare. La soluzione, tuttavia, non è affatto scontata e molto dipenderà da come la giurisprudenza riterrà di dover interpretare (in senso estensivo o restrittivo) il citato rinvio operato dall'art. 59 del Codice.

Il Giudice si pronunzierà sull'istanza, con ordinanza, *ex* art. 114, comma 5, Codice del processo amministrativo: "Se è chiesta l'esecuzione di un'ordinanza ..., con decreto, invece, ove venga chiesta l'esecuzione di un tale provvedimento.

Come dunque si può comprendere, **i poteri esercitabili dal Giudice in sede di ottemperanza non si discostano da quelli enucleati dall'Adunanza Plenaria del Consiglio di Stato** secondo cui era in facoltà del Giudice cautelare "direttamente o per mezzo del commissario da lui nominato porre in essere provvedimenti di vari tipo (costitutivi, certificativi, dichiarativi di obblighi a carico della Amministrazione) e adempimenti vari che siano strumentalmente necessari per realizzare concretamente gli effetti scaturenti dalla decisione da eseguire" (29).

In sintesi, al Giudice cautelare vengono attribuiti tutti i poteri del Giudice dell'ottemperanza solo che questi dovranno essere esercitati nel rispetto del principio del contraddittorio e secondo le regole proprie del rito cautelare.

Le misure che saranno adottate dal Giudice in sede di ottemperanza dipenderanno molto dal tipo di cautela concessa.

Di fronte ad una misura di tipo sospensivo il Giudice adotterà tutti quei provvedimenti volti ad impedire che il provvedimento gravato sia ulteriormente portato ad esecuzione. A titolo esemplificativo, se è stato sospeso il provvedimento di occupazione d'urgenza, e l'amministrazione non ha prestato ottemperanza all'ordinanza cautelare, il Giudice potrà ordinare, la rimozione dei picchetti che, *medio tempore*, siano stati apposti.

(29) Cfr. Ad. Pl., 27 aprile 1982, n. 6, in *Dir. Proc. Amm.*, 1983, 97.

Di fronte ad un'ordinanza che ha sospeso un atto negativo invitando l'amministrazione a riesercitare il proprio potere emendato dal vizio riscontrato in fase cautelare, in sede di ottemperanza il Giudice, in assenza di discrezionalità in capo alla P.A., potrà anche adottare il provvedimento al posto dell'amministrazione. In caso contrario, potrà procedere con la nomina di un commissario *ad acta*.

Con il provvedimento con cui il Giudice decide sul ricorso per l'ottemperanza delle misure cautelari **liquida anche le spese**. Precisa l'art. 59, ultimo periodo, Codice del processo amministrativo, che "la liquidazione delle spese operata" in sede di esecuzione "prescinde da quella conseguente al giudizio di merito, salvo diversa statuizione espressa nella sentenza".

4 L'IMPUGNABILITÀ DEL PROVVEDIMENTO EMESSO DAL GIUDICE DELL'ESECUZIONE DELLA CAUTELA

Nella vigenza della l. 6 dicembre 1971, n. 1034 [30], ci si era domandati se il provvedimento adottato dal Giudice dell'esecuzione, volto a garantire l'ottemperanza della misura cautelare rimasta ineseguita, fosse impugnabile al pari di quest'ultima. La soluzione si presentava controversa [31].

L'art. 114, comma 8, Codice del processo amministrativo, prende ora posizione sul punto nel senso dell'appellabilità di detti provvedimenti, disponendo che il relativo procedimento segua le stesse regole previste per quello 'originario' di ottemperanza, con la precisazione, quanto ai termini di impugnazione, che si dovrà tener conto di quelli di cui al Libro Terzo del Codice (cfr. artt. 114, comma 9 del Codice).

Tale rinvio crea, tuttavia, non pochi problemi. I termini cui far riferimento, infatti, dovrebbero essere quelli di cui all'art. 92, Codice del processo amministrativo, che, pero, è relativo all'impugnazione delle sentenze, ovvero 60 giorni dalla notifica o 6 mesi dalla pubblicazione del provvedimento. Tali termini non sono affatto in linea con quelli di cui all'art. 62, Codice del processo amministrativo, dedicato all'appello cautelare, ossia 30 o 60 giorni, rispettivamente, dalla notificazione dell'ordinanza ovvero dalla sua pubblicazione.

(30) Cfr. l. 6 dicembre 1971, n. 1034, in *Gazz. Uff.*, 13 dicembre 1971, n. 314. Molti articoli della legge sono stati abrogati dall'art. 4, comma 1, n. 10, Allegato IV, al Codice del processo amministrativo.

(31) Cfr. G. DE MARZO-G. MISSERINI, *La tutela cautelare e sommaria dinanzi ai giudici amministrativi*, Cedam, 2004, 125.

Pare allora che il rinvio al Libro Terzo debba considerarsi una mera svista del Legislatore che, in realtà, voleva riferirsi al Libro Secondo, del Codice del processo amministrativo.

Rimane però aperta una questione già sollevata da parte della dottrina (32) che, nella vigenza della l. 6 dicembre 1971, n. 1034 (33), nutriva dubbi circa l'appellabilità delle ordinanze esecutive.

Nel caso, infatti, l'istanza di cui all'art. 59, Codice del processo amministrativo, venga proposta avanti al Consiglio di Stato perché è stato quest'ultimo a concedere la cautela negata dal Giudice di primo grado, l'appello contro i provvedimenti esecutivi da questi adottati non potrà essere proposto, difettando un Giudice superiore che possa sindacarli. Resterebbe allora forse aperta la strada della riproponibilità, revocabilità o modificabilità dell'ordinanza che, tuttavia, ai sensi dell'art. 58, Codice del processo amministrativo, sarebbe però subordinata a "mutamenti nelle circostanze" o a"fatti anteriori di cui si è acquisita conoscenza successivamente" al provvedimento esecutivo (si rinvia al Capitolo VI, Paragrafo 1. Il problema, dunque, permane.

Va infine osservato che l'art. 114, comma 6, Codice del processo amministrativo, contiene un'importante precisazione, ovvero che il Giudice dell'ottemperanza "conosce di tutte le questioni relative all'esatta ottemperanza, ivi comprese quelle inerenti agli atti del commissario".

Nonostante tale precisazione, pare però mantenga validità l'osservazione per cui "ove il Commissario sia rigidamente vincolato alla statuizioni disposte... per lo svolgimento del proprio incarico, lo strumento di impugnazione dei provvedimenti commissariali è dato dall'incidente di esecuzione innanzi allo stesso giudice..., se, invece, — come nel caso *de quo* — il Commissario dispone di una discrezionalità amministrativa tale da assimilarlo ad organo straordinario della pubblica amministrazione, l'unico rimedio avverso le sue determinazioni non può che essere il ricorso ordinario" (34).

Nello stesso senso si è espresso anche il Consiglio di Stato: "Anche ai fini dell'individuazione dei rimedi di reclamabilità delle statuizioni del commissario '*ad acta*', nominato in sede di esecuzione del giudicato, è necessario scomporre la sua attività in due parti, individuando quella di stretta attuazione del comando vincolato del giudice, e quella, ulteriore,

(32) Cfr. G. DE MARZO-G. MISSERINI, *La tutela cautelare e sommaria dinanzi ai giudici amministrativi*, Cedam, 2004, 125.

(33) Cfr. l. 6 dicembre 1971, n. 1034, in *Gazz. Uff.*, 13 dicembre 1971, n. 314. Molti articoli della legge sono stati abrogati dall'art. 4, comma 1, n. 10, Allegato IV, al Codice del processo amministrativo.

(34) Cfr. Tar Sicilia, Sez. III, 22 dicembre 2009, n. 2192, in *Banca dati De Jure*, Giuffrè.

di esercizio discrezionale di poteri amministrativi, in relazione ai quali il medesimo commissario agisce come organo straordinario dell'amministrazione, sottoposto all'ordinario controllo del giudice in sede di legittimità. Pertanto, nel caso in cui il commissario sia stato nominato senza vincolo di eseguire un giudicato puntuale, ma al medesimo sia stato conferito il compito, per l'ipotesi dell'infruttuoso decorso del termine assegnato all'amministrazione, di provvedere genericamente in ordine alla domanda, tenuto conto delle statuizioni contenute nelle pronunce e della normativa vigente, è inammissibile il ricorso per l'ottemperanza" (35).

In senso difforme, tuttavia, si è espressa altra parte della giurisprudenza: "I provvedimenti adottati dal commissario '*ad acta*' in esecuzione del giudicato, indipendentemente dal loro contenuto (vincolato o discrezionale) sono impugnabili innanzi al giudice dell'ottemperanza, senza alcuna necessità di distinguere, a tal fine, tra elusione e violazione del giudicato. Qualora, invece, il ricorso abbia ad oggetto un provvedimento adottato in asserita attuazione del giudicato, che tuttavia risulti affetto da autonomi vizi di legittimità, estranei al contenuto della precedente decisione, non è proponibile il ricorso per ottemperanza, ma è necessario attivare un nuovo giudizio di cognizione" (36).

L'art. 114, comma 7, precisa inoltre che nel caso in cui il ricorso sia stato proposto, *ex* art. 112, comma 5 del Codice "anche al fine di ottenere chiarimenti in ordine alle modalità di ottemperanza", il Giudice "fornisce chiarimenti in ordine alle modalità di ottemperanza, anche su richiesta del commissario" che, dunque, potrà anch'egli direttamente rivolgersi al Giudice.

In sintesi

- Il provvedimento cautelare esplica un effetto conformativo nei confronti del potere della pubblica amministrazione.
- L'ottemperanza del provvedimento cautelare non determina, di regola, l'improcedibilità o la cessazione della materia del contendere.
- Il rimedio dell'ottemperanza, ammissibile tanto per le misure monocratiche quanto per quelle collegiali, va proposto avanti il Tribunale amministrativo regionale, ove la cautela sia stata concessa da quest'ultimo, anche se riconfermata, in grado d'appello, dal Consiglio di Stato, ovvero innanzi al Consiglio di Stato se sia stato quest'ultimo organo, in sede di gravame, a concederla o, comunque, a mutarne il contenuto dispositivo e conformativo.

(35) Cfr. Cons. Stato, Sez. VI, 30 dicembre 2004, n. 8275, in *Foro Amm., CDS*, 2004, 12, 3607.

(36) Cfr. Cons. Stato, Sez. VI, 30 dicembre 2004, n. 8275, in *Foro Amm., CDS*, 2004, 12, 3607. In senso difforme cfr. Tar Campania, 5 agosto 2005, n. 10650, in *Foro Amm., TAR*, 2005, 7/8, 2520.

In sintesi

- L'istanza con cui si chiede l'ottemperanza, va notificata a tutte le parti a cui è stato notificato il ricorso e quelle ulteriori che si siano eventualmente costituite, per poi essere depositata presso la competente Segreteria. Il Giudice esercita i medesimi potere del giudizio di ottemperanza di cui all'art. 114, Codice del processo amministrativo.
- Il contenuto delle misure adottate dal Giudice in sede di ottemperanza dipende dal tipo di cautela concessa. Di regola, si tratterà di misure intimatorie — repressive, ovvero sostitutorie.
- Le misure concesse di sede di ottemperanza possono essere oggetto d'appello. Il relativo procedimento seguirà le regole dettate per il giudizio di ottemperanza di primo grado.

CAPITOLO 12

FATTISPECIE PARTICOLARI

Nel presente Capitolo verranno prese in considerazione talune fattispecie nelle quali la tutela cautelare presenta degli aspetti particolari: dai ricorsi in materia di concorsi pubblici, alle controversie deferite in arbitrato, a quelle avverso il silenzio dell'amministrazione, nonché in tema di accesso ai documenti amministrativi. Verrà inoltre dedicata una breve disamina anche alla tutela cautelare nell'ambito delle controversie concernenti gli atti dell'A.G.C.M e di quelli adottati in materia di sciopero nei servizi pubblici essenziali.
Verrà quindi infine esaminato il rapporto tra la tutela cautelare, l'incidente di legittimità costituzionale, e il rinvio pregiudiziale di cui all'art. 234 del Trattato CEE.

Sommario:

1 ALCUNE RIFLESSIONI SULLA TUTELA CAUTELARE NELL'AMBITO DEI CONCORSI PUBBLICI E DELLE PROCEDURE ABILITATIVE

Il pubblico concorso rappresenta la regola generale per por accedere al pubblico impiego secondo quanto si ricava dalla lettura combinata degli artt. 3, 51 e 97 della Costituzione nonché dall'art. 35, comma 1, lett. *a*), d.lgs. 30 marzo 2001, n. 165: "1. L'assunzione nelle amministrazioni pubbliche avviene con contratto individuale di lavoro: *a*) tramite procedure selettive, conformi ai principi del comma 3, volte all'accertamento della professionalità richiesta, che garantiscano in misura adeguata l'accesso dall'esterno; ..." (1).

(1) Cfr. art. 35, comma 1, lett. *a*), d.lgs. 30 marzo 2001, n. 165, in *Suppl. Ord.* n. 112 alla Gazzetta Ufficiale 9 maggio 2001, n. 106.

Il pubblico concorso è dunque volto a selezionare, secondo dei criteri predeterminati, gli aspiranti che dall'esame comparativo con tutti gli altri, siano risultati 'i migliori': ciò al fine di addivenire, con quest'ultimi, alla sottoscrizione di un contratto di lavoro.

Si pensi, così, al concorso per un posto di insegnante, di assistente amministrativo, al concorso di magistratura o di notaio.

Accanto al pubblico concorso sussistono poi delle **procedure pubbliche volte**, non già a selezionare uno o più candidati che siano risultati migliori rispetto agli altri quanto, piuttosto, ad **accertare l'idoneità dei candidati al conseguimento di un certo titolo di studio** (ad es. l'esame di maturità), **ovvero allo svolgimento di una certa attività/professione**. Rientrano tra queste procedure, ad esempio, gli esami di abilitazione, tra cui quello per l'abilitazione forense.

In entrambi i casi i candidati hanno un interesse legittimo alla partecipazione alla procedura, nonché al suo regolare svolgimento.

In queste materia il livello di litigiosità è sicuramente elevato e può essere ricondotto a **due tipologie di controversie**:

— **quelle** nelle quali i ricorrenti si dolgono del provvedimento di esclusione dal concorso o dalla procedura abilitativa;

— **quelle** in cui, invece, si impugna il provvedimento con cui l'amministrazione ha preferito altri al ricorrente (nel caso di concorso), ovvero ha giudicato questo ultimo non idoneo (nel caso delle procedure di abilitazione).

In entrambi i casi, lo strumento cautelare ha un ruolo fondamentale.

Nella prima ipotesi (provvedimento di esclusione), infatti, il candidato, ha la possibilità di chiedere, in via cautelare, l'ammissione con riserva alla procedura. Si tratta di un provvedimento cautelare, non meramente sospensivo, ma propulsivo (si rinvia al Capitolo III, Paragrafo 2) che comporta la produzione provvisoria degli effetti non voluti dell'atto impugnato. Al ricorrente viene così offerta la possibilità di partecipare alle prove non già, ovviamente, l'assunzione nel posto in palio [(2)], ovvero il conseguimento del titolo di studio o dell'abilitazione. "L'intervento cautelare finisce per tutelare il solo interesse procedimentale esaurendosi nella possibilità concessa all'interessato di partecipare al concorso nelle more

(2) Nel caso di pubblico concorso, l'amministrazione dovrà tuttavia tener disponibile il posto sino alla decisione della causa. Cfr. Cons. Stato, Sez. V, 16 febbraio 2010, n. 860, in *Banca dati De Jure*, Giuffrè: *L'ammissione con riserva a un concorso pubblico comporta per l'Amministrazione il dovere di tener disponibile il relativo posto fino all'esito della vicenda giudiziale.*".

del definitivo accertamento in ordine al possesso di un requisito essenziale per l'ammissione al concorso stesso" (3) o alla procedura.

La nomina, infatti, potrà essere conseguita solo attraverso la sentenza di merito che dichiari l'illegittimità dell'esclusione: "il provvedimento cautelare col quale il giudice ordina l'ammissione con riserva ad un concorso di un candidato escluso non comporta anche la nomina sul posto messo a concorso in caso di utile collocazione del candidato nella graduatoria, in quanto in tale ipotesi la nomina potrà essere conseguita solo per effetto della sentenza di merito dichiarativa dell'illegittimità dell'esclusione" (4).

Da quanto sopra evidenziato si può comprendere come, nella materia, può rivestire particolare importanza, dal punto di vista dell'effettività della tutela, il ricorso allo strumento della cautela presidenziale (*ex* art. 56, Codice del processo amministrativo) ed, ora, forse, anche di quella *ante causam* (*ex* art. 61, Codice del processo amministrativo) sopratutto ove il provvedimento di esclusione si ponga a ridosso dell'inizio del concorso o esame.

Anche nella seconda ipotesi (giudizio negativo espresso dalla commissione che ha portato il candidato a non poter proseguire con le prove, ovvero ad essere giudicato non idoneo), il procedimento cautelare riveste un significato importante.

Di fronte alla richiesta delle più opportune misure cautelari, infatti, il Giudice può:

— limitarsi a sospendere l'atto impugnato, ammettendo così, con riserva, il candidato alle prove ulteriori;

— invitare l'amministrazione, solitamente attraverso una commissione esaminatrice con componenti diversi da quelli che hanno espresso l'originario giudizio negativo, a rinnovare il proprio giudizio, attenendosi a determinati criteri.

Nella prima ipotesi, il candidato che poi riesca a superare le prove successive in cui si articola l'esame, per poter risultare vincitore del concorso, ovvero conseguire il titolo, dovrà ottenere una sentenza favorevole (passata in giudicato) accompagnata dal successivo favorevole giudizio

(3) Cfr. S. RUSCICA, *Le novità in tema di tutela cautelare nel processo amministrativo*, Giuffrè, 2008, 238.

(4) Cfr. Tar Liguria, Sez. II, 26 maggio 2006, n. 510, in *Foro Amm., TAR*, 2006, 5.1639. In senso conforme Cons. Stato, Sez. IV, 30 gennaio 2006, n. 296, in *Foro Amm., CDS*, 2006, 1, 128: "*Il provvedimento cautelare con il quale il giudice ordina l'ammissione con riserva ad un concorso di un candidato escluso non comporta anche la nomina nel posto messo a concorso nel caso di utile collocazione del candidato nella graduatoria, in quanto in tale ipotesi la nomina potrà essere conseguita solo per effetto della sentenza di merito dichiarativa dell'illegittimità dell'esclusione.*".

della commissione esaminatrice sulla prova contestata, essendo venuto meno, nel frattempo, il giudizio originario contestato, appunto perché annullato dalla sentenza di merito.

Nella seconda ipotesi, invece, la questione si fa più complessa. A seguito del provvedimento propulsivo con cui il Giudice invita l'amministrazione a rinnovare il giudizio espresso, infatti, si possono verificare due casi: (*i*) la commissione riunitasi esprime una nuova valutazione negativa che, ove illegittima, dovrà essere impugnata (preferibilmente con ricorso per motivi aggiunti), pena il rischio di acquiescenza; (*ii*) la commissione esprime un giudizio favorevole al candidato. In tale evenienza, secondo la giurisprudenza del Consiglio di Stato, il contenzioso non può dirsi risolto, non configurandosi l'improcedibilità del ricorso per cessata materia del contendere, a meno che l'amministrazione abbia fatto intendere di volersi adeguare spontaneamente al provvedimento del Giudice. Il candidato, dunque, vedrà definita la questione solo con l'ottenimento di una sentenza di merito passata in giudicato che confermi l'illegittimità del provvedimento impugnato: "La cessazione della materia del contendere si verifica solo quando sia intervenuta, prima della definizione del processo, una nuova statuizione da parte della p.a. convenuta, tale da soddisfare in tegralmente l'interesse giuridicamente protetto azionato, cioè un nuovo atto, a contenuto definitivamente realizzativo di un risultato non inferiore per il ricorrente a quello ritraibile dal giudicato e cioè con effetti che non possono sicuramente attribuirsi all'attività meramente esecutiva di una pronuncia cautelare, che non può produrre altro effetto al di là di quello di impedire il protrarsi della lesione lamentata fino alla pronuncia di merito che, rimuovendo dalla realtà giuridica il provvedimento di esclusione, da un lato, restituisce al concorrente escluso la pienezza dei diritti, dall'altro, costituisce l'obbligo per l'amministrazione di provvedere ad attribuire in via definitiva al concorrente stesso tutte le posizioni di vantaggio scaturenti dal superamento del concorso." [5].

La conseguenza che ne deriva è che il candidato si trova, per lungo tempo, *sub judice*: se, infatti, il provvedimento cautelare è ottenibile in tempi assolutamente brevi, la sentenza di merito può intervenire anche dopo alcuni anni.

Nel caso di procedure abilitative (si pensi all'esame di Stato per avvocato), quindi, non potendo spendere utilmente il titolo 'provvisoriamente'

(5) Cfr. Cons. Stato, Sez. IV, 14 dicembre 2004, n. 8027, in *Foro Amm., CDS*, 2004, 12, 3522.

acquisito o non potendosi iscriversi all'Albo ("*In tema di ordinamento professionale forense, in presenza di un provvedimento della commissione esaminatrice di non ammissione del candidato alle prove orali dell'esame di avvocato, allorché il giudice amministrativo, nell'adottare un provvedimento cautelare strumentale rispetto al giudizio d'impugnativa dell'esclusione dalla prova orale e limitato ad esso, sospenda temporaneamente l'efficacia del provvedimento di esclusione e disponga che il candidato sia ammesso a proseguire il procedimento, detta misura cautelare dispiega un'efficacia interna al processo e non può essere intesa come recante un ordine d'iscrizione dell'interessato, neppure con riserva, all'albo degli avvocati, una volta che questi abbia superato le prove orali cui sia stato ammesso a seguito della conseguita tutela in via d'urgenza.*" (6)), il ricorrente si vede costretto, nelle more, a ripetere l'esame, con la probabilità che l'esito di quest'ultimo giunga prima dell'esito del giudizio e, che, ove, favorevole, porti, sostanzialmente, a non aver più interesse alla coltivazione del contenzioso, se non a fini meramente risarcitori.

Il contenzioso in materia, peraltro, è particolarmente sentito. ***Punctum dolens* di tale procedura valutativa, infatti, è dato, normalmente, dalla limitazione della motivazione del giudizio negativo espresso con la sola votazione numerica**. Tale limitazione che, secondo taluni, configura una vera e propria 'stroncatura araba' (7), sia per il tramite con cui è espressa, sia per la incomprensibilità della stessa, viene, tuttavia, ritenuta legittima dal Consiglio di Stato: "Nelle procedure idoneative per l'ammissione all'esercizio della professione forense l'espressione numerica, in assenza di chiari ed univoci elementi di segno contrario, è sufficiente a rappresentare, seppur sinteticamente, la motivazione dell'attività esaminatrice sulla qualità degli elaborati dei partecipanti, rispondendo anche ad esigenze di celerità ed economicità del procedimento di valutazione." (8).

Di contrario avviso, invece, la giurisprudenza della maggior parte dei Tribunali amministrativi. Da ultimo, il Tar Lombardia ha sollevato (non è peraltro la prima volta che accade) la questione di legittimità avanti la Corte Costituzionale: "È rilevante e non manifestamente infondata la questione della legittimità costituzionale degli artt. 23, quinto comma, del R. D. 22 gennaio 1934, n. 37, come novellato dal D. L. 21 maggio 2003,

(6) Cfr. Cass. Civ., Sez. Un., 24 giugno 2004, n. 11750, in *Foro Amm., CDS*, 2004, 1615.

(7) Espressione impiegata da I. CACCIAVILLANI.

(8) Cfr. Cons. Stato, Sez. IV, 14 aprile 2010, n. 2088, in *Banca dati De Jure*, Giuffrè. Cfr. inoltre Cons. Stato, Sez. IV, 4 maggio 2010, n. 2557, in *Guida al Diritto - Il Sole-24 Ore*, 2010, 21, 85.

n. 112, nel testo integrato dalla relativa legge di conversione, 24, primo comma, del R. D. 22 gennaio 1934, n. 37, come novellato dal D. L. 21 maggio 2003, n. 112, nel testo integrato dalla relativa legge di conversione; 17-*bis*, secondo comma, del R. D. 22 gennaio 1934, n. 37, come novellato dal D. L. 21 maggio 2003, n. 112, nel testo integrato dalla relativa legge di conversione, nella parte in cui, essi, secondo l'interpretazione giurisprudenziale, costituente diritto vivente, consentono che i giudizi di non ammissione dei candidati che partecipano agli esami di abilitazione alla professione forense possano essere motivati con l'attribuzione di un mero punteggio numerico. In particolare, è dubbio che la suddetta disciplina sia compatibile con gli artt. 97, 3, 4, 41 e 24 della Carta Costituzionale, nonché con l'art. 253 del Trattato Costitutivo della CE (ndr: dopo l'entrata in vigore del Trattato di Lisbona v. versione consolidata del Trattato sul funzionamento delle UE art. 296) il quale, costituendo "patrimonio costituzionale comune dei paesi europei", assurge al rango di norma costituzionale interposta ai sensi dell'art. 117 Cost." (9).

Per ovviare a questo problema, nell'ambito della disciplina concernente l'esame per l'abilitazione forense, **l'art. 4, comma 2-*bis*, d.l 30 giugno 2005, n. 115** (10), convertito con modificazioni in l. 17 agosto 2005, n. 168 (11), ha previsto: "conseguono ad ogni effetto l'abilitazione professionale i candidati in possesso dei titoli per partecipare al concorso, che abbiano superato le prove d'esame scritte e orali previste dal bando, anche se l'ammissione alle medesime o alla ripetizione della valutazione da parte della commissione sia stata operata a seguito di provvedimenti giurisdizionali o di autotutela".

Secondo la citata disposizione, dunque, le nuove valutazioni effettuate dalla commissione esaminatrice, anche se provocate dall'ordine del Giudice, devono intendersi sostitutive di quelle precedenti negative, con la conseguenza che, ove il candidato superi la prova orale — ovvero la secondo prova in cui attualmente si articola l'esame di Stato — egli avrà conseguito, a tutti gli effetti, l'abilitazione e potrà dunque iscriversi all'Albo degli avvocati (12).

Come precisato dal Consiglio di Stato, peraltro, è necessario che l'esito favorevole della rinnovata correzione delle prove scritte e di quelli

(9) Cfr. Tar Lombardia, Sez. III, 6 aprile 2010, n. 63, in *Banca dati De Jure*, Giuffrè.

(10) Cfr. l. 7 agosto 2005, n. 168, in *Gazz. Uff.*, 22 agosto 2005, n. 194.

(11) Cfr. d.l. 30 giugno 2005, n. 115, in *Gazz. Uff.*, 1 luglio 2005, n. 151.

(12) Cfr. Cons. Stato, Sez. IV, 16 ottobre 2008, n. 4358, in *Guida al Diritto - Il Sole-24 Ore*, 2008, 41, 96.

orali sia sorretto da un unico provvedimento giudiziale, la cui validità ed efficacia siano perdurate per tutta la durata di tale procedura. Ciò "solo in quanto solo in presenza di tale presupposto si verificano gli effetti di stabilizzazione 'sostanziale' dell'esito favorevole delle rinnovate valutazioni operate dall'amministrazione previsti dall'art. 4, comma 2-*bis*, del d.l. 115/2005, convertito dalla l. 168/2005" (13). In difetto, infatti, (ad esempio nel caso in cui la rinnovata correzione sia avvenuta sulla base dell'ordinanza del Tribunale amministrativo malgrado la stessa sia stata sospesa dal decreto presidenziale del giudice d'appello) tale sanatoria non opera.

La norma ha l'evidente fine di risolvere la delicata questione relativa agli effetti della misura cautelare soprattutto in quelle fattispecie ove la conclusione della procedura selettiva anticipa, e di molto, la definizione del giudizio.

Naturalmente il meccanismo, per poter funzionare, richiede che vi sia stata una effettiva rivalutazione positiva dei compiti sia pur, ripetesi, sulla base di un provvedimento (propulsivo) cautelare, non bastando una semplice ammissione alle prove orali in forza di una mera sospensione del provvedimento di inidoneità impugnato.

La norma sopra ricordata, in ogni caso, trova applicazione limitatamente all'esame di avvocato e non è stata ritenuta estensibile ad altri procedure. Si ricorda, peraltro, come la citata disposizione sia stata giudicata legittima dalla Corte Costituzionale (14), investita della questione dal Consiglio di Giustizia Amministrativa per la Regione Siciliana.

2 LA TUTELA CAUTELARE E L'ARBITRATO

La possibilità di ricorrere alla tutela cautelare può essere condizionata dalla presenza di una clausola compromissoria.

Sebbene, infatti, l'art. 6, comma 2, l. 21 luglio 2000, n. 205 (15) che prevedeva che le controversie concernenti diritti soggettivi, devolute alla giurisdizione del giudice amministrativo, potessero essere risolte mediante arbitrato rituale di diritto, sia stata abrogata ad opera dell'art. 4, comma 1, n. 23, Allegato IV al Codice del processo amministrativo, residuano

(13) Cfr. Cons. Stato, Sez. IV, 4 maggio 2010, n. 2557, in *Guida al Diritto - Il Sole-24 Ore*, 2010, 21, 85.

(14) Cfr. Corte Cost., 19 maggio 2009, n. 158, in *Banca dati De Jure*, Giuffrè.

(15) Cfr. art. 6, comma 2, l. 21 luglio 2000, n. 205, in *Gazz. Uff.*, 26 luglio 2000, n. 173. La norma è stata abrogata dall'art. 4, comma 1., n. 23, Allegato IV al Codice del processo amministrativo.

comunque nel nostro Ordinamento varie ipotesi in cui il ricorso all'arbitrato è espressamente previsto.

Si pensi, così, a titolo esemplificativo, all'**art. 3, comma 1, d.l. 19 agosto 2003, n. 220** (16), conv. con modificazione in l. 17 ottobre 2003, n. 280 (17) che recita: "1. Esauriti i gradi della giustizia sportiva e ferma restando la giurisdizione del giudice ordinario sui rapporti patrimoniali tra società, associazioni e atleti, ogni altra controversia avente ad oggetto atti del Comitato olimpico nazionale italiano o delle Federazioni sportive non riservata agli organi di giustizia dell'ordinamento sportivo ai sensi dell'articolo 2, è devoluta alla giurisdizione esclusiva del giudice amministrativo. In ogni caso è fatto salvo quanto eventualmente stabilito dalle clausole compromissorie previste dagli statuti e dai regolamenti del Comitato olimpico nazionale italiano e delle Federazioni sportive di cui all'articolo 2, comma 2, nonché quelle inserite nei contratti di cui all'articolo 4 della legge 23 marzo 1981, n. 91".

Altra ipotesi molto importante riguarda l'arbitrato nell'ambito del contratti pubblici, che è stato ripristinato dall'**art. 15, d.lgs. 20 marzo 2010, n. 53** (18)**, che ha operato l'abrogazione dei commi 19, 20 e 21, dell'art. 3, della l. 24 dicembre 2007, n. 244** (19), concernenti il divieto di inserire clausole compromissorie nei contratti di lavori, servizi e forniture stipulati dalle pubbliche amministrazioni.

Come si ricorderà, infatti, il Codice de Lise (20) aveva previsto due tipi di arbitrato: quello di cui all'art. 241, non amministrato dalla Camera arbitrale, e quello di cui all'art. 243, invece, amministrato.

Successivamente, l'art. 3, comma 19, della l. 24 dicembre 2007, n. 244 (Finanziari 2008) (21), aveva introdotto il divieto per le pubbliche amministrazioni "di inserire clausole compromissorie in tutti i loro contratti aventi ad oggetto lavori, forniture e servizi ovvero, relativamente ai medesimi contratti, di sottoscrivere compromessi." e aveva previsto che "Le clausole compromissorie ovvero i compromessi comunque sottoscritti sono nulli e la loro sottoscrizione costituisce illecito disciplinare e determina responsabilità erariale per i responsabili dei relativi procedimenti".

(16) Cfr. art. 3, comma 1, d.l. 19 agosto 2003, n. 220, in *Gazz. Uff.*, 20 agosto 2003, n. 192.

(17) Cfr. l. 17 ottobre 2003, n. 280, in *Gazz. Uff.*, 18 ottobre 2003, n. 243.

(18) Cfr. d.lgs. 20 marzo 2010, n. 53, in *Gazz. Uff.*, 12 aprile 2010, n. 84.

(19) Cfr. art. 3, commi 19, 20 e 21, l. 24 dicembre 2007, n. 244, in *Suppl. ordinario* n. 285, alla *Gazz. Uff.*, 28 dicembre 2007, n. 300.

(20) Cfr. d.lgs. 12 aprile 2006, n. 163, in *Suppl. ordinario* n. 107 alla *Gazz. Uff.*, 2 maggio 2007, n. 100.

(21) Cfr. l. 24 dicembre 2007, n. 244, in *Suppl. ordinario* n. 285 alla *Gazz. Uff.*, 28 dicembre 2007, n. 300.

Con l'art. 15, d.l. 31 dicembre 2007, n. 248 (22), l'operatività del divieto è stata differita al 1° luglio 2008. Il termine è stato successivamente differito al 31 dicembre 2008, da parte dell'art. 4-*bis*, comma 12, d.l. 3 giugno 2008, n. 97 (23), poi sino al 31 dicembre 2009, da parte dell'art. 1-*ter*, comma 1, d.l. 23 ottobre 2008, n. 162 (24), ed, infine, al 30 aprile 2010, da parte dell'art. 29, comma 1-*quinquiesdecies*, d.l. 30 dicembre 2008, n. 217 (25), come modificato dall'art. 5, comma 4, d.l. 30 dicembre 2009, n. 194 (c.d. Decreto Milleproroghe) (26).

È quindi intervenuto l'art. 15, comma 4, d.lgs. 20 marzo 2010, n. 53 (27), che ha abrogato l'art. 3, commi 19, 20 e 21, della l. 31 dicembre 2007, n. 244, che vietava gli arbitrati.

Ne deriva, pertanto, il pieno ripristino dell'istituto dell'arbitrato di cui agli artt. 241 e ss., Codice de Lise, relativamente "ai bandi, avvisi di gara ed inviti pubblicati successivamente all'entrata in vigore del... decreto" — *i.e.* 27 aprile 2010 — "nonché ai contratti aggiudicati sulla base di essi e ai relativi giudizi arbitrali" (28).

"Pertanto la novella non si applica ai procedimenti arbitrali in corso e nemmeno a quelli che dovessero venire promossi sulla base di clausole compromissorie precedenti al 27 aprile 2010" (29).

È allora lecito chiedersi, vista l'importanza che tutt'ora ha l'arbitrato, **se, nell'ambito di una controversia che le parti hanno stabilito debba essere decisa in arbitrato** ma che, naturalmente, rientrerebbe nella giurisdizione del Giudice amministrativo, **le stesse possano rivolgersi a quest'ultimo per la tutela cautelare atteso che gli arbitri, ai sensi dell'art. 818 c.p.c.** ("Gli arbitri non possono concedere sequestri, né altri provvedimenti cautelari, salva diversa disposizione di legge."), sono sprovvisti di tale potere.

Prima che entrasse in vigore il Codice del processo amministrativo e, in particolare l'art. 61 che ha introdotto, in via generalizzata, l'istituto della tutela cautelare *ante causam*, in giurisprudenza l'orientamento era prevalentemente negativo anche se con dei distinguo.

(22) Cfr. art. 15, d.l. 31 dicembre 2007, n. 248, in *Gazz. Uff.*, 31 dicembre 2007, n. 302.

(23) Cfr. art. 4-*bis*, 12 co., d.l. 3 giugno 2008, n. 97, in *Gazz. Uff.*, 3 giugno 2008, n. 128.

(24) Cfr. art. 1-*ter*, comma 1, d.l. 23 ottobre 2008, n. 162, in *Gazz. Uff.*, 23 ottobre 2008, n. 249.

(25) Cfr. art. 29, comma 1-*quinquiesdecies*, d.l. 30 dicembre 2008, n. 217, in *Gazz. Uff.*, 31 dicembre 2008, n. 304.

(26) Cfr. art. 5, comma 4, d.l. 31 dicembre 2009, n. 194, in *Gazz. Uff.*, 30 dicembre 2009, n. 302.

(27) Cfr. d.lgs. 20 marzo 2010, n. 53, in *Gazz. Uff.*, 12 aprile 2010, n. 84.

(28) Cfr. art. 15, comma 6, d.lgs. 20 marzo 2010, n. 53, in *Gazz. Uff.*, 12 aprile 2010, n. 84.

(29) Cfr. A BORELLA, *Disposizioni razionalizzatrici dell'arbitrato*, in *www.amministrativistiveneti.it*.

Così, il **Tar Piemonte aveva negato tale possibilità**: "Non è ammessa nel processo amministrativo la proposizione della domanda cautelare svincolata e indipendente da una domanda di merito, demandata, in forza di clausola compromissoria, alla cognizione di un collegio arbitrale neppure formalmente costituito" (30).

Nello stesso senso si era pronunziato il **Tar Roma** investito del ricorso con cui la società Napoli Sportiva s.p.a., nell'instaurare la procedura arbitrale avverso il provvedimento con cui la Federazione Italiana Gioco Calcio aveva respinto l'istanza di iscrizione al campionato di serie B, si era rivolta immediatamente dopo al Tribunale amministrativo per chiedere la mera sospensione dell'esecuzione dell'atto impugnato, al solo fine di salvaguardare interinalmente la propria posizione: "Per il caso di impugnativa di un provvedimento di non ammissione al campionato di calcio di serie 'B' da parte di una squadra di calcio, non esiste una disposizione (neppure nella l. 17 ottobre 2003 n. 280, di conversione in legge con modificazioni del d.lg. 19 agosto 2003 n. 220, recante disposizioni urgenti in materia di giustizia sportiva che, anzi, privilegia l'immediata definizione del giudizio di merito con sentenza succintamente motivata) che preveda che la tutela cautelare possa essere richiesta anche prima dell'instaurazione del giudizio di merito contro un provvedimento asseritamene illegittimo." (31).

Il **Tar Veneto** (32), invece, pur ritenendo parimenti inammissibile la proposizione di un'istanza cautelare, *ex* art. 21. l. 6 dicembre 1971, n. 1034 (33), in presenza di una clausola arbitrale, ha ritenuto di poter applicare, in via analogica, l'art. 669-*quinquies* c.p.c. secondo cui "Se la controversia è oggetto di clausola compromissoria o è compromessa in arbitri anche non rituali o se è pendente il giudizio arbitrale, la domanda si propone al giudice che sarebbe stato competente a conoscere del merito".

Ciò a prevenire una disparità di trattamento tra le controversie compromesse in arbitri, ma devolute alla giurisdizione del Giudice ordinario, e quelle stesse, invece, devolute al Giudice amministrativo. Mentre per le prime non è preclusa la possibilità di ricorrere alla tutela cautelare, ciò, invece, si verificherebbe per le seconde. Ecco dunque la necessità, per queste ultime, di fare applicazione analogica dell'art. 669-*quinquies* c.p.c.

(30) Cfr. Tar Piemonte, Sez. II, ord. 13 aprile 2000, n. 578, in *Foro Amm.*, 2000, 2763.

(31) Cfr. Tar Lazio, Sez. III, 30 luglio 2004, n. 7550, in *Foro Amm., TAR*, 2004, 2232.

(32) Cfr. Tar Veneto, Sez. II, ord. 13 aprile 2001, n. 19, in in *www.giustizia-amministrativa.it*.

(33) Cfr. art. 21, l. 6 dicembre 1971, n. 1034 in *Gazz. Uff.*, 13 dicembre 1971, n. 314. L'articolo è stato abrogato dall'art. 4, comma 1, n. 10, Allegato IV al Codice del processo amministrativo.

Le conclusioni cui era pervenuta la citata giurisprudenza erano conseguenza dell'inammissibilità della tutela cautelare *ante causam*, ovvero della possibilità di proporre un'istanza cautelare che fosse slegata dal ricorso principale e che, financo, lo precedesse.

Ora che, invece, tale possibilità è stata prevista, prima nella materia degli appalti e poi, in via generalizzata, dal ricordato art. 61, Codice del processo amministrativo (si rinvia al Capitolo VIII) pare che, quanto meno da un punto di vista concettuale, non vi dovrebbero più essere ostacoli a riconoscere l'ammissibilità della proposizione di una domanda cautelare avanti Giudice amministrativo in presenza di una controversia che, sia pur *naturaliter* rientrante nella giurisdizione di quest'ultimo, sia stata deferita in arbitrato.

Sempre in argomento, si ricorda che il lodo, ai sensi dell'art. 241, comma 15-*bis*, Codice de Lise "è impugnabile, oltre che per motivi di nullità" — di cui all'art. 829 c.p.c. — "anche per violazione delle regole di diritto relative al merito della controversia. L'impugnazione è proposta nel termine di novanta giorni dalla notificazione del lodo e non è più proponibile dopo il decorso di centoottanta giorni dalla data del deposito del lodo presso la Camera arbitrale" (34).

Il successivo comma (15-*ter*) precisa, inoltre che, su "istanza di parte la Corte d'appello può sospendere, con ordinanza, l'efficacia del lodo, se ricorrono gravi e fondati motivi. Si applica l'articolo 351 del codice di procedura civile." (35).

L'art. 351 c.p.c., a sua volta, richiama, l'art. 283 c.p.c. ("Il giudice d'appello su istanza di parte, proposta con l'impugnazione principale o con quella incidentale, quando ricorrono gravi motivi, sospende in tutto o in parte l'efficacia esecutiva o l'esecuzione della sentenza impugnata") da cui, per l'appunto, è stata tratta la formula "gravi e fondati motivi".

Ne deriva che potrà essere impiegata utilmente la giurisprudenza formatasi a margine di tale disposizione per comprendere quando sia possibile chiedere la sospensione dell'efficacia del lodo. Si richiama così, sul punto, una recente sentenza della Corte d'Appello di Milano: "La sospensione della provvisoria esecuzione della sentenza di primo grado che il giudice d'appello, ai sensi dell'art. 283 c.p.c., nel testo novellato dalla l. n. 263 del 2005, può disporre in presenza di 'gravi' e 'fondati motivi' è ri-

(34) Cfr. art. 241, comma 15-*bis*, d.lgs. 12 aprile 2006, n. 163, in *Suppl. ordinario* n. 107 alla *Gazz. Uff.*, 2 maggio 2007, n. 100.

(35) Cfr. art. 241, comma 15-*ter*, d.lgs. 12 aprile 2006, n. 163, in *Suppl. ordinario* n. 107 alla *Gazz. Uff.*, 2 maggio 2007, n. 100.

messa ad una valutazione globale d'opportunità, poiché tali motivi consistono per un verso nella delibazione sommaria della fondatezza dell'impugnazione e per altro verso nella valutazione del pregiudizio patrimoniale che il soccombente può subire, anche in relazione alla difficoltà di ottenere eventualmente la restituzione di quanto pagato, dall'esecuzione della sentenza, che può essere inibita anche parzialmente se i capi della sentenza sono separati." (36).

Il comma 15-*ter* prosegue quindi prevedendo che "Quando sospende l'efficacia del lodo, o ne conferma la sospensione disposta dal presidente, il collegio verifica se il giudizio è in condizione di essere definito. In tal caso, fatte precisare le conclusioni, ordina la discussione orale nella stessa udienza o camera di consiglio, ovvero in una udienza da tenersi entro novanta giorni dall'ordinanza di sospensione; all'udienza pronunzia sentenza a norma dell'articolo 281-*sexies* del codice di procedura civile. Se ritiene indispensabili incombenti istruttori, il collegio provvede su di essi con la stessa ordinanza di sospensione e ne ordina l'assunzione in una udienza successiva di non oltre novanta giorni; quindi provvede ai sensi dei periodi precedenti" (37).

Come si può comprendere, anche in questo caso, il rito è particolarmente accelerato. Si vuole infatti evitare una sospensione dell'efficacia del lodo che si prolunghi per troppo tempo. Il Collegio, allora, dovrà valutare se la causa sia immediatamente matura per la decisione: nel caso, previa discussione della stessa, pronuncerà, *ex* art. 281-*sexies* c.p.c., la sentenza al termine della discussione "dando lettura del dispositivo e della concisa esposizione delle ragioni di fatto e di diritto della decisione". Se, invece, si dovessero rendere necessari degli incombenti istruttori, gli stessi dovranno essere disposti già con l'ordinanza di sospensione. Una volta acquisiti i mezzi istruttori, il Collegio provvederà alla pronunzia della sentenza.

3 LA TUTELA CAUTELARE NELL'AMBITO DEI RICORSI AVVERSO I PROVVEDIMENTI DELL'A.G.C.M.

Prima di affrontare il tema specifico della tutela cautelare nell'ambito dei ricorsi avverso i provvedimenti dell'Autorità Garante della Concorrenza e del Mercato, è opportuno richiamare brevemente i caratteri salienti del relativo contenzioso (38).

(36) Cfr. Corte App., Milano, Sez. I, 14 ottobre 2008, in *Giur. Mer.*, 2009, 6, 1561.

(37) Cfr. art. 241, comma 15-*ter*, d.lgs. 12 aprile 2006, n. 163, in *Suppl. ordinario* n. 107 alla *Gazz. Uff.*, 2 maggio 2007, n. 100.

(38) Cfr. in argomento cfr. F.G. SCOCA, *Giudice*

Come noto, **l'Autorità Garante ha il potere**, ai sensi della l. 10 ottobre 1990, n. 287 (39), **di accertare** la commissione di eventuali illeciti da parte dei soggetti operatori nel mercato e consistenti in condotte anticoncorrenziali o in messaggi pubblicitari ingannevoli. L'Autorità ha quindi il potere **di condannare** i soggetti responsabili ad un *facere* (che può consistere nell'ordine di cessare dalla condotta lesiva, ovvero nell'ordine di pubblicare una rettifica di una precedente comunicazione ingannevole), ovvero al pagamento di una sanzione pecuniaria.

Il potere sanzionatorio dell'Autorità Garante svolge una funzione complementare rispetto a quella di vigilanza (40). Come autorevolmente affermato, infatti, l'intervento sanzionatorio successivo alla commissione dell'illecito "costituisce la soluzione più idonea per contrastare le condotte anticoncorrenziali; ciò in quanto i rimedi alternativi che potrebbero garantire il rispetto della legge *antitrust* — quali, ad esempio, gli interventi *ex ante* dell'Autorità (volti a conoscere e inibire in via preventiva i comportamenti potenzialmente illeciti delle imprese) o le stesse azioni risarcitorie rimesse all'iniziativa dei privati — sarebbero tendenzialmente inefficaci a causa dei limiti che tali strumenti incontrano nell'Ordinamento" (41).

L'indicata potestà sanzionatoria è legata alla finalità di tutela del corretto funzionamento del mercato e della concorrenza cui è preposta l'Autorità: "Secondo un consolidato orientamento giurisprudenziale... il procedimento *antitrust* prima ed il processo dopo (sia in materia di concorrenza che di pubblicità ingannevole) sono preordinati ad una tutela oggettiva del libero mercato e non alla garanzia di posizioni individuali dei relativi operatori economici. Pertanto le uniche posizioni a confronto nel processo sono, da un lato, quella dell'Autorità che esercita un potere repressivo e, dall'altro, quella dell'impresa che lo subisce e ne contesta il legittimo esercizio" (42).

Da detta finalità discenderebbe la circostanza per cui il soggetto che ha denunziato la pratica scorretta non verrebbe ad assumere, nel giu-

amministrativo ed esigenze del mercato, *Dir. Amm.*, 2008, 2, 257. In ordine al potere cautelare dell'A.G.C.M cfr. G. FAELLA, *Il potere cautelare dell'Autorità Garante della Concorrenza e del Mercato*, in Giur. Comm., 2008, 2, 244.

(39) Cfr. l. 10 ottobre 1990, n. 287, in *Gazz. Uff.*, 13 ottobre 1990, n. 240.

(40) Cfr. S. VALENTINI, *Diritto e istituzione della regolazione*, Giuffrè, 2005, 56.

(41) M.A. SANDULLI, *La potestà sanzionatoria dell'AGCM e il sindacato del Giudice amministrativo*, relazione al Convegno '*Antitrust* fra diritto nazionale e diritto dell'unione europea', Treviso, 20-21 maggio 2010.

(42) Cfr. F. SCLAFANI, *La tutela cautelare in materia* antitrust, in (a cura di) M.R. SANCHINI, La tutela cautelare nel processo amministrativo, 2006, Giuffrè, 161.

dizio, la qualità di controinteressato. L'unico interesse tutelato, infatti, sarebbe quello oppositivo del soggetto che si duole del provvedimento sanzionatorio adottato dall'Autorità, mentre non potrebbero trovare ingresso gli interessi pretensivi dei soggetti che si sono visti negare l'intervento dell'Autorità che avevano sollecitato. **In senso contrario a tale conclusione si è posto, però, il Consiglio di Stato con una sentenza del 2007**: "La circostanza che l'*antitrust* sia tenuta a perseguire l'interesse pubblico alla tutela oggettiva del diritto di iniziativa economica non è in grado di escludere, in linea di principio, che anche soggetti terzi a quelli destinatari dei provvedimenti finali possono vantare interessi, pretensivi o oppositivi, suscettibili di ricevere protezione giuridica (nella specie, è stato oggetto di valutazione positiva l'interesse delle imprese terze a che le intese poste in essere dai principali attori economici del settore siano compatibili con le norme poste a tutela della concorrenza)." [43].

Merita inoltre di essere segnalata un'altra recente sentenza che si pone sulla stessa linea del Consiglio di Stato. Si tratta di **Tar Lazio, Sez. I, 22 settembre 2009, n. 9171**: "Se il denunziante in quanto tale non è titolare di un interesse qualificato ad un corretto esame della sua denuncia, ma lo diventa solo quando dimostra di essere portatore di un interesse particolare e differenziato, che assume essere stato leso dalla mancata adozione del provvedimento repressivo (Cons. Stato, sez. VI, 3 febbraio 2005 n. 280), va d'altro canto ribadito che la mera partecipazione al procedimento non determina, *ex se* riguardata, l'acquisizione della legittimazione ad agire (e, quindi, ad impugnare il provvedimento conclusivo del procedimento), laddove il partecipante non si dimostri titolare di una posizione giuridica sostanziale differenziata da quella dalla generalità degli appartenenti alla collettività e qualificata dall'ordinamento giuridico (*ex multis*: Cons. Stato, sez. VI, 14 giugno 2004, n. 3865). Quanto da ultimo esposto individua, a ben vedere, il *discrimen* fra ravvisabilità di un interesse tutelabile (ancorché nella sua connotazione eminentemente strumentale; e, quindi, nella insuscettibilità di soddisfazione se non a mezzo della rieffusione del potere) e misconoscibilità di una posizione giuridica meritevole di tutela. Nel caso in esame, la non esclusa ipotizzabilità dell'attitudine conformativa del sollecitato giudicato di annullamento al fine di indurre presso l'Autorità una rinnovata effusione del potere alla medesima spettante consente di apprezzare... la presenza di un interesse giuri-

[43] Cfr. Cfr. Cons. Stato., Sez. V, 2 ottobre 2007, n. 5070, in *Banca dati De Jure*, Giuffrè

dicamente tutelabile che ne connota positivamente la legittimazione ad agire".

Venendo alla disciplina processuale, l'art. 33, l. 10 ottobre 1990, n. 287 ("Norme per la tutela della concorrenza e del mercato") (44) prevede che "i ricorsi avverso i provvedimenti amministrativi adottati" dall'Autorità Garante della Concorrenza e del Mercato nell'ambito dei suoi poteri "rientrano nella giurisdizione esclusiva del giudice amministrativo. Essi devono essere proposti davanti al Tribunale amministrativo regionale del Lazio".

In grado d'appello, ovviamente, v'è la competenza del Consiglio di Stato al quale può essere anche richiesta la sospensione cautelare dell'efficacia della sentenza di primo grado: "Qualora appaia non manifestamente infondato il vizio di ultrapetizione della decisione emessa, su denuncia di soggetti interessati, dall'autorità garante della concorrenza e del mercato, il giudice amministrativo può sospendere siffatta decisione, concorrendo il pregiudizio grave ed irreparabile della società, che denunziata all'autorità abbia impugnato la decisione, chiedendone la sospensione." (45).

Il sindacato giurisdizionale sui provvedimenti dell'Autorità è dunque attribuito alla giurisdizione esclusiva del Giudice amministrativo e alla competenza esclusiva del Tar Lazio, cosa che ha inevitabilmente favorito il formarsi, sin da subito, di orientamenti giurisprudenziali univoci.

La competenza esclusiva del Tar Lazio, sede di Roma trova peraltro conferma anche nell'art. 135, comma 1, lett. *b*), Codice del processo amministrativo: "Sono devolute alla competenza inderogabile del Tribunale amministrativo regionale del Lazio, sede di Roma... *b*) le controversie aventi ad oggetto i provvedimenti dell'Autorità garante per la concorrenza ed il mercato..."

In merito alla giurisdizione esclusiva del Giudice amministrativo v'è da precisare che a seguito della sentenza della Corte Costituzionale n. 6 luglio 2004, n. 204 (46): "***La giurisdizione esclusiva del g.a. in ordine ai ricorsi avverso provvedimenti amministrativi adottati dall'Autorità Garante della concorrenza e del mercato****, prevista dall'art. 33, comma 1, l. n. 287 del 1990,* ***è da ritenersi limitata... ai soli casi in cui sia in discussione un atto che sia espressione della funzione pubblica*** *e che sia adot-*

(44) Cfr. l. 10 ottobre 1990, n. 287, in *Gazz. Uff.*, 13 ottobre 1990, n. 240.

(45) Cfr. Cons. Stato, Sez. VI, 11 ottobre 1996, n. 1072, in *Foro Amm.*, 1997, 208.

(46) Cfr. Corte Cost. 6 luglio 2004, n. 204, in *Banca dati De Jure*, Giuffrè.

tato nell'ambito di un rapporto giuridico caratterizzato non dalla posizione di parità dei soggetti, secondo lo schema diritti-doveri, ma da una relazione asimmetrica, sintetizzata nella formula potere-soggezione" (47).

Ne consegue che "*qualora non sia contestato un provvedimento irrogativo di sanzioni, ma il diritto a riscuotere le stesse, tramite la notifica di cartella esattoriale, preordinata alla espropriazione forzata, la parte pubblica è convenuta in giudizio non per il preteso illegittimo esercizio di pubblici poteri, bensì, al pari di qualsiasi privato cittadino, per il fatto che intende realizzare un proprio credito, sicché la tutela giudiziaria va esperita nelle forme dell'opposizione all'esecuzione o agli atti esecutivi, dinanzi al g.o.*" (48).

L'art. 119, comma 1, lett. *b*), del Codice del Processo Amministrativo, così come disponeva l'art. 23-*bis*, comma 1, lett. *d*) (49) prevede **l'applicabilità del rito abbreviato** nei giudizi aventi ad oggetto le controversie concernenti i provvedimenti adottati dalle Autorità Amministrative Indipendenti, tra cui vi rientra sicuramente anche l'Autorità Garante per la Concorrenza ed il Mercato (50). Per la relativa disciplina si rinvia, pertanto, al Capitolo IX.

Si ricorda, infine, che

— per una prima tesi il **sindacato che il Giudice amministrativo** è chiamato ad esercitare sui provvedimenti è "**un sindacato di legittimità, che non si estende al merito, salvo per quanto attiene al profilo sanzionatorio** (51): pertanto, deve valutare i fatti, onde acclarare se la ricostruzione di essi operata dall'A.G.C.M. sia immune da travisamenti e vizi logici, e accertare che le norme giuridiche siano state correttamente individuate, interpretate ed applicate" (52);

(47) Cfr. Cass. Civ., Sez. Un, 9 novembre 2009, n. 23667, in *Banca dati, De Jure*, Giuffrè.

(48) Cfr. Cass. Civ., Sez. Un, 9 novembre 2009, n. 23667, in *Banca dati, De Jure*, Giuffrè.

(49) Cfr. art. 23-*bis*, l. 6 dicembre 1971, n. 1034, in *Gazz. Uff.*, 13 dicembre 1971, n. 314. L'articolo è stato abrogato dall'art. 4, comma 1, n. 10, Allegato IV, al Codice del processo amministrativo.

(50) La natura di Autorità Amministrativa indipendente si ricava a titolo esemplificativo, dalla lettura di Tar Lazio, Sez. I; 20 febbraio 2008, n. 1536, in *Foro Amm., TAR*, 2008, 2, 502; Cons. Stato, Sez. VI, 21 marzo 2005, n. 1128, in *Foro Amm., CDS*, 2005, 3, 878; Tar Lazio, Sez. I, 23 marzo 2004, n. 2715, in *Banca dati De Jure*.

(51) Nello stesso senso Cons. Stato. Sez. VI, 9 aprile 2009, n. 2201, in *Foro Amm., CDS*; 2009, 4, 1012: "*Il giudice amministrativo, avendo in tema di sanzioni amministrative pecuniarie i poteri di merito di cui alla l. n. 689 del 1981, così come può sostituire la sanzione irrogata con una diversa, può anche ricostruire l'iter logico sotteso alla sanzione irrogata, onde verificarne la legittimità, e dunque supportare con propria motivazione la sanzione già irrogata.*".

(52) Cfr. Tar Lazio, Sez. I, 2 dicembre 2009, n. 12313, in *Foro Amm., Tar*, 2009, 12, 3467. La sentenza prosegue precisando che "*Laddove residuino margini di opinabilità in relazione ai concetti indeterminati, il giudice amministrativo non può comunque sostituirsi all'A.G.C.M. nella definizione del mercato rilevante, se questa sia immune da tipologie inficianti sub specie del travisamento dei fatti, della logicità intrinseca, della violazione di legge*".

— per altro orientamento, invece, "I provvedimenti dell'Autorità *antitrust* sono impugnabili davanti al giudice amministrativo, il quale, a differenza del giudice penale o di quanto avviene in sistemi *antitrust* adottati da altri Stati, non deve necessariamente assumere una decisione, verificando la tesi dell'accusa e della difesa, ma deve verificare la correttezza della decisione assunta dall'Autorità. In tale verifica, il giudice non incontra alcuna restrizione, potendo sindacare senza alcun limite tutte le valutazioni tecniche compiute dall'Autorità. Infatti, con riferimento alle valutazioni tecniche, anche quando riferite ai c.d. 'concetti giuridici indeterminati', la tutela giurisdizionale, per essere effettiva, non può limitarsi ad un sindacato meramente estrinseco, ma deve consentire al giudice un controllo intrinseco, avvalendosi eventualmente anche di regole e conoscenze tecniche appartenenti alla medesima scienza specialistica applicata dall'Amministrazione. **Il sindacato del giudice amministrativo è, quindi, pieno e particolarmente penetrante e si estende sino al controllo dell'analisi (economica o di altro tipo) compiuta dall'Autorità**, potendo sia rivalutare le scelte tecniche compiute da questa, sia applicare la corretta interpretazione dei concetti giuridici indeterminati alla fattispecie concreta in esame." (53).

Quanto, in particolare, **al profilo sanzionatorio** l'estensione, al merito, del sindacato del Giudice, consente al medesimo di modificare direttamente l'ammontare della sanzione, *in melius* ovvero *in peius*, essendo egli munito di poteri analoghi a quelli previsti dalla l. 24 novembre 1981, n. 689 (54) — richiamata, nei limiti della compatibilità dall'art. 31 della l. 10 ottobre 1990, n. 287 (55) — in capo al Giudice avanti a cui venga impugnata una sanzione amministrativa avente carattere punitivo.

Venendo più propriamente alla tutela cautelare si possono fare alcune osservazioni circa i presupposti del *periculum in mora* e del *fumus boni iuris*.

Quanto il *periculum in mora*, la sua assenza, come accade per qualsiasi procedimento cautelare, comporta il rigetto della relativa domanda: "Va respinta l'istanza di sospensione cautelare della determinazione con la quale l'Autorità garante della concorrenza e del mercato, in presenza di una fattispecie di pratica commerciale ritenuta scorretta, ha vietato l'ulteriore diffusione della pratica stessa, irrogando altresì una sanzione ammi-

(53) Cfr. Cfr. Cons. Stato, Sez. VI, 29 settembre 2009, n. 5864, in *Foro Amm., CDS*; 2009, 2135.

(54) Cfr. l. 24 novembre 1981, n. 689, in *Gazz. Uff.*, 30 novembre 1981, n. 329.

(55) Cfr. art. 31 l. 10 ottobre 1990, n. 287, in *Gazz. Uff.*, 13 ottobre 1990, n. 240.

nistrativa pecuniaria, dovendosi escludere che l'apparato sanzionatorio nella fattispecie applicato integri caratteristiche di pregiudizio irreparabile nelle more della definizione nel merito della controversia, sì da giustificare, in ragione del '*periculum in mora*' conseguente all'esecuzione dell'atto gravato, l'adozione delle sollecitate misure cautelari." [56].

Il ***periculum in mora*** **può essere identificato con il pregiudizio** che l'impresa può patire a seguito dell'esecuzione del provvedimento adottato dall'A.G.C.M. che può presentarsi particolarmente rilevante o addirittura irreversibile: si pensi, così ad un provvedimento a mezzo del quale l'impresa viene diffidata dal commercializzare un certo prodotto; oppure, ad una sanzione pecuniaria di importo particolarmente elevato tale da incidere sulla vitalità dell'impresa. In questi casi il rischio di un pregiudizio grave ed irreparabile è sicuramente evidente. **L'urgenza è ancora più manifesta nelle ipotesi** in cui l'A.G.C.M. si sia avvalsa del potere di cui all'art. 14-*bis*, l. 10 ottobre 1990, n. 287 [57], introdotto ad opera dell'art. 14, d.l. 4 luglio 2006, n. 223: "1. Nei casi di urgenza dovuta al rischio di un danno grave e irreparabile per la concorrenza, l'Autorità può, d'ufficio, ove constati ad un sommario esame la sussistenza di un'infrazione, deliberare l'adozione di misure cautelari. 2. Le decisioni adottate ai sensi del comma 1 non possono essere in ogni caso rinnovate o prorogate. 3. L'Autorità, quando le imprese non adempiano a una decisione che dispone misure cautelari, può infliggere sanzioni amministrative pecuniarie fino al 3 per cento del fatturato." [58].

Quanto al ***fumus boni iuris***, la sua presenza, accanto al *periculum in mora*, si rivela essenziale ai fini dell'accoglibilità della domanda cautelare: "Deve respingersi la domanda di sospensione cautelare, che non appaia assistita dal "*fumus boni iuris*" e dalla concreta esposizione di fatti aventi il carattere della gravità ed irreparabilità, di un provvedimento dell'autorità garante della concorrenza e del mercato contro abuso di posizione dominante nei mercati rilevanti contigui delle operazioni portuali e nell'impiego di manodopera nel porto di Brindisi." [59].

La sua valutazione, nella fase cautelare, risulta però compito non facile: la complessità delle questioni che sottostanno ai provvedimenti

[56] Cfr. Tar Lazio, Sez. I, 7 novembre 2008, n. 5219, in *Banca dati De Jure*, Giuffrè.

[57] Cfr. art. 14-*bis*, l. 10 ottobre 1990, n. 287, in *Gazz. Uff.*, 13 ottobre 1990, n. 240.

[58] Cfr. art. 14, d.l. 4 luglio 2006, n. 223, in *Gazz. Uff.*, 4 luglio 2006, n. 153, convertito con modificazione in l. 4 agosto 2006, n. 248, in *Suppl. ordinario* n. 183, alla *Gazz. Uff.*, 11 agosto 2006, n. 186.

[59] Cfr. Tar Lazio, Sez. I, 9 ottobre 1996, n. 3032, in *Banca dati De Jure*, Giuffrè. In senso conforme Cfr. Tar Lazio, Sez. I, 8 marzo 1995, n. 500, in *Banca dati De Jure*, Giuffrè: *Deve respingersi la domanda di sospensione cautelare di un provvedimento dell'autorità garante della concorrenza e del mercato che non appaia assistita dal 'fumus boni iuris'"*.

impugnati, infatti, richiede, sovente, un'attenta analisi che mal si concilia con il carattere d'urgenza della tutela cautelare. Il rito abbreviato di cui all'art. 119 del Codice, e, pertanto, la possibilità di una discussione anticipata del merito del ricorso, pare allora contemperare perfettamente le esigenze che sussistano in questa materia: ovvero quelle di una risposta celere ma approfondita.

Dovendo tuttavia qualificare il ***fumus boni iuris***, **può dirsi che lo stesso consiste nell'evidente assenza di una lesione all'interesse pubblico alla tutela del mercato**.

Un ultima riflessione che può essere fatta riguarda le conseguenze cui si espone una società **la quale non abbia ottemperato al provvedimento dell'A.G.C.M. perché cautelarmente sospeso, ma poi abbia visto respinto il proprio ricorso**.

Deve, tale società, che non ha pagato la sanzione comminata dall'A.G.C.M. pagare anche gli interessi su detta somma?

Secondo la giurisprudenza "... il principio della provvisorietà dell'assetto della misura cautelare e della retroattività della sua sostituzione da parte della pronuncia di merito, se non si spinge ad autorizzare che al soggetto che abbia fruito della sospensiva, ma sia rimasto alla fine soccombente, possa essere ascritto per ciò stesso un ulteriore comportamento antigiuridico, e quindi per tale ragione possa essergli inflitta addirittura una sanzione aggiuntiva (la maggiorazione de qua), postula però pur sempre che ai fini dell'intervento semplicemente riequilibratore dell'istituto degli interessi legali il suo debito venga considerato, *ex post*, come un debito esigibile" (60).

4 LA TUTELA CAUTELARE NELL'AMBITO DEL RITO AVVERSO IL SILENZIO

Il Codice del processo amministrativo si presenta innovativo anche in punto di azione avverso il silenzio-inadempimento della pubblica amministrazione.

(60) Cfr. Tar Lazio, Sez. I, 4 settembre 2004, n. 8448, in *Foro Amm., TAR*, 2004, 2526. In senso contrario Cfr. F. SCLAFANI, *La tutela cautelare in materia* antitrust, in (a cura di) M.R. SANCHINI, La tutela cautelare nel processo amministrativo, 2006, Giuffrè, 168: "*... una volta rigettato il ricorso, l'ordinanza cautelare deve ritenersi come se non fosse mai stata emessa e quindi non può essere invocata per sottrarsi alla responsabilità per il ritardo stante il principio per cui chi fa affidamento su un provvedimento cautelare lo fa a suo rischio e pericolo e quindi se perde nel merito, non può invocare alcun definitivo effetto favorevole dalla pronuncia cautelare.*".

Come si ricorderà, l'art. 21-*bis*, l. 6 dicembre 1971, n. 1034 [(61)] prevedeva un apposito rito in materia di silenzio inadempimento della pubblica amministrazione. Si trattava di un rito camerale accelerato destinato a concludersi entro termini assai brevi.

Si era dunque dubitato della compatibilità della tutelare cautelare con la struttura di questo rito ("Lo speciale procedimento sul silenzio previsto dall'art. 21-*bis* l. Tar, non può essere conv. in rito ordinario, in considerazione della '*ratio*' sottesa alla scelta legislativa, volta ad attribuire a tale strumento processuale finalità acceleratorie e di semplificazione per la definizione delle controversie nella suddetta materia in ragione della relativa semplicità degli inerenti accertamenti di fatto e di diritto. Non si può, pertanto, introdurre, con il medesimo ricorso, due distinte azioni, disciplinate da differenti riti e di diverso oggetto e contenuto, **data l'incompatibilità del procedimento camerale in materia di silenzio rifiuto (sostitutivo anche di ogni pronuncia cautelare)** di cui all'art. 2 l. n. 205 del 2000, introduttivo dell'art. 21-*bis* l. Tar, con quello ordinario di sostanziale natura impugnatoria, che si svolge in pubblica udienza e nel quale il primo non può essere convertito, operando solo sul piano processuale e rivelandosi, quindi, non idoneo al conseguimento di statuizioni attinenti al merito della vertenza.") [(62)] per differenti **ragioni** tra cui:

(ι) la norma di cui all'art. 21-*bis* non faceva cenno alcuno alla tutela cautelare;

(ιι) la speditezza del rito rendeva generalmente inconfigurabile il rischio di un pregiudizio grave ed irreparabile durante la pendenza del giudizio. Generalmente, in quanto il *periculum in mora* poteva però riaffacciarsi ove il Collegio avesse disposto un'istruttoria, con conseguente allungamento dei tempi del processo;

(ιιι) all'esito del giudizio, il Giudice non poteva valutare la fondatezza della domanda del ricorrente, ma doveva limitarsi ad accertare l'obbligo, in capo all'amministrazione, di provvedere entro un dato termine: "... il giudizio disciplinato dall'art. 21-*bis* è diretto ad accertare se il silenzio violi l'obbligo dell'amministrazione di adottare un provvedimento esplicito sull'istanza del privato; il giudice non si sostituisce all'amministrazione in nessuna fase del giudizio, ma accerta se il silenzio sia o non

(61) Cfr. art. 21-*bis*, l. 6 dicembre 1971, n. 1034, in *Gazz. Uff.*, 13 dicembre 1971, n. 314. L'articolo è stato abrogato dall'art. 4, comma 1, n. 10, Allegato IV, al Codice del processo amministrativo.

(62) Cfr. Cons. Stato, Sez. IV, 14 ottobre 2005, n. 5792, in *Foro Amm., CDS*; 2005, 10, 2905. Nello stesso senso Cons. Stato, Sez. IV, 23 aprile 2001, n. 2385, in *Banca Dati De Jure*, Giuffrè.

sia illegittimo, e nel caso di accoglimento del ricorso impone all'amministrazione di provvedere sull'istanza entro il termine assegnato..." (63). Non poteva dunque dirsi esistente una misura cautelare che, *ex* art. 21, comma 8, l. 6 dicembre 1971, n. 1034 (64), fosse idonea "ad assicurare interinalmente gli effetti della decisione sul ricorso". Il provvedimento interinale, infatti, a voler seguire la tesi per cui la tutela cautelare non può assicurare all'istante delle utilità maggiori di quelle che la sentenza di merito è in grado di attribuire, non poteva incidere sulla fondatezza sostanziale della domanda e, pertanto, si presentava completamente inutile.

E ciò sebbene l'art. 21, comma 8, l. 6 dicembre 1971, n. 1034 consentisse la tutela cautelare anche a fronte di "un comportamento inerte dell'amministrazione" (65).

La situazione è poi cambiata quando nell'art. 2 della l. 7 agosto 1990, n. 241 (66) **è stato inserito** — da parte dell'art. 3, comma 6-*bis*, d.l. 14 marzo 2005, n. 35 (67) — **l'inciso per cui, nell'ambito del rito avverso il silenzio, il Giudice poteva conoscere della fondatezza dell'istanza.**

Ora, sebbene sia stato chiarito che tale facoltà doveva ritenersi sussistente solo in presenza di un provvedimento a carattere vincolato ("Sebbene l'art. 2, comma 5, l. 241/1990 stabilisca che 'il giudice amministrativo può conoscere della fondatezza dell'istanza' — il legislatore non ha inteso attribuire un potere da esercitarsi nell'ambito di un rito speciale improntato a esigenze di snellezza; al contrario, la norma faculta (ma non obbliga) a conoscere della fondatezza della pretesa, nei casi in cui lo stesso giudicante la ritenga facilmente valutabile. Ciò accade, ad esempio, nelle ipotesi di manifesta fondatezza discendente dal carattere vincolato del provvedimento, che non postuli accertamenti valutativi complessi; ovvero, nei casi di evidente infondatezza, laddove risulta diseconomico condannare la p.a. a provvedere se l'atto espresso non potrà che essere di rigetto.") (68), la circostanza che il Giudice potesse procedere alla verifica

(63) Cfr. Cons. Stato, Ad. Pl., 29 ottobre 2001-9 gennaio 2002, n. 1, in *Guida al Diritto, Il Sole-24 Ore*, 2002, 5, 92.

(64) Cfr. art. 21, comma 8, l. 6 dicembre 1971, n. 1034, in *Gazz. Uff.*, 13 dicembre 1971, n. 314. L'articolo è stato abrogato dall'art. 4, comma 1, n. 10, Allegato IV, al Codice del processo amministrativo.

(65) Cfr. art. 21, comma 8, l. 6 dicembre 1971, n. 1034, in *Gazz. Uff.*, 13 dicembre 1971, n. 314. L'articolo è stato abrogato dall'art. 4, comma 1, n. 10, Allegato IV, al Codice del processo amministrativo.

(66) Cfr. art. 2, l. 7 agosto 1990, n. 241, in *Gazz. Uff.*, 18 agosto 1990, n. 192.

(67) Cfr. art. 3, comma 6-*bis*, d.l. 14 marzo 2005, n. 35, in *Gazz. Uff.*, 16 marzo 2006, n. 62, convertito con modificazione in l. 14 maggio 2005, n. 80, in *Suppl. ordinario* n. 91 alla *Gazz. Uff.*, 14 maggio 2005, n. 111.

(68) Cfr. Sicilia, Sez. I, 28 gennaio 2010, n. 135, in *Guida al Diritto, Il Sole-24 Ore*, 2010, 8, 105. Cfr.

della spettanza, in capo al ricorrente, della pretesa sostanziale azionata, determinava la riviviscenza dell'utilità delle misure cautelari. Il Giudice, infatti, avrebbe potuto concedere una misura ordinatoria (invitando l'amministrazione ad emanare l'atto omesso) garantendo, così, in via anticipata, quella utilità che la sentenza di accoglimento avrebbe dato.

Così la giurisprudenza aveva finito per ammettere, entro i limiti descritti, la tutela cautelare nell'ambito del rito avverso il silenzio della P.A.: "Con riferimento alla nuova disciplina del silenzio-rifiuto che consente, al giudice investito del procedimento *ex* art. 21-*bis* l. Tar, anche di conoscere del fondamento della pretesa, i nuovi poteri si riflettono nella sede cautelare consentendo, anche in tale speciale procedimento l'adozione della misura cautelare consistente nel riconoscimento di provvisionale, indipendentemente dalla natura mista dell'azione proposta." (69).

Ora, il Codice del processo amministrativo disciplina il rito del silenzio negli artt. 31, 87 e 117.

In particolare l'**art. 31, Codice del processo amministrativo** si limita a prevedere, al comma 1, che "Decorsi i termini per la conclusione del procedimento amministrativo, chi vi abbia interesse può chiedere l'accertamento dell'obbligo dell'amministrazione di provvedere", precisando — al comma 2 —, che l'istanza può proporsi fintantoché dura l'inadempimento entro, comunque, un anno dal termine di conclusione del procedimento medesimo. Il comma 3, quindi, positivizza le conclusioni cui era pervenuta la giurisprudenza circa i poteri esercitabili dal Giudice: "Il giudice può pronunciare sulla fondatezza della pretesa dedotta in giudizio solo quando si tratta di attività vincolata o quando risulta che non residuano ulteriori margini di esercizio della discrezionalità e non sono necessari adempimenti istruttori che debbano essere compiuti dall'amministrazione".

inoltre Tar Calabria, Sez. I, 9 settembre 2009, n. 939, in *Foro Amm., TAR*, 2009, 9, 2589: « *Pertanto, deve ritenersi che la nuova disciplina, che stabilisce la "facoltà" (e non impone un "dovere") del giudice di provvedere sull'oggetto del giudizio sostituendosi all'Amministrazione inadempiente, può trovare senz'altro applicazione nelle ipotesi in cui l'inerzia riguardi attività di tipo vincolato, oppure sussista un comportamento processuale dell'Amministrazione di non contestazione della pretesa del ricorrente, oppure vi sia certezza in ordine alla definizione della controversia sulla base di semplici accertamenti di fatto e di diritto, mentre risulta non applicabile tutte le volte in cui sia necessario instaurare un procedimento istruttorio più complesso, condizionato dall'adozione di atti e provvedimenti.* ». Cfr. inoltre Cons. Stato, Sez. IV, 28 aprile 2008, n. 1873, in *Foro Amm., CDS*, 2008, 4, 1091: "*Nel ricorso proposto ai sensi dell'art. 21-*bis*, l. Tar avverso il silenzio serbato dall'amministrazione sull'istanza del privato non può essere chiesto al giudice adito una pronuncia di merito, a meno che il provvedimento inutilmente richiesto non abbia carattere vincolato, e cioè una sola sia la soluzione conforme all'ordinamento, e non anche quando l'amministrazione dispone in materia di ampi spazi per valutazioni di ordine discrezionale ad essa riservati.*".

(69) Cfr. Cons. Stato, Sez. V, 9 maggio 2006, n. 2254, in *Foro Amm., CDS*, 2006, 5, 1589. In senso conforme cfr. Tar Lombardia, Sez. III, 23 aprile 2009, n. 3579, in *Foro Amm. TAR*, 2009, 4, 973.

L'**art. 87, comma 2, lett.** ***b*****) del Codice** prevede che il ricorso venga trattato in Camera di Consiglio soggiungendo, al comma 3, che "tutti i termini processuali sono dimezzati rispetto a quelli del processo ordinario, tranne quelli per la notificazione del ricorso introduttivo, del ricorso incidentale e dei motivi aggiunti". Specifica, inoltre, che "La camera di consiglio è fissata d'ufficio alla prima udienza utile successiva al trentesimo giorno decorrente dalla scadenza del termine di costituzione delle parti intimate. Nella camera di consiglio sono sentiti i difensori che ne fanno richiesta".

L'**art. 117, Codice del processo amministrativo**, invece, contiene la disciplina dell'*iter* processuale da seguire: il ricorso può essere proposto senza necessità della previa diffida ad adempiere rivolta all'amministrazione; il ricorso è deciso con sentenza in forma semplificata; in caso di accoglimento il Giudice ordina all'amministrazione di provvedere entro un termine non superiore a trenta giorni, potendo contestualmente nominare un commissario *ad acta*, per l'ipotesi in cui l'amministrazione rimanga ulteriormente inerte.

Per quanto qui interessa, v'è da chiedersi: a seguito dell'entrata in vigore del Codice, può la tutela cautelare vivere all'interno del rito avverso il silenzio?

Atteso il carattere generale dell'azione cautelare pare senz'altro potersi concludere nel senso della possibile convivenza tra ricorso avverso il silenzio e rito cautelare. Alla stessa conclusione porterebbe inoltre l'art. 2, comma 8, l. 7 agosto 1990, n. 241 (70), come sostituito dall'art. 3, comma 2, lett. *a*), Allegato IV al Codice del processo amministrativo: "La tutela in materia di silenzio dell'amministrazione è disciplinata dal codice del processo amministrativo".

Pare anche, però, che la misura cautelare sia utilmente concedibile solo quando il ricorrente chieda l'accertamento della fondatezza della pretesa, cosa che è possibile solo in presenza di un provvedimento a 'carattere vincolato' che l'amministrazione non ha adottato ma che avrebbe dovuto adottare (cfr. art. 31, comma 3, Codice del processo amministrativo).

In tal caso, infatti, già in fase cautelare il Giudice potrebbe ordinare all'amministrazione di emanare il provvedimento omesso garantendo, in via anticipata, il risultato ottenibile con la successiva sentenza di accoglimento.

(70) Cfr. art. 2, comma 8, l. 7 agosto 1990, n. 241, in *Gazz. Uff.*, 18 agosto 1990, n. 192.

La giurisprudenza più sopra citata e formatasi sotto la vigenza dell'art. 21-*bis*, l. 6 dicembre 1971, n. 1034 (71), si ritiene pertanto possa mantenere la propria validità anche sotto il vigore del Codice del processo amministrativo.

Dubbi si possono invece nutrire, circa l'utile invocabilità, nell'ambito del rito avverso il silenzio, degli artt. 56 e 61, Codice del processo amministrativo e, pertanto, rispettivamente, della tutela cautelare presidenziale *post causam*, e di quella *ante causam*, ove il ricorrente evidenzi le ragioni "di estrema gravità ed urgenza" (art. 56, comma 1 del Codice) che non consentono neppure di attendere la data della Camera di Consiglio, ovvero quelle di "eccezionale gravità e urgenza, tale da non consentire neppure la previa notificazione del ricorso e la domanda di misure cautelari provvisorie con decreto presidenziale" (cfr. art. 61, comma 1 del Codice).

In tali casi, infatti, l'atto di impulso giudiziale avrebbe quale conseguenza l'emanazione di un provvedimento amministrativo. La misura cautelare, pertanto, sarebbe **priva di quella provvisorietà che connota tanto il decreto presidenziale *post causam*** (si rinvia al Capitolo IV, Paragrafo 5), **quanto quello *ante causam*** (si rinvia al Capitolo VIII, Paragrafo 7) **e verrebbe ad incidere sull'assetto degli interessi, secondo una modalità che potrebbe anche non consentire di tornare indietro**.

Sulla base di queste considerazioni, tendenzialmente, si dovrebbe allora escludere la compatibilità tra il rito avverso il silenzio e la tutela cautelare presidenziale *ante* e *post causam*.

5 LA TUTELA CAUTELARE NELL'AMBITO DEL RITO PER L'ACCESSO AI DOCUMENTI AMMINISTRATIVI

Ai sensi dell'art. 25, comma 5, l. 7 agosto 1990, n. 241 (72), come sostituito dall'art. 3, comma 2, lett. *c*), Allegato IV al Codice del processo amministrativo, "Le controversie relative all'accesso ai documenti amministrativi sono disciplinate dal codice del processo amministrativo".

In particolare, viene in rilievo **l'art. 116, Codice del processo amministrativo che detta una disciplina che ricalca, sostanzialmente,**

(71) Cfr. art. 21-*bis*, l. 6 dicembre 1971, n. 1034, in *Gazz. Uff.*, 13 dicembre 1971, n. 314. L'articolo è stato abrogato dall'art. 4, comma 1, n. 10, Allegato IV, al Codice del processo amministrativo.

(72) Cfr. art. 25, l. 7 agosto 1990, n. 241, in *Gazz. Uff.*, 18 agosto 1990, n. 192.

quella di cui all'art. 25, commi 5 e ss. l. 7 agosto 1990, n. 241 (73), nella formulazione *ante* Codice, anche se non mancano significative differenze.

In un'ottica generale può dirsi che ci si trova di fronte ad un **rito speciale** promuovibile avverso le determinazioni adottate dall'amministrazione in ordine alle richieste di accesso, ovvero avverso i silenzi serbati dall'amministrazione medesima sulle stesse. Il ricorso va notificato all'amministrazione e ai controinteressati entro il termine di 30 giorni dalla conoscenza del provvedimento (o dalla formazione del silenzio) ovvero, in caso di pendenza di un giudizio cui l'istanza di accesso è connessa, mediante deposito dello stesso presso la Segreteria della Sezione a cui è stato assegnato il ricorso principale, sempre previa notifica all'amministrazione resistente e ai controinteressati. In tal caso, la decisione può essere adottata, disgiuntamente dalla definizione del giudizio, con ordinanza, oppure unitamente a quest'ultimo, con sentenza.

Si prevede che l'amministrazione possa essere rappresentata anche da un proprio dipendente a ciò autorizzato, mentre scompare, per la parte privata, la possibilità di stare in giudizio personalmente, senza l'assistenza di un difensore.

Il giudizio termina con una sentenza in forma semplificata con la quale il Giudice, sussistendone i presupposti, ordina l'esibizione dei documenti, entro un termine, di regola, di trenta giorni, stabilendone le relative modalità.

Le regole sopra brevemente richiamate, si applicano anche nei giudizi di impugnazione: non solo, pertanto, nel giudizio di appello ma anche, ad es., in quello di revocazione.

Come si ricorderà, l'art. 25, comma 5, l. 7 agosto 1990, n. 241 (74), prevedeva espressamente che dette controversie rientrassero nell'ambito della giurisdizione esclusiva del Giudice amministrativo. Nulla è mutato sul punto se non il fatto che la specificazione è ora contenuta all'art. 133, comma 1, lett. *a*), *sub* 6, Codice del processo amministrativo.

Il citato art. 25, comma 5, l. 7 agosto 1990, n. 241 (75), inoltre, prevedeva che il ricorso fosse deciso in Camera di consiglio "entro trenta giorni dalla scadenza del termine per il deposito del ricorso, uditi i difensori delle parti che ne abbiano fatto richiesta".

(73) Cfr. art. 25, commi 5 e ss., l. 7 agosto 1990, n. 241, in *Gazz. Uff.*, 18 agosto 1990, n. 192.

(74) Cfr. art. 25, comma 5, l. 7 agosto 1990, n. 241, in *Gazz. Uff.*, 18 agosto 1990, n. 192.

(75) Cfr. art. 25, comma 5, l. 7 agosto 1990, n. 241, in *Gazz. Uff.*, 18 agosto 1990, n. 192.

La norma si ritrova, in parte, nell'art. 87, del Codice che, al comma 2, lett. *c*), prevede espressamente il rito camerale per i giudizi in materia di accesso ai documenti amministrativi, al comma 3, invece: (***i***) sancisce il dimezzamento di tutti i termini processuali previsti per il rito ordinario, eccezione fatta per quello di proposizione del ricorso introduttivo (che in materia di accesso è di 30 giorni), incidentale e per motivi aggiunti; (***ii***) prevede che la Camera di Consiglio sia fissata alla prima udienza utile successiva al termine di 30 giorni decorrenti dalla scadenza del termine per la costituzione delle parti intimate. Ora, facendo applicazione dell'art. 46, comma 1, Codice del processo amministrativo, rubricato "Costituzione della parti intimate", che fissa in 60 giorni, dal perfezionamento della notifica, il termine per la costituzione delle parti a cui il ricorso è stato notificato, e tenuto conto che tale termine, nel rito in esame, deve essere dimidiato, si deve concludere che la Camera di consiglio si terrà alla prima udienza utile successiva al termine di 30 giorni dall'avvenuto perfezionamento dell'ultima notifica del ricorso; (***iii***) conferma che i difensori possono essere sentiti ove ne facciano richiesta.

Chiarite, sia pur per sommi capi, le caratteristiche principali del rito in materia di accesso ai documenti amministrativi **v'è da chiedersi se lo stesso sia compatibile con la richiesta di tutela cautelare**.

La **dottrina e la giurisprudenza si sono orientate in senso negativo per ragioni di carattere pratico**. Si è così evidenziato come "la rapidità che caratterizza la definizione nel merito del giudizio sull'accesso privi di rilievo la tutela cautelare" (76). Per cui "Il rito camerale di urgenza che caratterizza l'*'actio ad exhibendum'* in quanto tale, è incompatibile con la fase infraprocessuale cautelare." (77).

La descritta conclusione pare, tuttavia, debba rivedersi proprio alla luce di quelle ragioni di carattere pratico invocate dalle citate dottrina e giurisprudenza. Invero, specie "quando l'azione sia proposta dal soggetto controinteressato che vanti un interesse opposto all'ostensione del documento, non è da escludersi che la situazione soggettiva azionata in giudizio sia esposta, nelle more della definizione nel merito del giudizio medesimo, a un pregiudizio irreparabile, quale l'ostensione del documento." (78).

(76) Cfr. F. CARINGELLA-S. MAZZAMUTO-G. MORBIDELLI, *Manuale di diritto amministrativo*, Dike, 2010, 970.

(77) Cfr. Tar Lombardia, Sez. II, 18 gennaio 1995, n. 64, in *Banca dati De Jure*, Giuffrè. In senso conforme Tar Lombardia, Sez. III, 14 febbraio 1994, n. 61, in *Banca dati De Jure*, Giuffrè.

(78) Cfr. F. CARINGELLA-S. MAZZAMUTO-G. MORBIDELLI, *Manuale di diritto amministrativo*, Dike, 2010, 970.

Tali casi, evidenziano dunque l'utilità della tutela cautelare, nell'ambito del rito camerale.

Di sicuro, invece, la tutela cautelare deve essere ritenuta ammissibile nel caso di richiesta in appello della sospensione della sentenza di primo grado, ciò al fine di evitare "il definitivo pregiudizio dei terzi derivante dalla conoscenza del provvedimento" [(79)].

6 LA TUTELA CAUTELARE NELL'AMBITO DELLA L. 12 GIUGNO 1990, N. 146 (SCIOPERO NEI SERVIZI PUBBLICI)

La l. 12 giugno 1990, n. 146 [(80)] disciplina il diritto di sciopero nell'ambito dei servizi pubblici essenziali, tentando di contemperare l'esercizio di tale diritto, costituzionalmente garantito (cfr. art. 40 Cost.) con la tutela di altri diritti, anch'essi aventi rilievo costituzionale.

In forza dell'art. 8, comma 1, della citata legge, "**Quando sussista il fondato pericolo di un pregiudizio grave e imminente** ai diritti della persona costituzionalmente tutelati di cui all'articolo 1, comma 1" — ovvero quelli volti a garantire il godimento dei diritti della persona, costituzionalmente tutelati, alla vita, alla salute, alla libertà ed alla sicurezza, alla libertà di circolazione, all'assistenza e previdenza sociale, all'istruzione ed alla libertà di comunicazione — "che potrebbe essere cagionato dall'interruzione o dalla alterazione del funzionamento dei servizi pubblici di cui all'articolo 1, conseguente all'esercizio dello sciopero o a forme di astensione collettiva di lavoratori autonomi, professionisti o piccoli imprenditori, su segnalazione della Commissione di garanzia ovvero, nei casi di necessità e urgenza, di propria iniziativa, informando previamente la Commissione di garanzia, il Presidente del Consiglio dei ministri o un Ministro da lui delegato, se il conflitto ha rilevanza nazionale o interregionale, ovvero, negli altri casi, il prefetto o il corrispondente organo nelle regioni a statuto speciale, informati i presidenti delle regioni e delle province autonome di Trento e di Bolzano, invitano le parti a desistere dai comportamenti che determinano la situazione di pericolo, esperiscono un tentativo di conciliazione, da esaurire nel più breve tempo possibile, e se il tentativo non riesce, adottano con ordinanza le misure necessarie a pre-

(79) Cfr. F. CARINGELLA-S. MAZZAMUTO-G. MORBIDELLI, *Manuale di diritto amministrativo*, Dike, 2010, 971.

(80) Cfr. l. 12 giugno 1990, n. 146, in *Gazz. Uff.*, 14 giugno 1990, n. 137.

venire il pregiudizio ai diritti della persona costituzionalmente tutelati di cui all'articolo 1, comma 1." (81).

Attraverso questo provvedimento, ai sensi del successivo comma 2, può dunque disporsi il differimento dell'astensione collettiva ad altra data, la riduzione della sua durata, l'osservanza, di misure idonee ad assicurare livelli di funzionamento del servizio pubblico.

L'art. 10 della l. 12 giugno 1990, n. 146 introduce delle norme particolari per il giudizio di impugnazione dell'ordinanza di cui al precedente art. 8, comma 2: "1. I soggetti che promuovono lo sciopero, le amministrazioni, le imprese e i singoli prestatori di lavoro destinatari del provvedimento, che ne abbiano interesse, possono promuovere ricorso contro l'ordinanza prevista dall'articolo 8, comma 2, nel termine di sette giorni dalla sua comunicazione o, rispettivamente, dal giorno successivo a quello della sua affissione nei luoghi di lavoro, avanti al tribunale amministrativo regionale competente. La proposizione del ricorso non sospende l'immediata esecutività dell'ordinanza. 2. Se ricorrono fondati motivi il tribunale amministrativo regionale, acquisite le deduzioni delle parti, nella prima udienza utile, sospende il provvedimento impugnato anche solo limitatamente alla parte in cui eccede l'esigenza di salvaguardia di cui all'articolo 8, comma 1." (82).

Per quanto qui interessa è di rilevanza il comma 2 sopra riportato che, per l'appunto, prevede che l'impugnazione dell'ordinanza possa essere accompagnata dall'istanza di sospensione della sua efficacia, che, ove disposta, avrebbe l'effetto di consentire l'agitazione sindacale inibita o limitata, invece, dal provvedimento gravato.

Perché tale domanda possa trovare accoglimento è necessario ricorrano "*fondati motivi*".

Come si può verificare, la formula impiegata è diversa da quella di cui all'art. 55 Codice del processo amministrativo, che richiede, invece, quanto al *periculum in mora* l'allegazione di "un pregiudizio grave ed irreparabile" (art. 55, comma 1, Codice del processo amministrativo) e, quanto al *fumus boni iuris*, l'individuazione di quei "profili che inducono ad una ragionevole previsione sull'esito del ricorso" (cfr. art. 55, comma 9, Codice del processo amministrativo).

La sospensione del provvedimento, ipotesi che nella pratica si è manifesta assai raramente, **è dunque condizionata ad un giudizio sul *fumus***

(81) Cfr. art. 8, comma 1, l. 12 giugno 1990, n. 146, in *Gazz. Uff.*, 14 giugno 1990, n. 137.

(82) Cfr. art. 10, l. 12 giugno 1990, n. 146, in *Gazz. Uff.*, 14 giugno 1990, n. 137.

***boni iuris* che è molto più penetrante di quello ordinario**, previsto dal citato art. 55, comma 9 del Codice. Devono, infatti, essere ravvisati dei fondati motivi non bastando, dunque, una ragionevole fondatezza degli stessi.

Inoltre non viene assunto, come parametro di giudizio, il *periculum in mora*, in quanto, in questo ambito particolare il Giudice è chiamato a valutare "non tanto il danno eventualmente derivante dalla mancata effettuazione dello sciopero, ma soprattutto il danno potenzialmente prodotto proprio dal suo svolgimento" (83).

7 I RAPPORTI TRA LA TUTELA CAUTELARE E L'INCIDENTE DI COSTITUZIONALITÀ

Anche nell'ambito del giudizio cautelare è possibile sollevare, *ex* art. 23, l. 11 marzo 1953, n. 87 (84), **la questione di legittimità costituzionale di una norma** purché, ovviamente, la stessa si presenti rilevante ai fini del giudizio cautelare e, quindi, venga ad incidere sulla sussistenza del *fumus boni iuris* ovvero del *periculum in mora*.

La sospensione del giudizio, in attesa della decisione della Corte Costituzionale, potrebbe però compromettere il diritto del ricorrente alla effettività della tutela giurisdizionale — diritto che viene ora richiamato anche dall'art. 1, Codice del processo amministrativo —, ove non si dovesse riconoscere il potere del Giudice amministrativo, nel rimettere la questione di legittimità al Giudice della Leggi, di adottare le più opportune misure cautelari (85).

Ecco perché, allora, nel bilanciamento tra il principio di effettività e quello che, nel nostro Ordinamento, vuole che il controllo di costituzionalità di una norma sia accentrato, **si è allora ammessa la possibilità che il Giudice amministrativo conceda la misura cautelare, sia pur in via provvisoria, sino a che la questione di costituzionalità non sia definita**. Dopo di ché il Giudice dovrà attenersi alla decisione della Consulta.

In tale senso si è pronunziata l'**Adunanza Plenaria del Consiglio di Stato**: "Al fine di conciliare il carattere accentrato del controllo di costituzionalità delle leggi con il principio di effettività della tutela giurisdizionale, non può escludersi, quando gli interessi in gioco lo richiedano, una

(83) Cfr. A. TRAVI (a cura di) *Formulario annotato della Giustizia Amministrativa*, Cedam, 2008, 469.

(84) Cfr. l. 11 marzo 1953, n. 87, in *Gazz. Uff.*, 14 marzo 1953, n. 62.

(85) Il problema, ovviamente, non si pone ove il Giudice ritenga la questione manifestamente infondata e, pertanto, nel decidere dando applicazione della legge vigente, rigetti l'istanza di sospensiva.

forma limitata di controllo diffuso che consenta la concessione del provvedimento di sospensione dell'atto impugnato, rinviando alla fase di merito, al quale il provvedimento cautelare è strumentalmente collegato, il controllo della Corte costituzionale con effetti *'erga omnes'* (86).

Si può peraltro osservare come la **giurisprudenza abbia anche riconosciuto** la facoltà del Giudice chiamato a pronunziarsi sulla domanda cautelare, di accogliere l'istanza e, contestualmente, di sollevare la questione di legittimità sospendendo il processo e disponendo l'immediata trasmissione degli atti alla Corte Costituzionale, senza, dunque, rinviare alla fase del merito del giudizio per poter sottoporre la questione al Giudice delle leggi: "Il requisito della rilevanza della questione di legittimità costituzionale non viene meno nel caso in cui il giudice, contemporaneamente all'ordinanza di rimessione, abbia disposto, con separato provvedimento, la sospensione dell'atto impugnato, in via provvisoria e temporanea, sino alla ripresa del giudizio cautelare e ciò anche nel caso che la dedotta incostituzionalità di una o più norme legislative costituisca l'unico motivo di ricorso innanzi al giudice *'a quo'*, essendo comunque individuabile, nel giudizio principale, un *'petitum'* separato e distinto dalle questioni di legittimità costituzionale, sul quale il giudice è chiamato a pronunciarsi." (87). Ciò conformandosi alla giurisprudenza della **Corte di Giustizia** (88) sia pur in materia di rinvio pregiudiziale, *ex* art. 234 del Trattato CEE (si rinvia al Paragrafo 8 che segue).

Pare, tuttavia, che quest'ultima soluzione non sia percorribile nell'eventualità di tutela presidenziale *post causam* (si rinvia al Capitolo IV) e *ante causam* (si rinvia al Capitolo VIII) in quanto, in entrambi i casi, le misure cautelari hanno un'efficacia provvisoria sino a, rispettivamente, la Camera di Consiglio di cui all'art. 55, comma 5, Codice del processo amministrativo, nella prima ipotesi, e sino ai 60 giorni successivi alla sua emissione, nella seconda ipotesi (cfr. art. 61, comma 5 del Codice). Inoltre, la particolare 'urgenza' che caratterizza questi tipi di tutela cautelare,

(86) Cfr. Cons. Stato, 20 dicembre 1999, n. 2, in *Foro It.*, 2000, III, 9. Cfr. anche Tar Veneto, Sez. III, 26 febbraio 2004, n. 201, in *Foro Amm., TAR*, 2004, 386: "*È ammissibile, sotto il profilo della rilevanza, la questione di costituzionalità sollevata nel corso del giudizio cautelare amministrativo quando il giudice, pur avendo concesso la sospensione del provvedimento, si sia dichiaratamente pronunciato in via interinale fino alla ripresa della medesima fase cautelare dopo la definizione dell'incidente di costituzionalità, posto che il potere del giudice* a quo*, secondo tale prospettazione, non risulta esaurito sulla questione da decidere*".

(87) Cfr. Tar Lazio, Sez. III, 20 luglio 2001, n. 6725, in *Banca dati De Jure*, Giuffrè. In senso conforme Tar Lazio, Sez. III, 4 ottobre 2000, n. 7839, in *Banca dati De Jure*, Giuffrè.

(88) Cfr. Corte di Giustizia CE, 19 giugno 1990, in causa *Factortame*, in *Foro Amm.*, 1991, 185.

mal si concilierebbe con la formulazione dell'ordinanza di rimessione alla Corte Costituzionale della questione di legittimità.

Nelle fattispecie, dunque, la conciliazione del carattere accentrato del controllo di legittimità costituzionale con il principio di effettività della tutela giurisdizionale **avverrà attraverso il riconoscimento dell'ammissibilità della concessione del provvedimento cautelare, con rinvio alla successiva fase cautelare collegiale per l'adozione dell'ordinanza di rimessione degli atti alla Corte Costituzionale e contestuale sospensione del processo**. La soluzione non è tuttavia pacifica in quanto, secondo taluni, potrebbe invece estendersi anche al giudizio cautelare monocratico la prassi, sviluppatasi nell'ambito della cautela collegiale *post causam*, di concedere misure interinali con contestuale rinvio della questione al Giudice delle Leggi (89).

Si riscontra, invece, **un contrasto in giurisprudenza circa la rilevanza che l'incidente di costituzionalità può avere come fatto nuovo idoneo a legittimare una richiesta di modifica, revoca (o appello) del provvedimento che si è pronunziato sulla domanda cautelare**.

A favore della rilevanza pare schierarsi il **Cons. di Giust. Amm. per la Regione Siciliana** con la decisione 16 dicembre 1999, n. 1056: "Nel caso in cui l'ordinanza cautelare appellata abbia ravvisato la sussistenza del requisito del '*fumus boni iuris*' unicamente in relazione all'aver contemporaneamente rimesso alla Corte costituzionale questione di costituzionalità, deve essere accolto l'appello avverso detta ordinanza ove la questione appaia, anche per avvenimenti sopravvenuti (nella specie, la revisione dell'art. 126 cost.), manifestamente infondata, (il consiglio ha ritenuto che vada garantito, in attesa della decisione della Corte costituzionale, l'esercizio del potere consiliare di esprimere la sfiducia nei confronti del sindaco mediante mozione motivata, in applicazione della normativa vigente)" (90).

In senso contrario si pone invece la **VI Sezione del Consiglio di Stato**: "La prospettazione di un incidente di costituzionalità non integra il 'fatto nuovo' idoneo a legittimare una richiesta di revoca o riforma di un pregresso provvedimento (positivo o negativo) di natura cautelare" (91).

Tra le due tesi si ritiene preferibile la prima se non altro per una ragione di coerenza. Se, infatti, si riconosce al Giudice amministrativo il

(89) Cfr. S. TARULLO, *La nuova tutela cautelare* ante causam *introdotta dall'art. 245 del codice degli appalti*, in *www.giustamm.it*.

(90) Cfr. Cons. Giust. Amm. Sicilia, Sez. Giurisd., 16 dicembre 1999, n. 1056, in *Foro It.*, 2001, II, 451.

(91) Cfr. Cons. Stato, Sez. VI, 16 maggio 2006, n. 2400, in *Foro Amm., CDS*, 2006, 5, 1589.

potere di adottare una misura cautelare in attesa che la Consulta si pronunzi in ordine alla costituzionalità delle norme su cui il provvedimento impugnato si basa, è ragionevole ritenere che se detta questione, per dei fatti sopravvenuti, si prospetti inammissibile ovvero venga per la prima volta sollevata, in altro giudizio, dopo che il Giudice si è già pronunziato in fase cautelare, la stessa assuma pari rilevanza sebbene ai fini della revoca, modifica o appello del provvedimento adottato.

In altre parole, se alla questione di legittimità costituzionale viene riconosciuta rilevanza al momento della concessione della misura cautelare, tale rilevanza deve permanere, necessariamente, anche in fase di revoca modifica o appello della stessa.

Inoltre, se l'ordinanza con cui il Tribunale amministrativo si limita a rimettere alla Corte Costituzionale la questione di legittimità sollevata, senza adottare alcun provvedimento cautelare, non pare appellabile (92), diversamente l'ordinanza che abbia anche tale contenuto potrà essere validamente sottoposta al giudizio del Consiglio di Stato chiamato "a pronunziarsi, non sulla fondatezza delle questione di legittimità, pronuncia questa che spetta alla Corte Costituzionale innanzi alla quale essa stessa è sollevata, bensì sull'ingiustizia dell'ordinanza e quindi sull'opportunità o meno della misura cautelare concessa in considerazione dei possibili effetti che la misura cautelare produrrebbe nei confronti dell'amministrazione e degli eventuali controinteressati" (93).

8 I RAPPORTI TRA LA TUTELA CAUTELARE ED IL RINVIO PREGIUDIZIALE DI CUI ALL'ART. 234 DEL TRATTATO CEE

Analogo problema a quello esaminato al Paragrafo 7 che precede si pone anche con riferimento alla questione del rinvio pregiudiziale alla Corte di giustizia Europea, di cui all'art. 234 del Trattato CE.

(92) G. DE MARZO-G. MISSERINI, *La tutela cautelare e sommaria nel giudizi amministrativi*, Cedam, 2004, 32: "*Resta inteso che le ordinanze che, in caso di proposizione di incidente di costituzionalità, si limitano a disporre la sospensione del giudizio* a quo *senza concedere alcuna misura cautelare non sono appellabili. Tale conclusione discende dalle seguenti considerazioni. In primo luogo, stante il principio di tassatività dei mezzi di impugnazioni, le pronunzie non decisorie, in assenza di previsione espressa, non sono appellabili. In secondo luogo, la sospensione del giudizio* a quo *che viene disposta nei casi in cui viene sollevata la questione di costituzionalità produce i suoi effetti anche sul rapporto processuale di appello, dovendo essere sospeso il giudizio sull'istanza di sospensione del provvedimento impugnato*".

(93) Cfr. M. IMMORDINO, *Giudizio cautelare e controllo di costituzionalità delle leggi*, in *Cons. Stato*, 2001, II, 1381.

Secondo l'indicata disposizione, come noto, la Corte di Giustizia Europea "è competente a pronunciarsi, in via pregiudiziale: *a*) sull'interpretazione del presente trattato; *b*) sulla validità e l'interpretazione degli atti compiuti dalle istituzioni della Comunità e della BCE; *c*) sull'interpretazione degli statuti degli organismi creati con atto del Consiglio, quando sia previsto dagli statuti stessi. 2. Quando una questione del genere è sollevata dinanzi ad una giurisdizione di uno degli Stati membri, tale giurisdizione può, qualora reputi necessaria per emanare la sua sentenza una decisione su questo punto, domandare alla Corte di giustizia di pronunciarsi sulla questione. 3. Quando una questione del genere è sollevata in un giudizio pendente davanti a una giurisdizione nazionale, avverso le cui decisioni non possa proporsi un ricorso giurisdizionale di diritto interno, tale giurisdizione è tenuta a rivolgersi alla Corte di giustizia".

Quando, quindi, una delle indicate questioni viene sollevata davanti al Giudice amministrativo, e la stessa viene considerata rilevante ai fini della soluzione della controversia, tale Giudice può, se si tratta del Tribunale Amministrativo Regionale, ovvero deve, nel caso del Consiglio di Stato, domandare alla Corte di Giustizia di pronunziarsi.

Può però il Giudice, nelle more, adottare le più opportune misure cautelari chieste?

La risposta al quesito è senz'altro positiva e trova conferma:

— nella **giurisprudenza della Corte di Giustizia della Comunità Europea**: "Il principio della tutela giurisdizionale effettiva richiede che provvedimenti provvisori che sospendono l'applicazione di una norma interna possano essere concessi finché il giudice competente si sia pronunciato sulla conformità di tale norma con il diritto comunitario, qualora la concessione di tali provvedimenti sia necessaria per garantire la piena efficacia della successiva pronuncia giurisdizionale sull'esistenza dei diritti invocati in forza del diritto comunitario." (94);

— nella **giurisprudenza interna**: "Quando l'attuazione amministrativa di atti comunitari è compito di organi nazionali, la protezione giurisdizionale garantita dal diritto comunitario implica per i privati il diritto di agire per ottenere, in via cautelare, tutela innanzi ai giudici nazionali, competenti per la contestazione della legittimità di detti atti, e tenuti a sottoporre alla

(94) Cfr. Corte Giustizia Comunità Europea, Grande Sezione, 13 marzo 2007. n. 432, in *Riv. Dir. Int.*, 2007, 4, 1196.

Corte di giustizia le questioni pregiudiziali. (Nella specie, viene sollevata questione pregiudiziale in ordine alla interpretazione di un d.m. in materia di etichettatura di mangimi in relazione alla direttiva n. 02/2002/Cee) (95).

In sintesi, **il Giudice amministrativo potrà concedere la tutela cautelare, quando vi siano fondati dubbi circa la legittimità dell'atto comunitario in forza del quale è stato adottato l'atto interno contestato, e sussista il rischio di un grave ed irreparabile pregiudizio in attesa che sulla questione sollevata si pronunzi la Corte di Giustizia**.

Ove ricorrano le descritte condizioni il Giudice, contestualmente all'adozione della misura cautelare, effettuerà il rinvio pregiudiziale alla Corte di Giustizia.

Come visto nel Paragrafo che precede, le ordinanze con cui il Giudice si limiti a rinviare la questione alla Corte di Giustizia senza adottare alcuna misura cautelare, non sono da considerarsi appellabili (96).

In sintesi

• Nelle controversie in materia di pubblici concorsi e procedure abilitative, rivestono particolare importanza le misure cautelari di tipo propulsivo, attraverso la quali l'amministrazione è invitata a riesercitare il proprio potere, emendato dai vizi riscontrati dal Giudice. Il nesso di strumentalità che caratterizza la misura cautelare rispetto al provvedimento di merito, subisce un notevole affievolimento nell'ambito dei ricorsi in materia di esame di Stato per avvocato. L'art. 4, comma 2-*bis*, d.l. 30 giugno 2005, n. 115, statuisce infatti il conseguimento dell'abilitazione professionale per "i candidati in possesso dei titoli per partecipare al concorso che abbiano superato le prove d'esame scritte e orali previste dal bando, anche se l'ammissione alle medesime o la ripetizione della valutazione da parte della commissione sia stata operata a seguito di provvedimenti giurisdizionali o di autotutela".

• La possibilità di deferire in arbitrato alcune controversie che, altrimenti, rientrerebbero nella cognizione del Giudice amministrativo, è tornata ad essere concreta a seguito dell'entrata in vigore dell'art. 15, d.lgs. 20 marzo 2010, n. 53, che ha abrogato i commi 19, 20 e 21 dell'art. 3, l. 24 dicembre 2007, n. 244. L'introduzione generalizzata, nel Codice del processo amministrativo, dello strumento cautelare *ante causam* dovrebbe peraltro consentire la possibilità, per le indicate controversie arbitrali, di rivolgersi al Giudice amministrativo nel caso vi sia necessità di chiedere un provvedimento cautelare.

• Particolare rilevanza assume la tutela cautelare nell'ambito delle controversie aventi ad oggetto l'impugnazione dei provvedimenti adottati dall'A.G.C.M, nell'ambito dei suoi poteri di vigilanza della correttezza delle pratiche commerciali. Il *periculum in mora* può essere identificato con il pregiudizio che l'impresa può patire a seguito dell'esecuzione del provvedimento adottato dall'A.G.C.M. Il *fumus boni iuris*, non facilmente apprezzabile in fase cautelare, consiste, invece, nell'assenza di una lesione all'interesse pubblico alla tutela del mercato.

(95) Cfr. Cons. Stato, Sez. VI, 4 dicembre 2003, n. 7993, in *Banca dati de Jure*, Guffrè.

(96) Cfr. Cons. Stato, Sez. IV, ord. 5 febbraio 2002, n. 555, in *www.giustizia-amministrativa.it*.

In sintesi

- Nell'ambito del rito avverso il silenzio (art. 117 del Codice) si ritiene ammissibile la misura cautelare collegiale, solo quando il ricorrente chieda l'accertamento della fondatezza della pretesa e si versi in ipotesi di provvedimento a 'carattere vincolato', che l'amministrazione non ha adottato ma che avrebbe dovuto adottare. Pare invece si debba escludere la compatibilità, con tale rito, delle misure monocratiche, siano esse *ante* o *post causam*.
- Lo strumento cautelare pare si possa ritenere astrattamente compatibile anche con il rito in materia di accesso ai documenti amministrativi di cui all'art. 116 del Codice
- Nel settore dello sciopero dei servizi pubblici (l. 12 giugno 1990, n. 246), la concessione della tutela cautelare è subordinata ad un giudizio sul *fumus boni iuris* che è molto più penetrante di quello ordinario. Non si rende invece necessario l'accertamento del *periculum in mora.*
- Il Giudice amministrativo, in sede cautelare, sia che venga sollevata la questione di legittimità costituzionale, sia che venga operato il rinvio pregiudiziale di cui all'art. 234 Trattato CE, mantiene il potere di adottare le più opportune misure cautelari.

Indice analitico

A. Pavan
La tutela cautelare nel nuovo Codice del processo amministrativo, pag. 350, 2010.

N. Centofanti
L'abusivismo edilizio. Sanzioni amministrative e penali, pag. 476, 2010.

G. Guzzo
Appalti pubblici. Disciplina, procedura e nuovi profili processuali, pag. 382, 2010.

V. Italia (a cura di)
I servizi pubblici locali. Modalità di affidamento, gestione e tariffe, pag. 256, 2010.

R. Giovagnoli
Il risarcimento del danno da provvedimento illegittimo, pag. 438, 2010.

V. Italia
La sicurezza urbana. Le ordinanze dei sindaci e gli osservatori volontari, pag. 206, 2010.

P. Novelli
I provvedimenti cautelari nei giudizi contabili, pag. 642, 2009.

M. Asprone - M. Marasca - A. Ruscito
La discrezionalità tecnica della pubblica amministrazione, pag. 334, 2009.

P. Santoro
La responsabilità civile, penale ed amministrativa negli appalti pubblici, pag. 898, 2009.

G. Guzzo
Società miste e affidamenti in house. Nella più recente evoluzione legislativa e giurisprudenziale, pag. 268, 2009.

R. Tamiozzo
La legislazione dei beni culturali e paesaggistici. Guida ragionata, pag. 642, 2009.

C. Benelli - E. Vedova
Giochi e scommesse tra diritto comunitario e diritto amministrativo nazionale. Presentazione di Paolo Salvatore, pag. 216, 2008.

M. Talani
La conferenza di servizi. Nuovi orientamenti giurisprudenziali, pag. 312, 2008.

P. Novelli - L. Venturini
La responsabilità amministrativa di fronte all'evoluzione delle pubbliche amministrazioni ed al diritto delle società, pag. 768, 2008.

F. Gandini - A. Montagni
La protezione civile. Profili costituzionali e amministrativi, riflessi penali, pag. 260, 2007.